Emile

에밀

에밀 Emile

개정 1쇄 발행 2009년 8월 5일
개정 4쇄 발행 2020년 5월 27일

지은이   장 자크 루소
옮긴이   강도은
발행인   권윤삼
발행처   도서출판 산수야

등록번호   제1-1515호
주소   서울시 마포구 월드컵로 165-4
우편번호   121-826
전화   02-332-9655
팩스   02-335-0674

ISBN 978-89-8097-186-2   03370

이 도서의 국립중앙도서관 출판예정도서목록(CIP)은
서지정보유통지원시스템 홈페이지(http://seoji.nl.go.kr)와
국가자료종합목록 구축시스템(http://kolis-net.nl.go.kr)에서 이용하실 수 있습니다.
(CIP제어번호 : CIP2009001694)

전인교육과 인간 혁명의 진원지가 된 교육사상서

에밀

장 자크 루소 지음 | 강도은 옮김

Emile

Jean Jacques Rousseau

산수야

독자의 이해를 돕기 위하여

루소는 『고백』 제8권에서 "나는 에밀을 탄생시키기 위해 20년 동안 사색하고 3년에 걸쳐 노작(勞作)을 했다."고 밝혔다. 『에밀』은 단순한 교육서가 아니라 인간론이자 문명비평론이며, 소설의 형식을 지닌 교육서이기도 하다. 또한 그의 풍부한 시적(詩的) 감성이 드러난 뛰어난 문학작품이기도 하다.

『에밀』에서 루소는 그의 근본이념이자 모든 사상의 출발점인 '자연인'을 구현하는 방법을 제시하며, 인간형성의 이론적 탐구와 사상가로서의 이상을 실현하고자 하였다.

루소는 '자연은 선하고 문화는 악하며, 인간은 본래 평등하게 태어났지만 계급을 구분하는 사회제도에 의해 불평등해졌다.'고 규정하면서 새로운 인간 이념을 구축해야 한다고 주장했다. 또 자연성을 상실하고 타락한 인간과 부패한 사회제도를 개선하고 혁신하는 일은 어른들의 의무라고 설파하기도 했다. 하지만 이상적인 사회 건설이나 정치의 실현은 그 제도의 주인인 인간 자체의 혁신 없이는 불가능하기 때문에 먼저 교육개혁이 선행되어야 한다고 주장하였다.

루소는 이 새로운 인간형성 이론을 위해 가공의 인물인 에밀을 내세우고, 그를 이상적인 인간으로 만들고자 실험하고 탐구해 나간다. 다시 말해 자연이 부여한 선을 문명의 악으로부터 지켜내고 자연의 진실과 아름다움, 유익함을 인식시켜 미래의 이상적인 사회가 필요로 하는 선한 시민의 자질을 길러주는 것이 루소의 교육이념인 것이다.

이러한 인간교육을 위해 루소는 태어나서부터 신체적 정신적 발달과정에 따라 단계적으로 교육해야 한다고 보고 에밀을 총 5부로 나누어 집필하였다.

제1부에서는 교육총론 및 출생에서 5세까지 어린이의 성장발달을 논하는데, 이 시기는 본능적 욕구의 만족을 요구하는 시기이므로 인위적인 교육보다는 오로지 자연적인 활동과 발육을 위해 깊은 애정으로 인간애를 심어 주어야 한다고 주장한다.

제2부에서는 5세에서 12세까지의 어린이를 대상으로 삼아 논하고 있다. 루소는 이 시기를 전형적인 어린이 시기로 구분하면서, 언어를 습득하고 경험을 통해 학습하는 소극적 교육 시기라고 지칭한다. 따라서 이 시기에는 이해하기 어려운 책들은 피하고 감각, 사물 교육, 신체 훈련에 중점을 둘 것을 주장한다.

제3부는 12세부터 15세까지의 소년기를 다루고 있다. 이 시기는 적극적으로 교육을 실시하는 시기이며 이성 훈련과 지성을 가꾸는 시기이므로 지식주입에 치중하기보다는 스스로의 노력에 의해 문제를 해결해 나가는 사물 교육과 사실을 관찰하는 훈련에 중점을 두어야 한다고 주장했다.

제4부는 15세부터 20세까지의 청년기를 논하며 루소는 이 시기를 '제2의 탄생기'라고 지칭한다. 특히 이 시기는 도덕적·종교적 감정교육으로 인간의 자연성을 인식시켜야 한다고 주장한다.

제5부는 성년기에 이른 에밀이 배우자를 찾아가는 과정을 그린다. 소피를 만나 정서적인 안정을 누리며 내적 자유를 얻는 완성기로 소피와의 관계를 통해 결혼이란 무엇이며 남녀가 할 일이란 무엇인지, 그 역할과 책임에 대해 이야기한다. 부부 사이의 윤리에 대해서도 언급하지만 여성 교육을 다루는 부분에 있어서는 현 시대와 거리감이 있다.

머리말

생각하고 관찰한 바를 순서도 없이 그대로 엮은 이 책은 생각할 줄 아는 선량한 어머니에게 기쁨을 선사하기 위해 쓰기 시작했다. 처음에는 몇 페이지에 불과한 소논문으로 쓰려고 했으나 써 가는 동안 나도 모르게 주제에 이끌려 어느 사이에 방대한 저서가 되고 말았다. 사실 내용의 어쭙잖음에 비해서는 너무 방대하고, 다루고 있는 주제에 비하면 오히려 너무 적다고 생각된다.

나는 이것을 출판할 것인지 말 것인지에 대해서 오랫동안 망설였다. 또 이 글을 쓰면서조차도 한 권의 책으로 출판하기에는 너무 빈약하다고 생각했다. 그러나 좀 더 완벽하게 고치려는 노력보다는 그대로 발표하는 것이 나의 의무라고 결심했다. 무엇보다 일반인의 관심을 이 주제로 이끄는 것이 필요하다고 느꼈기 때문이다. 설령 내 생각이 잘못되었다 하더라도 나로 인해 다른 사람의 생각이 바르게만 움직인다면 시간을 결코 낭비한 것은 아니라고 믿는다.

이 책을 발표해도 칭찬하거나 변호해 줄 동료도 없고, 사람들이 어떻게 생각할지, 무슨 말을 할지 전혀 예상하지 못한 채 고독한 은신처에서 세상에 내던진다.

나는 교육의 중요성에 대해서는 언급을 자제할 것이며 관습적으로 실시되고 있는 현행의 교육방법이 나쁘다는 것에 대해서도 논하지 않을 것이다. 무수한 사람들이 증명하여 모두가 알고 있는 것으로 이 책을 채우고 싶지 않다. 다만 오래 전부터 기존의 교육방법에 대해서 비난하는 목소리는 컸지만, 그 누구도 더 훌륭한 교육방법에 대해서는 제안하지 않았음을 지적하고 싶다.

오늘날의 문학과 학문은 건설적이기보다는 파괴적이다. 오직 공익만을 지향한다는 책은 많지만 유용한 기술 가운데 가장 유용한 기술, 다시 말해 인간을 훈련하는 기술은 아직도 등한시되고 있다.

내가 다루는 문제는 로크의 저서 『어린이 교육에 대하여』 이래 아무도 다루지 않았던 새로운 것이나, 이 책이 출간된 뒤에도 여전히 등한시되지 않을까 매우 염려된다. 사람들은 어린 시절에 대해서 모르고 있다. 그러므로 우리가 어린이에 대해서 그릇된 인식을 하는 한, 더욱 방황하게 된다. 가장 현명한 학자들도 어린이에 대해 어른이 알아야 할 것에는 무관심한 채 항상 어린이 속에서 어른의 모습을 요구할 뿐이다. 이것이 바로 나의 주된 관심사다.

그러므로 설령 내 생각이 몽상적이고 불합리한 점이 있다 해도 사람들은 나의 관찰에서 많은 것을 얻을 수 있을 것이다. 여러분은 내가 무엇을 할 것인가에 대해 충분히 파악했다고 믿는다. 이러한 목적을 가지고 이 책을 읽는다면 무익하지는 않을 것이다.

이 책의 체계는 자연의 흐름과 비슷한데, 바로 이 때문에 독자들이 당황할지 모른다. 또 내가 사람들로부터 공격을 받는다면 그 역시도 이 부분 때문이며, 그 비판이 옳을지도 모른다. 어쩌면 여러분은 내게 "교육론을 읽는 것이 아니라 교육에 관한 어느 몽상가의 글을 읽는 듯한 느낌이다."라고 말할 것이다.

이런 비난은 오래 전부터 받아 왔다. 그러나 어쩔 수 없지 않은가? 내 생각은 다른 사람과 다르며, 나는 다른 사람의 생각을 쓰는 것이 아니라 내 생각을 쓰기 때문이다.

그러나 나에게 다른 사람의 눈으로 보고 다른 사람의 생각을 수용하라면 그것은 내 능력으로 되는 일이 아니지 않는가? 내게 가능한 것은 내 의견에만 집착하지 않는 것이며, 또 자신이 다른 사람보다 현명하다는 생각을 거부하는 것이다.

내 생각을 바꿀 수는 없지만 의심할 수는 있다. 이것이 내가 할 수 있는 전부이며, 또 내가 하고 있는 것이다. 만일 내가 때때로 자신만만한 말투를 쓴다 하더라도 그것은 독자에게 강요하려는 것이 아니라 의도하는 바를 그대로 알리려는 것 뿐이다.

내가 조금도 의심하지 않는 것을 어떻게 의문형식으로 제안할 수 있겠는가? 나는 내 의견을 자유롭게 표현하지만 권위를 내세우려는 생각은 조금도 없다. 다만 여러분에게 논리적인 검토와 판단을 기대한다. 또한 내 의견을 주장할 임무를 소홀히 할 수 없는데, 그 이유는 남들과 전혀 다른 의견을 가지고 있어 그것을 결코 가볍게 다룰 수 없기 때문이다.

따라서 그 원칙들이 진실인지 혹은 거짓인지를 꼭 알아야 하며 거기에 인류의 행·불행이 좌우됨을 알리고 싶다. 사람들은 항상 내게 실용적인 제안을 하라고 말해 왔다. 그것은 사람들이 이미 실행하고 있는 일을 다시 제안하라는 말과 같으며, 적어도 그것은 현존하는 나쁜 방법과 어떻게든 결부시켜 개선된 방법을 제안하라는 모순된 말이다.

그러나 그런 제안은 어떤 면에서 나의 제안보다 공상적이다. 왜냐하면 그와 같이 결탁된 상태에서는 악은 추호도 개선되지 않은 채 선만이 타락하기 때문이다. 불완전한 개선 방안보다는 차라리 현행방안을 철저하게 따르는 것이 낫다. 그 편이 모순이 덜하기 때문이다.

인간은 동시에 상반된 두 개의 목표를 지향할 수는 없다. 아버지, 어머니들이여, 여러분들이 실용적인 제안을 하라는 것은 결국 여러분이 바라는 대로 제안하라는 말과 같다. 내가 여러분의 의지에 좌우될 수는 없지 않는가?

어떤 계획이든 두 가지를 고려해야 한다. 첫째는 절대적으로 선할 것이며, 둘째는 실천이 용이해야 한다는 것이다.

첫 번째는 계획 자체가 이해될 수 있고 실행할 수 있는 것으로, 그 계획 안에 있는 선(善)이 사물의 본성에 기초하면 된다. 즉, 인간에게 적합하고 인간의 마음에 적용될 수 있는 교육방법이면 충분하다.

두 번째는 여러 특수한 상황에 따라 좌우되므로 변할 수도 있다. 가령 스위스에서는 가능하지만 프랑스에서는 불가능한 교육방법이 있으며, 또 중류층에게는 적당하나 귀족층에게는 맞지 않는 교육방법도 있다. 성공 여부는 상황에 따라 달라질 수 있기 때문에 방법은 그 나라의 실정과 계층의 형편에 따라 적용해보지 않고는 성과를 규정할 수가 없다. 그런데 이 특수한 적용은 주제와는 본질적인 관련이 없으므로 제외시켰다.

내가 제안하는 것은 인간이 태어나는 곳이면 어디서나 실천할 수 있다. 따라서 제안에 따라 교육하는 것이 자신을 위해서나 타인을 위해서 최선이라고 생각한다면 그것으로 충분하다.

만일 내가 이 약속을 이행하지 않는다면 그것은 당연히 내 잘못이다. 그러나 만약 내가 약속을 이행했음에도 불구하고 여러분이 그 이상을 나에게 요구한다면 그것은 여러분의 잘못이다. 왜냐하면 나는 여러분에게 그 이상의 약속은 하지 않았기 때문이다.

차례

Emile

Jean Jacques Rousseau

제1부
총론 및 유아기(출생에서 다섯 살까지)

조물주의 손에서 떠날 때는 모든 것이 선하지만 인간의 손으로 넘어오게 되면 모든 것이 악해진다. 인간은 어떤 땅에 다른 땅의 산물을 생산하려 하고 어떤 나무에 다른 나무의 열매를 맺게 하려 한다. 인간은 모든 자연 상태를 뒤섞어 놓고 개나 말이나 노예를 불구로 만들기도 한다.

인간은 자연을 그 자체로 내버려두지 않고 더럽히며, 괴이한 것을 좋아하여 모든 것을 파괴하고 손상시킨다. 심지어 인간조차도 조련마처럼 훈련시키고 정원수처럼 자신의 취미에 맞게 모양을 바꾸려 한다. 또 한 번 손을 댄 것은 가만히 두면 더욱 나빠진다고 생각해 끊임없이 상태를 바꾸려 한다. 그렇기 때문에 현 상태에서 태어난 인간은 그대로 방치하면 더욱 비뚤어질 것이다. 편견이나 권위 같은 모든 사회제도는 사람의 본성을 억제하여 무엇 하나 제대로 살릴 수 없게 만들 것이다. 그 본성은 길 한가운데 난 묘목처럼 사람에게 짓밟혀 이내 시들어 버릴 것이다.

다정하고 선견지명이 있는 어머니여! 이 어린 나무를 보호하면 언젠가는 열매를 맺어 당신에게 보답할 것이니 당신 스스로 당신의 어린 나무에 울타리를 치시오.

식물은 재배로, 인간은 교육으로 만들어진다. 그러므로 사용방법을 모르면 인간의 위대한 능력도 무용지물이다. 약하게 태어난 까닭에 힘이, 아무것도 없이 태어났으므로 도움이, 분별력 없이 태어났으므로 판단력이 필요하다. 이 모든 것은 교육으로 얻어진다.

이러한 것은 자연교육, 인간교육, 사물교육에 의해서 얻어지는 것으로써 인간의 능력과 내적 성장은 자연교육에 의해서이고, 그 사용방법을 가르쳐 주는 것이 인간교육이며, 인간을 자극하는 모든 사물에 대하여 경험에 의해 얻어 지는 것이 사물교육이다. 그러므로 이들 교사의 교육이 서로 모순되지 않고 동일한 목적을 향할 때 비로소 아이는 원만하게 성장할 수 있고 그런 사람만이 좋은 교육을 받은 것이다.

그런데 교육의 세 요소 가운데 자연교육은 우리 힘으로 어떻게 할 수 없지만, 나머지 교육은 우리 마음대로 좌우할 수 있다. 그러나 인간교육 역시 어떤 가정 하에서만 가능한데 어린이들 주위에 있는 모든 사람의 언행을 완벽하게 일치할 수 없기 때문이다. 교육을 하나의 기술로 본다면 전혀 성공할 가능성이 없다고 하겠다. 성공의 기본적인 조건이 인간의 능력 밖에 있어 모든 노력을 집중해도 목표에 근접할 뿐이며 설령 목표에 도달해도 그것은 행운인 것이다.

그렇다면 교육의 목표란 무엇인가? 이미 밝혔듯이 그것은 바로 자연의 목적이다. 완전한 교육을 위해서는 세 가지 교육이 일치해야 하는데 인간의 능력 밖에 있는 자연교육에 나머지 교육을 일치시켜야 한다. 그렇다면 모호한 의미를 지닌 자연이란 무엇인가? 자연이란 습성에 지나지 않는다고 말하는 사람이 있으나, 수평으로 뻗어나가려는 습성을 방해받는 식물도 있다. 이와 같은 식물은 자유로이 되돌려 놓아도 인위적으로 꺾인 상태로 머무르지만 그 식물의 수액(樹液)은 본래의 방향을 바꾸려 하지 않으며, 그 식물이 다시 성장을 시작하면 다시 수직으로 뻗어나가게 마련이다.

인간의 성향도 이러해서 동일한 조건 아래서 생긴 부자연스런 습관을 계속 유지한다. 그러나 상황이 변하면 이전의 습관은 없어지고 자연성이 부활한다. 교육은 확실히 습관에 지나지 않지만, 교육받은 것을 망각하는 부류와 그것을 계속 보존하는 부류의 상이성(相異性)은 어떻게 발생하는가? 만일 자연에 순응된 습성만을 자연이란 명칭으로 부른다면 이와 같은 모호한 성격은 훨씬 줄일 수 있을 것이다.

우리는 감수성을 갖고 태어나기 때문에 주위의 사물로부터 갖가지 자극을 받는다. 감각을 의식하게 되면 감각을 주는 것을 추구하기도 하고 피하기도 한다. 처음에는 그것이 유쾌한지 불쾌한지를, 다음에는 적합한지 부적합한지를, 그리고 마지막에는 이성의 판단에 따라 행복이나 선이라는 관념에 의해 그것을 구하기도 하고 피하기도 한다. 이 성향은 감수성이 예민해지거나 이성이 발달함에 따라서 더욱 넓어지고 강해진다. 그러나 그것은 습관의 방해를 받아 편견에 의해서 다소 변화하는데, 이러한 변화가 있기 전에 인간내면에 잠재하고 있는 성향이 바로 자연성이다.

그러므로 모든 것을 자연성에 결부시켜야 하는데 만약 이들이 서로 모순되고 대립하거나, 자신을 위한 교육이 아니라 타인을 위한 교육이 될 경우에는 어떻게 될까? 그때는 자연이나 사회제도와 싸워야 하며, 인간을 만드느냐 시민을 만드느냐를 선택해야 한다. 동시에 그 둘을 만들 수는 없기 때문이다.

소사회는 단결이 긴밀하고 확고할수록 대사회로부터 이탈하려고 한다. 모든 애국자는 외국인에 대해 냉혹하다. 외국인이란 애국자에게는 한낱 단순한 사람에 불과하다. 이것은 매우 불합리한 것처럼 보이지만 별문제가 없다. 중요한 것은 이웃들에게 친절을 베푸는 것이다. 스파르타인들은 이기적이고 인색하게 외국인을 대했으나, 도시 내에서는 무사와 공평과 화합의 정신이 널리 퍼져 있었다.

자연인은 온전히 자기를 위해서만 존재한다. 그는 단위수이며 절대수인 까닭에 자신이나 자신과 동등한 동료하고만 관계를 갖는다. 반면 사회인은 분모에 의하여 가치가 결정되는 분자에 지나지 않는다. 그러므로 훌륭한 사회제도라는 것은 인간을 부자연스럽고 의존적인 개체로 만드는 것에 불과하다. 과거 로마의 시민들은 가이우스도 루키우스도 아닌 개체적 로마인이었다. 그들은 오직 조국만을 사랑하고 자신은 돌보지 않았다. 레구르스(B.C. 249년경 로마의 장군)는 한때 카르타고인의 포로가 되었다는 이유로 스스로를 외국인이라 부르고 원로원석에 앉기를 거절하였다.

스파르타인 페라르투스는 300인으로 구성된 의회의 의원으로 선출되지 못했지만 그는 자기보다 유능한 사람이 3백 명이나 더 있음을 기쁘게 생각하였다. 이것이 바로 시민인 것이다. 어느 스파르타 여인은 아들 다섯을 전쟁터에 보내고 전황(戰況)을 기다리고 있던 중 전지에서 온 노예가 다섯 아들이 모두 전사했다고 전하자, "이 미천한 놈아, 내가 그 따위를 물었더냐?"고 꾸짖었다. 이에 노예가 승전보를 전하자 신전으로 달려가 감사의 기도를 올렸다고 한다. 이 역시 시민인 것이다.

사회질서 속에서 자연감정의 우월성을 유지하려는 사람은 자신이 원하는 바를 모른다. 이런 사람은 항상 욕구와 의무 사이를 방황하는 까닭에 결코 인간도 시민도 될 수 없다. 그는 오늘날 흔히 볼 수 있듯이 자신에게도 타인에게도 쓸모 없는 사람이 되는 것이다. 항상 인간으로서 자기 자신에 충실한 그 무엇이 되기 위해서는 언행을 일치시키고 자기가 취해야 할 태도를 분명히 하고 불굴의 인내로써 밀고 나가야 한다. 나는 그와 같은 비범한 인간 본보기를 누군가가 보여주기를 기대한다. 그가 인간이, 혹은 시민이, 또는 동시에 양자가 되기 위해 어떻게 처신하는지 그것을 알기 위해서이다.

이 필연적으로 상반되는 두 개의 목적에 대해 공공교육과 가정교육이라는 상반된 두 가지의 교육형태가 나타난다. 공공교육에 대한 이념을 알기 위해서는 플라톤의 『국가론』을 읽는 것이 좋다. 이 책은 정치에 관한 논문 같으나 사실상 오늘날까지 씌어진 가장 훌륭한 교육론이다. 이상국가를 화제로 삼을 때 사람들은 플라톤의 국가제도를 들고 나온다. 리크르쿠스(스파르타의 입법가)가 자신의 제도를 책으로 썼더라면 그것은 훨씬 더 공상적인 것이 되었을 것이다. 플라톤은 인간의 마음을 정화시켰을 뿐이지만 리크르쿠스는 인간성을 변질시켰다.

공공교육은 이미 존재하지도 존재할 수도 없다. 조국과 시민이란 말은 없어져야 한다. 나는 학교를 공공교육기관이라고 생각하지 않는다. 항간의 교육에도 기대하지 않는다. 왜냐하면 현 교육제도는 상반된 두 개의 목적을 동시에 성취하려 하기 때문이다. 이런 교육은 이중인격자를 길러 낼 따름이며 위선적인 사람이 되므로 이런 노력은 헛수고인 것이다.

이런 모순은 인간의 내적 모순을 야기하여 어느 목표에도 이르지 못하게 된다. 이렇게 해서 인간은 갈등과 고민 속에서 무용한 인간으로 삶을 마치게 된다. 결국 남아 있는 것은 가정교육 또는 자연교육뿐인데 자기만을 위해서 교육받은 사람에게 남을 위한 삶이 가능할까? 이중의 목적을 통합하고 인간의 모순을 제거한다면 인간은 행복에 도달할 수 있을 것이다. 이러한 인간의 가치를 알기 위해서는 인간의 성숙된 성장을 고대하고 인간성향의 발전과정을 관찰해야 한다. 즉, 자연인이 무엇인가를 알아야 한다.

이와 같이 특별한 인간을 만들기 위해서 무엇보다 필요한 것은 자연의 질서에 순응하는 것이다. 그러나 사회질서 속에서는 신분에 맞는 교육이 필요하다. 교육을 받음으로써 얻어지는 편견을 염두에 둘 때 이것은 분명한 사실이다. 그러나 아들이 반드시 아버지의 직업을 이어받아야만 했던 이집트에서는 그와 같은 교육이 하나의 확실한 목적을 가졌으나, 현대사회는 다만 신분서열만 존속될 뿐 그것을 구성하는 인간은 쉴새없이 변하기 때문에 신분서열에 맞게 교육하는 일이 무익한 것이다.

자연의 질서 내에서는 인간은 모두 평등하며 모든 사람의 천직은 인간의 상태로 남는 것이다. 그렇기 때문에 훌륭한 교육을 받은 사람은 누구나 인간에 관련된 일은 어떤 일이든 간에 감당해 낼 수 있는 것이다. 부모가 자식의 직업을 선택하기 전에 자연은 먼저 인간이 되기를 원한다. 나역시 생존하는 것을 학생들에게 가르치고 싶고, 운명이 그의 지위를 바꾸어 놓더라도 항상 자기의 정당한 지위에 머물 것을 원한다.

우리는 인간과 환경을 연구하여 선과 악을 견디는 사람으로 교육해야한다. 그러므로 진정한 교육은 교훈을 주는 것보다 실천에 있다. 우리들 최초의 교사는 유모였다. 그러므로 바로(B.C. 116~27 로마 시문학자)는 "산파가 이 세상으로 끌어내고 유모는 양육하고 보모는 돌보고 교사는 가르친다."고 하였다. 이처럼 양육과 훈육과 교육은 그 담당자가 다른 것과 같이 그 목적 또한 다르다. 그러나 훌륭한 교육을 위해서는 한 사람의 일관된 지도에 따르지 않으면 안 된다.

여기서 우리는 일반적으로 우리의 제자를 추상적인 인간, 즉 모든 인생사에 시달리는 인간으로 간주해야 한다. 만일 인간의 환경과 신분이 불변한다면 현재까지의 교육방법도 어떤 면에서는 좋다고 하겠다. 그러나 변화무쌍한 인간사와 현재의 불안과 동요를 생각한다면 고통을 인내하는 방법을 터득할 필요가 있다.

사람은 자녀의 생명을 보호하는 일만을 생각하는데, 정작 필요한 것은 모든 역경을 극복하는 방법, 즉 죽음을 피하는 법이 아닌 살기 위한 방법을 교육시키는 것이다. 기관이나 감각능력 등 우리들에게 생존의식을 주는 신체의 모든 부분을 활용하도록 가르치는 것이다. 장수란 긴 세월을 사는 것이 아니라 인생을 가장 잘 체험한 사람을 뜻한다. 젊었을 때 무덤 속에 들어가더라도 훌륭하게 살았다면 오히려 오래 산 사람인 것이다.

우리의 지혜는 모두 비굴한 편견이며 우리의 습관은 굴종과 구속에 불과하다. 우리 문명인은 노예상태에서 태어나 살고 죽어 간다. 인간의 일생은 사회제도라는 쇠사슬에 매여 있는 것이다. 많은 산파들이 갓 태어난 어린이의 머리를 주물러서 더 나은 모양으로 만들겠다고 말하는 것을 사람들은 묵인하는 것이다. 우리의 머리는 하나님이 만든 그대로는 만족스럽지 못해서 외형은 산파가 내부는 철학자가 고쳐주지 않으면 안 되게 되었다.

'아이가 어머니 뱃속에서 나와 몸을 움직이면 새로운 속박이 가해진다. 아이에게 배내옷을 입히고 머리를 움직이지 못하게 하며 똑바로 해서 눕힌다. 온몸을 천으로 말고 묶어서 움직이지 못하게 한다. 숨이 막히지만 않을 정도로 싸매고 배설물이 저절로 나올 정도로 눕혀 주기만 해도 다행이다. 왜냐하면 갓난아이는 배설물을 쉽게 내보내기 위해 고개를 돌릴 자유조차 없으니까(뷔퐁의 『박물지』).'

이렇게 해서 성장하고자 하는 신체 내부의 힘은 장애에 부딪친다. 결국 어린이는 태어났을 때보다 뱃속에 있을 때가 더 자유롭고 구속도 받지 않았다. 어린이를 배내옷이나 수건에 싸두면 혈액이나 체액의 순환이 방해받아 체질이 약해진다. 사람들은 어린이를 자유롭게 운동시키면 몸이 나빠질 줄 알고 그렇게 하지만 도리어 더 약하게 만든다.

이런 참혹한 구속은 아이의 체질이나 기질에 영향을 미친다. 최초의 감정을 고통으로 느끼는 아이는 죄수보다 더 비참하게 되고 그 분에 못 이겨 울고 만다. 이 울음이 바로 인간 최초의 소리다. 우리는 아이의 자연성을 거역하고 구속과 고문을 최초의 선물로 준다. 그들의 자유는 울음밖에 없었으므로 고통을 울음으로 표현하는 것이다. 여러분들이 그들처럼 속박 당한다면 그들보다 더욱 소리 높여 울 것이다.

이렇게 몰지각하고 부자연스러운 관습은 어디서 유래하는 것일까? 그것은 바로 어머니의 첫째 의무인 모유수유를 기피하고 돈으로 산 유모에게 아이를 맡기는 것에서 비롯된다. 유모는 육체 상태에만 관심이 있으며 아이들의 자연성이나 습관에는 아랑곳하지 않는다.

귀족집안의 어머니는 아이의 양육을 기피하고 도시의 향락에 빠진다. 유모는 아이가 귀찮아지면 아이를 기둥에 묶어 놓고 자신의 일에 열중한다. 이런 상태에 놓인 아이가 얼마나 오래 견딜 수 있을지 모르지만 오래 살 수는 없을 것이다. 아이를 배내옷으로 싸서 기른 최대의 효용이 바로 이것이다.

아이를 자유롭게 두면 적절한 신체의 발달에 해롭다고 주장하는 사람들이 있다. 이것은 천박한 지식에 근거한 것으로써 경험적으로 확증된 것이 아니다. 사실 손발을 자유롭게 움직이면서 양육된 아기의 발육이 부진하거나 불구가 된 경우는 없다. 개나 고양이 새끼를 포대기로 싸서 기르지 않더라도 신체발육에 악영향을 미친 일은 없다. 겨우 자신의 몸을 움직일 수 있는 상태의 아기를 엎어놓으면 거북이 새끼처럼 일어나지 못하고 죽고 말 것이다.

부인들은 아기에게 젖을 먹이려 하지 않고 다시 아이를 가지려고 하지도 않는다. 이렇게 인구를 감소시켜 다가올 유럽의 운명에 악영향을 끼치고 있다. 과학·예술·철학·도덕은 유럽을 황무지로 만들어 마침내 야수들이 들끓는 곳이 될 것이다.

나는 가끔 자신의 아이에게 젖을 먹이고 싶어 하는 체하는 젊은 여성들의 얄팍한 잔꾀를 보곤 한다. 그들은 교묘하게 남편이나 의사, 특히 친정어머니가 그와 같은 변덕은 그만두라며 간섭해 주기를 바란다. 아내가 아이에게 직접 젖을 먹이려는 일에 동의하는 남편은 남자로서 실격이다. 또한 그는 아내를 못쓰게 만들려는 살인자로 취급받게 될 것이다. 그래서 지각 있는 남편은 가정의 평화를 위해 자식에 대한 부정(父情)을 희생시키지 않으면 안 된다. 반면 여성의 의무는 명백하다. 그런데 아기를 자기 젖으로 기르든 남의 젖으로 기르든, 이 문제의 시비를 가리는 자는 의사인데, 내 생각으로는 상황에 따라 다르다고 본다.

아기는 어머니의 젖뿐만 아니라 따뜻한 보호도 필요하다. 어머니의 젖은 대신할 수 있어도 애정만은 대신할 수 없다. 유모가 어머니와 같은 애정을 갖기 위해서는 수많은 세월이 필요할 것이다. 그러나 유모가 진정한 모성애를 갖게되면 또 다른 문제가 발생한다. 자기 아이를 유모의 손에 맡기면 어머니의 권리가 양분되며 자기 아이가 유모를 더 사랑하는 경우도 생길 것이다. 그러므로 친어머니에 대한 애정은 은혜이고, 유모에게 주는 애정은 의무라는 것을 알게 하는 것이 좋다.

이런 난점에 부딪힌 어머니는 아이에게 유모를 냉대하는 법을 가르친다. 이렇게 함으로써 아이는 은혜 대신 배은(背恩)만을 알게 되며, 결국 후일 유모를 멸시하듯 친어머니도 멸시하도록 가르치는 꼴이 된다.

이 점은 아무리 강조해도 지나치지 않다. 인간의 첫째 의무를 완수하게 하려면 먼저 그 어머니가 자신의 의무를 잘 완수하도록 하는 것이 좋다. 최초의 타락은 모친의 타락에서 연유하는 것이니 모든 도덕적 질서도 자연 본래의 모습도 여기에서 파괴된다. 아이와 함께 있지 않는 어머니는 존경받지도 못하며 이런 가정은 이미 애정도 형제도 없는 곳이 된다. 모두가 타인처럼 보이며 자기 자신만을 생각하는 무리가 될 것이다.

그러나 어머니가 스스로 자녀들을 잘 양육하면 집안은 화목해지고 그래서 국가의 인구는 증가할 것이다. 이 최초의 걸음이 애정을 회복하고 악습에 대한 최상의 해독제가 될 것이다. 그리하여 가정생활에서는 신뢰가 회복되고 애정이 깊어질 것이다. 단 한가지 악습의 시정이 폭넓은 개혁을 가져와 자연은 결국 모든 권리를 회복하게 되는 것이다.

그러나 아무리 온갖 환락에 염증을 느껴도 사람들은 가정의 즐거움으로 돌아가려 하지 않을 것이다. 여성은 어머니 노릇도 거부하고 있으며 설사 하려 해도 좀처럼 잘되지 않을 것이다. 그것과 반대되는 습관에 젖어버린 오늘날 그러한 구습(舊習)과 싸우지 않으면 안 된다. 반면 소수지만 선량한 젊은 여성들이 있어 자연이 명령하는 올바른 의무를 용기를 갖고 수행한다. 그것을 실행하는 여성에 마음이 끌려 같은 행동을 하는 사람이 많아지기를 바란다. 나는 신념을 가지고 존경할 만한 어머니들에게 약속한다. 이들은 남편의 애정과 자녀의 효도, 타인의 존경을 받을 것이다.

어머니와 아이의 의무는 상호적이다. 한편에서 의무를 소홀히 하게 되면 다른 편도 태만하게 된다. 아이는 당위 이전에 어머니를 사랑해야 한다. 만일 습관에 의해서도 본능이 강화되지 않으면 애정은 싹트기 전에 이미 죽어 버리고, 결국 자연의 길에서 벗어나게 된다. 이와는 반대로 자연의 길을 벗어나도록 유혹하는 경우가 있는데 양육을 게을리하거나 아이를 지나치게 귀중하게 대해 오히려 약하게 만드는 경우이다.

이는 아이를 일시적인 위험에서는 벗어나게 할 수 있을지는 모르지만 나약한 유년기를 연장시킴으로써 후에 더 큰 고통을 감수하는 결과를 초래한다. 신화에서 테티스(바다의 여신)는 아들을 불사신으로 만들기 위하여 저승의 강물에 담궜다고 한다. 그러나 현재의 어머니들은 이와는 반대로 아이에게 약한 습관을 길러주어 나약한 인간으로 만들고 있다.

자연을 관찰하고 자연의 길에 순응하라. 자연은 아이에게 시련을 주며 고뇌와 비애를 가르친다. 기침, 악성 부스럼, 홍역 등 온갖 질병과 위험이 유아기의 대부분을 괴롭힌다. 갓난아이의 절반이 여덟 살 이전에 죽는다. 아이는 이런 시련을 거치면서 삶의 뿌리가 한층 더 튼튼해진다.

자연의 법칙이 이러한데 왜 그것을 거역하려 하는가? 자연을 변화시키는 것은 자연의 덕을 파괴하고 자연의 혜택을 없애는 것이다. 지나친 보호를 받고 성장한 아이는 그렇지 않은 아이보다 사망률이 높다고 한다. 그러므로 언젠가 겪어야 할 고난에 미리 익숙하게 하고 자연환경의 변화에 신체를 단련시키는 것이 좋다. 아이의 근육은 유연하기 때문에 생명이나 몸을 해치지 않고도 건강하게 만들 수 있다. 약간 위험하더라도 그의 생애에서 가장 손실이 적은 어린 시기에 역경에 부딪히는 것이 보다 현명할 것이다.

인간의 삶은 나이를 더해 감에 따라 가치도 더해 간다. 그러므로 아이의 생명을 지키려고 주의를 기울일 때는 특히 미래를 염두에 두어야만 한다. 어린이가 청년기에 이르러 겪어야 할 모든 고통을 미리 준비시켜야 한다. 생명의 가치는 증가해 가는데, 어린 시절에 약간의 고통을 면하게 하는 것이 어른이 되었을 때 더 큰 고통을 준다면 그보다 어리석은 일이 어디에 있겠는가?

인간의 운명이란 항상 고통을 수반한다. 자기 생명을 보존하려는 그 자체가 고통이다. 어린 시절에 육체적 고통밖에 모르고 자란 사람은 행복한 사람이다. 정신적 고통에 비하면 육체적 고통은 덜 참혹하고 덜 괴로우며 육체적 고통을 이유로 생명을 포기하는 사람은 극히 드물다. 가장 큰 고통은 우리들 스스로 만든 정신적인 고통인 것이다.

아이는 태어날 때부터 운다. 어른들은 우는 아기를 달래기 위해 흔들거나 안아주기도 하고 위협을 주거나 심지어 때리기도 한다. 아이의 기분에 맞추기도 하지만 자신의 기분을 위하여 아이에게 강요하기도 한다. 그러므로 아이는 명령을 하거나 명령을 받는 것이다. 그래서 말을 배우기도 전에 명령을 하고 행동하기 전에 복종한다. 이렇게 해서 어른들은 어린 마음에 편견을 심고 그것을 자연의 탓이라고 불평한다.

아이는 여자의 손에서 변덕의 희생물이 되어 6, 7년을 보내고 나면 이해할 수 없는 말이나 쓸모 없는 것들을 기억하게 되고, 인위적인 편견으로 자연성을 말살당한 뒤에 가정교사 손에 맡겨진다. 가정교사는 이미 형성된 인공적인 씨앗을 키우면서 행복에 이르는 길이 아니라 다른 것들만 가르친다. 그리하여 아이는 분별력이 없는 지식을 갖고 노예와 폭군이 되어 허약한 심신으로 무능과 오만과 악덕만을 가진 채 사회에 던져진다. 사람은 이것을 한탄하는데 실상 자연인은 결코 그것과는 다르게 만들어져 있다.

그러므로 자연 그대로의 모습으로 아이를 보존하려면 태어나는 순간부터 방치하지 말고 잘 보살펴야 한다. 이것이 성공의 지름길이다. 최고의 유모는 어머니이며 최고의 교사는 아버지이다. 부모는 자신의 직분에 따라 혹은 방식에 있어 서로 일치해야 하고 협력해야 한다. 아이에게는 유능한 교사보다도 분별력 있는 아버지의 교육이 더 낫다.

아버지의 의무 가운데 가장 중요한 것은 자식에 대한 아버지로서의 의무이다. 자식에게 젖을 주어 기르기를 게을리하는 어머니의 남편이 자식 교육을 게을리한다고 놀랄 것은 아니다. 가정이라는 아름다운 그림은 한 획만 잘못되어도 전체의 조화는 깨지고 만다. 부모 곁을 떠나 기숙사나 수도원에서 교육받는 어린이들은 가정에 애정을 느끼지 못하고 결국 이를 보상받기 위해 바깥세상의 나쁜 습관에 빠지게 된다. 이처럼 모든 것은 서로 연관성을 가지고 있다.

자식을 낳고 기르기만 하는 아버지는 자신의 임무 중 3분의 1밖에 하지 않은 셈이다. 그는 인류에게 인간을, 사회에게 사회인을, 국가에게 시민을 만들어 줄 의무가 있다. 이 세 가지 책무를 수행할 능력이 있음에도 불구하고 하지 않는 것은 죄악이다. 아버지로서의 의무를 완수할 수 없는 사람은 아버지가 될 권리도 없으며, 가난과 일과 세상에 대한 체면 때문에 자식을 자기 손으로 양육하지 못했다고 아무리 변명해도 소용이 없다.

너무 바빠서 도저히 아들을 돌볼 수 없다고 말하는 부유한 아버지는 무엇을 하고 있는가? 그는 사람을 사서 자기 의무를 남에게 전가시키고 있다. 돈에 눈이 어두운 인간들이여! 돈으로 아이에게 아버지를 사줄 수 있는가? 여러분이 자식에게 주는 것은 교사가 아니라 고용인일 뿐이다. 그는 곧 여러분의 아들을 또 하나의 고용인으로 길러낼 뿐이다.

좋은 교사의 자격요건에는 여러 가지가 있지만 내가 요구하는 첫째 자격은 결코 돈으로 살 수 없는 것이다. 나머지는 부차적인 문제다. 결코 돈으로 살 수 없는 고귀한 직업은 군인이나 교사뿐이다. 그렇다면 누가 내 자식의 교육을 맡아 줄 것인가? 그것은 아버지인 당신 자신이다. 그렇게 할 수 없거든 친구라도 되어 주라. 나는 그 외의 다른 방법을 알지 못한다.

교사, 이 얼마나 숭고한 영혼인가! 진실로 한 인간을 만들려면 아버지가 되든지 인간 이상의 훌륭한 존재가 되어야 한다. 그러한 직무를 태연스럽게 돈으로 산 사람에게 맡기려 하다니.

이와 같은 일을 생각하면 할수록 계속 새로운 난관에 부딪친다. 교사는 완벽하게 교육되어 있지 않으면 안 되고 고용인은 고용주를 위하여 훈련받지 않으면 안 되며 아이에게 접근하는 모든 사람들은 아이에게 감화를 줄 수 있는 지식 경험을 사전에 갖추고 있지 않으면 안 된다. 그래야만 학생에게 만족스러운 교사가 될 것이다.

그렇다면 훌륭한 교사를 발견하는 일은 어려운 일일까? 나로서는 알 수 없다. 타락한 시대에 그런 자격을 갖춘 교사가 있더라도 직접 겪어 보기 전에는 됨됨이를 알 수 없다. 왜냐하면 훌륭한 교사를 구하는 일은 자신이 교사가 되는 것보다 힘들기 때문이다. 이렇게 되면 외부에서 교사를 구하는 번거로움을 피하게 될 것이고 자연은 이미 절반의 성공을 거둔 셈이 된다.

어떤 사람이 나에게 아들 교육을 부탁하러 온 적이 있었다. 그 사람은 나에게 큰 영예를 안겨준 셈이다. 그러나 내가 그 요청을 수락하여 내 방식대로 교육하여 실패했다면 그르친 교육이 되었을 것이고, 성공했다 하더라도 그의 아들은 신분을 거부하며 귀공자가 되기를 원치 않았을 게 자명하기 때문에 더 나쁜 결과가 되었을 것이다.

나는 교사의 의무가 중대하다는 것을 절감하고 있고 자신의 무능을 너무나 잘 알고 있기 때문에 그러한 요청은 더더욱 받아들일 수 없다. 이 책을 읽고 나면 그와 같은 청을 하는 사람은 거의 없을 것이다. 그것은 헛수고일 뿐이다. 지난날의 경험으로 보아 그 일이 내게 적합하지 않다는 것을 잘 알고 있으며 설령 그 직업이 나의 소질에 부합하여 감당할 수 있다 하더라도 현실이 허락하지 않는다. 나의 결의를 믿지 않고 나의 성실함과 결심을 신뢰할 만큼 나를 존중해 주지 않는 사람들에게 이 점을 밝히고 싶다. 그리하여 나도 실제로 교육에 종사하지 못했으나 그것을 글로 이야기해 보고자 한다.

이러한 계획을 세우는 데 있어서 저자들은 실행할 수 없는 방침이나 교훈을 무질서하게 늘어놓는가 하면, 설령 실천할 수 있는 것조차도 세목이나 실례를 제시하지 않음으로써 탁상공론에 지나지 않는다는 것을 잘 알고 있다. 그래서 가공의 제자를 설정하고, 자신이 그를 교육하는 데 적합한 연령과 건강과 지식, 모든 재능을 가졌다고 가정한 후, 제자의 출생 당시부터 성인이 되어 자신 이외의 어떤 안내자도 필요치 않는 연령에 도달하기까지 교육을 이끌어 가기로 결심한 것이다.

이러한 방법은 자신에 대한 확신이 없는 저자가 여러 가지 몽상에 사로잡혀 방황하는 일을 막아준다는 의미에서 유익할 것이다. 왜냐하면 보편적인 교육방법을 탈피하여 자신만의 독특한 방법을 제자에게 적용시켜 보면 그 교육이 아이의 발육과 인간의 마음에 있어서 자연 성장에 적합한지 여부를 곧 알게 될 것이며 그렇지 않더라도 독자들이 저자를 대신하여 그것을 알게 되기 때문이다.

많은 어려움 속에서도 내가 이 일을 시도해 보려고 하는 의도가 여기 있다. 나는 쓸데없는 것을 제외하고 진리라고 느낄 수 있는 진리만을 진술하기로 했다. 그러나 증명을 필요로 하는 규칙에 대해서는 폭넓게 세밀한 실례를 들어가며 설명할 것이다. 이것이 나의 계획인데, 성공 여부에 대한 판단은 독자들에게 맡긴다.

나는 처음부터 에밀에 대해서 별로 언급하지 않았는데 그것은 교육에 관한 최초의 준칙이 종래의 믿음과는 상반됨에도 불구하고 명백한 이론에 근거한 것이기 때문에 이성을 지닌 사람이라면 아무도 거부할 수 없을 것이기 때문이다. 교육이 진행됨에 따라 에밀은 독특한 지도를 받아 보통 어린이와는 다르게 될 것이다. 따라서 그를 위하여 독특한 방법이 필요하며 그가 나를 필요로 하지 않을 때까지 잠시도 떠나지 않고 그를 지켜보기로 하겠다.

나는 여기서 훌륭한 교사의 자격에 관해서는 일절 말하지 않고 다만 내가 자격을 모두 갖추고 있다고 가정하겠다. 결국 나 자신에게만은 자격을 부여하고 있는 셈이다. 한 가지 지적해 둘 것은 어린이를 교육하는 사람은 가능한 현명하면서도 젊은 사람이어야 한다. 또 가능하면 교사 자신이 어린이여서 제자와 친구가 되어 함께 즐거워하며 신임을 받으면 더욱 좋겠다. 어린이와 어른 사이는 거리가 너무 멀어서 도무지 양자를 연결시킬 만한 공통점이 없다.

사람들은 경험 있는 교사를 원하지만 한 사람의 교사는 한 번밖에 교육할 수 없다. 만일 두 번째에 교육이 성공한다면 첫 번째 어린이의 교육을 무슨 권리로 담당했단 말인가? 어린이를 4년 간 따라다니는 것과 25년 지도하는 것과는 현격한 차이가 있기 때문에 나는 어린이가 태어나기 전에 교육할 사람을 정해 주고 싶다.

여러분의 가정교사는 5년마다 학생을 바꿀 수 있지만 나의 교사는 제자를 한 명밖에는 두지 못할 것이다. 어린이에게 가르쳐야 할 학문은 하나 밖에 없으며, 그것은 바로 인간의 의무에 대한 학문이다. 그래서 나는 인 간의 의무를 가르치는 선생을 교사라기보다는 지도자라고 부르고 싶다. 그것은 사물을 가르치는 것보다 지도하는 일이 더 막중하기 때문이다. 또 한 스스로 교훈을 발견하는 일도 매우 중요하다.

조심스럽게 지도자로서의 교사를 선택하는 것처럼 교사에게도 학생을 선택할 권리가 주어져야 한다. 모범적인 교육에는 더욱 이것이 필요하다. 선택함에 있어서 주의할 것은 어린이의 재능이나 성격을 고려해서는 안 된다는 것이다. 그러므로 나는 보통의 어린이를 선택할 것이다. 그것은 그러한 어린이의 교육방법이 보다 일반화될 수 있기 때문이다.

기후가 온난한 지방의 주민이 차례로 열대와 한대지방으로 간다고 하면 그 유리한 점은 명백하다. 그것은 한쪽 끝에서 다른 쪽 끝으로 가는 사람과 동일한 변화를 받으면서도 그가 지니고 있는 자연적인 조건 때문에 절반밖 에 벌어지지 않기 때문이다. 그러므로 나는 나의 제자를 이 지상에 살게 할 때는 온대지방, 특히 프랑스를 택할 것이다. 북극의 사람들은 불모의 땅에 서 너무 많은 것을 소비하고 남쪽에서는 비옥한 땅에서 적은 것을 소비한 다. 결국 한쪽은 부지런한 인간이 되고 또 한쪽은 사색적인 인간이 된다. 이 와 같은 현상은 빈부의 차로 인하여 동일한 장소에서도 나타난다.

가난한 사람은 교육이 필요 없다. 가난한 상태 자체가 교육을 강요하기 때문이다. 반대로 부자가 받는 교육은 매우 부적합하다. 그런데 자연의 교육은 인간을 모든 조건에 적응하도록 해야 한다. 그러므로 수적으로 많 은 빈자보다도 적은 부자에게서 제자를 선택하기로 했다. 가난한 사람은 자신의 힘으로 인간이 될 수 있기 때문이다.

에밀은 명문 가문의 태생이라도 괜찮다. 에밀은 고아이다. 부모가 있어 도 문제는 없다. 나는 그의 부모의 의무를 인수받은 까닭에 부모의 모든 권리를 인수받은 것이다. 에밀은 부모를 존경해야 하지만 나에게는 복종해야 한다. 이것이 유일한 조건이다.

이 조건에 또 다른 조건을 덧붙이고자 한다. 그것은 전자의 조건에 포함되는 것인데 에밀과 나는 서로의 동의 없이는 절대로 떨어져서는 안 된다는 것이다. 이것은 매우 중요하다. 결국에는 헤어질 것을 예상한다면 각기 자신의 세계를 가진 타인에 불과한 것이다. 그렇게 되면 제자는 제자대로 교사는 교사대로 귀찮게 생각하며, 사랑이 없는 까닭에 교사의 자애나 학생의 존경은 거의 없게 된다.

그러나 그들이 함께 생활해야 한다고 생각하면 서로 사랑해야 한다는 것을 깨닫고 더욱 친밀해질 것이다. 그렇게 되면 제자는 복종하는 것을 부끄러워하지 않을 것이며, 교사는 교육에 온갖 정성을 기울일 것이다. 이 계약은 순조롭게 태어나 훌륭한 체격을 구비한 건강한 어린이라는 예상 하에 이루어졌다. 아버지에게는 자녀들이 불구이거나 허약하거나 건강하거나 모두 신이 위탁한 존재이므로 신에게 책임이 있는 것이다. 그리고 결혼은 배우자간의 계약이며 동시에 자연과의 계약이다.

그러나 자연이 부과하지 않은 의무를 스스로 맡으려는 사람은 그것을 완수할 수 있는 수단을 미리 강구해야 한다. 허약하고 불구인 제자를 책임진 교사는 생명의 가치를 증진시킬 시간을 한 생명을 보호하는 데 허비하게 된다. 만일 어린이가 죽는 경우엔 보람도 없이 비난만 받을 것이다. 설령 그 어린이가 80세까지 산다고 해도 병들고 허약한 어린이라면 나는 맡지 않을 것이다. 오직 신체의 보호에만 신경을 쓰고 언제나 죽지 않으려는 그런 어린이에게 삶의 기술을 가르친다는 것은 헛수고이며, 또한 가르칠 재간도 나에게는 없다.

육체는 정신의 명령에 복종할 수 있도록 건강해야 한다. 무절제한 생활과 고행과 단식은 서로 다른 이유로 육체를 쇠약하게 만든다. 육체란 약할수록 명령하고 강할수록 복종한다. 모든 관능적 욕망은 허약한 육체 속에 깃드는 법이므로 정욕을 충분히 만족시키지 못하면 더욱 예민해지는 것이다.

허약한 육체는 정신까지도 약하게 만든다. 모든 병을 치료할 수 있다는 의술은 병보다 더 많은 해를 끼치는 데 비겁함, 두려움, 맹신, 죽음에 대한 공포 등을 전염시키고 있다. 의술은 육체는 치료하지만 정신은 죽이고 있다. 우리에게 필요한 것은 살아 있는 인간이다.

약은 오늘날 만용 되고 있다. 당연한 일이다. 의술은 시간을 어떻게 사용해야 하는지 모르고 그저 몸보신으로만 세월을 보내는 한가하고 일없는 사람들에게 오락이다. 만약 그들이 영원히 죽지 않는 인간으로 태어났다면 불쌍한 인간이 되었을 것이다. 의사는 그들에게 겁을 주기도 하고 위로를 주기도 한다. 아직 죽지 않았다는 기쁨을 매일 주고 있는 것이다.

여기서 의술의 무익함을 언급할 생각은 없다. 다만 정신적인 면에서 고찰하고 싶을 뿐이다. 사람들은 병자는 치료하면 낫고 진리는 탐구하면 발견된다고 생각한다. 지식을 일깨워 주는 학문이나 병자를 고쳐 주는 의술은 훌륭하나 사람을 그릇되게 하는 학문과 사람을 살해하는 의술은 나쁘다. 문제의 핵심은 이것들을 분별하는 방법을 배우는 것이다. 진리를 모르고 살아갈 수 있다면 허위에 속지 않을 것이며 자연을 거슬러 병을 고치려고 하지 않는다면 의사 손에 죽는 일은 절대 없을 것이다. 약은 어떤 사람에게는 유익하다는 것을 부인하지 않겠지만 인류 전체에 대해서는 해롭다는 것을 말해 둔다.

항상 그렇듯이 사람들은 잘못은 의사에게 있고 의술 그 자체는 틀림없다고 말할 것이다. 물론 옳은 말이다. 그렇다면 의사를 거치지 않고 의술을 시술해 주기 바란다. 육체의 병보다는 오히려 정신의 병을 위해서 행해지는 이 기만술은 육체나 정신 모두에게 아무 도움이 되지 못한다. 그것은 병을 치료하기보다는 오히려 병에 대한 공포심을 심어 주고 죽음을 멀리하기보다는 죽음을 예감케 하고 생명을 연장시켜 주기보다는 소모시키는 것이다.

생명을 연장시킨다고 하더라도 의술이 강요하는 조심 때문에 격려감과 공포심을 조장하기는 마찬가지다. 우리는 위험을 의식하기 때문에 위험을 두려워하게 된다. 아킬레스를 창작한 그리스 시인은 그를 불사신으로 무장시켰기 때문에 아킬레스의 용기를 무가치하게 만든 셈이다.

진실로 용기 있는 사람을 찾으려면 의사가 전혀 없는 곳, 병의 결과를 모르는 곳, 죽음을 의식하지 않는 곳에서 찾아라. 인간의 마음을 비굴하게 만들고 죽음이 진정 두렵다는 사실을 알게 하는 것은 의사들의 처방과 철학자들의 교훈과 성직자들의 설교이다. 그러므로 이런 사람들을 필요로 하지 않는 학생을 나에게 주었으면 좋겠다. 의학을 연구했었던 로크는 병의 예방을 위해서나 가벼운 병 때문에 아이에게 약을 먹이지는 말라고 강경하게 권고하였다. 나는 그보다 더 강한 선언을 하겠다. 나나 에밀을 위해서 에밀의 생명이 위태한 상황에 빠지지 않는 한 절대로 의사의 도움을 받지 않겠다. 그것은 죽음보다 더 해로운 결과를 가져오기 때문이다. 그러니 최악의 경우가 아니면 의사를 부르지 말아야 한다.

아이는 병을 치료하는 방법을 모르지만 대처하는 방법은 안다. 이것이 자연의 치유법이다. 시간이 지나면 나을 병인데도 인간은 초조와 불안 때문에, 또 약 때문에 얼마나 많이 희생했던가? 인간보다 자연에 더 잘 적응하여 병에 걸리는 일이 적은 동물의 생활방식이야말로 내가 제자에게 교육하고 싶은 것이다.

의학의 영역에서 단 한 가지 유익한 것은 위생학이다. 그러나 이것은 학문이라기보다는 오히려 미덕에 속한 교육이다. 절제와 노동이야말로 인간에게 있어서 참된 교사이다. 노동은 식욕을 증진시키고 절제는 과욕의 폭식을 막아 준다. 건강하고 장수하는 민족의 식이요법을 살펴보면 의약의 무익함과 유해함을 알 수 있을 것이다. 생명을 보존하기 위한 시간은 생명을 즐길 시간을 잠식한다. 그러므로 낭비한 시간만큼을 남은 인생에서 빼는 것이 정당한 계산이다.

이것이 건강한 제자여야 하는 이유이며 그를 차후에도 건강하게 기르려는 나의 원칙이다. 생명의 탄생과 함께 욕망이 생겨난다. 갓난아이에게는 젖을 먹여줄 사람, 그 중에서도 어머니가 필요하다. 이 경우 어머니에게 여러 가지 지도방식을 가르쳐 주는 것이 필요하다. 그리고 어머니는 누구보다도 잘할 것이다. 그러나 만일 유모가 필요한 경우에는 우선 좋은 유모를 선택하는 것이 좋다.

부유한 사람들의 불행 중 하나는 모든 일에 잘 속는다는 것이다. 그들이 사람을 잘 판단하지 못해도 그리 놀라운 일은 아니다. 그들을 타락시킨 것은 부(富)이다. 그리고 그들 스스로는 아무것도 하려고 하지 않는다. 그들은 유모도 산부인과 의사에게 의뢰한다. 나는 에밀의 유모를 내가 직접 선택하려 한다. 나는 분명히 정성을 다할 것이며 그것은 결코 나쁜 결과를 가져오진 않을 것이다.

유모를 선택하는 데 무슨 깊은 비밀이 있는 것은 아니다. 그러나 젖의 질이 좋아야 하는 것처럼 젖을 주는 시기에 대해서도 심사숙고해야 한다. 처음에 나오는 아주 묽은 젖은 갓난아이의 창자에 있는 태변을 배설시키는 역할을 하는 음료수와 같다. 나중에 나오는 젖은 점점 진해지면서 그것을 소화시킬 정도로 강해진 아이에게 영양을 공급하게 된다.

모든 암컷의 젖 성분이 새끼의 발육에 맞춰서 자연적으로 변하는 것은 확실히 이유가 있다. 그러므로 갓난아이에게는 아이를 출산한 지 얼마 안 되는 유모가 좋다. 또한 유모는 육체뿐만 아니라 마음도 건강한 사람이어야 한다. 육체적인 면만을 생각하는 것은 사물의 반밖에 이해하지 못하는 것이다. 젖의 질은 좋지만 인격이 나쁜 유모일 수 있으므로 좋은 성격은 건강한 체질과 마찬가지로 매우 중요하다. 유모는 젖을 먹임과 동시에 상냥한 마음씨, 그리고 청결한 보살핌을 게을리하지 않을 의무가 있다.

유모를 선택하는 데 있어서 신중해야 할 또 한가지 이유는 유아에게는 유모 외에 보모는 필요치 않기 때문이다. 이것은 실생활에 있어 매우 현명했던 고대인들의 습관으로써 유모는 젖을 떼고도 늘 아이 곁에 있었다. 유모가 자주 바뀌면 아이는 은연중에 유모를 비교하게 되고 유모에 대한 존경심도 식어지면서 결국은 훌륭하게 양육될 수 없다.

또한 아이는 부모가 없는 경우에는 유모와 교사 이외에 다른 어른을 알아서는 안 된다. 좀 더 심하게 말하면 그 두 사람 중 한 사람만으로도 충분하다. 그러나 직무상 일을 분담하는 것이 어쩔 수 없는 경우에도 아이에 관해서는 마치 한 사람이 대하는 것처럼 느껴지도록 해야 한다. 유모는 생활방식을 완전히 바꿀 필요가 없다. 급격한 변화는 몸에 해롭기 때문에 나쁜 생활상태에서 유모의 건강이 좋았다면 굳이 바꿀 필요는 없다.

농촌 여성들은 육식보다는 채식을 많이 하나 그것은 아이들에게 더 유익하다. 육식을 많이 한 유모의 젖이 아이에게 더 좋은 영양을 공급한다고 사람들이 믿고 있으나 실제로는 많은 복통과 기생충을 유발한다. 왜냐하면 동물성 물질은 부패하면 벌레가 끓기 때문이다. 반면 초식동물의 젖은 육식동물의 젖보다 달고 맛도 좋으며 건강에도 좋다. 또한 초식동물의 젖은 본래의 질을 잘 보존하면 부패하는 일도 적다.

양적인 면에 있어서도 전분(澱粉)은 육류보다 피를 많이 만든다. 그러므로 전분질이 보다 많은 피를 만드는 것은 틀림없다. 너무 일찍 젖을 떼지 않으며 젖을 뗀 후 식물성 음식으로만 이유하는 아이나, 혹은 수유자 역시 채식만 하는 아이의 경우는 기생충에 시달리는 일이 거의 없으리라고 본다.

그리고 젖이 체질에 맞지 않는 아이에게는 젖을 빼는 기구를 사용하여도 소용이 없다. 젖이 응고되는 것을 걱정하는 것은 어리석은 일이다. 젖이 응고되지 않는다면 체내를 그대로 통과할 뿐 영양분을 공급해 주지는 못할 것이다. 여러 방법으로 젖을 묽게 하거나 흡수제를 사용하여도 쓸데없는 일이다. 위는 젖을 응고할 수 있으며 소의 위에서는 응유효소(凝乳酵素)까지 만들어진다.

그러므로 유모는 평소 먹던 음식물을 변경하지 말고 더 많이 더 좋은 걸로 선택해서 먹으면 좋겠다. 기름기 없는 음식이 변비를 일으키는 것은 요리법에 문제가 있는 것이다. 그러므로 요리법을 개선해야 한다. 유제품에 열을 가해서는 안 되며 야채는 데치는 게 좋다. 아이에게는 식물성식품이 좋다고 하면서 유모에게는 동물성식품이 좋다는 이론은 모순이다.

공기는 유연한 아이 피부의 기공(氣孔)에 스며들어 갓 태어난 육체에 강력한 영향을 미쳐 평생 동안 지워지지 않게 된다. 그러므로 나는 농촌여성을 도시의 방안에 가두어 놓고 아이에게 젖을 먹이는 것보다는 차라리 아이를 시골로 보내 신선한 공기를 마시게 하고 싶다. 그러면 아이는 새 어머니의 환경을 받아들이게 되고, 교사도 그를 따라 시골로 가면 된다.

인간은 개미처럼 떼지어 살도록 되어 있는 것이 아니라 경작해야 할 땅 위에 흩어져 살도록 되어 있다. 한 곳에 밀집하여 사는 인간은 타락하기 쉬우며, 허약한 육체와 부도덕한 정신은 집단생활이 빚어내는 결과이다. 인간은 집단생활에 부적합하며 인간이 토해내는 입김은 타인에게 치명적인 해를 준다.

도시는 인류를 타락으로 이끄는 심연(深淵)이다. 이곳에 산 종족은 몇 세대 후 멸망하거나 쇠퇴하고 말 것이다. 그들을 새롭게 소생시킬 수 있는 곳은 농촌이다. 아이를 농촌으로 보내라. 도시에서 잃어버린 그들의 생기를 전원에서 찾도록 해주어야 한다. 시골에 사는 임신부들은 출산하기 위해 도시로 가지만 사실은 반대로 해야 한다. 그러면 훨씬 좋은 결과를 얻을 것이다.

아이가 태어나면 보통 미지근한 물에 포도주를 타서 목욕을 시키는데 포도주를 타는 것은 쓸모 없는 짓이라고 생각한다. 자연은 발효음료를 만들어내는 일이 없으므로 인간이 가공한 주류를 사용하는 것은 자연적으로 창조된 생명에 결코 좋다고 생각하지 않는다.

사실 수많은 민족들이 갓난아이를 강물이나 바닷물에 목욕 시킨다. 그러나 우리의 아이들은 허약한 어머니로부터 허약하게 태어나 지나친 보호를 받아야 하는 체질을 타고난다. 그렇다고 건강한 체질로 만들기 위해 처음부터 시련을 받게 할 필요는 없다. 조금씩 단계적으로 회복시켜 주어야 한다.

목욕하는 습관은 결코 중단해서는 안 된다. 이 습관은 근육조직을 유연하게 할 뿐 아니라 기후변화에도 적응할 수 있는 예방요법으로써도 중요하다. 아이가 성장함에 따라 뜨거운 물에도 차가운 물에도 몸을 단련시켜주는 것이 좋다. 이런 단련을 통해서 공기의 온도차에 거의 영향을 받지 않게 될 것이다.

아이가 모태(母胎)에서 나와 호흡을 시작하면, 모자나 띠나 배내옷으로 묶거나 꼭 끼게 입혀 구속을 주어서는 안 된다. 공기의 영향을 느끼는데 장애가 될 만큼 덮어서도 안 된다. 아이는 크고 포근한 요람 속에서 자유로이, 또 안전하게 움직일 수 있도록 해주어야 한다. 그리고 아이가 커 가면 온 방을 마음대로 기어다니게 하라. 그러면 아이가 날로 튼튼해지는 것을 볼 수 있을 것이다.

이런 방법은 유모에게 좀 더 편한 일거리가 되겠지만, 그 때문에 사람들은 유모에게 반박할 것이다. 유모들과는 논의하지 마라. 명령만 하고 보고만 있어라. 그리고 명령한 바가 잘 이루어지도록 협조를 아끼지 마라. 일반적으로 유모는 아이의 육체적인 면에만 주의를 기울인다. 그러나 생명과 함께 시작하는 교육이란 점을 생각하면 아이는 교사의 제자가 아니라 자연의 제자이다. 그러므로 교사는 스승인 자연 아래서 연구만 하여 자연의 배려에 방해받지 않도록 해야 한다.

우리는 배울 수 있는 능력을 가지고 태어난다. 그러나 태어날 때는 인식하지 못하는 미지의 상태로 태어난다. 그러므로 갓난아이의 운동이나 울음은 순수한 기계적 반사운동으로써 아무런 지각도 의지도 없는 것이다. 그는 외계의 사물에 대해서 아무것도 인식하지 못할 뿐만 아니라 그것을 감각기관에 전해 주지도 못한다. 모든 감각은 한곳에 집중되어 있고 유아는 오직 감각중추(感覺中樞) 속에서만 존재하여 모든 감각을 그 관념에 결부시킬 것이다. 이러한 인간은 일어설 줄도 모르고 몸의 균형을 잡는데도 상당한 시간이 걸릴 것이다. 아마 여러분의 눈에는 이 크고도 건장한 신체가 하나의 돌처럼 자리잡고 있는 것으로 보이거나 마치 한 마리의 강아지가 기면서 뒹굴고 있는 것처럼 보일 것이다.

그는 욕구의 의미나 그것을 충족시킬 수단은 생각해 내지 못하면서도 여러 가지 불만을 느낄 것이다. 그 아이는 음식을 보아도 그것을 잡으려고 손을 내밀 줄도 모른다. 그러면서도 그의 신체는 성장해 있고 사지가 완전히 발달되어 있어서 조바심 치지도 않고 계속적으로 움직이지도 않을 것이기 때문에 먹을 것을 찾아서 움직이기 전에 굶어 죽을지도 모른다. 우리가 지식발달 순서와 과정을 조금이라도 생각한다면 인간이 경험이나 주위 사람들로부터 어떤 것을 배우기 이전의 자연적인 상태가 바로 무지와 우매의 원시적 상태라는 것을 부인할 수는 없을 것이다.

우리는 보통 수준의 오성(悟性)은 알고 있으나 그 반대 정점은 알지 못한다. 사람은 각각 천분, 신분, 취미, 욕구, 재능, 열의 등을 십분 발휘할 수 있는 기회에 따라 발달의 차이도 달라진다. 어느 누구도 인간의 한계를 모르며, 한 인간과 다른 인간 사이에 존재할 수 있는 거리를 측정하지 못한다. 이 생각에 아무리 자신이 없어도 가끔은 자신만만하게 다음과 같은 생각을 가져보지 않은 사람이 있을까? 나는 얼마만큼 진보됐을까? 얼마나 많은 것을 성취할 것인가? 왜 내가 나의 동료들보다 뒤떨어진단 말인가?

다시 말한다. 인간의 교육은 출생과 더불어 시작된다. 말을 하기도 전에, 들을 수 있기도 전에 이미 교육은 시작된다. 아이가 이미 유모의 얼굴을 알아볼 때에는 많은 것을 터득하고 있다. 아무리 바보 같은 사람일지라도 그가 태어난 후 진보의 자취를 돌이켜보면 놀랄 것이다. 인간의 지식과 학문을, 그리고 만인의 공통점과 학자만의 특이점을 가른다면 후자는 전자에 비하여 극히 미미할 것이다. 그러나 우리는 일반적인 지식을 거의 고려하지 않는다. 그것은 자신도 모르게 이성이 생기기 때문이며, 또한 지식이란 일반지식과 비교하여 인정을 받을 때 주목하게 되는 것이므로 대수의 방정식 계산과도 같은 것이다.

동물도 감각과 욕구를 가진 까닭에 많은 것을 습득한다. 그러나 처음부터 걷고 나는 법을 배우는 것은 아니다. 동물 또한 힘든 연습을 마친 뒤에 비로소 걷고 날 수가 있다. 생명 있고 감각이 있는 것들에게는 모든 것이 교육이다. 아이가 최초로 느끼는 감각은 순전히 감각적인 것이다. 그들이 지각하는 것은 기쁨과 고통뿐이다. 아이의 표상감각(表象感覺)을 형성시키려면 오랜 시일이 필요하다. 그러나 대상이 확대되어서 크기와 형태를 구별할 수 있기까지는 아이가 그 습관에 익숙해져야 한다. 결국 욕구는 필요에 의해 생기는 것이 아니라 습관에 의해서 생긴다. 다시 말하면 자연의 욕구 외에 습관에 의해 새로운 욕구가 나타나게 된다.

아이들에게 꼭 길러 주어야 할 유일한 습관은 어떠한 습관에도 물들지 않는 습관이다. 한쪽 팔만을 잡아 준다든지 일정한 시간에 먹고 자는 습관도 길러 주어서는 안 된다. 신체에 자연적인 습관을 지니게 함으로써 언제나 자기를 지배할 수 있는 상태에 두어 의지를 굳히고 무엇이든 자기의 의지로 관철할 수 있도록 하여 일찍부터 앞으로 다가올 자유경쟁의 시기에 대비해서 힘을 사용할 능력을 길러 주는 것이 좋다.

아이가 물체를 구별하기 시작하면 보여주어야 하는 사물을 선택하는 일이 중요하다. 물론 새로운 사물은 인간의 흥미를 끌기에 충분하다. 아이는 스스로를 몹시 약하게 생각하고 있으므로 미지의 사물은 무엇이든 두려워한다. 새로운 것을 보아도 예사롭게 보는 습관을 길러 주면 그런 공포심은 자연히 없어진다. 거미줄이 없는 청결한 집에서 자란 아이는 거미를 무서워하며 그 공포심은 성장해서도 없어지지 않는 경우가 있다.

그래서 아이는 보여주는 물건에 따라 겁쟁이 혹은 용감한 사람이 된다. 아이가 말을 하고 알아듣기 전부터 교육을 시작해야 하지 않겠는가? 나는 아이에게 새롭기도 하고 추하기도 하며 보기 흉한 동물들을 볼 수 있는 습관을 들이기를 원한다. 처음에는 조금씩 멀리서 보여주어 차츰 익숙해지게 하고 다른 사람이 그것을 만지는 것을 보면 마침내는 아이 자신도 만져보게 된다. 아무리 무서운 것이라도 매일 보면 무섭지 않게 느껴지는 것이다.

아이들은 모두가 가면(假面)을 무서워한다. 나는 에밀에게 우선 재미있는 가면을 보여준다. 그리고 누군가가 에밀에게 그 가면을 씌워준다. 모두 웃으면 아이도 따라서 웃을 것이다. 그 다음에는 "흥!" 하면서 무서운 것을 보여준다. 그 변화를 순차적으로 잘만 해 나가면 무서운 가면을 봐도 웃게 될 것이다. 이렇게 되면 가면을 보고 무서워하는 일은 없어진다.

에밀이 총소리에 단련이 되도록 하려면 우선 피스톨에 적은 양의 탄약을 넣고 방아쇠를 당길 것이다. 잠깐 번쩍 하는 불꽃으로 에밀은 즐거워 할 것이다. 그러다가 탄약의 양과 총의 크기를 점차적으로 늘려간다. 그러면 결국 에밀은 무서운 폭발 소리에도 놀라지 않도록 길들여지는 것이다.

천둥을 무서워하지 않는 아이도 천둥번개가 사람을 해하기도 한다는 사실을 알고 나면 그것을 무서워한다. 이렇게 이성에 의해서 공포심을 갖게 되면 습관을 들여서 그들을 안심시키는 것이 좋다. 신중하게 서서히 점차적으로 해나가면 어른이든 아이든 모든 일에 대담하게 대처할 수가 있다.

인생의 초기에는 기억력이나 상상력이 활발하게 작용하지 않으므로 아이는 감각을 자극하는 물체에 대해서만 주의를 기울인다. 그러므로 처음 단계에서는 그 감각과 감각을 일으키는 물체와의 관계를 명확하게 알려 주기만 하면 된다. 아이는 모든 물체를 만지려고 하므로 이러한 욕구와 활동을 방해해서는 안 된다. 이렇게 함으로써 아이는 사물의 성질을 판단하는 방법을 배우게 된다.

우리는 운동에 의해서만 우리 이외의 사물이 있다는 것을 배운다. 공간 개념을 체득하는 것도 운동에 의해서만 얻어진다. 아이가 바로 곁에 있는 물건과 멀리 있는 물건을 구별하지 못하고 손을 내밀어 잡으려고 하는 것은 공간개념이 아직 형성되지 않았기 때문이다. 그러므로 아이가 거리감 각을 익히기 위해서는 자꾸 걷게 하여 장소에 대한 변화와 거리에 대한 인식을 얻게 해야 한다. 그런 다음에는 아이가 원하는 대로 가도록 내버려 두지 말고 여러분이 원하는 곳으로 데리고 다녀야 한다. 왜냐하면 아이가 거리감을 판단할 수 있게 되면 어떤 장소에 가려고 하는 데도 아이의 동기와 노력이 변하기 때문이다. 이 변화는 좀 더 설명할 필요가 있다.

아이는 욕구를 충족하기 위해 남의 도움이 필요할 때에는 불만이 여러 가지 표정으로 얼굴에 나타난다. 아이들이 우는 것은 이 때문이다. 아이의 감각은 모두 감정적이기 때문에 기분이 좋을 때는 즐기고 괴로울 때는 그들 특유의 언어로 남에게 구원을 요청한다. 그런데 아이란 눈을 뜨고 있는 동안은 무관심한 상태로 가만있지 않고 언제나 감정의 동요를 받고 있다.

우리의 언어는 모두 기술의 결과로 생긴 것이다. 사람들은 오랫동안 자연적이고 모든 인류에게 공통되는 언어가 있는가를 탐구해 왔다. 아이가 말을 하기 이전의 언어가 바로 그것이다. 우리는 성인의 언어만을 사용해 왔으므로 아이들의 언어는 완전히 잊어버리고 있다. 아이들을 연구하면 우리는 그들에게서 그 언어를 다시 배울 수 있을 것이다. 그 언어에 있어서 유모는 우리들의 선생이다. 유모는 유아의 말을 모두 이해하는데 그때 아이가 알아듣는 것은 말의 뜻이 아니라 말의 억양이다.

아이에게는 소리 외에 몸짓으로 표현하는 언어가 있다. 그것은 얼굴에서 나타난다. 아직 제대로 형태가 잡히지 않은 얼굴에서 얼마나 풍부한 표정이 나타나는지 놀라지 않을 수 없다. 아이들의 표정은 상상도 못할 만큼 빠른 속도로 변하여 그때마다 전혀 다른 얼굴을 보는 것만 같다. 아이들의 안면근육은 확실히 어른의 근육보다 유연하다. 그와 반대로 아이의 생기 없는 흐린 눈은 아무것도 나타내지 않는다. 이것은 육체적 욕망 외에는 아무 욕망도 갖지 않는 시기의 특징이다. 감각은 얼굴표정으로 나타나고 표현은 눈길에서 볼 수 있기 때문이다.

인간의 최초의 상태는 궁핍과 허약이며 최초의 소리는 불만과 울음이다. 아이는 욕구를 느끼지만 그것을 충족시킬 수 없으므로 울음으로써 타인에게 구원을 요청한다. 배가 고프거나 목이 말라도 울고 너무 춥거나 너무 더워도 운다. 현재의 상태가 불편하면 편안하게 해달라고 운다. 아이에게는 단 하나의 언어밖에는 없다. 아이에게는 불편하다는 느낌 외에는 감각이 없기 때문이다. 아이는 불완전한 기관 때문에 온갖 인상을 구별하지 못한다. 그래서 그는 모든 불편을 고통이라는 단 하나의 감각으로 나타내는 것이다. 아이의 울음으로부터 사물과의 관계와 사회질서를 형성하는 최초의 긴 연쇄사슬이 생긴다.

아이는 불편할 때 울기 시작한다. 그러므로 어른들은 그 욕구가 무엇인지를 찾아내어 충족시켜 주어야 한다. 어른들은 아이가 울음을 그치도록 요람에 넣어 흔들기도, 위협하기도, 심지어는 때리기도 한다. 인생의 문으로 막 들어가려는 아이에게는 곤란한 일이다.

나는 언젠가 울다가 유모에게 얻어맞는 아이를 본 적이 있다. 그 아이는 즉시 울음을 그쳤는데 순간 그가 겁을 먹었다고 생각했다. 그러나 그건 잘못 생각한 것이었다. 가엾게도 그 아이는 너무 화가 치밀어 숨이 막혀 얼굴이 자주 빛으로 변했고, 잠시 후 찢어지는 듯한 울음이 터져 나왔다. 나는 그가 너무 심하게 울어 숨이 끊어지지나 않을까 염려스러웠다. 유모는 심하게 때리지는 않았지만, 순간적으로 미워하는 마음에서 때린 것이었기 때문에 아이는 참기 어려운 상처를 받았다.

아이들의 이러한 흥분, 원한, 분노의 감정은 상당한 주의를 필요로 한다. 보에르하베(1668~1738, 네덜란드의 임상의학자)는 아이의 병은 대부분 경련성이라고 했다. 그 이유는 아이의 머리는 어른에 비해 크고 신경계통이 널리 퍼져 있어 신경이 쉽게 흥분하기 때문이다. 그러므로 아이의 신경을 자극하는 하인들은 가까이 접근하지 못하도록 해야 한다. 아이는 사물의 저항만 받고 인간의 의지에 의한 저항은 받지 않는다면 결코 반항적이지도 않고 성을 내는 일도 없이 건강하게 자라난다. 그러나 아이가 하자는 대로 하는 것과 아이를 거역하지 않는 것은 큰 차이가 있음을 명심하라.

갓난아기의 최초의 울음은 요청이다. 그런데 여기에 주의를 기울이지 않으면 이 울음은 마침내 명령으로 바뀐다. 아이는 처음에는 도움을 요청하지만 나중에는 봉사를 요구하게 된다. 그래서 처음에는 자신의 나약함 때문에 의타심이 생기지만 나중에는 권력과 지배의 개념이 싹트게 된다. 그러나 이러한 관념의 직접적인 발생원인은 자연에 있지 않고 도덕적인 결과에 있다는 것이 확연하므로 갓난 시절부터 울음과 몸짓이 무엇을 뜻하는지 아는 것이 중요하다.

아이가 아무 말도 않고 애써 손을 내밀 때에는 거리감이 없기 때문에 그 물건이 손에 닿을 줄 믿고 있는 것이다. 그러나 아이가 손을 내밀며 칭얼거릴 때에는 그 물건을 가까이 밀어주거나 갖다달라고 명령하는 것이다. 첫 번째 경우에는 아이를 물건 가까이 데려다 주는 것이 현명하지만 두 번째 경우에는 울음소리를 들은 척도 하지 마라. 일찍부터 명령해서는 안 된다는 습관을 길러주는 것이 좋다. 왜냐하면 아이는 사람들의 주인이 아니며 물건들은 아이가 말하는 바를 알아듣지 못하기 때문이다. 그러므로 아이를 물건 가까이 데리고 가는 것이 바람직하다.

아베드 생 삐에르(1658~1743 프랑스의 작가, 성직자)는 어른을 커다란 아이라고 불렀지만 반대로 아이를 작은 어른이라고 할 수도 있을 것이다. 그러나 홈즈가 악인을 강한 아이라고 부른 것은 대단히 모순되는 말이다. 모든 악은 약한 데서부터 발생한다. 그러므로 아이들을 강하게 만들면 그들은 선량해진다. 무엇이든 할 수 있는 사람은 결코 나쁜 짓을 하지 않는다.

전능한 신의 속성 가운데 선한 속성은 신의 본질인데 그것 없이는 신을 생각할 수 없다. 두 가지 근본원리를 알고 있는 민족들은 악을 선보다 열등하게 생각했다. 그렇지 않다면 그들은 불합리한 가정만을 생각한 셈이다. 뒤에 나오는 '사보아 보좌 신부의 신앙고백'을 보면 알 것이다.

이성(理性)만이 우리에게 선과 악을 가르쳐 준다. 우리에게 선을 사랑하고 악을 미워하게 하는 양심은 이성과는 독립적이다. 이성 없이는 발달할 수 없다. 우리는 이성의 시기가 오기 전까지 선과 악을 알지 못하면서 행한다. 그러므로 우리와 관련되어 있는 타인의 행동에 대하여 도덕성을 느낄 때는 있으나 우리 자신의 도덕성에 대해서는 느끼지 못한다.

왜 그럴까? 철학은 인간이 천성적으로 악해서 그렇다고 설명한다. 또한 아이는 자신의 무력함을 느끼고 있기 때문에 힘에 벅찬 행동을 해 보인다든가 스스로에게 힘을 입증해 보이려고 한다고 말할 것이다. 그러나 인생의 순리에 의해서 다시 유년시절의 무력함으로 돌아간 허약한 노인은 극히 작은 변화에도 당황하며 불안해 한다. 만일 근본적인 변화에 원인이 없다면 그 같은 무력함이 노인과 아이에게서 차이가 생기겠는가? 그것은 동일한 활력소가 한쪽에서는 발전하고 다른 쪽에서는 소멸해 가고 있기 때문이며, 아이는 삶으로 향하고 노인은 죽음으로 향하기 때문이다. 즉, 아이들은 스스로 생명력을 가지고 형성하는 행동보다 시간이 덜 걸리는 파괴하는 행동을 한다. 그것이야말로 아이의 활동적인 성향에 맞는 것이다.

자연의 창조자는 아이에게 이러한 활동력을 부여했으나 지나친 힘을 행사하여 해를 끼치지 않도록 힘은 조금밖에 주지 않았다. 아이들은 주위 사람들을 제 마음대로 부릴 수 있는 도구로 알게되면 폭군이 된다. 이것은 아이의 천부적인 지배욕에서 비롯되는 것이 아니라 어른들이 가르쳐 준 탓이다. 왜냐하면 남의 손을 빌어서 행동하는 것, 말 한마디로 세계를 움직일 수 있다는 것을 깨우치는 데는 많은 경험이 필요 없기 때문이다.

인간은 성장하면서 가르침을 더해 간다. 그리하여 차츰 덜 불안해지고 성격이 차분해진다. 이처럼 영혼과 육체가 균형을 이루어 자연은 인간의 자기 보존에 필요한 운동만을 요구하게 된다. 그러나 명령하고 싶은 욕망은 사라지지 않는다. 지배욕이 이기심을 일깨우고 습관이 그것을 강화한다. 이렇게 되면 단순한 변덕이 필요성을 낳게 되고 편견이나 아집이 최초로 뿌리 내리게 된다. 이 원칙만 알면 우리는 인간이 자연의 길에서 벗어나는 출발점을 분명히 알 수 있다. 그러면 이제부터 자연의 길에서 벗어나지 않는 방법을 살펴보도록 하자.

제 1 준칙 : 아이에게는 남아도는 힘이 없을 뿐 아니라 자연이 요구하는 것을 행하기에도 부족하다. 그러므로 자연이 그들에게 준 힘은 모두 사용해야 한다. 그래도 그들은 그 힘을 남용하지는 않을 것이다.

제 2 준칙 : 아이들의 육체적 필요에 속한 모든 것, 즉 지적인 것이나 체력적으로 그들에게 부족한 것이 있으면 도와주고 보충해 주어야 한다.

제 3 준칙 : 아이들을 도와줄 때에는 변덕 또는 이유 없는 욕구에는 응하지 말고 필요한 것만 응해 주어야 한다.

제 4 준칙 : 아이의 욕구가 자연에서 생긴 것인지 고집에서 생긴 것인지 구별하기 위해 그들의 말이나 표정을 주의 깊게 연구해야 한다.

이상의 준칙의 근본정신은 아이에게 진정한 자유는 가능한 한 많이 부여하고 지배욕은 줄임으로써 독립적으로 행동하도록 하는 반면 의타심을 막아 보자는 데 있다. 이렇게 하면 자신의 능력이 미치지 못하는 것에는 헛된 욕구를 느끼지 못할 것이다.

손발이 자유로운 아이는 배내옷으로 묶여 있는 아이보다 울지 않는다. 아이가 고통스러워 울음으로써 도움을 요청할 때는 가능한 빨리 도와주고 고통을 줄여줄 수 없을 때에는 달래지 말고 그대로 있어라. 그렇지 않으면 아이는 어른의 주인노릇을 하게되고 모든 교육은 수포로 돌아간다.

아이는 운동하는데 방해를 덜 받으면 별로 울지 않을 것이며 울음소리 때문에 고통받는 일이 적으면 울음을 그치게 하는데 수고스러움도 적을 것이다. 아이도 위협을 당하거나 달래주는 일이 적을수록 겁을 내거나 고집을 부리는 일이 줄어들어 자연 그대로의 상태에 머물게 될 것이다. 그렇다고 아이를 방임하라는 것은 아니다. 그와는 반대로 아이가 울기 전에 아이의 기분을 잘 살펴 대비해 두라는 것이다. 울면 모든 일이 순조롭게 되는데 어찌 울지 않겠는가?

몸이 묶여 있지도 않고 아픈 것도 아니며 부족한 것도 없는데 우는 것은 습관과 고집에서 온 것이다. 그런 습관을 고치거나 예방하려면 오직 하나, 울음소리에 전혀 귀를 기울이지 않는 것이다. 처음에는 끈질기게 울어대지만 아무도 관심을 기울이지 않으면 아이는 제풀에 꺾여 더 이상 울지 않게 된다. 이와 같이 하면 아이는 울지 않게 되며 어쩔 수 없는 고통으로 인해서 울 때 이외는 울지 않는다.

그밖에 아이가 변덕이나 고집을 부려서 끈덕지게 우는 경우에 울음을 그치게 하는 확실한 방법이 하나 있다. 그것은 울음을 그칠 수 있게 아이의 기분을 전환시키는 일이다. 그러나 이때 주의해야 할 것은 그 의도를 알아차리지 않게 하면서 즐길 수 있도록 해주는 것이다.

모든 아이들에게 있어 이유시기가 너무 빠르다. 젖을 떼는 가장 적당한 시기는 이가 날 때이다. 그런데 일반적으로 이가 날 때에는 고통스럽기 때문에 아이는 기계적인 본능으로 무엇이든 입으로 가져가 깨물려고 한다. 그래서 사람들은 늑대 이빨이나 상아같이 단단한 것을 주어 아이의 치아 발달을 도우려고 하는데 이것은 잘못된 것이다. 이러한 방법은 이가 돋아날 때 더 심한 고통을 주게 된다. 그러므로 모든 것은 자연의 본능에 맡기는 것이 상책이다.

사람들은 검소할 줄 모른다. 그리하여 아이들에게 은·금방울같이 비싼 장난감을 준다. 그런 것은 무익하고 유해하다. 열매와 잎이 달린 나뭇가지나 감초뿌리 같은 장난감은 빨거나 씹어도 되기 때문에 아이를 즐겁게 해줄 것이며 호사스런 것에 익숙해지는 것을 막아줄 것이다.

부이이(밀가루와 우유를 섞어 끓인 죽)가 건강에 유익하지 않다는 것은 이미 일반에게 잘 알려진 사실이다. 나는 차라리 빵을 풀어서 만든 죽이나 미음이 더 낫다고 생각한다. 그리고 고깃국이나 수프는 가능한 한 먹이지 않는 것이 좋다. 나는 매일 그들의 말소리만 듣고 나이를 착각하기도 한다. 말소리로는 10살 가량의 어린이 같은데 실제 모습은 서너 살밖에 안되어 보이기 때문이다.

이런 착각을 일으키는 원인은 도시의 아이들이 방안에서만 자라서 작은 소리로도 의사표현이 가능하기 때문이다. 그들이 입술만 움직여도 어른들은 금방 그 말뜻을 알아내려고 하며 아이가 서툴러서 잘못하는 말을 계속 되풀이하게 한다. 그리고 항상 같은 사람이 주위에 있어 아이의 말을 미리 알아차리고 짐작해 버린다.

그러나 농촌에서는 사정이 전혀 다르다. 농촌의 여성은 항상 아이 곁에만 있을 수 없다. 그래서 아이는 하고 싶은 말을 큰소리로 똑똑하게 말해야 한다는 것을 배운다. 또한 상대방과의 거리에 따라 목소리의 강도를 조정하는 법을 배운다. 그래서 농촌의 아이는 무엇을 물어보면 부끄러워 대답을 못하는 경우는 있어도 대답을 할 때는 분명하게 말한다. 그런데 도시의 아이들은 하녀가 통역을 해주어야 할 정도로 분명한 발음을 하지 못한다.

그들이 성장하면 사내아이는 학교에서 여자아이는 수녀원에서 그런 나쁜 습관을 고쳐나갈 것이다. 그러나 배운 것을 큰소리로 암송하는 까닭에 아무렇게나 쓰고 발음하는 나쁜 습관이 길러진다. 그들은 기억을 되살리기 위해 낱말의 음절을 길게 끈다. 이렇게 해서 발음의 결함이 익혀지고 끝내는 그대로 굳어 버린다.

그러나 나는 일반 서민이나 농촌 사람들이 필요 이상으로 큰소리로 말하려고 하거나 지나치게 정직하게 발음하려다 발음에 이상이 생기는 경우가 있음을 인정한다. 하지만 이러한 경우는 다른 경우에 비해 덜 위험하다고 생각한다.

왜냐하면 대화의 첫째 법칙은 상대방에게 자기가 하는 말을 이해시키는 것이기 때문이다. 억양이란 대화의 생명으로서 말에 감정과 진실성을 부여한다. 억양은 말보다 거짓이 없다. 억양을 무시한 발음은 유행에 따라 변하는 우스꽝스럽고 부자연스러운 발음이 된다. 이와 같이 말이나 태도를 부자연스럽게 꾸미기 때문에 프랑스인들은 타민족에게 경원 당하고 불쾌감을 주게 된다.

아이들에게 습관으로 굳어질까 우려하는 모든 언어상의 결점들은 염려할 것이 못된다. 그것은 간단하게 고칠 수도 있고 예방할 수도 있다. 그러나 아이가 알아들을 수 없는 소리를 할 때 그것을 그대로 내버려 두거나 말할 때마다 음조에 비평하고 용어의 잘못을 일일이 지적하여 기른 아이의 습관은 절대 고쳐지지 않는다.

여성의 거실에서 말을 배운 남자는 군대의 선두에서 지휘할 수 없으며, 폭도를 큰소리로 위압할 수도 없다. 우선 남자들에게 말하는 법부터 가르쳐라. 그러면 여자들 앞에서도 훌륭하게 말할 수 있을 것이다.

시골에서 아이들을 자라게 하면 낭랑한 목소리를 가지게 되고 애매한 발음습관도 없어질 것이다. 또 그들은 시골 사람들의 말투나 어조를 본받지도 않을 것이며, 설령 그 말투를 배워도 쉽게 버릴 수 있을 것이다. 에밀은 내가 아는 순수한 프랑스어를 분명히 말하고 정확히 발음할 것이다. 말을 하려고 할 때에는 그가 이해하는 말만 들려주고 발음할 수 있는 말만을 하게 한다. 그렇게 하면 반복훈련도 되고 지나치게 애쓸 필요도 없다. 항상 남이 들어주기를 바라는 마음을 갖게 하면 일종의 지배욕이 생기는데 이와 같은 습관을 들여서는 안 된다. 또한 지나치게 빨리 말을 하도록 해서도 안 되며 스스로 필요에 의해 말하도록 해야 한다.

말을 시작하는 것이 아주 더딘 아이는 다른 아이들만큼 똑똑한 발음을 낼 수는 없다. 그러나 늦도록 말을 못하는 것은 나면서부터 자유롭게 움직일 수 없는 성대를 가지고 태어났기 때문이다. 그러나 사람들은 말이 느리면 성급하게 말을 가르치려 한다. 이것이 아이의 말을 한층 더 더듬거리게 하는 원인이 되며 자연적으로 내버려 두면 서서히 완전한 말을 할 수 있을 것이다.

　너무 일찍부터 말을 무리하게 배운 아이는 정확한 발음을 배울 시간도 없으며 남의 말을 충분히 이해할 여유도 갖지 못하게 된다. 그러나 자유로이 방임해 두면 먼저 발음하기 쉬운 음절을 반복하여 연습하고 거기에 점차적으로 의미를 붙여간다. 그리고 그 의미를 몸짓으로 상대방에게 전달한다. 아이들에게 여러분의 말을 사용하도록 강요하지 않으면 말을 잘 관찰하고 충분히 이해한 다음에 사용한다. 아이가 말할 연령도 되지 않았는데 일찍부터 말을 시키는 데서 생기는 가장 큰 폐해는 어른들이 들려주는 이야기나 말을 이해하지 못하는 것이 아니라 다른 의미를 부여하여 사용한다는 점이다. 우리는 때로 아이의 말을 듣고 놀라기도 하는데 이것은 의미의 애매함에서 오는 것으로 아이가 관념도 모르고 하는 말을 어른들이 마음대로 해석했기 때문이다. 이렇게 아이의 말뜻에 주의를 기울이지 않음으로써 이후 정신발달에 큰 영향을 미치게 된다.

　그러므로 아이들이 사용하는 어휘는 될 수 있으면 수를 제한하는 편이 좋다. 관념보다 많은 단어나 특히 생각할 수 없는 단어를 많이 알게 하는 것은 좋지 못하다. 농촌 사람이 도시 사람보다 일반적으로 더 정확한 사상을 가지고 있는 것은 사용하는 언어가 적기 때문이다. 그들은 적은 관념을 가지고 있으나 그 관념들을 정확하게 비교할 수 있다.

　유년기의 초기 발달은 모두가 거의 동시에 일어난다. 아이들은 말하는 것도, 걷는 것도 거의 동시에 배운다. 이것이 유년기의 제1기인 것이다. 이때까지는 태내에 있을 때와 조금도 다를 바가 없다. 아무런 감정이나 관념도 없이 그저 감각만이 있을 뿐이다. 심지어 자기가 존재하고 있다는 것조차 의식하지 못한다.

　그는 살고 있다. 그러나 자기가 살고 있다는 것을 알지 못한다.
- (로마의 시인 오비디우스의 『비가』)

제2부
아동기(다섯 살에서 열두 살까지)

이제부터는 인생의 제2기에 들어간다. 정확히 말하자면 유년기는 끝났다. 유년(Infans)이란 말과 소년(Puer)이라는 말은 동의어가 아니기 때문이다. 전자는 후자에 포함되며 말할 줄 모르는 어린이를 의미한다. 그래서 발레리우스의 책 속에는 'Puerum Infantem(말할 줄 모르는 소년)'이라는 말이 있다. 그러나 나는 프랑스 관용어에 따라 다른 이름으로 불릴 때까지 Infant를 계속 사용하겠다.

어린이들은 말하기 시작하면 우는 일이 적어진다. 우는 대신 말을 하기 때문이다. 말로 고통을 표현할 수 있으니 울 필요가 없는 것이다. 그럼에도 불구하고 어린이가 계속 울기만 한다면 그것은 주위사람들의 책임이다. 에밀은 '아파'라는 말을 배우게 되면 웬만한 고통이 없는 한 울지 않을 것이다.

만일 어린이가 천성적으로 잘 울더라도 울어봐야 소용이 없다는 것을 알도록 내버려 둘 생각이다. 나는 어린이가 울 때는 곁에 가지 않다가 울음을 그치면 즉시 달려갈 것이다. 어린이는 아무리 아프더라도 혼자 있을 때에나 다른 사람이 들어주리라는 기대가 없으면 거의 우는 법이 없다.

어린이가 넘어져서 다치더라도 잠깐 동안 서서 바라볼 생각이다. 이미 다쳤으므로 어린이는 일단 그것을 견뎌야 한다. 내가 서둘면 어린이는 더욱 심한 고통을 느낄 것이다. 상처를 입었을 때 고통을 주는 것은 상처 그 자체보다는 공포심이다. 어린이는 분명히 나의 행동과 판단을 보고 상처의 정도를 판단할 것이기 때문에, 내가 침착하고 냉정하게 처신하면 어린이 또한 냉정한 행동을 취하다가 아픔이 멎으면 상처가 다 나았다고 생각할 것이다. 이렇게 해서 이 시기에 사람은 고통을 견디는 법을 배우게 된다.

나는 에밀이 상처입지 않도록 조심하지도 않을 것이며, 에밀이 상처입지 않고 고통을 모르고 성장한다면 오히려 난처하게 생각할 것이다. 고통을 견디는 것이야말로 먼저 배워야 할 교훈이며 꼭 알아야 할 일이다. 이 교훈을 배우기 위해 어린이는 체격이 작고 연약한 것 같다. 심한 경우를 제외하고 어린이를 자유스럽게 내버려 두었다고 해서 죽거나 불구가 되거나 크게 다치는 일은 없다. 어린이에게 고통을 예방하려는 목적으로 단단히 무장시켜 기른다면 그런 어린이는 용기도 경험도 없기 때문에 바늘에만 찔려도 죽지 않을까 하고 겁을 먹고 한 방울의 피만 보아도 기절해 버릴 것이다.

훈시하기 좋아하고 학자인 체하는 우리들은 스스로 터득하는 편이 훨씬 좋은 것까지도 가르쳐 주려고 애쓰면서도 막상 우리가 아니면 가르칠 수 없는 것은 곧잘 잊어버리고 만다. 걸음마를 가르치지 않아서 후에 걷지 못하는 사람도 있는가? 그래서 에밀에게는 상처를 염려하여 모자도 보행기도 걸음마를 도와주는 끈도 사용하지 않을 것이다. 그리고 에밀이 한 걸음씩 내딛게 되면 최소한 돌이 깔린 보도에서만 부축해 주고 급히 지나도록 도와 주기만 할 것이다. 방안의 탁한 공기 속에 가두지 말고 들로 데리고 나가 하루에도 수없이 넘어지게 하라. 그러면 빨리 일어나는 법을 배울 것이며 자유의 기쁨을 느낄 것이다.

스스로의 힘으로 할 수 있는 일이 많아져도 어린이는 울 일이 적어진다. 즉, 체력이 발달하면 타인에게 의지할 필요가 적어지는 것이다. 체력의 발달과 함께 그것을 옳게 사용하는 지혜도 발달한다. 바로 이러한 제2단계에서 진정한 한 인간으로서의 생활이 시작되며 자기라는 인식을 가지게 되는 것도 바로 이때이다. 그리고 삶의 매순간을 통해 기억이 자의

식을 느끼게 한다. 즉, 개인은 진정한 독립적 인격을 가진 인간이 되고 행복과 불행의 가치를 분별하게 된다. 그러므로 이 시기부터는 정신적 존재, 또는 도덕적 존재라고 생각해야 할 필요가 있다.

우리는 인간의 수명을 최대한으로 설정하고 그때까지 살 수 있다고 생각하지만 인간의 수명처럼 불확실한 것은 없다. 생존에 있어서 가장 큰 위험은 초기에 있다. 갓 태어난 어린이들 중에서 절반 정도만 살아 남는다. 그렇다면 불확실한 미래를 위해서 현재를 희생시키는 잔인한 교육을 어떻게 받아들이면 좋을까?

설령 그러한 교육의 목적이 합리적인 것일지라도 끊임없이 고통에 시달리는 어린이를 보면 분개하지 않을 수 없다. 가장 즐거워야 할 시기를 눈물과 징벌과 위협과 노예상태 속에서 보내는 데도 오히려 행복을 위한 길이라고 말한다. 부조리한 간섭으로 인한 이런 잔인한 교육에서 벗어날 수 있는 어린이는 행복하다. 어린이가 아버지나 교사들에게 받는 고통의 유일한 이점은, 고통밖에 인식하지 못하던 인생에 아무 미련 없이 죽을 수 있다는 것뿐이다.

사람들이여, 인간다워져라. 이것이 여러분의 첫째 임무이다. 어린이를 사랑하라. 어린이의 놀이, 기쁨, 본능을 충족시켜 주라. 여러분 중에 웃음이 항상 입가에 맴돌고 마음은 언제나 평화롭던 어린 시절을 아쉬워하지 않는 사람이 있는가? 왜 여러분은 어린이에게서 덧없이 사라질 즐거움과 남용하려고 해도 남용조차 모르는 그들의 행복을 함부로 빼앗으려 하는가? 다시 돌아오지 않을 짧은 유년시절을 어째서 고통과 슬픔으로 채워 주려고 하는가?

아버지들이여, 죽음이 언제 여러분의 자녀들에게 닥쳐올지를 알고 있는가? 자연이 부여한 그 짧은 순간을 빼앗고 나중에 가서 후회하지 마라. 어린이들이 인생의 기쁨을 느낄 수 있게 되거든 그것을 향유하게 해 주라. 언제 하나님의 부름을 받더라도 인생의 즐거움을 맛보지 못하고 죽는 일은 절대로 없도록 하라. 나를 비난하는 소리가 얼마나 거셀 것인가? 그릇된 지혜로부터 들려오는 소리는 우리를 항상 밖으로 내몰고 현재를 무의미하게 여기도록 하며 우리가 나아갈수록 멀리 달아나는 미래를 끊임없이 추구하도록 함으로써 결코 도달할 수 없는 곳으로 우리를 데리고 가는 헛된 것이다.

여러분은 인간의 나쁜 성향을 교정하는 시기가 바로 어릴 때라고 말할 것이다. 또한 고통을 잘 느끼지 못하는 어린 시절에 고통을 겪도록 해야 어른이 되었을 때 고통이 덜하다고 말할 것이다. 그러나 현재의 고통이 미래의 낙이 될 수 있다는 확증도 없으면서 어린이로서는 견디기 어려운 고통을 가하는 것은 잘못이다. 만일 이런 속된 이론가가 방종과 자유를 혼동하고 어린이를 행복하게 기르는 것과 버릇없이 응석받이로 기르는 것을 혼동한다면 그들에게 그것을 구별하는 방법부터 가르쳐 주어야 할 것이다.

인간은 만물의 질서 속에서 자신의 지위를 차지하고 있고, 어린 시절도 인생의 질서 속에서 그 지위를 차지하고 있다. 그러므로 저마다 자기 위치를 정해서 그것을 지키도록 하고, 인간조건에 따라서 인간의 정열을 조정하는 것이 행복한 인생을 위해 우리가 할 수 있는 전부이다. 그 밖의 일은 우리의 힘이 미치지 못하는 외부 원인에 달려 있다.

우리는 절대적인 행복이나 절대적인 불행이 어떤 것인지 모른다. 우리 감정은 끊임없이 변화하며 행복이나 불행은 만인이 공유하는 감정이지만 다만 정도가 다를 뿐이다. 기쁨보다는 고통이 더 많은 것이 우리의 운명이다. 따라서 인간의 행복이란 소극적인 상태에 불과한 것으로써 고통의 다소에 의해 좌우되는 것이다.

고통의 감정이란 고통으로부터 벗어나려는 욕망과 분리될 수 없으며 쾌락 또한 그러하다. 모든 욕망은 부족함에서 비롯되는데 부족함이 고통이다. 그러므로 불행이란 욕망과 능력간의 불균형에서 비롯되는 것으로 이것을 조화롭게 하는 사람이 행복하다 할 것이다.

그렇다면 참다운 행복에 이르는 인간의 지혜란 능력이 감당할 수 없는 욕망은 줄이고 능력과 욕망을 완전히 대등한 상태로 놓는 것이다. 그때서야 비로소 모든 힘은 활동상태에 들어가고 마음은 안정을 얻은 조화로운 상태에서 사람은 자기에게 알맞은 위치에 놓여지게 된다. 만물을 최선의 상태로 만드는 자연은 인간도 그와 같은 상태로 만들었다. 자연은 인간에게 자기보존에 필요한 욕망과 그에 따른 능력만을 주고 그 밖의 능력은 필요에 따라 발휘할 수 있도록 마음속 깊이 숨겨 놓았다.

인간의 능력과 욕망이 조화를 이루어 불행을 느끼지 않는 것은 원초적인 상태뿐이다. 마음속에 잠재해 있던 능력이 활동하기 시작하면 모든 능력 중에서 가장 활발한 상상력이 눈을 뜨고 다른 능력을 능가하게 된다. 선과 악을 불문하고 우리들의 능력의 한계를 확대하고 욕망을 충족시키려는 희망에 의해서 욕망을 자극하고 조장한다.

그러나 처음에는 바로 눈앞에 있는 것 같이 보였던 대상도 막상 잡으려고 하면 도망쳐 버린다. 또는 잡았다고 생각했는데 어느새 모습을 바꾸어 멀리서 나타난다. 이미 지나 온 나라는 더 이상 보이지 않는 법이라 가치 없게 여겨지는 반면 아직 밟아보지 못한 나라는 끝없이 확대되어 보인다. 이렇게 하여 인간은 끝내 목적지에 도달하지 못하고 지쳐 버린다. 그리고 쾌락을 가까이 하면 할수록 행복은 그만큼 멀어져 간다.

반대로 자연상태에 있는 인간은 능력과 욕망간의 차이가 적어져 행복에 가까워진다. 현실세계에는 한계가 있으나 상상의 세계에는 한계가 없다. 그러므로 현실세계와 상상세계의 조화를 위해서는 상상세계를 제한해야 한다. 행복은 마음가짐에 달려 있으며 불행은 상상에 달려 있다. 이것은 일반적인 논리지만 적용하는 것은 결코 쉽지가 않다. 그러므로 실천이 문제가 된다.

'인간은 나약하다' 고 말하는데 여기에는 상대적인 관계가 내포되어 있다. 즉, 이 말이 적용되는 자의 어떤 관계를 나타내는 것이다. 능력이 욕망을 능가하는 경우에는 곤충이나 벌레도 강자가 된다. 그러나 욕망이 능력을 능가할 때는 신일지라도 약자가 된다. 인간이 현재 위치에 만족하면 강자가 되지만, 그 이상이 되려고 하면 약자가 된다. 마치 거미가 거미줄의 중심에 머물러 있듯 우리도 우리의 능력범위의 중심에 머물러 있어야 한다. 그러면 자신에게 만족하고 자신의 약함을 한탄하지 않을 것이다.

모든 동물은 자기 보존에 필요한 만큼의 능력을 가지나 인간만이 그 이상의 능력을 가져서 불행하게 되었다. 일찍이 파보리누스(고대 그리스의 철학자)는 "큰 결핍은 큰 부에서 생긴다. 그러므로 가지고 싶은 것을 얻는 최상의 방법은 가끔씩 가지고 있는 것을 버리는 데 있다."고 하였다. 행복을 무한정 가지려고 함으로써 행복을 불행으로 바꾼다. 오로지 살기만을 바라는 사람은 행복하게 살 수 있을 것이다.

만일 우리가 죽지 않는다면 매우 불행한 존재가 되었을 것이다. 사실 죽는다는 것은 고통이다. 그러나 인간은 영원히 살 수 없으며 보다 나은 생활이 이 세상의 고통을 종식시켜 주리라고 기대하는 것은 매우 즐거운 일이다. 현명한 사람은 죽음보다 더 큰 가치를 소중히 여긴다. 설익은 지식과 헛된 지혜로 인해 우리는 죽음을 최대의 불행으로 인식하고 있는 것이다.

우리들의 정신적 질병은 모두가 편견의 결과이다. 단지 죄악만은 예외지만 이것도 우리 자신에게 달려 있다. 우리들은 어쩔 수 없이 견뎌야 할 병의 고통보다 그것을 애써 고치려 함으로써 더 많은 고통을 스스로에게 가한다. 자연에 순응하고 인내하고 의사를 멀리하라. 그러면 죽음을 면할 수는 없으나 고통은 한 번만 겪게될 것이다. 괴로움, 죽음, 또는 병을 치료하는 것, 그 어느 것도 좋다. 그러나 무엇보다 중요한 것은 마지막까지 수명을 다하는 일이다.

인간이 만들어낸 제도는 모두 어리석고 모순투성이다. 우리는 생명의 가치가 줄어들수록 점점 더 자신의 생명에 애착을 느낀다. 사실 인간이란 자기보존에 강한 집착을 가지고 있다. 그러나 이러한 집착이 대부분 인위적 산물이라는 것을 모른다. 인간은 본래 자기보존에 대해 염려하게 되어 있지만, 그것은 자기의 힘이 미치는 범위 내에서일 뿐이다. 자기보존의 방법이 없다는 것을 알게되면 쓸데없이 고민하지 않고 조용히 죽어 간다.

체념의 첫째 법칙은 자연으로부터 받은 것이다. 이 법칙이 무너지면 이성에 의하여 다른 법칙이 생긴다. 그러나 이성에서 이 법칙을 끌어낼 수 있는 사람은 드물며 그런 인위적인 체념은 자연의 체념만큼 완벽하지 못하다.

잠깐 머무는 길손에 불과한 인간이 불확실한 미래는 예견하면서도 확실한 현재를 도외시한다는 것은 참으로 어리석은 일이다. 그리하여 인간은 모든 것에 집착하게 되고 혼돈 속에 빠져 버린다. 그리하여 개인성이란 것은 우리들 자신 속에서 가장 작은 일부분에 지나지 않게 되는 것이다.

이처럼 인간이 본연의 위치에서 이탈하는 것이 과연 자연의 이치일까? 어떤 이는 남을 통해서 자신의 운명을 깨닫기도 하고 어떤 이는 최후의 순간에 가서야 비로소 운명을 알게 되기도 하고 또 어떤 이는 자신의 운명을 전혀 모른 채 죽어 가는데 이것이 정말 자연의 의지일까?

인간이여, 그대의 존재를 자신의 내부에만 국한시켜라. 그러면 여러분은 불행하지 않을 것이다. 자연의 준엄한 법칙을 위반하지 마라. 또 그 법칙에 반항해서 조물주가 준 힘을 낭비하지 마라. 조물주가 준 힘은 오직 조물주의 뜻에 따라 또는 조물주가 바라는 한에서 생명을 보존하도록 주신 것이다.

그대의 자유와 그대의 능력은 자연의 힘이 미치는 범위 안에서만 발휘될 수 있는 것이지 그 이상을 벗어날 수는 없다. 그 외의 모든 것은 구속과 환상과 미혹에 지나지 않는다. 권력마저도 그것이 인간적인 편견에 사로잡혀 있을 때는 비굴한 것이다. 왜냐하면 그대의 뜻대로 만들려면 그대는 그들의 비위에 맞춰서 행동 방식을 바꿔야만 한다. 자기의 의사대로 행동하는 사람이란 그 의지를 사용하는 데 남의 손을 빌릴 필요가 전혀 없다.

그러므로 행복 중에서 제일가는 행복은 권력이 아니라 자유다. 참으로 자유한 사람은 자신이 할 수 있는 것만을 바라며 자신의 의사대로 행한다. 이것이 기본원칙이다. 문제는 이것을 유년시절에 적용시키는 데 있다. 교육의 모든 원칙과 이념은 여기에서 비롯된다.

 사회는 인간을 자꾸만 더 약하게 만들고 있다. 사회는 인간이 자신의 능력에 대해 갖는 권리는 박탈하고 능력 자체를 욕망에 비해 부족하게 만든다. 그래서 인간의 욕망은 능력에 반비례하여 커지는데 어린이가 약한 존재라는 이유가 여기에 있다. 그래서 어른은 보다 많은 의지를 가지고 있으며 어린이는 보다 많은 환상을 지니게 마련이다. 환상이란 타인의 도움 없이는 충족될 수 없는 욕망을 뜻한다.

 자연은 어린이의 약한 상태를 부모의 애정으로 보완하지만 이 애정은 때때로 과하거나 부족하거나 남용될 우려가 있다. 오늘날의 문명사회에서는 어린이가 소유하지 않는 욕망까지 어린이에게 부여함으로써 약한 어린이를 더욱 약하게 만들고 있다. 뿐만 아니라 부모는 자연이 요구하지 않는 것을 어린이에게 요구하기도 하고, 어린이가 자신의 의지를 실행하기 위해 가지고 있는 작은 힘마저 부모의 뜻을 따르는 데 소모하게 하며, 어린이와 어른의 상호 의존관계를 예속관계로 바꾸어 놓음으로써 어린이를 더욱 약하게 만들고 있다.

 현명한 사람은 자기의 위치에 머물러 있을 수 있으나 어린이는 자기 위치를 모르기 때문에 자신의 위치를 지킬 수가 없다. 어린이를 자신의 위치에 머물도록 하는 일은 어렵지만 그렇게 할 수 있도록 감독하는 것이 바로 어른이 해야 하는 일이다.

 어린이는 어린이다워야 한다. 어린이는 자신이 약하다는 것을 깨달아야 하지만 그렇다고 해서 그것 때문에 고통받아서는 안 된다. 어린이는 어른에게 의존해야 하지만 복종케 해서는 안 된다. 어린이에게는 요구를 해야지 명령해서는 안 된다. 그 누구라도, 아버지조차도 어린이에게 아무런 이익이 되지 않는 일을 명령할 권리는 없다.

인간의 편견이나 제도가 우리의 자연적 성향을 손상시키지 않는 한, 어린이의 행복은 어른과 마찬가지로 자신의 자유를 행사하는 데 있다. 그러나 어린이의 행복은 그들이 연약하기 때문에 제한을 받는다. 자기가 원하는 바를 행하는 사람은 행복한 사람이다.

그러나 욕구가 능력을 벗어난다면 어느 누구든 자기가 하고 싶은 일을 하더라도 행복하지 못할 것이다. 이런 상태에서는 어린이도 마찬가지이다. 어린이는 자연상태에서도 불완전한 자유밖에는 누리지 못한다. 이런 점은 사회상태에 있어서 어른들이 누리고 있는 불완전한 자유와 유사하다. 부자도 귀족도 왕도 모두 자신의 고통을 덜기 위해 유치한 허영심을 품고 자만에 빠진다.

이에 대한 고찰은 중요한 것으로써 사회제도의 모순을 해결하는 실마리가 된다. 의존은 자연에서 비롯되는 사물에 대한 의존과 사회에서 비롯되는 사람에 대한 의존의 두 가지가 있다. 전자는 도덕성이 없으므로 자유를 해치거나 악덕을 낳지 않으나 후자는 무질서함으로 모든 악덕을 자아낸다.

이와 같은 의존관계에서 주인과 노예는 서로를 타락시킨다. 사회의 이러한 병폐를 교정할 수 있는 방법은 법을 세우고 개개인의 의지적 행위를 능가하는 현실적인 힘으로 일반의지를 굳건히 하는 것이다. 만일 국가의 법이 확고부동한 힘을 가질 수 있다면 인간의 의존관계는 사물에 대한 의존관계로 변하여 자연상태의 모든 편익과 사회상태의 모든 편익이 일치하게 될 것이다.

어린이를 사물에만 의존토록 하라. 그러면 어린이의 교육이 자연의 질서를 따르게 될 것이다. 어린이에게 나쁜 짓을 못하도록 금지할 것이 아니라 사전에 방지토록 하라. 어린이에게 경험과 무력감으로 규칙을 대신케 해야 한다. 어린이가 요구한다고 해서 그 욕망을 언제든지 들어주지 말고 필요한 것만 해주라. 어린이에게 무엇을 시킬 때 복종이라는 의식을 하지 않도록 하며 무엇을 해줄 때도 지배의식을 갖지 않도록 하라. 모든 일에 자유를 느끼도록 하라. 도움을 부끄럽게 느끼고 한시바삐 남의 힘을 빌리지 않고 스스로 해낼 수 있게 되기를 갈망하도록 하라.

어린이의 의지가 우리들의 잘못으로 인해서 손상을 입지 않는다면 어린이들은 결코 무익한 일을 원하지는 않을 것이다. 어린이가 뛰고 싶어 하면 뛰게 하고 달리고 싶어 하면 달리게 하고 소리를 지르고 싶어 하면 소리를 지르도록 내버려 둬야 한다. 그들이 하는 행위는 모두 힘을 기르기 위해 몸을 단련하기 위해 필요한 것들이다. 그러나 자신의 능력으로 할 수 있는 일인데도 도움을 청할 때는 그것이 자연에서 오는 필요인지 오직 생명의 과잉에서 오는 필요인지를 신중하게 구별해야 한다.

어린이가 원하는 바를 말로써 표현할 수 있음에도 불구하고 이것저것을 달라고 하면서 울 때에는 단호히 거절해야 한다. 그렇지 않고 말로써 요구할 때는 즉시 들어주어야 한다. 단지 어린이가 운다고 해서 요구를 들어주면 그것은 우는 것을 장려하는 꼴이 되어, 결국은 어른들의 선의를 의심하게 만들 것이다. 어린이는 어른이 친절하지 않다고 믿으면 심술을 부리고 어른이 약하다고 생각하게 되면 고집을 부릴 것이다. 거절할 필요가 없을 때는 즉시 들어주는 것이 좋다.

특히 주의해야 할 일은, 어린이에게는 버릇없는 건방진 말투를 가르쳐서는 안 된다는 것이다. 이런 말을 가르치면 그것을 악용하여 주위 사람들을 자기 뜻에 따르게 하려는 나쁜 버릇을 조장하게 된다. 부유한 가정의 점잔빼는 교육은 어린이들을 거만한 명령조의 말만을 사용케 하여 공손한 말이나 부탁조의 말을 못하도록 한다. 나는 에밀이 건방진 것보다는 차라리 무뚝뚝한 편이 낫다고 생각한다.

나는 그가 '부탁합니다' 하고는 명령하기보다는 '이렇게 해 주십시오' 하고 부탁하는 편이 훨씬 좋다고 생각한다. 내가 중요하게 생각하는 것은 에밀이 사용하는 용어가 아니라 그 용어에 숨겨져 있는 마음가짐이다. 지나치게 엄격한 것과 지나치게 관대한 것 모두를 피하라. 어린이가 고통을 받는 데도 그대로 두면 현재가 불행해질 것이며 반대로 과잉보호하면 장차 크나 큰 불행을 준비해 주는 결과가 된다.

결국 여러분은 자연의 고통을 피하게 해 주려다가 오히려 그들에게 자연이 주지도 않는 엉뚱한 고통을 제공하는 셈이 된다. 나는 앞에서 절대로 닥쳐오지 않을 수도 있는 먼 미래를 생각한 나머지 어린이의 현재의 행복을 희생시킨다고 못된 아버지를 비난했는데, 여러분은 아마도 내가 지금 그런 경우에 빠져 있다고 말할지도 모르겠다.

그러나 그렇지는 않다. 왜냐하면 내가 에밀에게 부여하고 있는 자유가 그를 괴롭히고 있는 약간의 고통을 상쇄할 것이기 때문이다. 눈 위에서 노는 개구쟁이들은 손이 얼어서 손가락을 제대로 움직이지 못 할 때도 있다. 그때 몸을 따뜻하게 해주려고 강제로 몸을 녹이러 가자고 하면 그들은 추위의 혹독함보다는 속박의 가혹함을 백 배나 더 느낄 것이다.

그런데 여러분은 무엇이 불만인가? 나는 어린이를 자유롭게 내버려 둠으로써 어린이를 행복하게 해주고 있다. 그들이 겪어야 할 고통에 대비시킴으로써 어린이가 장차 행복해질 수 있도록 준비하고 있다.

누구를 막론하고 자신의 본질을 떠나서 참으로 행복할 수 있는 사람이 있다고 생각하는가? 인간을 모든 고통으로부터 벗어나게 하려는 것은 인간을 인간의 본질에서 벗어나게 하려는 것이 아닐까? 진정한 행복은 고생을 알고서만 느낄 수 있다. 이것이 인간의 본성이다. 육체가 너무 편안하면 정신은 퇴폐한다. 고통을 알지 못하는 자는 인간다운 사랑의 감정이나 따스한 연민의 정도 느끼지 못할 것이다. 그들은 감동할 줄도 모르고 사람들과 사귀지도 못할 뿐만 아니라 동료들 간에도 괴물 취급을 받을 것이다.

어린이를 불행하게 만드는 가장 확실한 방법은 원하는 것이 있으면 그 즉시 손에 넣을 수 있도록 버릇을 들이는 것이다. 왜냐하면 그의 욕망에 비해 여러분의 능력에는 한계가 있어 결국은 점점 커지는 욕망을 모두 채우지 못한 어린이는 더 큰 불행 속에 빠지게 될 것이다. 여러분이 신이 아닌 이상 어린이의 눈에 보이는 모든 것을 충족시켜줄 수는 없지 않은가? 자기의 힘이 미치는 것은 무엇이든지 자기 것이라고 생각하는 것이 인간의 자연적인 성향이다.

인간의 욕망이 증가함에 따라 그에 따르는 수단도 증가한다는 홉스의 말은 어느 정도 진리이다. 그러므로 무엇이든 원하기만 하면 얻을 수 있는 어린이는 자신을 우주의 주인으로 또 모든 사람을 자기의 노예로 생각한다. 그리고 마침내는 상대방이 무엇인가를 거절하면 어린이는 그것을 반역행위로 여길 것이다. 사리를 분별하지 못하는 연령의 어린이에게는 이유를 말해도 모든 것이 구실로만 들릴 것이다. 그리하여 어린이는 모든 것이 불의라는 생각에 천성이 비뚤어지게 되고 모든 사람을 미워하고 감사할 줄 모르게 되는 반면 조금이라도 반대하면 화를 내게 된다.

이렇게 분노에 가득 차 있고 화만 내는 거친 어린이가 어떻게 행복해질수 있다고 감히 생각하겠는가? 이러한 어린이는 무엇이든 손쉽게 얻을 수 있으므로 불가능한 것까지 고집을 피우고 떼를 쓰지만 결국 슬픔에 부딪히게 된다. 그들은 항상 투덜대고 반항하며 하루종일 울어대고 불평하면서 나날을 보내는 것이다. 이것이 과연 행복한 어린이의 모습일까? 버릇없이 어리광만으로 키워진 어린이가 책상을 두들기면 우리는 어린이가만족할 때까지 두드리도록 놔두어야 할 것이다.

만일 이런 지배와 압력의 관념으로 불행해진 어린이가 성장해서 다른 사람과의 관계가 확대되고 증가되었을 때는 과연 어떻게 되겠는가? 모든 사람이 자기 앞에서 굴복하고 뜻대로 움직이는 것만 보아 온 그들로서는 일단 사회에 첫발을 디디면서 부터는 모든 사람에게서 저항을 느끼고 제 뜻대로 따라줄 줄 알았던 세상의 압력이 자신을 짓누르고 있다는 것을 알아차리면 얼마나 큰 놀라움을 맛보겠는가?

마침내 그들은 자신의 처지와 능력을 전혀 모르고 있었다는 것을 가혹한 경험으로 알게 되리라. 결국 그들은 자신의 무능력을 알아차리고 비겁해지고 소심해져서 비굴한 인간으로서 어린 시절에 철없이 우쭐대던 것만큼이나 추락하고 말 것이다.

다시 근본법칙으로 되돌아가자. 자연은 어린이를 사랑 받고 도움 받도록 만들었지 지배와 두려움의 대상으로 만들지 않았다. 나는 사자의 포효 소리와 무서운 갈기로 모든 동물이 두려워 떠는 것을 이해한다. 그러나 관리들이 정장을 하고 배내옷에 쌓여 있는 아이 앞에 엎드려 거창한 말로 인사를 하는데 아이는 답례 대신에 큰소리로 울거나 침을 흘리고 있다면 이보다 더 우스운 광경은 없을 것이다.

어린이를 그 자체로만 생각해 본다면 이 세상에서 어린이처럼 약하고 가엾고 또 주위 사람들의 지배를 받는 존재가 어디 있으며 그들만큼 동정과 주의와 보호를 필요로 하는 존재가 어디 있을까?

어린이가 그처럼 사랑스럽고 귀여운 얼굴로 사람의 마음을 사로잡는 모습은 주위 사람들에게 연약함으로 관심을 끌어서 언제고 동정과 도움을 받을 수 있도록 하려는 것이라고 생각되지 않는가? 그런데 건방지고 고집스런 어린이가 주위의 도움이 없으면 당장 죽을지도 모르는데 오히려 버릇없이 구는 것은 얼마나 불쾌한 일인가? 이 세상에서 건방진 어린이만큼 가소로운 것도 없지만, 겁에 질린 어린이만큼 애처로운 존재도 없다.

이성을 갖춘 연령이 되면 사회의 노예가 되는데 왜 미리부터 사적인 예속까지 가하려고 하는가? 비록 잠시 동안이라도 자연이 우리에게 부여하지 않은 구속에서 벗어나 인생을 즐길 수 있도록 해주자. 그래서 얼마 동안이라도 노예상태에서 오는 악덕으로부터 벗어나게 하자. 엄격한 교사들이나 자식의 노예가 되어 있는 아버지들이여! 그대들의 방법을 자랑하기 전에 먼저 자연의 방법을 배우라.

실제적인 문제로 돌아가자. 이미 말한 바와 같이 여러분의 어린이가 원한다고 해서 무엇이든지 주어서는 안 되며 오직 필요한 것만을 주어야 한다. 또한 어린이는 복종에 의해서가 아니라 오직 필요에 의해서만 행동하도록 해야 한다. 그러므로 어린이들의 어휘에서 복종, 명령, 의무, 책임과 같은 말을 추방하고 그 대신에 힘, 필요, 무력(無力), 구속 같은 말을 중요한 자리에 두어야 한다.

어린이가 이성의 시기가 되기 전에는 도덕적 존재라든가 사회적 관계의 관념은 아무런 의미가 없다. 그러므로 그러한 관념을 표현하는 말은 되도록 사용하지 못하도록 해야 한다. 일단 그릇된 관념이 어린이의 머리 속에 박히면 성인이 되어서도 시정할 수 없고, 오히려 오류와 악덕의 씨 앗이 되는 것이다.

이 최초의 걸음을 특히 중시하여 어린이가 감각적인 사물을 통해서만 자극을 받아들일 동안에는 감각의 세계에만 머물도록 해주는 것이 좋다. 그리고 어린이에게 눈으로 보고 손으로 만질 수 있는 물적인 세계만을 볼 수 있도록 하라. 그렇지 않으면 어린이는 여러분의 말에 전혀 귀기울이지 않거나 도덕적인 세계에 대해 평생 지울 수 없는 그릇된 환상적인 관념을 스스로 만들어내고 말 것이다.

어린이와 대화를 함으로써 이성을 길러주어야 한다는 것이 로크의 중요한 원칙이었으며 이것은 오늘날에도 유행하고 있다. 그러나 그 말이 신빙성이 있다고는 생각하지 않는다. 그리고 나는 어른과 함께 이론을 따져 온 어린이처럼 어리석은 자는 없다고 생각한다.

인간의 능력 가운데 이성이란 다른 모든 능력을 합쳤을 때만 이룩되는 것으로 가장 복잡하고 더디게 발달하는 것이다. 그런데 이것을 기초능력을 발달시키는데 사용하고 있다니 안타깝다. 훌륭한 교육이란 이성적인 인간을 만드는 것이다. 그런데 그 이성을 가지고 어린이를 교육시키려 한다. 이것은 일을 끝에서부터 시작하려는 것과 같고 작품을 가지고 도구를 만드는 것과 같다.

만일 어린이가 이성을 깨닫고 있다면 교육시킬 필요가 없다. 그러나 사람들은 아주 어릴 적부터 어린이들이 알아듣지 못하는 말로 이야기함으로써 무슨 일이든 말로만 때우도록 길들이고, 들은 것은 모두 확인하려는 버릇을 길러주며, 자신이 선생과 마찬가지로 현명하다고 생각하게 하여, 따지기 좋아하는 반항아가 되게끔 가르치고 있다.

　어린이에게 주거나 또는 주려는 모든 도덕적 교훈은 거의가 다음과 같은 공식으로 요약될 수 있다.

　선생 : 그런 짓을 하면 안 된다.

　어린이 : 왜 안 된다는 거죠?

　선생 : 그건 나쁜 짓이니까.

　어린이 : 나쁘다니요? 어떤 것이 나쁜 것이죠?

　선생 : 너에게 하면 안 된다고 되어 있는 것.

　어린이 : 그런 것을 하면 왜 나쁜가요?

　선생 : 말을 듣지 않았으니 벌을 받게 돼.

　어린이 : 아무도 모르게 하죠.

　선생 : 누구에게든 들키게 된다.

　어린이 : 그러면 감춰버리지요.

　선생 : 너에게 캐물을 것이다.

　어린이 : 거짓말을 하지요.

　선생 : 거짓말하면 안 된다.

　어린이 : 왜 거짓말을 하면 안 되죠?

　선생 : 그건 나쁜 거니까.

　이것은 불가피한 순환논법이다. 여기서 벗어나는 것이 훌륭한 교육이다. 선과 악을 인식하고 인간의 의무를 이해하는 것은 어린이가 할 일이 아니다.

자연은 어린이가 어른이 되기 전에는 어린이로 있기를 바란다. 만일 이 순리를 바꾸려 한다면 설익고 맛도 없으며 곧 썩어버리는 속성과일을 만드는 꼴이 될 것이다. 유년기에는 그들 특유의 보는 법, 생각하는 법, 느끼는 법이 있다. 이러한 그들 특유의 방법을 어른의 방법으로 대치시키려고 하는 것은 미련하고 무분별한 일이다. 열 살짜리에게는 이성보다 5피트의 신장을 바라는 것이 현명하다.

여러분은 제자들에게 복종의 의무를 설득시키고자 할 때 설득에 힘과 위협을 더하고 심지어 비위를 맞추거나 보상을 약속하기도 한다. 그래서 어린이는 이익에 마음이 끌리거나 힘에 강요당하고서도 이성에 의해 깨달은 것처럼 행동한다. 그렇게 되면 어린이들은 복종은 자기에게 유리하고 반항은 손해가 된다는 것을 잘 알게 된다. 그리하여 어린이들은 복종치 않는 자신의 행위가 남에게 발각되지 않으면 잘못을 시인하지 않다가 탄로가 날 때는 즉각 잘못을 시인한다. 그에게 의무를 이해시킬 수 있는 사람은 이 세상에 아무도 없다.

그러나 어린이들은 벌에 대한 공포, 용서받을 수 있다는 막연한 희망, 귀찮게 치근대는 일에 못 견디거나 어떻게 대답해야 좋을지 난처하여 어른들이 바라는 대로 무엇이든 알았다고 시인해 버린다. 그러면 어른들은 어린이를 설득시켰다고 생각할지 모르지만 사실은 그저 어린이를 지겹게 하였을 뿐이고 소심하게 만들었을 뿐이다.

그 결과는 어떻게 되겠는가? 첫째로 어린이에게 이해할 수도 없는 의무를 강요함으로써 여러분이 행사한 압제에 적의를 품게 하고 여러분을 기피하도록 만든다. 다음으로는 상을 받거나 벌을 면하기 위해서 감정을 숨기고 속이고 거짓말을 하도록 가르치는 셈이 된다. 법이라는 것은 양심에 있어서는 의무적인 것이지만 어른에게 있어서는 구속력을 가진다고 여러분은 말할 것이다. 옳은 말이다. 그러나 그 어른들이란 교육에 의해 망쳐진 어린이일 따름이다. 이것은 사전에 방지해야 한다. 어린이에게는 힘을 사용하고 어른에게는 이성을 사용하는 것이 자연의 질서이다.

　여러분은 제자를 그 연령에 따라 다루어 그를 본래의 위치에서 벗어나지 않도록 해야 한다. 그러면 그는 지혜를 알기도 전에 지혜가 가르쳐 주는 교훈의 가장 중요한 것을 실천하게 될 것이다. 결코 어린이에게 명령을 해서도 안 되며 어른들이 어린이에게 어떤 권위를 행사하려 한다는 생각을 갖지 않도록 해야 한다.

　오직 어린이는 약하고 어른은 강하다는 사실을 깨닫게 하여 어른의 뜻에 복종하지 않을 수 없게끔 해야 한다. 오만에 가득 찬 그의 머리 위에 자연이 부과한 고된 멍에가 있어, 모든 존재가 자연의 멍에 앞에 무릎을 꿇어야 한다는 것을 일찍부터 깨닫게 하라. 일단 거절한 것은 절대로 번복해서는 안 된다. 아무리 떼를 쓰더라도 마음을 움직여서는 안 된다. 그러나 어린이에게 해줄 수 있는 일은 보채기 전에 아무 조건 없이 즉시 들어주는 것이 좋다. 들어줄 수 있는 일은 기꺼이 들어주고 거절해야 할 때는 반드시 유감을 표시하는 것이 좋다.

　이렇게 하면 어린이는 원하는 것을 얻지 못하더라도 인내할 줄 아는 침착한 사람이 될 수 있다. 인간본성은 사물의 필연성에 대해서는 인내할 수 있어도 타인의 악의에 대해서는 그러지 못하기 때문이다. 즉, 어린이에게는 아무것도 강요하지 말든가 처음부터 완전히 복종시켜야 한다. 중도(中道)라는 것은 있을 수 없다. 어린이들은 가능한 것과 불가능한 것의 한계를 제대로 구별하지 못하므로 여러분은 그 범위를 확장 또는 축소할 수도 있다. 어린이들은 그러한 일에 불평하지 않는다.

　여러분이 끊임없이 주고 있는 속박은 제자들의 활력을 자극하고 있다. 그들은 여러분들로부터 받았던 속박 때문에 기회만 있으면 그것을 보상받으려 한다. 도시의 두 어린이가 시골에 가면 시골마을 전체의 어린이들보다 더 소란을 피울 것이다.

　도시 어린이와 시골 어린이를 한방에 두면 시골 어린이가 자리에서 채 일어나기도 전에 도시 어린이는 모든 것을 뒤엎고 부숴 버릴 것이다. 왜 그럴까? 시골 어린이는 자신에게 익숙한 자유를 성급히 사용하지 않아도 얻어질 것이 확실하기 때문에 서둘러 이용할 필요가 없다고 생각하지만 도시 어린이는 모처럼 온 방종의 기회를 마음껏 써보려고 하기 때문이다.

자연에서 오는 본능적 충동은 언제나 올바르다는 것을 원칙으로 세워 보자. 그러면 인간의 마음속에는 근원적인 사악이 없으므로 악이 어떤 경로를 거쳐오는지를 설명할 수 있다. 인간에 있어서 유일한 자연적인 감정은 자기애로서 그것은 타인과는 무관한 것이므로 본래는 선한 것이며 유익한 것이다. 그러나 그것은 어떤 것과 관계를 맺게될 때 선한 것이 되기도 하고 악한 것이 되기도 한다. 그러므로 어린이가 행하는 모든 것을 선한 것으로 만들려면 타인과의 관계로 인한 행동에서 벗어나 자연이 요구하는 바를 행동하도록 해야 한다.

탐욕스런 사람의 눈으로 볼 때에는 사악하게 여겨지는 것도 이성의 눈으로 볼 때에는 그렇지 않을 때가 있다. 그러므로 어린이들을 자유롭게 행동하도록 내버려 둘 때에는 귀중품은 멀리 두고 조잡하고 튼튼한 가구를 놓아두는 것이 좋다. 시골에서 자라는 에밀의 경우도 방은 일반 농부의 방과 다른 것은 아무것도 없다. 방에 머무를 일이 별로 없는 에밀에게 화려하게 장식된 방이 무슨 소용인가?

만일 여러분이 조심했음에도 불구하고 어린이가 무엇인가를 함부로 다루며 유용한 물건을 부쉈다고 하더라도 그것은 여러분이 부주의해서 생긴 일이므로 어린이를 꾸짖거나 벌주어서는 안 된다. 마치 가구가 저절로 부서진 것처럼 행동하라. 아무튼 여러분이 아무 말도 하지 않는다면 그것만으로도 훌륭한 성과를 얻었다고 해도 좋다.

여기서 나는 감히 교육 전체를 통해서 가장 위대하고 가장 중요하며 가장 유익한 원칙을 말하고자 한다. 그것은 시간을 아끼지 말고 오히려 낭비하라는 것이다. 인생에서 가장 위험한 시기는 출생으로부터 열두 살까지인데 이 시기는 모든 악덕과 오류가 싹트는 시기이며, 또한 그것을 근절시킬 수 있는 방편도 아직 갖추지 못한 시기이다. 만일 어린이가 젖먹이 단계에서 바로 어른의 시기에 도달한다면 오늘날의 아동교육이 정당화될 수도 있다. 그러나 자연적인 발육질서를 따른다면 전혀 다른 교육이 필요하다.

어린이들의 모든 정신기능이 정상적으로 갖춰지기 전에는 어린이들로 하여금 그들의 정신을 쓰지 못하도록 해야 한다. 왜냐하면 그들은 영혼의 눈을 뜨기 전에는 그들의 눈앞에 인도의 빛을 제시해도 보지 못하기 때문이다. 관념의 광야에서 희미한 이성의 길을 따르는 것은 어린이들에겐 무리이다.

그러므로 초기 교육은 소극적인 교육이어야 한다. 즉, 악덕이나 정신적 과오로부터 어린이들의 마음을 보호해 주는 것이다. 열두 살까지 어린이들에게 아무것도 시키지 않고 그저 건강하게만 기를 수 있다면 그들은 편견도 습관도 가지지 않을 것이다. 이러한 어린이는 이성적인 눈을 뜨게 되면 가장 현명한 지혜를 가진 인간이 될 수 있을 것이다. 이렇게 여러분은 처음부터 아무것도 하지 않음으로써 훌륭한 교육성과를 거두게 될 것이다.

세상에서 행해지는 관습에 반대되는 것만 행하면 좋은 결실을 맺을 수 있을 것이다. 사람들은 어린이들을 어린이로 만들지 않고 박사로 만들려고 하기 때문에 꾸짖고 교정하고 벌주고 위협하고 비위를 맞추고 약속을 하고 이치를 따지게 하는 일은 빠를수록 좋다고 생각한다. 여러분의 제자들에게 도리를 납득시키려 하지 말며, 그의 마음에 없는 것을 설득하려 하지 마라. 왜냐하면 어린이가 싫어하는 일에 도리를 내세우다보면 오히려 도리라는 것을 짜증스럽게 여기게 되어 미리부터 그것에 불신감을 불러 일으키게 할 뿐이다.

어린이의 신체나 기관, 감각들은 훈련시키는 것이 좋지만 정신만은 될 수 있는 한 오랫동안 내버려 두라. 모든 감정에 대해 올바르게 평가할 수 있는 판단력이 싹트기 전에는 감정을 나타내는 것을 경계하여 외적 인상을 차단해 주어야 한다. 그리고 악의 발생을 막기 위해 선을 장려해서도 안 된다.

선이란 이성의 빛으로 밝혀져야 비로소 선이 된다. 모든 것은 늦을수록 이익이 된다고 생각하면 틀림 없다. 아무것도 잃는 것 없이 목적을 향해 나아가는 것이야말로 큰 수확을 얻는 길이다. 어린이 속에서 유년기가 무르익도록 내버려 두라. 그리고 교훈이 필요하게 되거든 내일까지 연기해도 별 위험이 없는 한 오늘은 그것을 보류해 두라.

이 방법이 유익하다는 것을 입증해 주는 또 다른 중요한 것은 어린이의 독특한 개성을 고찰할 때이다. 어린이에게 알맞은 정신적 지도를 하기 위해서는 어린이의 고유한 개성을 고려해야 한다. 사람의 정신은 각기 고유한 형태가 있기 때문에 그에 따라 지도해야 한다. 그러므로 여러분의 제자에게 한마디 말을 하기 전에 그를 충분히 관찰하라. 그의 전체 모습을 보기 전에는 어떠한 구속도 해서는 안 된다.

이 시간은 낭비가 아니라 가장 유익하게 사용한 시간이 될 것이다. 아동기에 시간을 투자하면 그가 성장했을 때는 이자가 붙어서 되돌아온다. 현명한 의사는 먼저 환자의 체질을 충분히 검토하고 난 후 처방을 내린다. 그러나 치료를 서두르는 의사는 실패하는 경우가 많다.

그러면 어린이를 마치 무감각한 존재나 자동인형처럼 길러야 할 터인데 어디에서 하면 좋을까? 무인도에서 기르는 것이 좋을까? 모든 인간으로부터 격리시키는 것이 좋을까? 또래 어린이들이나, 부모, 이웃, 유모나 가정부, 하인이나 교사조차도 보면 안 되는 것일까? 이 항의는 진실하고 타당하다. 내가 언제 자연에 순응하는 교육이 용이하다고 말했던가?

나는 이 교육의 어려움을 잘 알고 있으며 인정도 한다. 그러나 그 어려움을 방지하려고 하면 어느 정도는 예방할 수도 있다. 나는 도달해야 할 목표를 제시했을 뿐 반드시 도달할 수 있다고는 말하지 않았다. 그러나 그 목표에 근접한 사람이 성공한 사람이라고는 말할 수 있다.

한 인간을 만들기 전에 스스로 인간이 되어야 한다. 제시해야 할 모범이 여러분 자신 속에서 발견되어야 한다. 그러기 위해서는 먼저 여러분 자신이 모든 사람들로부터 존경받고 사랑받도록 노력해야 한다. 여러분이 만인의 선생이 되어야만 어린이의 선생도 될 수 있을 것이다. 그리고 그런 권위는 금전으로부터가 아니라 미덕에 대한 존경심에서 우러나와야만 충분한 것이라고 할 수 있다.

인색하고 무정해서도 안 되며 불행한 사람을 도와줄 때도 그저 가엾다고 동정만 해서도 안 된다. 그러나 그대가 아무리 자신의 금고를 열어 놓아도 마음의 문을 함께 열지 않는다면 상대방의 마음은 여전히 그대에게 닫힌 채로 있을 것이다. 어떠한 선물보다도 관심을 보여주고 위로하며 호의를 베푸는 것이 더욱 효과적이며 유익하다. 돈보다 따뜻한 위로와 보호를 필요로 하는 사람들이 얼마나 많은가?

어린이는 본분을 지키게 하고 아버지는 관용을 갖게 하라. 행복한 결혼에 도움을 주고 남에게 상처를 주는 일을 막아 주라. 정의가 거부당하고 권력자에게 억압받는 약자를 위해서 제자의 부모까지 동원하여 도와 주라. 올바르고 인간적이며 친절한 사람이 되라. 금품만을 베풀지 말고 자비를 베풀어야 한다. 금전보다는 자비로운 행위가 불행을 잊게 한다. 사람을 사랑하라. 그러면 그들도 여러분을 사랑할 것이다. 사람을 위해 봉사하라. 그들 또한 여러분을 위해 봉사할 것이다. 그들의 형제가 되라. 그러면 그들도 여러분의 형제가 될 것이다.

그리고 에밀을 시골에서 기르려는 이유들 중 하나는 비천하고 타락하고 유혹적인 도시의 악풍으로부터 에밀을 멀리 할 수 있기 때문이다. 또한 시골에서는 교사가 어린이에게 보여주고 싶은 사물을 보다 자유롭게 선택할 수 있기 때문이다. 시골 교사의 말이나 모범 등은 도시에서는 지닐 수 없는 권위를 가지게 될 것이다. 시골 교사는 모든 사람으로부터 인간다운 존경과 대우를 받음으로써 바람직한 모습으로 제자들 앞에 설 수 있다. 비록 악습을 고치지는 못해도 수치스런 일은 삼가게 될 것이다. 우리의 목적에 필요한 것은 오직 그것뿐이다.

여러분 자신의 잘못을 남의 탓으로 돌리지 마라. 어린이들이 좋지 않은 것을 목격하더라도 그것은 여러분이 가르치는 나쁜 것보다는 그들을 덜 망칠 것이다. 항상 군자처럼 훈계만 하고 스스로 선이라고 믿고 있는 관념을 어린이에게 주입함으로써 무가치한 관념을 수없이 어린이에게 심어 준다.

여러분은 장황한 설교로 어린이를 쉴새없이 지루하게 만드는데 그러는 가운데 말의 뜻이 잘못 받아들여지고 있는 것은 하나도 없겠는가? 장황한 설명을 어린이의 임의대로 해석하지 않는다고 누가 보장하겠는가? 또한 그들이 그 말에 자기 나름대로 관념체계를 세워 기회만 있으면 언제든지 여러분을 반박하리라고는 생각지 않는가?

어린이에게 가르치고 나서는 곧 어린이가 하는 말을 들어보도록 하라. 어린이가 마음대로 말하고 질문하고 제멋대로 하도록 내버려 두라. 그러면 여러분이 가르친 내용이 어린이들 머리속에서 왜곡되어 있는 것에 놀라게 될 것이다. 결국 여러분이 침묵하거나 어린이가 침묵하게 되고야 마는데, 여러분이 침묵해 버릴 경우 어린이는 어떻게 생각할까? 그 순간부터 교육은 끝나고 어린이는 더 이상 배우려 하지 않으며 여러분의 허점만 찾으려고 할 것이다.

열성적인 교사들이여, 단순하고 신중해지되 말은 삼가시오. 다시 말하거니와 나쁜 교훈이 될지도 모르니 될 수 있으면 좋은 교훈이라도 가능한 한 뒤로 미루시오. 자연을 따랐더라면 인간 최초의 낙원을 이룩할 수도 있었을 이 지상에서 순진무구한 어린이에게 선과 악을 구별할 수 있도록 해 주려다가 되려 악마의 역할을 하게 될지도 모르니 주의하시오. 어린이가 밖에서 보고 배우는 것을 막을 수는 없으니 그것이 좋은 인상으로 남도록 힘쓰도록 하시오.

격한 감정은 그것을 보는 어린이에게 지대한 영향을 미친다. 왜냐하면 감정의 표출은 두드러지기 때문에 어린이에게 충격을 줄뿐만 아니라 관심을 기울이게 하기 때문이다. 특히 분노는 큰 소란을 동반하기 때문에 가까이 있으면 그것을 의식하지 않을 수가 없다.

그런 광경을 본 어린이는 놀라서 틀림없이 이것저것을 질문할 것이다. 대답은 간단하다. 어린이의 감각을 자극한 것으로부터 대답을 끄집어내면 된다. 어린이는 붉어진 얼굴, 번뜩이는 눈, 험악한 몸짓을 보게 될 것이며 고함소리도 듣게 될 것이다.

여러분은 숨김없이 말해 주어야 한다. 이 사람은 가엾게도 열병에 걸린 모양이라고. 이렇게 말함으로써 여러분은 어린이에게 병이라는 것과 병의 결과에 대한 관념을 단 몇 마디로 가르치는 것이다. 왜냐하면 병 또한 자연에서 비롯하며 인간을 속박하는 것이므로 어린이 자신도 거기에 매여 있다는 것을 깨달아야 하기 때문이다.

그러나 이러한 관념이 장래에 어떻게 나타날지 두고 보아야 한다. 반항하는 어린이가 있으면 병자 취급을 하여 마음을 안정시키고, 어린이 스스로가 마음에서 솟아난 악을 싫어하고 두려워하도록 해야 한다. 그러면 어린이는 그 혹독함에 대해 자신을 악에서 구해주기 위해 어른들이 부득이 취한 엄격한 수단으로 생각할 뿐 가혹한 벌로는 생각지 않을 것이다. 그 대신 여러분 자신이 흥분하여 냉정한 태도를 잃었을 경우에는 여러분의 과오를 솔직하게 인정해야 한다.

특히 중요한 것은 어린이가 이상하게 행동하더라도 곧바로 지적하거나 남 앞에서 책망하지 않는 것이다. 거듭 되풀이하여 말하지만 어린이의 스승이 되려면 먼저 자기 자신의 스승이 되어야 한다. 나는 내 어린 에밀이 이웃 여자 둘이 싸움하는 것을 보고 틈에 끼어 들어 둘 중에서 더 화가 난 아주머니에게 다가가 진정어린 말투로 "아주머니는 병에 걸렸군요. 아주 가엾게도!" 하고 말하는 장면을 상상해 본다. 이런 뜻밖의 말참견에 구경꾼이나 싸우는 당사자들 모두에게 어떤 반응이 있을 것이다. 그러면 나는 무표정한 얼굴로 에밀이 그 말의 효과를 깨닫기 전에, 또는 그 반응에 대해서 생각이 미치기 전에 강제로 데리고 나와 빨리 그 일을 잊어버리도록 관심을 다른 곳으로 돌릴 것이다.

나는 지엽적인 문제는 제쳐두고 단지 일반적인 원칙만을 설명하고 그 것이 어려울 때만 실례를 들 생각이다. 나 역시 이 사회에서 열두 살이 될 때까지 대인관계와 인간행위의 도덕성에 대하여 아무런 관념을 심어 주지 않고 어린이를 키운다는 것은 불가능하다고 생각한다. 그러므로 그러한 관념들은 가능한 한 늦게 심어 주는 것이 좋다. 그렇지만 그것이 불가능할 경우에는 당장 필요한 관념만을 가르치는 것으로 충분하다.

우리의 첫째 의무는 자신에 대한 의무이다. 우리들의 근원적인 감정과 움직임은 자기 보존과 자기 안락에 관련되어 있다. 그러므로 최초의 정의감도 자신이 행해야 하는 정의로부터 오는 것이 아니라 자신에게 적용되는 정의로부터 유래한다. 그렇기 때문에 어린이에게 의무에 대해서만 말하고 권리는 말하지 않으며 어린이가 필요로 하는 것과는 정반대 되는 일이나 그들이 이해할 수 없는 일, 또는 그들이 관심을 가질 수조차도 없는 일부터 말하는 것은 일반적인 교육방법이 갖고 있는 또 하나의 문제이다.

그러므로 나는 과격한 성격의 어린이를 지도하게 되더라도 이렇게 생각할 것이다. '어린이는 사람이 아닌 사물을 향해서 도전하려는 것' 이라고. 그리하여 어린이는 자기보다 연령이나 힘이 우세한 사람은 누구든지 존경해야 한다는 것을 경험을 통해 배우게 된다. 그러나 사물은 자기 자신을 방어하지 못한다. 그러므로 어린이에게 주어야 할 최초의 관념은 자유의 관념이 아니라 소유의 관념이다.

어린이는 무엇인가 자기 것을 가지고 있어야만 소유의 관념을 이해할 수 있다. 그러나 장난감이나 옷가지와 같은 것을 예로 들어도 어린이는 그것을 소유하기까지의 과정을 모르기 때문에 소용이 없다. 남이 주어서 가지고 있다고 말해도 소용이 없다. 왜냐하면 준다는 것은 소유를 의미하기 때문에 그가 소유하기 이전에 이미 누군가가 소유했던 것이다. 그리고 우리가 그에게 설명하고자 하는 것은 소유의 원리이다. 더욱이 주는 것은 일종의 계약인데 어린이는 아직 계약이 무엇인지 모르고 있다.

그러므로 우리는 소유의 기원으로 거슬러 올라가지 않으면 안 된다. 왜냐하면 소유에 대한 최초의 관념은 거기에서 비롯되기 때문이다. 농촌에 사는 어린이는 눈과 시간적인 여유만 있으면 농사일에 대해서 얼마간의 지식을 얻을 수 있다. 사실 어린이는 이 두 가지를 모두 가지고 있다. 창조하고 모방하고 생산하므로써 자신의 능력과 활동의 증거를 보이고자 하는 것은 모든 연령대의 사람들이 원하는 바지만 특히 어린 시절에는 더하다.

앞에서 말한 원칙에 따라 나는 어린이가 원하는 바를 반대하지 않고 그것을 권장하며 어린이의 즐거움을 위해서라기보다는 나 자신의 즐거움을 위하여 그와 취미를 같이 하며 함께 일할 것이다. 나는 그의 조수가 되어 그가 스스로 일하게 되기 전까지 그를 대신해서 땅을 간다. 그는 그곳에 콩을 심고 그 땅을 자기 소유로 할 것이다. 이것은 누네스 발보아(1475~1519 스페인의 탐험가)가 남아메리카의 남부 해안에 국기를 꽂고 스페인 국왕의 이름으로 남아메리카를 점령한 것 이상으로 신성하며 존경할 만한 것이리라.

우리는 콩에 물을 주고 콩이 자라는 것을 보며 기뻐한다. 내가 어린이에게 "이것은 네 것이야!" 하고 말해 주면 그는 더욱 기뻐할 것이다. 그러고는 네 것이라는 말을 설명하면서 그곳이 그의 시간과 노동과 수고 등 자신의 인력을 쏟은 장소라는 것을 느끼게 한다. 즉, 소유관념을 일깨워주면서 콩에 바친 자신의 헌신을 깨닫게 해준다.

어느 상쾌한 아침, 어린이는 콩이 모두 뽑혀 있고 엉망이 된 밭을 본다. 나의 노동, 나의 피와 땀의 결정은 대체 어찌 되었던 말인가? 누가 내 것을 망쳐놓았던 말인가? 어린 마음은 분노에 들끓는다. 부정에 대한 최초의 감정이 그의 마음에 쓰라린 슬픔을 일으켜 눈물이 쏟아진다. 나도 그와 함께 슬퍼하고 분노하면서 누구의 짓인가를 알아본다. 마침내 야채 재배자의 소행임을 알고 그를 불러온다. 그는 우리의 불평을 듣고 난 뒤 우리보다 더 큰소리로 불평을 늘어놓기 시작한다.

"뭐라 굽쇼? 제 일을 망쳐놓은 사람은 바로 당신들이었군요! 나는 여기에다 말타의 멜론 씨를 심었단 말이오. 그 씨앗은 구하기 힘든 값진 것으로 열매를 맺으면 당신들에게 대접하려고 했던 것입니다. 그런데 하찮은 콩을 심어 싹이 난 멜론을 망쳐 놓았으니! 이제는 다시 구할 수도 없습니다. 당신들은 제게 커다란 과오를 범했을 뿐만 아니라 맛있는 멜론을 먹을 수도 없게 되었습니다."

장 자크 : 미안하게 됐네, 로베르. 자네는 여기에 자네의 노력과 수고를 기울이고 있었군. 자네 일을 망쳐 놓았으니 다른 말타의 멜론 씨를 가져오리다. 그리고 앞으로는 누군가가 먼저 손을 대지 않았는지 확인하기 전에는 땅을 파지 않겠네.

로베르 : 암요, 그렇고 말고요. 그렇지만 사람의 손이 가지 않은 땅이란 이젠 거의 없을 테니 그런 수고는 필요없습니다. 저도 아버님이 가꾸어 온 땅을 경작하고 있습니다. 당신들이 보고 계신 땅들은 모두 오래 전부터 누군가가 차지하고 있는 것이랍니다.

에　밀 : 로베르 씨, 그러면 가끔 멜론 씨를 망치는 사람도 있겠네요?

로베르 : 웬걸요, 도련님. 도련님처럼 장난하는 어린이들은 자주 오지 않습니다. 아무도 이웃 사람의 밭을 건드리지는 않습니다. 자기 일이 안전하려면 남의 일도 존중해 주어야 하니까요.

장 자크 : 로베르, 수확물의 절반을 주는 조건으로 이 어린 친구와 나에게 자네 밭의 한 모퉁이를 가꾸도록 허락해 주면 안 되겠나?

로베르 : 정 그러시다면 드리겠습니다. 그러나 만약 제 멜론 밭을 또 망쳐 놓으면 나도 당신들의 콩을 파내 버리겠어요.

이것은 어린이들에게 초보적인 관념을 가르치는 방법을 시도해 본 것으로 소유의 관념이 노동에 의해서 얻어진 최초의 점유자의 권리로까지 거슬러 올라간다는 것을 알게 된다. 이것은 어린이들도 쉽게 이해할 수 있는 것이다. 여기까지 오면 소유와 교환의 관념에 대해서는 다 된 것이나 다름없다.

내가 여기서 두 페이지에 걸쳐 쓴 설명을 실천에 옮기려면 적어도 일 년은 걸릴 것이다. 도덕적 관념은 발달속도가 매우 느려 그 관념을 터득하는 데도 상당한 시간이 걸리기 때문이다.

젊은 교사들이여, 내가 바라는 것은 이 실례를 명심하여 모든 일에 있어서 말보다는 행동으로 가르치라는 것이다. 왜냐하면 어린이는 말과는 달리 자기가 한 행동이나 남이 자기에게 한 행동은 쉽게 잊어버리지 않기 때문이다.

다루기 힘든 어린이가 무엇이든지 닥치는 대로 부순다고 하자. 그렇다고 절대 화를 내서는 안 된다. 부서질 만한 물건은 손이 닿지 않는 곳에 두어야 한다. 자기가 쓰는 가구를 부순다고 해서 즉시 다른 것으로 바꾸어 주어서는 안 된다. 그로 하여금 결핍에서 오는 불편과 손해를 느끼게 해야 한다.

자기 방의 유리창을 깨뜨려도 내버려 두라. 어린이가 저지른 일에 불평하지 말고 먼저 그 자신이 불편을 느끼도록 하라. 그리고서 나중에 아무 말도 말고 유리를 갈아 끼운다. 그래도 유리창을 깬다면? 그때는 방법을 바꿔야 한다. 어린이에게 화를 내지 말고 담담하게 말하라.

"그 창들은 내 것이다. 내가 애써서 갈아 끼운 것이니 유리가 깨지는 일이 없었으면 좋겠다." 그리고는 어린이를 창이 없는 어두운 곳에 가두어 놓아라. 이 뜻밖의 일에 어린이는 큰 소리로 울고 야단법석을 떨 것이다. 그래도 모른 척 하라. 그러다 지치면 어린이는 태도를 바꿀 것이다. 신음소리도 내고 부탁도 한다. 그때 하인이 나타나면 그는 내보내 달라고 호소할 것이다. 하인은 변명을 늘어놓지 말고 "나 역시 유리창을 잘 보존해야 합니다."라고 말하고 그냥 가 버린다.

여러 시간 동안 내버려 두어 자신의 잘못된 행동을 깊이 느끼게 한다. 그리고 사람을 보내 용서를 빌면 내보내 주겠다는 암시를 준다. 그것이야말로 어린이가 바라는 것이다. 그대가 그곳으로 간다. 어린이가 그대에게 그것을 제안할 것이다. 여러분은 제안을 받아들이며 다음과 같이 말한다. "참 좋은 생각이다. 그렇게 하면 우리 둘 다 좋지 않니? 왜 진작 그런 좋은 생각을 하지 않았을까?"라고. 그러고 나서는 다시 반복해서 다짐하거나 맹세하게 하는 일 없이 다만 반갑게 어린이를 껴안아 주고 방으로 데리고 가라.

이 방법에 의해 어린이는 약속의 성실성과 맹세의 효력에 대해 어떻게 생각하겠는가? 이미 삐뚤어져 있는 어린이가 아니라면 이런 방법을 쓰는데도 일부러 계속해서 유리창을 깨는 어린이는 없을 것이다.

우리는 이제 도덕적인 세계에 들어섰다. 계약이나 의무와 더불어 속임수와 거짓이 생겨난다. 해서는 안 될 일을 했을 경우 남에게 들켜서는 안 될 것 같은 일은 숨기려 든다. 이익을 위해 약속을 하게 되면 보다 더 큰 이익을 위해 그 약속을 어기게 된다. 그리고는 약속을 빠져나갈 수단을 강구하여 숨기거나 거짓말을 하게 된다. 이렇게 함으로써 인생의 여러 가지 불행이 그 과실과 함께 시작된다.

이미 말한 바와 같이 어린이들에게는 벌을 벌로써 징계하지 말고 자신이 저지른 나쁜 행위의 자연적인 귀결로써 그들에게 돌아가게 해야 한다. 그러므로 거짓말에 대해 결코 야단치지 말아야 하며, 그 대신 거짓말로 인해 생기는 모든 나쁜 결과, 즉 진실을 말할 때조차 믿지 않는다든가 하여 거짓말을 하게 되면 이런 결과가 생긴다는 것을 그들의 머릿속 깊이 박히도록 하라. 그러나 거짓말을 한다는 것이 어린이들에게 있어 무엇을 의미하는지를 먼저 설명하기로 하자.

거짓말에는 두 종류가 있다. 과거 사실에 대한 거짓말과 미래에 대한 당위의 거짓이다. 전자는 일반적으로 사실과 다른 것을 고의로 말하는 거짓말이고 후자는 일반적으로 사실상 마음에 품은 것과 반대되는 의도를 말하는 거짓말이다. 이 두 가지는 때때로 한 가지 거짓말 속에 함께 들어 있는 때도 있으나 두 거짓말의 차이점은 다음과 같다. 어쩔 수 없이 남의 도움을 필요로 하거나 끊임없이 남의 은혜를 받고 있는 사람은 남을 속이는 것에 관심이 없다. 반대로 남이 모든 것을 있는 그대로 보는지 어떤지에 대해 무척이나 관심을 갖는다. 상대방의 선입견에 의해 자신이 손해보지나 않을까 염려하기 때문이다.

따라서 사실에 대한 거짓말은 어린이들로서는 자연스러운 것이 못된다. 그러나 복종의 법칙이 거짓말을 해야 할 필요를 만든다. 어린이는 고통스럽기만 한 복종에서 벗어나기 위해 또는 벌이나 꾸지람을 피하기 위해 거짓말을 하게 된다. 자연스럽고 자유로운 교육을 한다면 어떻게 어린이들이 거짓말할 필요가 있겠는가? 여러분이 어린이를 꾸짖지도 않고 벌하지도 않고 강요하지도 않는데 어째서 어린이가 친구에게 말하듯이 스스럼없이 모든 잘못을 솔직하게 말하지 않겠는가?

당위에 관한 거짓말은 한층 더 부자연스러운 것으로써 자유를 해치는 거짓말이다. 어린이는 현재를 넘지 못하는 한정된 시야를 가지고 있기 때문에 어린이의 약속은 그 자체가 무효인 것이다. 즉, 어린이가 장래를 약속한다는 것은 아무것도 약속하지 않은 것과 동일한 것이다. 만약 내일 창문에서 뛰어내린다고 약속하면 과자 한 봉지를 주겠다고 하면 그들은 즉시 수락할 것이다. 따라서 법률은 어린이와의 약속을 전혀 인정하지 않는다. 그러므로 어린이에게 약속의 이행을 요구할 때에는 그 약속을 하지 않아도 마땅히 해야 될 그런 일에 국한시켜야 한다.

제자들에게 실천할 수 있는 교훈만을 주며 그들이 학자가 되기보다는 선량하게 되기를 원하는 우리는 어린이에게 진실을 말하라고 강요하지 않는다. 또 그들이 지키지 않게 되는 일이 없도록 약속도 요구하지 않는다. 만일 내가 없을 때 누군가가 나쁜 일을 저질렀다고 해서 내가 에밀을 책망하거나 "네가 했지?"하고 묻지는 않을 것이다. 만일 그렇게 한다면 에밀에게 사실을 부인하는 법을 가르치는 것밖에 안 될 것이다.

약속을 굳게 해야 할 때에도 나는 그 쪽에서 먼저 제의하도록 할 것이다. 그리고 일단 약속을 지키면 그렇게 함으로써 얻어지는 이익을 보여주고, 어길 때에는 그렇게 함으로써 초래되는 손해나 불편을 느끼도록 할 것이다. 그러나 그것이 교사의 보복이 아니라 사물의 질서에 의한 것임을 스스로 깨닫도록 할 것이다. 에밀의 행복한 생활을 독립시켜 줄수록, 즉 남의 의지나 판단에 얽매이는 일이 없게 할수록 그는 거짓말에 대한 흥미를 잃어버릴 것이다.

성급하게 가르치려고 하지 않으면 성급하게 요구하지 않게 되고 적당한 시기가 올 때까지 차분히 기다릴 수 있다. 그러면 어린이는 조금도 손상 받지 않은 채 자연스럽게 성장할 것이다. 그러나 경솔하고 무능한 교사가 무분별하게 약속만 만들면 어린이는 약속을 소홀히 하거나 잊어버리며, 마침내는 무시해 버리고, 약속하고 약속을 깨뜨리는 것을 장난처럼 함부로 하게 될 것이다. 그러므로 어린이가 약속을 충실히 지키게 하기 위해서는 경솔한 약속을 삼가야 한다.

이제까지 거짓말에 대해 상세히 말한 부분은 다른 모든 의무에 대해서도 적용될 수 있다. 사람들은 어린이에게 미덕을 가르치는 것 같이 보이지만 부도덕을, 나쁜 일을 금하지만 실제로는 나쁜 일을 가르치고 있다. 사람들은 신앙심을 길러준다고 어린이가 싫증이 나도록 교회에 데리고 간다. 그러나 어린이는 더 이상 하나님께 기도 드리지 않아도 되는 시간을 갈망하게 된다.

자신은 남에게 적선하지 않으면서 어린이에게는 사랑의 마음이 우러나도록 적선을 하게 한다. 남에게 자비를 베풀어야 할 사람은 바로 교사 자신인데도 말이다. 적선이라는 것은 적선의 가치를 알고 그 필요를 아는 어른들이 할 일이지 선행의 진정한 뜻을 모르는 어린이들이 할 일은 아니다. 어린이에게 있어서 돈이란 그 가치를 모를 경우 한낱 쇠붙이에 지나지 않는다. 어린이는 과자 한 개보다도 일백 루이 짜리 금화를 내놓을 것이다.

사람들은 그런 문제에 있어서 또 하나의 방법을 쓰는데 그것은 어린이가 준 물건을 다시 되돌려 주는 것이다. 그럼으로써 어린이는 자기가 준 물건이 되돌아 올 것을 알고 있기 때문에 무엇이든지 남에게 주는 습관이 생길 것이다. 어린이가 후한 마음을 가지는 경우란 자기에게 소용이 없는 물건을 줄 때와 되돌아 올 것이 확실한 물건을 줄 때이다. 이와 같이 하여 "가장 인심이 후한 사람이 언제나 가장 많은 이익을 차지한다는 것을 경험에 의해서 어린이들이 믿도록 하라."고 로크는 말했다.

이것은 어린이들을 겉으로만 인심이 후한 척하고 실제로는 인색한 욕심쟁이로 만드는 것과 같다. 로크는 "이렇게 해서 어린이들은 인심을 후하게 쓰는 습관을 들이게 된다."고 말했다. 그러나 이것은 달걀 하나를 주고 소 한 마리를 가지려는 고리대금업자의 인심과 다를 바 없다.

그러나 정말로 좋은 것을 주어야 할 단계에 이르고 보면 습관의 문제가 아니게 되며, 어린이들은 되돌려 받을 수 없게 되면 주려고 하지 않게 된다. 문제는 손의 습관이 아니라 마음의 습관이다. 현재 어린이들에게 가르치는 그 외의 모든 미덕도 이와 마찬가지이다.

교사들이여, 가식을 버려라. 덕이 있고 선량하라. 여러분의 모범적인 행동이 어린이의 기억 속에 살아서 그들 마음속까지 스며들도록 하라. 나는 제자에게 자선을 하라고 말하기 전에 나 스스로 그가 보는 앞에서 자선을 실천해 보일 것이다. 그러나 그 행동을 모방하지 못하도록 할 것이다. 왜냐하면 어른의 의무가 곧 어린이의 의무라는 생각을 갖게 해서는 안 되기 때문이다.

내가 가난한 사람을 돕는 것을 보고 그가 그 이유를 묻는다면, 그리고 만약 그때가 그에게 대답을 해 주어도 좋은 시기라면 나는 이렇게 말해

줄 것이다. "애야, 부자들은 가난한 사람들이 노력한 덕분에 부자가 되었단다. 그러므로 부자는 생활수단을 갖지 못한 가난한 사람들을 먹여 살려 주마고 약속했기 때문이다.", "그러면 선생님도 그런 약속을 했어요?"라고 질문할 것이다. "물론이지. 나는 내 수중에 들어온 재산의 소유자이긴 하지만 그것을 내 소유물로 하기 위해서는 방금 말한 조건을 따르지 않고서는 결코 불가능하다."라고 말할 것이다.

모방에서 오는 덕행은 원숭이 흉내에 불과하며, 선한 행위도 스스로 판단해서 도덕적으로 행할 때만이 선행이지 남이 하니 따라서 한다는 식의 모방에 근거한 행위는 선행이 될 수 없다고 생각한다. 그러나 어린이는 아직 아무것도 모르기 때문에 일단 좋은 행위를 모방하게 하여 습관화시킴으로써 마침내는 분별력과 선에 대한 사랑으로 선행을 할 수 있도록 해야 할 것이다. 모방하려는 성향은 자연적인 것이나 사회 속에서는 부도덕적인 것으로 변질해 버린다.

원숭이는 자기가 두려워하는 인간은 흉내를 내지만 자기가 경멸하는 동물의 흉내는 내지 않는다. 그런데 우리들은 어릿광대처럼 훌륭한 것을 가치 없고 우스꽝스러운 것으로 만들기 위해 흉내를 낸다. 또한 존경스러운 것을 흉내낼 때도 더욱 훌륭한 인간이 되려고 하기보다는 남을 위압하고 자신의 재능을 칭송 받기 위해 흉내내는 것이다. 그러므로 우리는 항상 자기 밖으로 나가려는 욕망에 근거하는 모방을 버려야 한다.

여러분이 시행하는 교육의 모든 규칙 가운데 덕행과 풍습에 관한 모든 사항은 앞뒤가 뒤바뀌어져 있다. 어린이들에게 가장 적합함과 동시에 모든 연령에서도 가장 적합한 유일한 도덕적 교육은 남에게 절대 해를 끼쳐서는 안 된다는 교육이다. 선한 일을 하라는 교육도 결국은 '남에게 해를 끼쳐서는 안 된다'는 가르침을 따라야 한다.

선한 일은 악한 사람도 하고 있다. 다만 악인은 백 명을 희생시켜 한 명을 행복하게 할 뿐이라는 사실이 다르다. 가장 숭고한 미덕은 가장 소극적이면서도 가장 어려운 것이다. 왜냐하면 그것은 자신의 행위로 남을 기쁘게 해줄 수 있다는 그 감미로운 기쁨마저도 초월하는 것이기 때문이다. 남에게 절대로 해를 끼치지 않는 사람은 필경 남에게 선한 행동을 할 것이며 대담한 정신과 강인한 성격을 소유한 인격자나 가능한 것이다. 그리고 그 정신과 성격을 갖기까지는 몸소 실천함으로써만 얻어질 수 있는 것이다.

이제까지 나는 어린이에게 교훈을 주어야 할 때에 여러분이 반드시 명심해 주기를 바라는 몇 가지 유의점에 대하여 설명하였다. 그러나 올바른 교육을 받은 어린이에게는 그럴 필요가 없다. 왜냐하면 어린이에게 악의 씨를 마음속에 심어 주지 않는 한 그들 스스로는 악해지지 않기 때문이다. 그런데 이런 일은 어린이가 본연의 위치에서 벗어나 어른들의 잘못을 배우는 기회가 많아지면 많아질수록 더욱 자주 일어나는 예외인 것이다. 그러므로 세상과의 접촉이 많은 어린이는 조기교육이 필요하다.

이와는 정반대의 또 다른 예외가 있다. 즉, 나면서부터 풍부한 천성으로 자기 연령 이상으로 월등한 사람의 경우이다. 세상에는 한평생 어린이 상태를 벗어나지 못하는 어른이 있는 것처럼 어린이의 시기를 거치지 않고 나면서부터 거의 어른이 되어 있는 사람도 있다. 그런데 곤란한 것은 후자의 경우는 매우 드물고 분별하기도 어려울 뿐더러, 어머니들이란 자기 아이가 어쩌면 신동일지도 모른다고 쉽게 착각한다는 점이다. 더욱이 발육의 과정상 정상적인 징후들까지도 비상한 천재의 자질로 생각한다. 한 어린이가 어린이다운 행동만 하다가 우연히 비범한 말을 했다고 하여 놀랄 일인가? 그런 일이 한번도 없다면 도리어 놀랄 일이다.

어린이가 기발한 생각을 하고 훌륭한 말을 하는 것은 우연히 어린이 손에 다이아몬드가 쥐어진 것과 같다. 그러나 이러한 생각과 다이아몬드가 어린이의 것이라고는 할 수 없다. 어린이가 하는 말은 어른의 말과 같은 의미를 가지지도 못할 뿐더러 의미의 연결성도 없다. 어린이가 생각하는 어떠한 것에도 정견(定見)이나 확신이 없다.

소위 여러분들이 신동이라고 부르는 어린이를 주의 깊게 살펴보라. 때로 명석함이나 재치도 발견되지만 대체로 정신은 여느 아이보다도 흐릿하고 맥이 없어 보인다. 그는 분명 어린이에 지나지 않으며 때로는 하늘 높이 올랐다가 곧바로 바위 끝 둥지로 떨어지는 새끼 독수리인 것이다.

그러므로 어린이를 외형에 관계치 말고 연령에 맞춰 다루고 그 능력을 지나치게 훈련하려고 하다가 되려 지쳐서 소모되지 않도록 주의하라. 만일 어린 두뇌가 뜨거워지면 자연스럽게 발효하도록 내버려 두고 절대 자극하지는 마라. 그리고 최초의 정기가 증발하면 나머지는 압축 보존하여 해가 갈수록 참된 열과 힘이 되도록 하라. 그러지 않고 만약 조심성 없이 연소하기 쉬운 증기에 도취되어 버린다면 김빠진 찌꺼기밖에 남지 않을 것이다.

우둔한 어린이는 자라서 보통의 인간이 된다. 그러나 어린 시절에 있어 진짜 어리석음과 겉보기엔 우둔한 듯한데 사실은 강한 영혼을 예고하는 가짜 어리석음을 구별하기란 참으로 어려운 일이다. 그러나 참된 관념을 소유할 수 없는 어린 시절에는 둔재란 그릇된 관념만을 받아들이고 천재란 그릇된 관념만을 발견하기 때문에 어떠한 관념도 받아들이지 않는다는 차이점이 있다. 그러므로 한쪽은 적당한 것이란 하나도 하지 못하고 다른 쪽은 아무것도 하지 못한다는 점에서 양쪽 다 바보처럼 보이는 것이다.

양자를 구별할 수 있는 유일한 표징은 우연에 의존할 수밖에 없는데 천재는 그의 능력에 적당한 관념에 우연찮게 마주치게 될 것이나 둔재는 언제나 마찬가지일 것이다. 카토(B.C. 95~46 고대 로마의 정치가, 철학자)는 어린 시절 집안에서 바보로 취급받았다.

어른들은 그를 말이 없는 고집불통이라고 생각했다. 그의 삼촌이 슬라의 집 대기실에 있던 그를 보고서야 그의 사람됨을 깨달았다. 만일 카토가 그 대기실에 들어가지 않았다면 어른이 될 때까지 바보로 통했을 것이다. 그리고 만일 케사르가 없었다면 사람들은 사전에 모든 것을 예견했던 카토를 환상가로 취급하였을 것이다. 어린이를 너무 성급하게 판단하는 사람은 큰 잘못에 빠지게 될 것이다.

유년기를 존중하라. 그리고 좋은 일이든 나쁜 일이든 간에 너무 성급하게 판단하지 마라. 예외적인 것일지라도 오랫동안 스스로 증명되고 명확하게 될 때까지 기다려서 비로소 그에 대한 특수한 교육법을 채용하도록 하라. 자연을 대신하지 말고 자연의 순리에 따르라.

시간은 중요하지만 시간을 잘못 사용하게 되면 아무것도 하지 않는 것보다 시간을 더 낭비하게 되는 것과 마찬가지로 잘못된 교육은 차라리 아무 교육도 받지 않는 것보다 지혜와 더욱더 멀어진다는 것을 명심하라. 어린이가 아무것도 하는 일 없이 유년기를 보낸다고 여러분은 걱정할 것이다. 그러나 실은 이 시기보다 더 바쁜 시기도 없다.

플라톤은 매우 엄격한 사람이지만 『국가론』에서 어린이를 기르는 데 한결같이 축제와 놀이와 노래와 오락으로만 시간을 보내고 있다. 어린이에게 노는 것을 잘 가르치면 모든 것이 다 된다는 식으로 생각할 정도이다. 세네카는 고대 로마의 젊은이에 대하여 "그들은 언제나 서 있다. 앉아서 배워야 하는 것은 아무것도 교육된 적이 없었기 때문이다."고 말했다. 그렇다고 그들이 어른이 되었을 때 쓸모 없는 인간이 되었을까? 삶의 전부를 유용하게 쓰기 위해서 잠을 자지 않는 사람이 있다면 그는 시간을 즐기는 것이 아니라 스스로 망치고 있는 미련한 사람일 뿐이다. 그러므로 유년기를 이성이 잠자는 시기라고 생각하라.

표면상으로 쉽게 터득하는 것이 어린이들이 파멸하게 되는 원인이 된다. 사실 쉽다는 것 그 자체가 아무것도 배우지 못하고 있음을 뜻한다는 것을 사람들은 모르고 있다. 어린이들의 두뇌는 매끄러운 거울과 같아서 모든 것이 내부로 스며들지 않고 반사된다. 기억력과 추리력은 본질적으로 다른 능력이지만 이 둘이 합쳐질 때라야 비로소 둘 다 진정으로 발전하게 된다.

이성이 싹트기 전의 어린이는 관념이 아닌 심상만을 받아들인다. 관념이란 상호 연관되어 규정된 사물의 개념인데 반해, 심상은 감각의 대상이 되는 순수한 그림으로 홀로 존재할 수 있으나 모든 관념은 다른 관념의 존재를 전제로 한다. 상상할 때는 볼뿐이지만 이해할 때는 비교하기 마련이다. 우리의 감각은 순수하게 수동적이지만 우리의 지각이나 관념은 판단을 내리는 능동적인 근원에서 생긴다. 이것은 조금 뒤에 증명하겠다.

그러므로 어린이들은 판단력이 없기 때문에 진정한 기억력은 없다. 어린이가 기억하는 것은 소리와 형태와 감각뿐이며 관념을 기억하거나 연관성을 포착하는 일도 드물다. 어린이에게 초보적인 기하학을 습득시키게 함으로써 내 주장을 반증하려 해도 결국 그것은 내 주장을 증명하게 될 것이다. 어린 기하학자들의 방법을 잘 살펴보면, 그들은 단지 도형의 정확한 인상과 증명의 용어만을 외우고 있을 뿐이어서 조금이라도 변형되면 문제를 풀지 못한다. 그들의 지식은 단지 감각의 영역 안에서만 존재하며 이해 가능한 단계까지는 도달하지 못한다. 그들의 기억력 자체도 이와 같이 불완전한 것이다.

그렇다고 해서 어린이들이 어떠한 종류의 추리력도 갖지 못한다고는 생각하지 않는다. 오히려 어린이들은 자신이 잘 알고 있는 것이라든가 뻔히 보이는 이익과 관계되는 일에는 항상 훌륭한 추리력을 동원하고 있다. 그러나 그들에게 없는 지식을 마치 있는 것으로 간주하거나 이해조차 하지 못하는 일에 대해 추리하게 하려는 것이 어른들이 저지르고 있는 실수이다. 말하자면 미래의 이익이나 행복, 존경 등에 주의를 갖게끔 하려는 것은 무용한 것이다. 이러한 것들은 어린이들의 영혼과는 한치의 인연도 없는 것들이다.

제자에게 주는 교훈을 떠벌리고 다니는 교사들이 제자들에게 가르치고 있는 것이란 그저 말뿐이다. 그들은 어린이에게 유익한 지식을 선택하지 못한다. 그들이 채택하고 있는 학문이란 술어만 알고 있으면 다 아는 학문, 즉 문장학, 지리학, 연대기, 어학 등이다. 이러한 학문은 어린이에게는 거리가 먼 학문이다. 여러분은 쓸모 없는 것 속에 어학이 포함된 것을 보고 놀랄 것이다.

그러나 내가 여기서 말하는 것은 유년기 교육에 한해 그렇다는 것을 기억해 주기 바란다. 누가 무엇이라고 말하든 열두 살에서 열다섯 살까지의 연령에서는 천재를 제외하고는 어떤 어린이도 2개 국어를 습득한 일이 있었다고는 믿어지지 않는다. 만일 어학이 단순한 어휘공부, 즉 그것을 표현하는 문자나 소리에 관한 공부에 불과하다면 그것은 어린이에게 적당하다고 하겠다. 그러나 언어란 기호가 바뀌게 되면 그것이 표현하는 관념마저도 바뀐다. 정신은 언어에 의해 형성되고, 사상은 관용어의 색채로 물들여진다. 이성은 공통되지만 정신은 각 국의 국어에 따라 고유한 형태를 갖는다. 이것은 각 국의 국민성이 상이한 것의 원인이 될 수도 있고 결과가 될 수도 있다.

습관에 따라 익힌 하나의 언어만이 어린이가 어른이 될 때까지 갖게 되는 유일한 형태이다. 그런데 두 가지 형태를 가지려고 하면 관념의 비교가 필요한데 관념이 거의 없는 어린이에게 이것이 가능한 일이겠는가? 그럼에도 불구하고 여러분은 한 어린이가 여러 언어를 배울 수 있다고 말할지 모른다. 나는 5~6개 국어를 할 줄 아는 천재소년을 본 적이 있다. 그러나 그는 5~6개의 사전을 사용하면서도 항상 독일어로만 말하였다. 어린이는 단 한 개의 국어밖에는 알지 못한다. 여러분들은 단어를 바꾸게할 수는 있어도 국어를 바꾸게 하지는 못할 것이다.

어린이에게 사어(死語)를 가르치는 것은 교사의 무능함을 감추기 위해서이다. 사어는 그것을 검증할 만한 심판자도 없으며 오래 전에 상용되던 것이므로 책에 있는 대로 흉내내는 것만으로 족하기 때문이다. 만일 교사의 라틴어나 그리스어 실력이 이 정도라면 어린이들의 실력은 말할 필요도 없다.

도무지 뭔지도 모를 기초지식을 암기하기가 무섭게 교사는 학생들에게 프랑스어를 라틴어로 번역하는 법을 가르친다. 한 수 더 떠 키케로의 문장을 산문으로, 베르질리우스의 시구를 운문으로 옮기는 법을 가르친다. 그렇게 되면 그들은 라틴어를 할 줄 안다고 믿는다. 누가 감히 여기에 대해 이론(理論)을 내세우겠는가?

모든 학문에 있어서 사물에 대한 관념이 없으면 그것을 표현하는 기호는 무의미하다. 그런데 사람들은 기호만을 가르칠 뿐 사물의 뜻은 이해시키지 못한다. 사람들은 어린이에게 지리에 대해서 가르친다고 생각하면서 실은 지도를 보는 법밖에 가르치지 않는다. 어디선가 다음과 같이 시작되는 지리책을 본 기억이 난다. '세계란 무엇인가? 그것은 마분지로 만든 공이다.' 바로 이것이 어린이들의 지리학이다.

2년 동안 지구의와 세계지리에 관해 배우고 난 뒤 그 지식으로 혼자서 파리에서 쌩드리까지 갈 수 있는 어린이는 하나도 없다. 또한 아버지의 정원도를 보고 꼬불꼬불한 길에서 헤매지 않고 혼자서 다닐 수 있는 어린이도 없다. 지구상의 모든 나라들이 어디에 있는지 소상히 알고 있다는 꼬마 박사들의 실태란 바로 이런 것이다.

어린이에게는 눈만 있으면 되는 학문에 전념하는 것이 좋다고들 말한다. 만약 눈만 가지고서 될 수 있는 학문이 있다면 그것도 가능하겠지만 나는 그러한 학문을 모른다.

어린이에게 역사를 가르치는 것은 더더욱 잘못이다. 역사란 단순히 사실의 묶음이므로 어린이에게 충분히 이해될 수 있다고 사람들은 생각한다. 그러나 사실이란 도대체 무엇을 의미하는 것인가? 역사적 사실의 결정 요인들은 아주 쉽게 포착되므로 그 관념을 어린이의 정신 속에 쉽게 형성시킬 수 있다고 생각하는 것일까? 사건에 관한 인식과 그 사건의 원인과 결과에 관한 인식이 분리될 수 있다고 생각하는 것일까? 만일 인간의 행동을 단순히 외부적이고 육체적인 움직임만으로 생각한다면 역사에서 배울 수 있는 것은 아무것도 없다.

독자들이여, 여러분에게 말하고 있는 사람은 학자도 철학자도 아닌 평범한 인간으로 단지 진리를 사랑하는 사람에 지나지 않는다. 사교성이 없어 타인의 편견에 물들 기회가 적고, 타인과 사귀면서 감동 받은 일에 대해 심사숙고하는 시간이 많은 고독한 사람일 뿐이다. 나의 이론은 논리가 아닌 사실에 입각하여 전개한 결과이므로 될 수 있으면 여러분들이 판단하고 추론할 수 있도록 실례를 들어 이론을 펴 나가고자 한다.

나는 자녀교육에 관심이 많은 어느 시골가정에서 며칠을 보낸 적이 있었다. 어느 날 아침, 나는 가정교사가 장남에게 고대사 가운데 알렉산더 대왕과 의사 필립에 관해 강의하는 것을 우연히 보게 되었다. 교사는 알렉산더의 대담성에 관하여 여러 가지 이야기를 들려주고 있었다. 그 내용이 못내 못마땅했으나 교사의 위신을 생각해서 반박하지 않았다.

식사시간에 많은 애기를 하는 프랑스 풍습대로 그 어린이도 칭찬 받고자 쓸데없는 말을 했다. 개중에는 몇몇 쓸만한 내용도 있었으므로 쓸데없는 말들을 잊어버릴 수 있었다. 마침내 의사 필립에 대한 이야기가 나왔다. 그 어린이가 그 이야기를 매우 분명하고 재치 있게 말하자 어머니는 칭찬해 주었다. 그리고 그 이야기에 대해 의견을 나누었다. 대부분의 사람들은 알렉산더의 무모함을 비난했고, 몇몇 사람은 가정교사의 의견처럼 알렉산더의 결단과 용기를 칭찬했다.

나는 모두가 그 이야기의 진정한 가치를 간과하고 있다는 생각이 들었다. 나는 그들에게 "알렉산더의 행동에는 용기나 결단성이란 추호도 없으며 그것은 정상적인 행위에서 벗어난 허세에 지나지 않습니다."라고 말했다. 그러자 모두들 내 말에 찬성했다. 나는 흥분한 나머지 한마디 더 하려고 했으나 그때까지 침묵을 지키고 있던 한 부인이 내 귀에다 대고 나지막하게 "장자크, 아무 말 마세요. 저들은 당신의 말을 이해하지 못할 거예요."라고 속삭였다. 나는 그 여인을 쳐다보고 냉정해졌고 아무 말도 하지 않았다.

식사를 마친 후, 나는 꼬마 박사와 손을 잡고 산책을 했다. 그리고 이야기를 해 보니 그 어린이가 그 누구보다도 알렉산더의 용감함에 대해 감탄하고 있다는 것을 알았다. 그 어린이는 알렉산더가 쓴 약을 단숨에 마셔버렸다는 점에서 용감성을 찬양하고 있었던 것이다. 가엾은 그 어린이는 달포 전에 어른들이 마시라고 준 쓴 약을 간신히 마셨기 때문에 여태 그 쓴맛을 잊을 수 없었던 것이다. 그에게 있어 죽음이나 독살과 같은 것은 단지 불쾌한 감각으로 밖에는 여겨지지 않았던 것이다.

그러나 영웅의 용감함에 깊은 인상을 받고 다음에는 쓰디쓴 약도 알렉산더처럼 단숨에 마셔버리겠다는 결심을 품고 있었다는 것을 밝혀 두어야겠다. 나는 이해하지 못할 설명은 제쳐두기로 하고 어린이의 마음가짐을 칭찬해 주었다. 그리고 어린이에게 역사공부를 시킬 수 있다고 생각하는 어른들의 알량한 지혜에 쓴웃음을 지으며 집으로 왔다.

국왕이나 제국, 전쟁이나 정복, 혁명이나 법률 따위의 말을 어린이의 입에서 나오게 하기란 쉬운 일이다. 그러나 이런 말에 정확한 관념을 연결시키는 문제에 봉착하여 이것들을 설명하기란 정원사 로베르와의 대담 따위와는 비교가 안 될 만큼 먼 얘기이다.

몇몇 독자들은 '아무 말 말고 가만히 계세요' 라는 말로는 설명이 부족하여 알렉산더의 행동 중에 어떤 점을 훌륭하게 생각하느냐고 질문할 것이다. 그러나 내가 그것을 이야기해 주어야 할 정도라면 어떻게 그것을 이해할 수 있겠는가?

내가 훌륭하게 생각한 점은 알렉산더가 자신의 생명을 걸고 미덕을 믿었다는 것이다. 그가 의연하게 독약을 마셨다는 것은 전무후무한 신앙고백이었다. 말뿐인 학문이 없다면 어린이에게 적합한 학문도 없을 것이다. 진정한 관념에는 진정한 기억이 있어야 한다. 어린이에게 아무런 의미도 없는 기호의 목록을 그들의 머리속에 쑤셔 넣어 본들 무슨 소용이 있겠는가? 기호란 사물을 학습함에 따라 익히게 되는 것인데, 어린이가 똑같은 기호를 두 번씩이나 배워야 할 필요가 있는가? 게다가 그들에게는 무의미한 말을 마치 학문이기나 한 것처럼 생각하게 함으로써 얼마나 위험한 편견을 그들의 머리속에 심으려 하는가? 어린이가 사물이 지니는 가치도 모른 채 말만으로 그것을 알게된 듯싶어 만족하게 되면 결국 판단력을 그르치게 된다.

이래서는 안 된다. 자연은 모든 종류의 인상을 받아들일 수 있도록 어린이의 두뇌를 만들었는데 왕들의 이름이나 연대기, 문장학, 천문학, 지리학 따위의 어린이에게는 전혀 무의미한 것들로 유년기를 메마르게 해서는 안 된다. 어린이들이 갖는 두뇌의 유연성은 그들이 이해할 수 있고 그들에게 이로우며 그들의 행복과 관련된 모든 관념들이 일찍부터 그들의 두뇌 속에 지울 수 없는 문자로 새겨져서 일생 동안 그들의 존재와 능력에 적합하게 처신할 수 있도록 하기 위한 것이다.

책을 통해서 공부하지 않는다고 해서 어린이의 기억력이 잠자고 있는 것은 아니다. 어린이는 보고 듣는 것에 자극을 받아 그것을 기억하며 사람들의 말이나 행동을 마음속에 기록한다. 그를 둘러싸고 있는 모든 것이 한 권의 책이며 그 책에 의해서 어린이는 자연스럽게 자신들의 기억을 풍요롭게 하면서 언젠가 자신의 판단이 그것을 활용할 수 있을 날을 기다리는 것이다.

어린이의 정신에 기억력을 길러주는 참다운 기술은 기억의 대상을 잘 선택하는 것이고, 그들에게 이해될 수 있는 것들을 끊임없이 제시해 보여주는 것이며, 그들이 몰라야 하는 것은 숨겨두는 것이다. 이러한 방법을 통해서 어린이는 분별 있는 건전한 인간, 건강한 신체와 건전한 사고를 가진 인간, 어릴 때에는 칭찬을 덜 받지만 성인이 되면 존경을 받는 인물이 된다.

에밀은 소박하고 재미있는 라 퐁텐(1621~1695 프랑스 17세기 4대 시인)의 우화라 할지라도 결코 암기해서 배우는 일은 없다. 사람들은 우화를 어린이의 도덕책이라고 찬양한다. 그러나 그것은 어린이를 즐겁게 해 줌과 동시에 속이고 있으며, 거짓말에 현혹되어 진실을 보지 못하게 하며, 어린이에게 교훈을 즐거운 것으로 가르치려다가 오히려 교훈의 이익을 방해하고 있음을 어른들은 상상조차 하지 못한다.

우화는 어른들에게는 교훈이 될 수 있다. 그러나 어린이에게는 있는 그대로의 진실을 적나라하게 말할 필요가 있다. 모든 어린이는 라 퐁텐의 우화를 배우지만 그 뜻을 이해하는 어린이는 한 명도 없다. 그 뜻을 이해한다면 더욱 해로우리라. 왜냐하면 우화에 담긴 도덕은 너무 뒤섞여 있어서 그들의 연령에 적합하지 않기 때문에 어린이를 미덕이 아닌 악덕으로 이끌기 때문이다. 여러분은 이것을 역설이라고 말하겠지만 그 여부를 검토해 보자.

우화는 그 속에 담겨져 있는 교훈에 대해 어린이가 이해할 수 없는 개념들이 포함되어 있으며, 우화의 시적인 표현법 자체는 외우기는 쉽지만 이해하는 데는 방해가 되어 결과적으로 흥미 때문에 명료성이 희생되어 우화의 뜻을 아는 어린이는 하나도 없다고 말할 수 있다.

라 퐁텐의 우화집 속에서 어린이다운 순박성이 한층 빛나는 우화는 대여섯 편밖에 없다고 생각한다. 나는 이 가운데 모든 연령대에 유용하며 어린이들이 가장 잘 이해하고 흥미로워하는 첫 번째 우화를 예로 들겠다. 이것은 사실 어린이가 이해할 수 있고 즐거워할 수 있으며 어린이들을 가르치는 것을 진짜 목적으로 삼는다고 가정하면 이 우화는 확실히 걸작품이다. 그러므로 이제부터 이 우화를 읽어 가면서 약간의 검토를 시도하는 것을 용서해 주기 바란다.

까마귀와 여우

'까마귀 선생, 앉아 있다, 나무 위에'

'선생'이란 말은 무엇을 뜻하는가? 고유명사 앞에서 이 경우에는 어떤 의미를 지니는가? 까마귀란 무엇인가? '앉아 있다, 나무 위에'란 무엇인가? 우리는 보통 그렇게 말하지 않고 '나무 위에 앉아 있다'라고 말한다. 여기서 도치법에 대해 설명해야 하고 산문과 시에 대해 설명해야만 한다.

'치즈 한 쪽을 주둥이에 물고서'

어떤 치즈인가? 스위스산? 영국산? 또는 네덜란드산 치즈인가? 만일 어린이가 까마귀를 본 적이 없다면 까마귀 얘기를 한들 무슨 소용이 있겠는가? 설령 보았다 하더라도 까마귀가 주둥이에 치즈를 물고 있다는 것을 어떻게 생각할 것인가? 항상 자연 그대로의 모습을 묘사하도록 하자.

'여우 선생, 그 냄새에 이끌려'

또 선생이다. 하긴 여우란 계략에는 도통한 선생이니 여우의 경우에 딱 어울리는 호칭이다. 여우란 어떤 것인지를 설명하고 여우의 본성과 우화에 나타난 관례상의 성질을 잘 구별해야 한다. '이끌려'라는 말은 시에서나 쓰일 뿐, 평소에 잘 쓰이지 않는 낱말임을 설명해야 한다. 어린이가 왜 시에서는 산문과 다른 식으로 이야기 하냐고 묻는다면 여러분은 뭐라고 대답하겠는가? '치즈 냄새에 이끌려' 숲속이나 동굴 속에 있었을 여우에게 냄새가 전달될 정도라면 치즈를 주둥이에 물고 있었던 까마귀에게는 굉장한 냄새가 났을 것이다. 도대체 이런 식으로, 여러분은 제자에게 확실한 증거로써만 수긍케 하며 남의 이야기에서 진실과 거짓을 판별할 줄 아는 올바른 비판정신을 길러 줄 셈인가?

'까마귀에게 이런 말을 했다.'

'이런 말' 여우도 말을 한단 말인가? 그것도 까마귀와 같은 말을? 현명한 교사여, 조심하기 바란다. 대답하기 전에 자신의 대답을 음미해 보라. 그 대답은 매우 중요하다.

'여! 안녕하십니까, 까마귀 님!'

'님'이란 말이 경어라는 것을 알기도 전에 어린이들은 이것이 조롱의 말로 쓰인다는 것을 알게 된다. 이 말을 설명하기 전에 더 많은 설명이 필요하다.

'당신은 참으로 우아합니다! 당신은 참으로 아름다워 보입니다!'

쓸데없는 군말이다. 어린이는 같은 의미가 반복되는 것을 보고 비겁하게 말하는 법을 배운다. 만일 이런 허튼 소리가 기교를 부리는 여우의 계획적 의도라고 말한다면, 그런 변명은 내게는 통할지 모르지만 제자들에게는 통하지 않는다.

'정말이지, 만일 당신의 목소리가'

'정말이지' 그렇다면 때로는 거짓말도 한단 말인가? 만일 여러분이 어린이에게 여우는 거짓말을 예사로 하기 때문에 '정말이지'라고 밖에 말하지 못하는 것이라고 가르쳐 준다면 어린이는 어찌해야 좋을지 모를 것이다.

'그대의 깃털에 어울린다면'

'어울리다'라니, 이 말은 무슨 뜻인가? 성질이 전혀 다른 목소리와 깃털을 비교하다니? 성질이 서로 다른 것을 비교하는 법을 어린이에게 가르쳐야 할텐데, 그들이 얼마나 이해할까?

'당신은 이 숲속의 빈객들 중 봉황일 것입니다.'

'봉황' 봉황이란 무엇인가? 우리는 여기서 터무니없는 고대 신화의 세계로 말려든다. '이 숲속의 빈객!' 얼마나 과장된 비유인가? 아첨꾼은 말을 고상하게 꾸며서 한층 더 솔깃하게 들리도록 품위를 돋군다. 그러나 어린이가 이러한 기교를 이해할 수 있을까?

'이 말에 까마귀는 기뻐 어쩔 줄 몰라'

널리 알려진 이 표현을 깨닫기 위해서는 이미 상당히 강한 감정들을 경험했어야만 할 것이다.

'자기의 아름다운 목소리를 들려주기 위하여'

이 시구와 우화 전체를 이해하기 위해서는 먼저 어린이가 까마귀의 아름다운 목소리란 어떤 것인지를 잘 알고 있어야만 한다는 점을 잊어서는 안 된다.

'주둥이를 크게 벌리다가 먹이를 떨어뜨리고 말았다.'

이 구절은 정말 멋있다. 이 말만으로도 정경이 떠오른다. 까마귀가 보기 흉한 주둥이를 벌리자 치즈가 나무 아래로 떨어지는 모습이 눈에 선하다. 그러나 이런 아름다움을 어린이가 이해할 수 있을까?

'여우는 그것을 집어 들고 이렇게 말했다. 여보게 착한 선생!'

여기에서 착하다는 말은 바보라는 뜻으로 변하였다.

'잘 기억해 두게나. 아첨꾼은 모두'

이는 일반적인 격언이다. 우리는 이미 어떻게 생각할 수 없는 형편이다.

'아첨하는 소리를 듣는 자의 덕택에 산다네.'

열 살짜리 어린이가 이 말의 뜻을 이해하는 일은 결코 없다.

'이 교훈은 틀림없이 치즈 한 쪽의 가치는 있을 거요.'

이 말은 알아들을 수 있을 것이고, 그 의미 또한 대단히 훌륭하다. 그러나 교훈과 치즈를 비교할 줄 아는 어린이는 없을 것이고 치즈보다 교훈이 더 좋다고 생각하는 어린이도 없을 것이다. 그러므로 이 구절은 빈정거림에 불과하다는 것을 어린이에게 이해시켜야 한다.

'까마귀는 부끄럽고 창피하여'

또 다시 군소리인데, 이번에는 변명의 여지조차 없다.

'다시는 아첨에 넘어가지 않으리라 맹세했으나 때는 늦었다.'

'맹세!' 맹세의 의미를 제자들에게 가르치려고 한다면 얼마나 어리석은 교사이겠는가?

상세한 설명을 해 보았으나 이 우화 속에 함축되어 있는 관념을 분석하여 그 관념을 구성하고 있는 기본 관념들로 환원시키기에는 아직 불충분하다. 그러나 어린이에게 우화를 이해시키기 위해서 이러한 분석이 필요하다고 어느 누가 생각하겠는가? 또한 도덕성 문제를 따져 볼 때 열 살난 어린이들에게 자신의 이익을 위해서 아첨을 하거나 거짓말을 하는 사람이 있다는 것을 가르쳐 줄 필요가 과연 있을까? 그러나 치즈가 모든 것을 망쳐버리고 만다. 사람들은 어린이들에게 치즈를 떨어뜨리지 않는 법을 가르치기보다는 남의 부리에 있는 치즈를 떨어뜨리게 하는 것을 가르치는 일이 더 많을 것 같기 때문이다.

　어린이들은 우화에서 배운 것을 실제 생활에 적용하게 되는 경우, 언제나 저자의 의도와는 반대로 한다. 그리고 자신의 결점을 조심하기보다는 남의 결점을 이용하려는 경향이 있다. 앞의 우화에서 어린이는 까마귀를 바보 취급하고 여우를 좋아하게 된다. 개미와 매미의 우화에서는 개미를 교훈의 표본으로 제시할 생각이겠지만 어린이들이 보고 배우려고 하는 것은 매미이다.

　어린이들은 항상 좋은 역할만 선택하려고 한다. 그것은 자존심에서 비롯되는 선택으로써 극히 자연스러운 것이다. 그러나 어린이들에게 이것은 얼마나 끔찍스런 교훈이란 말인가? 남이 요구하는 것을 거절하는 어린이만큼 인색한 괴물도 없을 것이다. 그는 사람들이 그에게 무엇을 요구할 것인지 잘 알면서도 그것을 거절할 줄 아는 그런 어린이인 것이다. 개미는 보다 더 심한 짓을 한다. 개미는 어린이에게 거절하면서 비웃는 것까지 가르친다.

　사자가 나오는 우화에서 사자는 대부분 화려한 역할을 하기 때문에 어린이는 반드시 사자를 모방하려 한다. 그러나 모기가 사자를 공격할 때는 사정이 또 달라져서 어린이는 모기가 되고자 한다. 그리하여 그들은 정정당당하게 대항할 수 없는 상대를 만났을 때는 바늘로 찔러 죽이는 것을 배우게 된다.

야윈 늑대와 살찐 개에 관한 우화에서 어린이들은 저자가 의도하는 절제의 교훈을 배우지 않고 방종한 생활태도를 배운다. 항상 얌전해야 한다고 잔소리만 듣던 한 소녀가 이 우화를 읽고 슬퍼서 우는 것을 보았는데 처음에는 그 이유를 몰랐다. 그 소녀는 속박 당하는 것이 싫었으며 자기가 늑대가 아닌 것이 슬펐던 것이다.

그러므로 첫 번째 우화는 어린이들에게 비열한 아첨을 가르치고, 두 번째 우화는 비인간적인 몰인정의 교훈을, 세 번째 우화는 부정의 교훈을, 네 번째 우화는 독립정신의 교훈을 남길 것이다. 이렇게 서로 모순된 교훈이 과연 어떤 성과를 가져다 줄 것인가? 그러나 어쩌면 내게는 전적으로 우화에 반대하는 논거가 되는 것이 일반인들에게는 우화를 옹호하는 이유가 될지도 모른다. 사회에는 말로써 하는 교훈과 행동으로 하는 교훈이 있어서 전자는 교리문답 속에 있고 후자는 어린이용으로는 라 퐁텐의 우화 속에 있으며, 어머니용으로는 라 퐁텐의 콩트집에 들어 있다.

"라 퐁텐 씨, 서로 타협합시다. 나는 기꺼이 당신의 책을 읽고 그것을 사랑하고 당신의 우화 속에서 교훈을 찾겠습니다. 그러니 당신의 우화의 4분의 1도 이해하지 못하는 제 제자에게는 단 한 가지도 가르치지 않는 것을 용서해 주시오." 이와 같이 나는 어린이들의 모든 과제를 없앰과 동시에 어린이들에게 가장 큰 불행의 도구인 책을 배척하려고 한다. 독서는 어린이에게 해가 되며 어른들이 어린이에게 줄 수 있는 유일한 일거리이기도 하다. 에밀은 열두 살이 되어서야 책이 무엇인지를 알게 될 것이다. 이 글을 읽을 정도는 되어야 하지만 그 전에는 독서란 그를 귀찮게 할 따름이다.

자신의 눈앞에 없는 사람과 말을 나누며 감정과 의사를 서로 교환하는 기술 등은 모든 연령층의 사람들에게 유용한 기술이다. 이런 기술이 어찌하여 유년기에는 고통의 씨앗이 되는 것일까? 그것은 어린이에게 강제로 그 기술을 습득하게 하고, 그들이 전혀 이해할 수 없는 것에 그 기술을 사용하도록 하기 때문이다. 그러나 그 기술을 어린이 자신의 기쁨을 위해 써먹는 것으로 만들면 어린이는 당장 그 일에 열중하게 될 것이다.

사람들은 어린이에게 글을 가르치기 위한 최선의 방법을 찾아내려고 애쓴다. 그래서 글자 상자나 카드 같은 것을 생각해 내었다. 로크는 주사위로 글을 가르치는 방법도 생각해 내었다. 그러나 사람들은 가장 확실한 방법, 즉 배우고 싶어 하는 욕망을 잊고 있다. 어린이에게 욕구를 주라. 그 다음에 글자 상자나 주사위를 주라. 일단 배우고자 하는 욕구가 생기게 되면 어떠한 방법이든 다 좋을 것이다.

현실적 이해관계야말로 가장 큰 동기이며 유일한 원동력이다. 에밀은 가끔 저녁식사나 야유회 등에 참석해 달라는 초대장을 받는다. 그러나 주위에 있는 사람이 그것을 읽어 주지 않고 모른 체했다고 하자. 누군가가 읽어 주었을 때는 이미 늦어버렸다고 하자. '아, 만일 스스로 초대장을 읽을 수 있었더라면!' 이런 생각을 한 후 또 다른 초대장을 받으면 에밀은 어떻게 해서라도 읽으려고 애쓸 것이다. 나는 에밀에게 글자 상자가 필요하다고는 생각하지 않는다.

여기에 또 한 가지 중요한 준칙을 덧붙이고자 한다. 그것은 일반적으로 일을 달성하는 데 있어 급하게 서두르지만 않는다면 매우 정확하고 신속하게 성취할 수 있다는 것이다. 나는 에밀이 열 살이 되기 전에 읽기와 쓰기를 완전히 알게 되리라 확신한다. 그러나 그 지식도 모든 걸 희생하면서 얻는 것이라면 차라리 읽는 법을 모르는 게 낫다고 생각한다. 읽는 것을 평생 지겹게 생각하게 된다면 독서가 그에게 무슨 소용이 있겠는가?

내가 소극적인 방법을 강조할수록 이에 대한 반감도 더욱 드세질 것이다. 여러분의 제자가 여러분으로부터 아무것도 배우지 않는다 하더라도 다른 사람으로부터 배우게 될 것이다. 만일 여러분이 진실을 가르치지 않으면 제자는 거짓을 배울 것이다.

여러분이 제자에게 편견을 심어 주지 않아도 그는 자기를 둘러싸고 있는 모든 것으로부터 편견을 받아들이게 될 것이다. 어린 시절에 생각하는 습관을 들이지 않으면 그 이후의 생애를 통해서 생각하는 능력을 없애는 결과가 된다. 그런데 이와 같은 것을 반대하는 이론에 대해 대답을 해야만 하는가? 만일 내가 제시한 계획에 따라 여러분의 제자를 항상 자기 속에 머무르게 하고 그가 직접 접촉하는 것에만 마음을 기울이도록 노력한다면 제자들은 행동적인 존재로 발달하면서 자신의 힘에 상응하는 판단력을 키워 갈 것이다. 그리고 체력이 자기보존에 필요한 정도를 너머 여분의 체력이 생겼을 때 비로소 그 여분의 체력을 다른 용도에 사용할 수 있는 사고력이 배양된다.

그러므로 여러분이 제자의 지력을 기르려고 한다면 무엇보다도 그 지력을 지배할 수 있는 체력을 양성해야만 한다. 끊임없이 그의 육체를 단련시켜서 튼튼하고 건강하게 만들어라. 그를 지혜롭고 이성적인 인간으로 만들기 위해서이다. 일하게 하고 행동하게 하고 달리고 소리치고 항상 움직이게 하라. 기운찬 생활로 말미암아 어른이 되게 하라. 그러면 머지않아 이성에 있어서도 어른이 될 것이다.

이 방법을 따른다 하더라도 어린이를 항상 통제하고 지시하면 어린이는 결국 멍청한 바보가 되고 말 것이다. 여러분의 두뇌가 그의 손발을 움직이게 하면 어린이의 두뇌는 소용이 없게 된다. 육체를 단련시키는 활동이 정신의 활동에 해가 된다는 것은 참으로 한심한 생각이다. 신체단련에만 신경을 쓰고 정신수양에는 그러지 않는 인간이 있다. 농민과 미개인이 바로 그들이다. 농민은 거칠고 조잡하며 서툴다. 미개인은 뛰어난 감각을 가졌지만 정신은 더욱 조잡하다.

일반적으로 농민보다 더 둔한 자는 없고 미개인보다 더 예민한 자는 없다. 농민은 어릴 때부터 습관적으로 같은 일에만 종사하여 그들의 생활에서는 습관과 복종이 이성을 지배하고 있다. 그러나 미개인은 장소와 직업에 구애됨이 없으므로 복종이나 규율의 관념이 없으며 대신 동작 하나하나에 추리력을 동원하여 결과를 생각하는 경향이 있다. 그래서 육체를 움직이면 움직일수록 정신도 계발되는 것이다.

현명한 교사여, 우리의 제자 가운데 누가 미개인을 닮았고 누가 농민을 닮았는지 비교해 봅시다. 권위에 복종하는 학생은 지시한 것 외에는 아무 것도 하지 않는다. 그들은 남이 시키지 않으면 배가 고파도 먹으려 하지 않고 즐거워도 웃지 않으며 심지어 숨쉬는 것조차 여러분의 규칙에 따를 것이다. 교사가 제자의 모든 일에 신경을 쓰면 자신의 장래에 대해서도 생각하려 하지 않는다.

모든 일에 대해 그의 판단은 여러분의 판단을 따를 것이다. 그리하여 얼마 되지도 않는 그들의 이성까지도 그로서는 아무 소용없다고 생각되는 일에 사용케 하여 마침내는 이성의 필요성마저도 불신하게 될 것이다. 가령 이성이 잘못되었다 하더라도 그 결과로 나타나는 최악의 사태란 고작 꾸지람을 듣는 정도에 불과하다. 그러나 꾸지람도 습관이 되면 아무렇지 않게 되며, 위험도 일상적이 되면 더 이상 두렵지 않다.

그렇지만 그들에게도 재기는 있어 부인들과 재잘거릴 정도는 된다. 그러나 위험하고 어려운 상황에 직면하게 되면 천박한 농민의 아들보다 백 배나 더 우둔한 인간이 되어 버린다. 자연의 아들인 나의 제자는 자립하도록 교육을 받은 까닭에 타인의 도움을 구하거나 자신의 능력을 떠벌리는 일은 없다. 그리하여 그는 자신과 직접 관계되는 모든 일에 적절하게 대처해 나간다. 그는 일찍부터 풍부한 경험을 쌓지만 그것은 인간으로부터 온 경험이 아닌 자연으로부터 온 경험이다. 그는 스스로의 판단에 의해서만 행동하는 까닭에 신체와 정신이 항상 결합되어 동시에 단련된다. 즉, 그의 신체가 강해지면 강해질수록 그의 분별력과 판단력 또한 강해진다.

젊은 교사들이여, 나는 여러분에게 어려운 기술 하나를 권유하겠다. 그 것은 훈계하지 않고도 지도하는 기술과 아무것도 하지 않고서도 모든 것을 성취시키는 기술이다. 어린이들을 먼저 개구쟁이로 만들지 않고서는 어진 사람으로 만들지 못한다. 이것이 스파르타인의 교육방식이었다. 그들은 어린이에게 음식을 훔치는 법부터 가르쳤다. 그렇다고 해서 그들이 난폭한 인간이 되었는가? 우리가 그들의 재치와 용맹을 모르는가? 언제나 승리하도록 교육받은 그들은 언제나 승리하였으나 수다스러운 아테네인들은 스파르타인의 공격뿐만 아니라 그들의 말씨까지도 두려워했다.

여러분은 제자에게 항상 자기가 주(主)라고 믿게 하면서 실제로는 여러분이 주가 되도록 하라. 외견상 자유로 보이는 복종만큼 완벽한 복종은 없다. 어린이란 아무 술책도 없고 아무것도 모르는데 여러분의 뜻대로 안 될 것이 어디 있으며 그를 둘러싸고 있는 모든 것에 대해 여러분의 의사대로 안 되는 것이 어디 있겠는가? 물론 어린이는 자신이 원하는 것만을 할 것이다. 그렇지만 어린이들은 당신이 시키는 것만을 할 것이며 여러분이 예상치 않는 말은 단 한마디도 하지 않을 것이다.

이때가 곧 어린이가 신체의 단련에 열중하고 모든 것으로부터 자신의 안락을 위하여 가장 유리한 방법을 모색하는 한편 남의 도움 없이 스스로 사물을 즐기기 위해 기막힌 재능도 발휘하는 시기이다. 이렇게 해서 어린이는 자신이 해야만 하는 일을 하게 된다. 그리고 그의 육체는 끊임없이 움직이면서 또한 그의 모든 이성도 훨씬 적절한 방법으로 성장할 수 있을 것이다.

이렇게 해서 어린이는 여러분이 그의 생각에 반대하기 위하여 감시하고 있다고 생각하지 않을 것이고, 여러분을 경계하지도 않을 것이며, 숨기거나 속이지도 않을 것이다. 어린이는 주저하지 않고 있는 그대로의 모습을 보여줄 것이다. 그래서 어린이는 자신이 교훈을 받고 있다는 사실을 지각조차 하지 못한 채 여러분의 교훈을 수용하게 된다.

그는 또 호기심으로 여러분의 행동을 감시하거나 여러분의 과오를 찾으려고도 하지 않을 것이다. 이미 말한 바와 같이 어린이들의 주요 관심사 중 하나는 사람들의 약점을 찾아내는 일이다. 이런 심적 경향이 짓궂은 마음을 지니게 만드는 것이지 본래부터 짓궂어서 그와 같은 경향이 생기는 것은 아니다. 그것은 권위에서 벗어나려는 어린이의 욕망에서 비롯된다. 그런데 교사에게서 어떤 결점을 발견하면 그것을 구실로 자기의 행위를 정당화시키려 한다. 그러는 가운데 이런 습관이 붙게 된다. 그러나 에밀은 나에게서 결점을 찾고자 하지 않을 것이다. 왜냐하면 그는 이러한 일에 추호도 관심이 없기 때문이다.

이와 같은 일들을 실행하기란 결코 어려운 일은 아니다. 단지 적합한 지식을 갖추고 있지 않기 때문이다. 여러분은 인간심성의 발달경로를 인식하고 있으며 여러분 제자의 의지향방도 짐작하고 있다. 그러므로 도구를 가지고 있고 또한 그 사용법도 충분히 알고 있으니 그 일을 한층 더 자유롭고 완전하게 할 수 있지 않은가?

여러분은 어린이의 변덕스러움을 탓하지만 그 변덕은 여러분의 나쁜 교육에서 생긴 결과에 지나지 않는다. 그것은 보다 나은 지도와 많은 인내심을 기울인다면 고쳐질 수 있다.

나는 전에 몇 주 동안 한 어린이를 맡았던 일이 있었는데 그는 자기가 바라는 대로 남들이 따르길 원하는 고집 센 어린이였다. 그 어린이는 첫날부터 나의 친절을 시험해 보려고 내가 깊이 잠들어 있는 한밤중에 나를 깨웠다. 내가 일어나 촛불을 켜자, 그 이상의 행동은 하지 않고 자기가 실험해 본 결과에 만족해서는 다시 침대로 돌아갔다.

이틀 후에도 그는 똑같은 짓을 되풀이했고 똑같은 성과를 얻었다. 나는 절대로 싫은 내색을 하지 않았고, 그는 다시 잠자리에 들면서 내게 뽀뽀를 했기 때문에 나는 태연히 말했다. "애야, 대단히 좋아. 하지만 이런 짓은 이제 그만두는 것이 어떨까?" 이 말에 호기심이 생긴 그는 다음날 밤, 어김없이 같은 시간에 일어나서 나를 깨우는 것이었다. 나는 무슨 일이냐고 물어 보았다. 그는 좀처럼 잠이 오지 않는다고 말했다. 나는 꼼짝도 않고 "참 안됐구나."하고 대답만 했다. 그러자 그는 불을 켜 달라고 했으나 나는 "왜 그러지?"하고 묻고는 꼼짝도 하지 않았다.

그는 당황하기 시작했다. 그는 부싯돌을 찾아 불을 붙이려고 했으나 맘대로 되지 않자 부싯돌을 들고 내게로 왔다. 나는 모르는 체하고 돌아누웠다. 그러자 그 어린이는 나를 불안하게 하기 위해 야단법석을 떨면서 고함을 질러대기 시작했다. 그러나 나는 미동도 하지 않았다. 그는 내가 이처럼 냉랭한 태도를 취할 것이라고는 예상조차 못하였으나, 끝까지 고집을 부려 나의 인내심을 정복하고야 말겠다고 결심하고는 계속 소란을 피워 마침내 나를 흥분시켰다.

그러나 흥분하여 일을 망쳐서는 안 된다고 생각한 나는 그에게 부싯돌을 달라고 했다. 나는 불을 켠 다음 그의 손을 잡고 조용히 옆방으로 갔다. 덧문이 단단히 닫혀 있었고 부서질 물건이라곤 하나도 없는 방이었다. 나는 어둠 속에 그를 홀로 남겨 두고 문을 잠그고 나와 버렸다. 대소동이 벌어졌으나 나는 동요하지 않았다. 마침내 소란이 멈췄고 그가 자리를 마련해서 잠자리에 들려는 것을 알아차리자 마음이 가라앉았다. 다음 날 아침 방에 들어가 보았더니 그 어린 반항아는 지친 모습으로 안락의자에 앉아 잠들어 있었다.

그의 어머니는 마치 어린이가 죽기라도 한 것처럼 야단법석을 떨었다. 그 어린이는 나에게 복수할 기회다 싶어 꾀병을 부렸다. 의사가 왔으나 익살꾼인 그는 어머니가 당황하는 것을 보고 더욱 놀라게 해주려고 근심을 조장하면서도 나에게는 "내게 맡기시오. 얼마 안가 이 아이의 꾀병을 고칠 테니까."라고 말하였다. 의사는 식이요법과 안정을 지시하는 처방을 내렸다. 주위의 모든 사람이 불쌍한 어머니를 속이고 있었으나 오직 나만 그녀를 속이지 않았는데 그녀는 나를 미워하고 있었다. 내가 그녀를 속이지 않았기 때문에 미워했던 것이다.

내게 심한 책망을 하고 난 그녀는 자기의 아들은 몸이 허약하고 독자이며 그래서 어떤 희생을 치르더라도 어린이의 기분을 거슬리게 하고 싶지 않다고 말했다. 이때 나는 어머니에게도 아들과 마찬가지로 대하지 않으면 안 된다는 것을 알았다. "부인!" 나는 자못 냉정한 태도로 말했다. "나는 독자를 가르치는 방법을 알지도 못하며 또 알려고도 하지 않습니다. 그러니 부인 마음대로 하십시오."

그럼에도 불구하고 그들에게는 당분간 내가 필요했던지 그의 아버지가 모든 것을 가라앉혔다. 어린이는 잠자는 나를 방해하거나 꾀병을 부려보았자 아무 이득이 없다는 것을 알고 난 다음부터는 혼자서 자고 꾀병 앓기를 그만두었다.

이 작은 폭군은 이런 식으로 가엾은 가정교사를 괴롭힌 것이다. 그는 나에게도 같은 식으로 강요하려 했다. 나는 무엇이든 기꺼이 들어주었다. 그런 다음 그의 변덕을 고쳐 주어야 했을 때 나는 다른 방법을 취하기로 했다. 먼저 그의 실책을 만들 필요가 있었다.

어린이란 현재밖에 생각하지 않음을 알고 있기 때문에 나는 앞을 내다볼 수 있다는 점에서 쉽사리 유리한 입장을 취했다. 나는 그가 아주 좋아할 오락물을 집안에 미리 준비해 두고 그가 오락물에 열중해 있을 때 산책을 가자고 권했다. 그는 내 제의를 들으려고 하지 않았으나 계속 권했다. 나는 결국 항복할 수밖에 없었으며 이 굴복의 표시를 그는 자신의 마음속에 깊이 새겨 놓은 셈이다.

다음날은 내 차례였다. 그는 지루해 했고 나는 일부러 바쁜 척했다. 그는 내게로 와서 일을 중단하고 산책하러 가자고 했지만 거절했다. 그는 계속 고집을 피웠다. "안 돼. 너도 네 마음대로 했으니 나도 내 마음대로 하겠어.", "그렇다면 나 혼자서 나가겠어요."라고 거칠게 말했다. "마음대로 하렴." 하고 나는 내 일만 계속했다.

그는 옷을 입었지만 내가 본 체도 않자 약간 불안해 하면서 다가와 인사를 했다. 나도 인사를 했다. 그는 아주 멀리까지 외출하겠다고 말해 나를 불안하게 만들려고 애를 썼지만 나는 잘 다녀오라고 말했다. 그러자 더욱 당황해 하면서 아무렇지도 않은 척 하인에게 따라 오라고 했다. 그러나 나와 이미 약속을 한 하인은 그럴 시간이 없다고 대답했다. 이에 어린이는 더욱 당황하여 어쩔 줄을 몰라 했다.

그는 자기가 모든 사람에게 중요한 존재라고 생각하고 있는데 사람들이 어떻게 자기를 혼자 나가게 내버려 두는지 상상이나 했겠는가? 그리하여 그는 무력감과 함께 외로움을 느낀다. 그래도 그는 외고집으로 버틴다. 천천히 계단을 내려간다. 혹시라도 좋지 못한 일이 생기면 그 책임이 나에게 돌아올 것이라고 기대를 하며 나쁜 일이 생기기를 바란다.

이것은 내가 예상했던 일로 어린이의 아버지에게도 선처를 얻었던 것이다. 그가 몇 발자국 나가자, 그에 대하여 쑥덕거리는 소리가 들린다. "예쁜 도련님, 혼자서 어디를 가실까? 길을 잃으시겠네. 우리 집으로 가자고 할까?", "그러지 마세요, 아주머니. 아무 쓸모도 없는 망나니라서 집에서 쫓겨난 아이예요. 그러니 어디로 가든 내버려 둬요.", "그럼 할 수 없죠! 하나님이 잘 인도해 주시길."

그가 조금 더 걸어가니, 자기와 비슷한 나이의 개구쟁이들을 만나게 된다. 그들은 한결같이 놀리기도 하고 비웃기도 한다. 가면 갈수록 난처한 일만 만나게 된다. 그러나 나의 부탁으로 아무도 모르게 친구 중 한사람이 어린이의 뒤를 미행하고 있었다. 그러면서 그는 적당한 때에 말을 걸어 어린이로 하여금 무모한 행동이 경솔했음을 깨닫게 한다. 반시간 후에 그 어린이는 아주 온순하고 얌전한 얼굴로 내 앞에 나타났다.

이 원정에서 크게 실패를 맛보고 돌아오자마자 외출하려던 아버지와 계단에서 마주쳤다. 어디서 오는 길이며 어째서 내가 자신과 같이 있지 않았는지 그 이유를 말해야만 하는 어린이는 아마 쥐구멍에라도 들어가고 싶은 심정이었을 것이다. 아버지는 기대 이상으로 냉혹하게 아들에게 말했다. "혼자 나가고 싶으면 마음대로 해라. 그러나 나는 내 집안에 부랑자 같은 놈은 두고 싶지 않으니까 앞으로 다시 그런 일이 생기면 돌아오지 않을 각오를 해라."

나는 비난하거나 비웃지 않고 약간 엄숙한 태도로 그를 대했다. 그 이튿날 그는 혼자 산보를 나갔을 때는 그를 놀리던 사람들 앞을 나와 함께 의기양양한 태도로 당당하게 지나가자 나는 대단히 기뻤다. 짧은 기간을 그와 같이 지내면서 명령이나 설교, 금지도 하지 않고서 내가 원하는 모든 바를 그에게 시킨 것은 바로 이러한 방법에 의해서였다. 그래서 그는 내가 말하는 동안에는 만족하였으나 침묵을 하고 있으면 두려워했다. 그것은 무엇인가가 잘못되었기 때문임을 그가 알아차렸기 때문이다.

　이와 같이 자연의 지도에 따른 훈련은 육체를 튼튼하게 하면서도 결코 정신을 둔화시키지 않고 우리의 내면 속에 이성을 형성시켜 준다. 그러한 훈련은 힘을 사용하는 방법, 육체와 주변 사물과의 관계, 우리들 신체기관에 적합한 자연적인 도구를 사용하는 방법을 가르쳐 준다.

　언제나 방안에서 어머니의 보호 아래서 자라난 어린이는 물건의 중량이나 저항이 어떤 것인지 모르기 때문에 큰 나무를 뽑으려 하거나 바위를 들어 올리려고 한다. 이것처럼 어리석은 일이 또 있을까? 사람들은 열여덟 살이 되면 자연학에서 지렛대를 배우지만 농촌의 어린이는 아카데미의 일류 기계학자보다도 지렛대를 잘 사용할 줄 안다. 학생들의 경우에도 학교 운동장에서 배우는 것이 교실에서 배우는 것보다 훨씬 더 유익할 것이다.

　방에 처음 들어오는 고양이는 이리저리 냄새를 맡으며 모든 것을 조사한다. 그리하여 모든 것을 알기 전에는 아무것도 믿지 않는다. 어린이가 걷기 시작하는, 즉 세계란 공간에 들어설 때도 이와 같다. 다만 차이점은 고양이가 후각을 이용하는 반면 어린이는 손을 이용한다는 점이다. 이러한 성향의 개발 여하에 따라 어린이들의 성격에 차이가 생기는 법이다.

　인간의 최초 행위는 주위의 모든 것과 자기를 비교하고 눈에 보이는 사물 하나하나로부터 자기와 관계되어질 수 있는 모든 감각적 성질을 파악하는 데 있다. 그러므로 인간 최초의 연구는 자기 보존과 관련된 일종의 실험물리학이다. 우리들에게 있어 최초의 철학선생은 우리들의 말, 손,

눈이다. 이것 대신에 책으로부터 감각적 성질을 파악하려고 하는 것은 자신의 이성은 마비시킨 채 남의 이성을 사용하는 방법을 배우는 것이다. 그것은 우리에게 많은 것을 믿게 할 수는 있으나 뭔가를 알도록 가르치는 것은 아무것도 없다.

어떤 기술을 사용하려면 먼저 도구를 준비해야 하며 그 도구를 유용하게 쓰기 위해서는 그것들이 견고하게 만들어져야 한다. 그러므로 생각하는 법을 배우려면 먼저 우리들 지성의 도구인 손과 발과 각 신체기관을 단련시켜야 한다. 그리고 이 도구를 최대한 이용하려면 육체가 튼튼하고 건전해야 한다. 결국 인간의 진정한 이성은 육체와 별개로 형성될 수 없으며 훌륭한 육체야말로 정신활동을 용이하고 확실하게 한다.

어린 시절의 길고 한가한 시간을 어떻게 사용해야 하는지에 대해서 상세한 설명을 곁들이는 것이 우스워 사람들은 말할 것이다. "당신은 스스로 모순에 빠져서 누구도 배울 필요가 없는 것을 가르치려고 한다. 저절로 손쉽게 배워지는 것들을 가르치기 위하여 왜 시간을 허비하는가? 당신이 제자에게 가르치려고 하는 것들이란 나이가 열두 살만 되면 어떤 어린이라도 다 알게 되는 것이고, 어린이의 선생이 이미 그 전에 다 가르친 것일 텐데 말이다."

여러분은 잘못 생각하고 있다. 나는 내 제자에게 여러분의 제자는 지니지 않은 힘든 기술을 가르치는 것이다. 여러분은 학문을 가르치지만 나는 학문을 얻는 데 필요한 도구에 더 전념한다. 예전에 베니스인들이 스페인 대사를 성 마르코 성당의 보물창고로 안내하고 호화찬란함을 과시하였다. 그 대사는 탁자 밑을 보더니 "여기에는 뿌리가 없군요."라고 말하였다. 나는 제자의 학식을 자랑하는 교사에게 이와 똑같은 말을 해주고 싶다.

고대인의 생활방식에서 보여지는 강인한 몸과 정신은 운동에 의해 단련된 것이라고 한다. 몽테뉴는 이 사실에 강한 영향을 받고 이 의견을 지지하고 있다. 그는 어린이의 교육에 대해 다음과 같이 말한다. "영혼을 강인하게 하려면 근육을 튼튼하게 해야 한다. 노동에 익숙해지면 고통에도 익숙해진다. 모든 고통을 견뎌내게 하려면 단련의 고통 따위는 문제가 되지 않게 만들어야 한다."

다른 문제에 대해서는 의견 차가 그렇게도 심한 로크나 롤랭, 플뢰리, 드클루자도 육체를 튼튼하게 단련시켜 주어야 한다는 것에는 의견 일치를 보이고 있다. 그 중요성에 대해서는 충분히 말했거니와, 로크의 책에서 찾을 수 있는 것 이상의 훌륭한 이유도, 적절한 규칙도 제시할 수 없으므로 로크의 주장에 몇 가지 사견을 덧붙이고자 한다.

성장하는 어린이의 의복은 넉넉할수록 좋다. 프랑스 의복은 어른에게도 불편하지만 어린이에게는 특히 해롭다. 순환되지 않는 체액은 한 곳에 머물러 있다가 부패하여 괴혈병을 일으킨다. 이 병은 오늘날에는 예사로운 병이 되어 가고 있지만 고대에는 거의 없었던 것이다. 그것은 옷을 입는 방식이 달랐기 때문이다. 그러므로 어린이에게 오랫동안 재킷을 입혀 두는 것이 좋으며 그 후로도 헐렁한 옷을 입히는 것이 좋다.

색깔에는 밝은 색과 어두운 색이 있는데 기왕이면 밝은 색이 좋다. 그것이 어린이에게 더 잘 어울리고 기호에도 맞다. 옷의 선택과 그 선택의 동기가 교육에 미치는 영향은 지대하다. 그런데 어머니들은 자녀에게 상으로 장신구를 주기도 하고 교사는 제자에게 벌로써 허름한 옷을 입히겠다고 위협하기도 한다. 이렇게 길들여진 젊은이들이 겉치레만 중요하게 여기고 인간의 가치를 외모만으로 판단하려고 한들 놀랄 일이겠는가?

만일 내가 이런 사고를 가진 어린이를 바로 잡아야 할 처지에 있다면 가장 맵시 있는 옷이 가장 불편한 의복이 되도록 해 줄 것이다. 평범한 옷을 입은 어린이들과 놀려고 하면 놀지 못하게 하고 헤어지게 해서 마침내 호화스런 옷만 보아도 진절머리가 나게 만들 것이다. 편견에 빠지지 않은 어린이들에게 가장 좋은 의복이란 소박하고 입어서 편안한 의복이다.

인간의 신체도 습성이 있어, 운동에 적합한 신체가 있는가 하면 그렇지 않은 경우도 있다. 운동에 부적합한 신체는 체액이 일정한 흐름으로 균일하게 순환되기 때문에 신체를 대기의 변화로부터 보호해 줄 필요가 있다. 운동에 적합한 신체는 활동에서 휴식으로, 더위에서 추위로 쉴새없이 신체를 움직이기 때문에 기후의 변화에 익숙해져 있다.

그러므로 집안에만 틀어박혀 있는 사람들은 항상 옷을 두껍게 입지만 활동을 많이 하며 밖에서 보내는 사람은 대기와 기후변화에 익숙하도록 항상 가벼운 복장을 해야 한다. 나는 이 두 가지 중 어느 습성에 해당하든지 간에 계절에 따라 옷을 바꿔 입지 말도록 권하고 싶다. 이 말은 노동을 하는 사람들처럼 겨울에도 여름옷을 입으라는 뜻이다. 뉴턴은 이것을 습관화하여 70세까지 살았다.

어느 계절이든 모자를 쓰지 마라. 고대 이집트인은 모자를 쓰지 않고 살았으나 페르시아인은 지금도 터번을 쓰고 다니는데 샤르댕(프랑스의 여행가)은 그 나라의 기후 때문에 터번이 필요하다고 하였다. 헤로도투스는 전쟁터에서 페르시아인의 두개골과 이집트인의 두개골을 정확히 구별했다고 한다. 그러므로 두개골을 상처나 염증 등 대기의 영향으로부터 잘 지켜주기 위해서는 단단하고 강하게 만들어야 하기 때문에 어린이에게는 기후에 관계없이 모자를 쓰지 않도록 하는 것이 좋다. 대부분의 어머니들이 샤르댕의 관찰에 더 감동 받아 어느 나라든지 페르시아 기후와 같다고 생각할 것이다. 하지만 나는 아시아인을 만들기 위해 유럽인의 제자를 선택한 것은 아니다.

보통 사람들은 겨울에 어린이들에게 너무 많은 옷을 입힌다. 그러나 어린이는 더위보다 추위를 더 잘 견디도록 단련시키는 것이 우선과제다. 추위란 어려서부터 접하게 하여도 병에 잘 걸리지 않을뿐더러 몸을 더 튼튼하게 해 주는 것이 확실하다. 그러나 피부조직이 연약한 어린이에게 심한 더위는 몸을 쇠약하게 하므로 더위는 어린이가 성장해 가고 피부조직이 점차 발달함에 따라 조금씩 태양광선에 단련시키면 열대지방의 무더위도 견딜 수 있을 것이다.

로크는 우리에게 분별 있는 교훈을 주고 있으나 때때로 모순에 빠지는 일도 있다. 그는 어린이의 여름 냉수욕은 바람직하다고 말하면서 더울 때 찬물을 마시거나 또는 습기가 있는 곳에 눕는 것을 금하고 있다. 그런데도 그는 어린이의 신발은 항상 물에 젖어 있어도 좋다고 말한다. 그렇다면 어린이는 추울 때보다 더울 때 신을 적시는 일이 적다는 말인가? 그가 손에서 발로, 얼굴에서 전신으로 추론하는 것과 마찬가지로 발에서 전신으로 추론할 수 있지 않을까? 나는 그에게 이렇게 말하고 싶다. "당신은 인간의 전신이 얼굴처럼 되기를 원하지만, 나는 인간의 전신이 발처럼 되기를 원한다고 해서 어찌 나를 비난할 수 있겠는가?"

어린이가 더울 때 물을 마시지 못하도록 로크는 물을 마시기 전에 먼저 한 조각의 빵을 먹이는 습관을 기르도록 하라고 했다. 그러나 목마를 때 먹을 것을 준다는 것은 이상한 방법이다. 나라면 어린이가 배고파할 때 차라리 마실 것을 주겠다. 인간의 기본욕구가 그와 같아서 욕구를 만족시키기 위해서는 몸을 위험에 내맡겨야 한다면 인류는 생명을 보존하기 위한 수단을 배우기도 전에 수없이 망가졌을 것이다.

에밀이 목이 마르면 나는 언제든지 마실 것을 줄 것이다. 한여름이나 한겨울이라 할지라도 끓이지 않은 신선한 물을 줄 것이다. 내가 강조하고 싶은 것은 질 좋은 물을 분간하는 것뿐이다. 그 물이 시냇물이면 그대로 주고 우물물이면 잠시 공기와 접한 뒤 주어야 한다. 더운 계절에 시냇물은 따뜻하지만 우물물은 공기와 접촉되어 있지 않기 때문이다. 반대로 겨울에는 우물물이 덜 위험하다. 그러나 겨울에 땀을 많이 흘린다는 것은 정상도 아니며 흔하지도 않다.

그래서 나는 겨울에도 에밀을 집 밖, 얼어붙은 들에서 운동시키고 싶다. 그가 목이 마르면 냉수를 줄 것이다. 다만 멀리 데리고 가서 천천히 물을 찾아 마시도록 할 것이다. 이렇게 하면 몸이 어느 정도 식어 찬물을 마셔도 괜찮으리라. 그러나 이러한 일도 그가 눈치채지 못하도록 해야 한다. 나는 에밀이 항상 자기 건강을 염려하기보다는 차라리 병에 걸리는 편이 낫다고 생각한다.

어린이는 격렬한 운동을 하므로 긴 수면이 필요하다. 수면은 운동에 의한 피로를 완화시켜 준다. 밤은 휴식을 위한 시간이다. 또한 태양과 함께 일어나고 태양과 함께 휴식하는 것이 건강에 좋은 습관이다. 그러나 사회 생활은 복잡하고 인간 또한 꽉 짜여진 생활습관에 얽매일 필요는 없다. 확실히 규칙은 지켜져야 하지만 때로는 위험을 배제하고 어길 수도 있다.

그러므로 여러분의 제자를 일정불변의 고요한 수면에만 맡겨 나약하게 하지말고 우선은 자연의 법칙에 내맡겨라. 그러나 너무 일찍 일어나거나, 너무 늦게 자거나, 며칠 밤을 세워도 이런 일 따위로 병에 걸리는 일이 없도록 해야 한다. 일찍부터 단계적으로 해 나간다면 이후 그와 같은 상황에 처하게 되더라도 능히 감당할 수 있는 체력을 만들어 낼 수 있다.

우선 잠자리가 불편한 곳에서 자는 습관을 들여라. 일반적으로 괴로운 생활도 습관이 되면 기쁨이 될 수 있지만 편한 생활은 불쾌한 감각을 준비시켜 편한 잠자리가 아니면 잠을 이루지 못하는 습관만을 길러 준다. 그러나 딱딱한 마루에서 자는 습관이 붙은 사람은 어떠한 곳에서도 잘 수 있다.

가장 좋은 잠자리란 잠을 가장 잘 잘 수 있는 곳이다. 그것을 에밀과 나는 낮 동안 준비하는 것이다. 우리의 침대는 페르시아 노예들을 데려다가 꾸밀 필요가 없다. 우리는 땅을 일구면서 우리의 이부자리를 준비한다.

어린이란 건강하기만 하면 마음대로 재울 수도 깨울 수도 있는 법이다. 어린이를 잠들게 하는 가장 좋은 방법은 어린이가 지루함을 느끼도록 하는 것이다. 즉, 어린이가 입을 다물지 않을 수 없도록 계속 이야기를 해준다. 지루한 설교도 가끔 유용할 때가 있다. 그러나 이 방법은 밤에 사용해야지 낮에는 삼가야 한다.

나는 가끔 에밀을 깨우는데 그것은 오래 자는 습관을 두려워해서가 아니라 언제라도 깨우면 일어나는 습관을 길러주기 위함이다. 만일 내가 에밀을 스스로 일어나도록 하지 못한다면 내 임무를 다할 수 있는 능력이 없다고 밖에 말할 수 없다.

만일 에밀이 충분히 자지 않을 때면 나는 그가 다음날 아침 몹시 괴로움을 스스로 느끼도록 내버려 둔다. 그러면 충분한 수면이 자신에게 이롭다는 것을 알게 될 것이다. 만일 그가 너무 오래 자면, 잠에서 깼을 때 그가 좋아하는 것을 보여준다. 만일 일정한 시각에 그를 깨게 하려면 "내일 아침 6시에 낚시하러 간다.", 또는 "어디로 산책을 가는 데 너도 같이 가지 않겠니?"라고 말한다. 그는 깨워 달라고 부탁한다. 그러면 나는 필요에 따라 약속을 하기도 하고 하지 않기도 한다. 만일 그가 너무 늦게 일어나면 나는 그냥 떠나버린다. 이리하여 그는 혼자 일어나지 않으면 손해라는 것을 알게 된다.

이건 드문 경우지만, 만일 어린이가 게을러서 늦잠을 자는 버릇이 있으면 어떤 자극을 주어야 한다. 스스로 일어날 수 있도록 자극을 주어야 한다. 그리고 이와 같은 욕구가 자연의 질서에 부합하는 것이라면 두 가지 효과를 얻을 수 있다.

약간의 솜씨만 발휘하면 어린이에게 허영심이나 질투심 없이 취미나 열정을 얼마든지 불어넣을 수 있다. 어린이들은 어떤 힘든 것이라도 그것이 놀이에 불과하다고 알고 있으면 힘들어도 웃으면서 극복할 수 있다. 오랜 굶주림, 온갖 상처도 어린 야만인들에게는 오히려 즐거움이 될 수 있다. 고통에도 괴로움을 잊게 하는 조미료가 들어 있다는 증거이다.

그러나 문제는 인간이란 고통, 질병, 재난, 죽음에 굴복하고 만다는 것이다. 몽테뉴가 말했듯이 불행과 그에 따른 고통에 익숙해지면 불행을 당하더라도 고통은 감소하고 영혼도 강인해질 것이며 육체 또한 급소를 보호하는 갑옷이 될 것이다. 죽음이 접근해 온다 하더라도 그 자체는 아직 죽음이 아니므로 그는 죽지 않을 것이다. 확고하고 강인한 마음자세는 다른 미덕과 마찬가지로 유년기에 체험을 통해 가르쳐야 한다.

죽음과 연관지어, 천연두의 위험에 대해서 우리는 제자가 어릴 때 우두를 맞게 할 것인가? 아니면 자연히 우두에 걸리도록 기다려야 할 것인가? 첫 번째 방법은 생명의 가치가 별로 느껴지지 않는 어린 시절에 위험을 겪게 함으로써 생명의 가치가 귀중한 시기의 위험을 막는 일이다. 두 번째 방법은 우리의 일반적인 원칙과 부합되는 것으로써 자연에 맡기는 방법이다. 언제나 준비가 되어 있는 자연의 스승에게 종두를 맡겨 두자. 자연은 우리보다 더 적절한 시기를 선택할 것이다.

그렇다고 내가 종두를 비난하는 것은 아니다. 여러분의 교육은 어린이들이 천연두에 걸리면 그 병에서 벗어날 수 없게 되어 있기 때문에 그들은 생명을 잃을 것이다. 그러나 에밀이 종두를 맞아야 할지 또는 맞지 말아야 할지는 때와 장소에 따라 다르다. 그것은 그에게 있어서 아무래도 좋다. 만일 종두를 맞는다면 우리는 그 병을 미리 안다는 이득이 있고 자연히 천연두에 걸렸다면 우리들은 그를 의사의 손에서 보호해 준 결과가 된다. 이것은 더욱 좋은 일이다.

특수교육은 민중을 외면하고 배타적으로 만드는 것을 목표로 하며 많은 비용이 든다. 특수교육을 받는 젊은이들은 비용이 많이 드는 승마는 배우면서도 수영은 배우지 않는다. 그러나 기마학교를 다니지 않더라도 여행자들은 어느 정도 말을 탈줄 안다. 하지만 수영을 못한다면 물에서 헤어나올 수 없다. 결국 말을 못 탄다고 해서 생명이 위험해지는 일은 없으나 익사의 위험은 누구에게라도 있기 마련이고, 어느 누구도 확실히 이 위험을 벗어날 수는 없다.

에밀은 물 속에 있을 때도 땅 위에 있을 때와 마찬가지일 것이다. 가령 공중을 날 수 있다면 독수리로 키울 것이며, 불 속에서 견딜 수 있다면 불도마뱀으로 만들 것이다.

사람들은 어린이가 수영을 배우다가 물에 빠져 죽지나 않을까 하고 걱정한다. 그러나 수영을 배우다가 죽거나 수영을 배우지 않아서 죽는다면 그것은 여러분의 과실이다. 우리가 무모한 행동을 하는 것은 허영심 때문이다. 에밀은 무모한 행동을 삼가면서 연못에서 헐레스퐁 해협을 횡단하는 능력을 배울 것이다. 그러나 위험에 직면했을 때 용감하게 대처해 나가려면 위험에도 익숙해져야 한다. 나는 그의 능력에 따라 위험의 수위를 조절할 것이며, 나 자신이 항상 그와 함께 위험을 나눔으로써 그의 생명에 대한 안정도 배려하여 부주의한 행동은 저지르지 않을 것이다.

어린이는 어른보다 작고 어른의 체력이나 이성도 가지고 있지 않다. 그러면서도 어른과 비슷하게 보고 듣는다. 우리들 안에서 형성되는 최초의 능력이 오감(五感)이므로 제일 먼저 길러줘야 하는 것도 이것이다. 오감을 훈련한다는 것은 그것의 사용법이 아닌 그것을 통한 판단력을 배우는 것이다. 왜냐하면 우리는 배운 한도 내에서 만지고 듣고 볼 수 있기 때문이다.

훈련에는 달리기, 돌 던지기 등 판단력에는 아무런 영향을 주지 않고 오로지 육체를 튼튼히 하기 위한 기계적인 운동이 있다. 모두 좋은 운동이다. 그러나 우리에게는 눈과 귀가 있다. 그러므로 체력만 단련하지 말고 체력을 조종하는 모든 감각을 단련하고 이용할 수 있도록 훈련시켜야 한다. 그런 다음 한 감각을 통해 얻은 인상을 다른 감각을 통해 확인하도록 하라. 언제든지 실행하기 전에 앞서서 결과를 예측케 하라. 이렇게 모든 운동의 결과를 내다보는 습관과 경험에 의해 자기의 잘못을 바로잡는 습관을 어린이에게 익히도록 한다면 어린이는 행동하면 할수록 더욱더 현명해질 것이다.

커다란 물체를 움직이려고 할 때는 그에 알맞은 크기의 지렛대를 사용해야 힘의 소비가 없다. 그러므로 이러한 지혜는 그의 나이에 벅찬 것도 아니다. 짐을 옮기려면 먼저 눈으로 무게를 짐작하고 가능성을 따져야 하지 않겠는가?

우리들은 모든 감각을 똑같이 자유롭게 사용할 수 있는 것이 아니어서 눈을 뜨고 있는 동안에는 작용이 그치지 않는 촉각이 있다. 촉각은 가장 빨리 얻는 감각이며 별다른 훈련이 없어도 되는 것이다. 그러나 맹인은 우리보다 더 예민한 촉각을 지니고 있다. 왜냐하면 시각으로 판단할 수 없는 것을 촉각으로 대신하기 때문이다.

그렇다면 맹인들이 낮에 보지 않고도 물체를 알 수 있는 것처럼 우리도 밤에 불빛 없이도 알 수 있도록 왜 훈련받지 않을까? 낮에는 우리가 장님들보다 유리하지만 밤에는 반대로 그들이 우리를 인도한다. 우리는 인생의 절반이 맹인인 셈이다. 맹인과 다른 점은 그들은 언제나 혼자서 걸을 수 있으나 우리는 밤중에는 한 발짝도 내딛을 수 없다는 점이다. 불빛이 있다손치더라도 그것이 언제나 우리 곁에 있는 것이 아니다. 나는 양초 가게에서 그것을 찾기보다는 아예 에밀이 손가락 끝에 눈을 가지고 있는 것이 낫겠다.

한밤중에 어떤 건물 안에서 손뼉을 쳐보면 그 장소의 이모저모를 파악할 수 있으며, 가벼운 공기의 흐름만으로도 문이 열려 있는 곳을 알 수 있다. 배를 탔을 때도 얼굴에 와 닿는 바람의 상태로 배의 진행 방향과 속도를 알 수 있다. 이와 같은 관찰은 시각의 도움을 받을 수 없고 주의가 산만하지 않은 밤에 더 쉽게 느낄 수 있다.

밤에 놀이를 많이 하라. 밤은 사람이나 동물에게도 두려움을 준다. 낮에는 용감한 이론가나 군인도 밤에는 나뭇잎 소리에도 무서워하는 것을 보았다. 어렸을 때 들은 옛날 이야기 때문일까? 아니다. 그 원인은 우리들 주변에 있는 것과 주변에서 일어나고 있는 일에 대한 무지에 있다. 멀리 떨어진 곳의 사물을 인식하고 그 인상을 미리부터 예측하는 데 익숙해져 있다 하더라도 자기 주위에 있는 것을 아무것도 볼 수 없고 자신에게 해를 끼치려는 수많은 존재와 여러 가지 운동이 있어서 그것들로부터 자신을 보호하기란 도저히 불가능하다는 생각이 든다면 그 일을 어찌겠는가?

어떤 장소가 안전하다는 인식도 소용이 없다. 낮에는 존재하지 않던 공포의 원인이 밤에는 언제나 발생하게 된다. 원인을 알 수 없는 소리가 조금이라도 들리면 사람은 자신이 경계하는 것에 관심이 쏠리고 공포감이 일어난다.

아무 소리가 들리지 않아도 역시 불안할 것이다. 소리도 내지 않고 나를 기습할 수 있기 때문이다. 그리하여 어쩔 수 없이 상상력을 동원하게 되고 상상력의 작용을 억제할 수 없는 나는 더욱 불안해질 것이다. 자신을 보존하려는 경계심은 더한 근심거리만 가져다 줄 뿐이다. 자신을 안정시켜 주는 것은 이성 속에만 있는데 그보다 더 강한 본능이 이성의 판단을 흐리게 한다. 그러니 겁낼 필요가 없다고 생각해 봐도 무슨 소용이 있겠는가?

병의 원인이 밝혀지면 치료법도 분명해진다. 매사에 익숙해지면 상상을 죽이게 되며, 상상력을 불러일으킬 수 있는 것은 새로운 물체뿐이다. 매일 보는 것에 대해 작용하는 것은 상상력이 아니라 기억력이다. 공포심을 가지고 있는 사람에게는 따지지 말고 어두운 곳으로 자꾸 데려가는 것이 좋다. 그렇게 하면 습관이 이론보다 낫다는 것을 깨닫게 된다. 그러나 어린이를 감옥에 가두지는 마라. 어린이가 어둠 속에 들어갈 때나 나올 때나 항상 웃도록 하라. 이렇게 하여 엉뚱한 상상으로부터 그를 보호해 주라.

한때 나는 시골에 있는 랑베르시에라는 목사의 집에서 산 적이 있었다. 그때 함께 있었던 사촌은 상속자로서 좋은 대우를 받았으나 나는 불쌍한 고아 신세였다. 사촌은 나보다 나이가 많았는데 두려움이 많았으며 밤에는 더 심했다. 그러한 사촌을 놀리자 랑베르시에 목사님은 나의 행동이 못마땅하여 나를 시험하려고 어두운 가을밤에 교회 열쇠를 주면서 설교단 위에 있는 성경책을 가져오라고 했다. 나는 거절할 수 없었다.

나는 등불도 없이 묘지를 지나야만 했다. 나는 그곳을 태연하게 지나갔다. 교회 문을 열자 천장에서 이상한 소리가 들렸다. 나의 용감한 마음이 흔들리기 시작했다. 문이 열려 있었으므로 안으로 들어가려고 했으나 이내 주저앉아 버렸다. 그 넓은 곳을 메운 칠흑 같은 어두움을 대하자 머리카락이 곤두서는 것 같은 두려움이 엄습해 왔다. 나는 뒷걸음질쳐 밖으로 나와 덜덜 떨면서 도망치기 시작했다. 안뜰에서 쉬르당이란 강아지를 만나 머리를 쓰다듬어 주니 마음이 조금 안정되었다. 부끄러워진 나는 강아지를 데리고 다시 들어가려고 했으나 강아지는 따라 오려고 하지 않았다.

나는 급히 교회 문을 넘어 안으로 들어섰다. 들어서자마자 다시 무서워져서 한참 동안 정신을 차리지 못하고 오른쪽에 있는 설교단을 왼쪽에서 찾을 정도였다. 나는 의자 사이에서 헤매면서 자신이 어디에 있는지도 모르고 있다가 간신히 입구를 찾아 교회에서 빠져나올 수 있었다. 그리고는 도망치면서 밤엔 절대로 혼자서 가지 않겠다고 결심했다.

집으로 돌아와서 안으로 막 들어가려는데 목사님이 큰 소리로 웃는 것이 들렸고 그것이 나를 비웃는 것으로 짐작되어 문 여는 것을 망설이고 있을 때 목사님의 딸이 하녀에게 등불을 가져오라는 소리를 들었다. 목사님은 사촌형을 데리고 나를 찾아 나설 준비를 서두르고 있었다. 그렇게 되면 이 모험의 명예는 모두 사촌형에게 돌아갈 거라는 생각이 들자 나의 공포심은 수치감으로 바뀌어져 교회 쪽으로 다시 달려갔다. 곧장 설교단으로 올라가 성경책을 집어들고 밖으로 달려 나왔다. 나는 숨을 몰아쉬며 방안으로 들어가서 성경책을 책상 위에 내던졌다. 얼굴은 겁에 질려 창백한 모습이었으나 궁지에 떨어지기 직전에 일을 완수했다는 기쁨으로 가슴이 마구 뛰었다.

나는 이런 놀이만큼 재미있고 유익한 놀이는 없다고 생각한다. 넓은 방에 책상이나 의자, 소파나 칸막이 같은 것으로 미로를 만들고 복잡하게 여덟 개 가량의 비슷한 상자를 늘어놓고 또 하나의 상자 속엔 과자를 가득 넣어둔다. 그리고 그 상자가 있는 곳을 정확히 가르쳐 준 다음 어린 경쟁자들에게 제비를 뽑게 하여 한 사람씩 차례로 상자를 찾게 한다.

상자를 들고 의기충천하여 돌아오는 어린이의 모습을 상상해 보라. 긴장하는 모습으로 연 상자 속에 풍뎅이, 달팽이, 도토리 등이 나오면 어린이들은 탄성과 함께 환한 웃음을 터트릴 것이다. 다음에는 새로 하얗게 칠한 벽에 노리개나 다른 장난감을 걸어 놓고 어린이에게 벽에 손을 대지 말고 그것을 가져오도록 한다. 만약 그 조건을 어기고 돌아온 어린이는 몸 한구석에 하얀 칠이 묻어 있어서 실패가 폭로되고 만다.

이런 식으로 길러진 사람은 어둠 속에서도 자유로이 행동할 수 있다. 그의 상상력은 어린 시절 밤놀이의 회상으로 가득 차서 무서운 일을 상상하지 않을 것이다. 그리하여 밤은 유쾌한 추억을 가져다 주며 결코 무서운 대상으로는 느껴지지 않을 것이다. 래시스의 군마를 훔쳐야 한다면 안심하고 그에게 부탁하라. 이런 교육을 받지 않은 사람들 중에서 오디세우스를 발견하기란 어려울 것이다.

어린이들을 갑자기 습격하여 놀라게 함으로써 어둠에 겁내지 않도록 하는 방법은 도리어 어린이를 겁쟁이로 만든다. 불의의 공격을 받는다는 공포심에 대해서는 이성이나 습관은 우리를 안정시키지 못한다. 두려움을 미리 예방하게 하려면 다음과 같이 말하라.

"공격해 오는 자는 너를 해치려는 것인지 어떤지를 네가 판단할 여유가 없으므로 너는 정당방위의 입장에 있다. 도망치는 것도 결코 안전한 방법이 아니다. 그러므로 있는 힘을 다해 먼저 붙잡아라. 발버둥을 치면 때려눕히고 그의 정체를 알기 전엔 절대 놓아주지 마라. 이런 짓을 한 장난꾸러기는 그렇게 혼을 내주면 다음부터는 그런 짓을 하지 않는다."

촉각은 가장 많이 사용되는 감각이지만 촉각의 판단은 다른 어떤 감각보다도 불완전하고 섬세하지 못하다. 우리가 촉각을 사용할 때는 시각도 함께 사용하는데 눈은 손보다 빨리 대상에 도착하므로 머리는 언제나 손의 도움 없이도 판단이 가능하다. 그러나 만져보고서 내리는 판단은 확실하다. 왜냐하면 만져보고 판단하는 것은 손이 도달하는 한도에서만 작용하기 때문에 시각에 의한 경솔한 판단을 수정하기 때문이다. 또한 하고자 하는 마음만 있으면 근력에 신경의 작용을 병합하여 온도, 크기, 형태 등을 판단하고 더욱이 무게와 견고성까지도 판단할 수 있다.

그러므로 촉각은 외부의 물체가 인체에 미치는 인상을 가장 잘 전달함으로써 빈번히 사용되며 우리들의 보존에 필요한 지식을 직접적으로 알려주는 감각이다. 그러므로 촉각이 시각을 돕듯이 청각도 도울 수 있다. 첼로에 손을 얹으면 눈이나 귀의 도움 없이 나무의 진동만으로 소리의 높고 낮음을 식별할 수 있다. 이렇게 되도록 훈련시키면 촉각이 민감해져서 언젠가는 곡 전체를 손가락으로 들을 수 있다.

촉각을 둔하게 하는 훈련이 있는가 하면 촉각을 예민하게 하는 훈련도 있다. 전자는 단단한 물체에 계속적으로 자극을 주어 피부를 거칠게 하고 딱딱하게 하여 본래의 자연적인 감성을 없애는 반면 후자는 가볍게 자주 접촉을 시킴으로써 계속 반복되는 인상에 주의를 기울여 모든 세세한 변화를 판단하는 능력을 얻게 하는 것이다. 이러한 차이는 악기를 사용하면 더욱 뚜렷해진다. 첼로, 콘트라베이스, 바이올린의 딱딱한 감촉은 손가락을 유연하게 해주면서도 손가락 끝을 딱딱하게 만드는 반면 클라브생의 부드러운 감촉은 손가락을 유연하게 만드는 동시에 더욱 민감하게 만든다. 그러므로 이런 점에 있어서는 클라브생이 더 좋다.

왜 내 제자가 항상 자기 발 밑에 소가죽을 붙이고 다녀야만 하는가? 필요에 따라서는 발바닥이 직접 땅을 밟는다고 해서 무엇이 해롭겠는가? 발바닥이 부드럽다고 해서 무슨 이득이 있겠는가? 불의의 사고에 대비해서 인간을 항상 무장시켜야 한다.

나는 에밀이 아침마다 맨발로 방이나 정원에서 뛰어 다니도록 할 것이다. 다만 유리조각만은 치워 주고 나도 함께 따라 할 것이다. 그가 역학의 균형과 법칙을 알기 전에 몸의 발육과 바른 태도에 도움이 되는 온갖 운동을 시켜 신체의 균형을 이루도록 하겠다. 땅에 발을 딛는 방법과 체중을 다리 위에 싣는 방법에 따라 기분이 좋은지 나쁜지 느낄 수 있어야 한다.

균형 잡힌 몸매는 품위 있어 보이며 안정된 자세는 우아하게 보이는 법이다. 만일 내가 무용교사라면 마르셀(파리의 유명한 무용 교사)처럼 원숭이 흉내는 절대로 시키지 않을 것이다. 아예 나는 제자를 울퉁불퉁한 바위산으로 데려가 가파른 오솔길을 경쾌하게 걷거나 바위를 뛰어넘으려면 어떻게 동작을 취해야 하는지를 가르치겠다.

촉각은 작용을 인간의 주위에 집중시키는 데 반해 시각은 작용을 인간의 주변에서 멀리 넓힌다. 시각이 잘못을 범하는 것은 이 때문이다. 인간은 지평선의 절반을 시야에 두는데 그때 느끼는 감각과 일어나는 판단이 완전할 수 있겠는가? 그리하여 시각은 모든 감각 중에서 가장 잘못을 범하기 쉽다. 또한 시각은 물체의 크기와 거리를 판단할 때 하나의 척도만을 사용한다. 즉, 그것은 눈에 비치는 각도에만 의존하는 것이다. 그리고 이 각도는 복합적인 원인에서 생기는 단순한 결과이므로 그것에 의한 판단은 개개의 원인을 정확하게 구별치 못하거나 그렇지 않다면 필연적으로 잘못된 것이 된다.

그러므로 여기서는 촉각의 경우와는 정반대 되는 방법으로 감각을 복합적인 것으로 하여 다른 감각을 통하여 검사하고 시각을 촉각에 종속시켜 시각 자체의 판단을 억제할 필요가 있다. 한 번 보고서 높이, 길이, 깊이, 거리를 정확하게 판단하지 못하는 것은 측정방법에 오류가 있기 때문이다.

그 증거로 기사나 측량사, 목수, 화가들은 경험에 의해 거의 확실한 측정을 하고 있다. 거리를 측정하는 일에 어린이의 흥미를 끄는 방법에는 여러 가지가 있다. 버찌나무가 있는데, 어떻게 하면 버찌를 딸 수 있을까? 사다리를 가져오면 될까? 냇물이 있는데 어떻게 하면 건널 수 있을까? 뜰에 있는 널빤지로 양쪽 기슭에 걸칠 수 있을까? 우리 방의 넓이는 25제곱피트라고 하는데 두 사람이 쓰기에 적당할까? 등등이다.

어떤 게으른 어린이에게 달리기 연습을 시키는 것이 문제된 적이 있었다. 그는 군인이 될 나이인데도 귀족신분이라는 직분 때문에 아무것도 하지 않아도 되며 아무것도 몰라도 된다고 생각하고 있었다. 이런 도련님을 걸음이 빠른 아킬레우스로 만든다는 것은 케이론(그리스 신화 속의 인물)도 하지 못할 것이다. 나는 그와 산책을 나갈 때는 으레 호주머니에 그가 좋아하는 과자를 넣어 가지고 산책 중에 나눠 먹곤 했다.

어느 날 그는 내 호주머니에 과자가 세 개 있는 것을 알고 달라고 했다. 나는 안 된다고 하고 멀리 있던 두 소년을 불러 달리기 경주를 시켜 이기는 자에게 준다고 하였다. 코스를 정하고 우리는 그곳에 앉아 있었다. 신호를 내리자 두 소년은 달리기 시작했고 이긴 어린이는 진 어린이 앞에서 단숨에 과자를 먹어 치웠다.

이것은 처음에는 성공하지 못했으나 실망하거나 서두르지 않았다. 산책을 계속하면서 이 놀이도 계속했다. 경주에 변화를 주기 위해 거리를 더 멀리 정하고 더 많은 경쟁자들을 끌어 들였다. 경주가 시작되면 많은 사람들이 지켜보면서 어린이들에게 박수와 격려를 보내 주었다. 경주가 아슬아슬하게 재미있어지면 내 제자는 흥분하기도 하였다.

자기가 좋아하는 과자를 다른 어린이가 먹는 것을 본 나의 어린 기사님은 빨리 달리는 일이 필요할 때도 있다는 것을 깨닫기 시작했다. 마침내 그도 남몰래 달리기 연습을 시작했다. 그리고 어느 정도 자신감이 생겼을 때 그는 나에게 과자를 달라고 끈덕지게 졸라댔다. 내가 단호히 거절하자, "좋아요. 과자를 돌 위에 놓고 출발점을 정해 봐요."라고 말했다. 나는 웃으면서 "좋지, 과연 할 수 있을까? 힘만 들고 과자는 먹지 못할 걸." 이라고 말했지만 사실은 경주거리를 짧게 하고 발 빠른 경쟁자를 앞지를 수 있도록 하였다. 그는 힘껏 달려 쉽게 상을 탈 수 있었다. 그리고 그는 얼마 되지 않아 이 운동에 흥미를 가지게 되었다.

여기서 나는 생각지도 못했던 다른 이득을 얻었다. 처음에는 언제나 혼자 과자를 먹더니 자주 일등을 하자 경주에서 진 어린이들과 나누어 먹기 시작했다. 나는 각 경주자들의 출발지점을 그가 알아차리지 못하도록 경주거리를 각기 다르게 해 놓았다. 이런 속임수를 알아차린 그는 나를 비난하였다.

나는 이렇게 말하였다. "무엇이 불만이냐? 상은 내가 주는 것이므로 조건도 내 마음대로 정하는 것이다. 내가 언제 경주거리를 똑같이 정한다고 하였느냐? 그러니 너도 가장 짧은 거리를 선택하면 될 게 아니냐? 너는 거리의 불공평에 대해 불평하지만 네가 그것을 잘 이용만 한다면 오히려 너에게 이익이 된다는 것을 왜 모르느냐?" 그는 그 말을 이해했고 유리한 코스를 선택하기 위해서는 보다 더 신중히 판단해야 했다. 그리고 나는 하루에도 여러 번 경주를 시켰기 때문에 놀이는 일종의 열정으로 변했고, 달리는 데 소요할 시간을 거리를 재는 데 소비한다는 것이 아깝다는 생각이 들게 되었다. 활달한 어린이는 그런 일을 좋아하지 않는다. 그래서 그는 눈으로 측량하는 버릇을 들였고 마침내 눈으로 거리를 재는 데 있어 측량사의 측쇄와도 같은 정확성을 가지게 되었다.

시각은 모든 감각 중에서 판단과 밀접한 관계가 있으므로 보는 데 익숙해지려면 많은 시간이 소요된다. 시각이 물체의 형태와 거리를 충실히 전달하도록 훈련시키기 위해서는 이전에 시각과 촉각을 비교하는 일에 오랜 공을 들여야 할 것이다. 촉각이 없으면 제아무리 예민한 눈이라도 우리들에게 공간의 관념을 줄 수 없을 것이다.

사람이 넓이를 측정하는 법을 배우려면 걸어보고 만져보고 계산해 보고 크기를 재본 후라야 가능하다. 그러나 항상 측량만 하고 있으면 도구에만 의존하게 되어 감각의 정확성을 기대하기 어렵다. 그렇다고 어린이가 측정에서 바로 추정으로 옮기는 것도 좋지 않다. 단번에 전체를 비교할 수 없는 것은 부분적으로 비교하도록 하고 항상 손으로 재어보지 말고 눈으로 측정하는 습관을 들이게 해야 한다. 그러나 나는 처음 얼마 동안은 자로 측정케 함으로써 이후 올바른 판단을 하도록 하고 싶다.

사람은 어느 경우에나 변하지 않는 동일한 자연척도인 발 넓이, 팔 길이, 키 등을 가지고 있다. 집의 높이를 알고 싶을 때는 키로, 거리를 알아보고 싶을 때는 걷는 시간으로 계산하면 된다. 그러나 여기에서 주의할 것은 어린이가 직접 하도록 해야 한다는 것이다.

물체의 크기를 정확하게 판단하려면 먼저 물체의 형태를 알고, 그것을 묘사할 줄 알아야 한다. 왜냐하면 그것은 원근법에 의존할 수 없기 때문이다. 어린이는 위대한 모방가이며 또한 모든 것을 그려보려고 한다. 나는 에밀에게 이 기술을 키워줄 것이다. 그것은 기술 자체를 위해서가 아니라 눈을 정확하게 하고 손을 유연하게 하기 위함이다.

그러나 일반적으로 말하자면 제자가 이런 저런 연습과정을 잘 안다는 것은 별로 중요하지 않다. 다만 그가 연습에 의해서 예민한 감각과 신체 상의 좋은 습관을 붙이는 것으로 충분한 것이다. 따라서 나는 자연을 유일한 미술교사로 하고 실물만을 모델로 삼도록 하고 싶다.

나는 그가 실물을 그린 종이가 아니라 실물 그 자체를 보기를 바란다. 그렇게 해야만 물체와 그 외양을 정확하게 관찰하고 판단하는 버릇이 길러질 것이다. 나는 관찰을 자주하게 하여 사물의 정확한 형태를 완전히 파악하고 난 후 그것을 묘사하도록 하겠다. 이렇게 하면 그는 균형과 아름다움에 대한 흥미를 잃어버리지 않을 것이다.

이런 방법에 따르면 그는 무엇인지조차 알 수도 없는 것을 오랫동안 그리게 될 것이다. 그가 도안화가들처럼 우아한 윤곽과 올바른 필치에 도달하려면 오랜 시간이 걸릴 것이며, 회화적인 효과를 분별하고 회화에 대한 훌륭한 취미를 지니는 데도 결코 도달하지 못하리란 것도 안다. 그러나 그는 보다 정확한 눈과 손, 동식물이나 자연의 물체들 사이에 존재하는 크기나 형상에 대한 지식, 원근의 효과 같은 작용을 한층 빨리 체험하는 따위의 능력이 확실하게 될 것이다.

내가 바라는 것은 바로 이것이며 내가 의도하는 것은 어린이가 사물을 묘사하는 것이 아니라 오히려 그것을 잘 인식하고 분간할 수 있게 하는데 있다. 게다가 이런 훈련을 하는데도 다른 훈련에서와 마찬가지로 제자 혼자서 즐기게 하고 싶은 생각은 없다. 언제나 그와 함께 훈련함으로써 보다 즐거운 것으로 만들어 주고 싶다. 나는 그의 경쟁자가 되더라도 위험하지 않은 경쟁자가 될 것이다.

그가 하는 대로 나도 연필을 잡고 비록 내가 유명한 화가라 할지라도 서투른 화가로 보이게 할 것이다. 먼저 나는 하인을 그리면서 두 팔을 막대기처럼, 다리도 막대기처럼, 손가락은 팔보다 굵게 그린다. 그러면 그 불균형이 나타날 것이고 그는 신체의 균형을 깨달을 것이다. 이럴 때에도 나는 그의 작업속도와 비슷하게 보조를 맞추면서도 언제나 자연의 관찰을 게을리하지 않도록 하겠다.

그리고 우리가 그린 그림을 액자에 넣어 방에 걸어 두고 사람들의 손이 닿지 않도록 한다. 한 장의 그림이 정확히 그려질 때까지 수십 번씩 반복하도록 한다. 이렇게 단계적으로 그려진 그림을 배열해 놓으면 우리들에게는 흥미 있는 그림이 될 것이고 남에게는 호기심을 불러 일으켜 결국 우리의 경쟁심은 더욱 자극을 받을 것이다. 특히 처음에 그려진 조잡한 그림을 금빛 액자에 넣고 정말로 훌륭해진 그림은 수수한 액자에 끼운다. 그래서 우리는 서로의 그림이 간소한 액자에 끼워지는 것을 영예로 알고 그러한 영예를 바라게 된다.

기하학이 어린이에게는 부적당하다는 말은 이미 했다. 어린이의 방법은 어른의 방법과 달라서 우리에게는 추론의 재간이 될 것이 어린이에게는 보는 재간밖에 되지 않는다는 것을 우리는 모르고 있다. 우리의 방법을 어린이에게 고집하는 대신 우리가 어린이의 방법을 따르는 것이 더욱 바람직하다. 기하학의 방법론은 상상력에 근거하므로 명제가 주어지면 그것을 증명하는 방법을 상상해야만 한다.

즉, 지금 주어진 명제는 이미 알려져 있는 명제로부터 얻어질 수 있는가를 찾아내고, 그 명제에서 끌어낼 수 있는 모든 귀결 속에서 지금 문제가 되고 있는 것을 정확하게 선택해야 한다. 그러면 어떤 결과가 생길 것인가? 우리는 증명을 스스로 찾기 이전에 알려진 증명을 받아들이는 셈이 된다. 교사들은 우리에게 추리하는 법을 가르치지 않고 그들의 추리를 기억하게 함으로써 기억력 훈련만 시킨다.

정확한 도형을 그리고 그것을 조합시켜 겹쳐놓고 그 관계를 계속 관찰하게 하면 정의나 증명법을 가르치지 않더라도 초등 기하학을 전부 이해하게 될 것이다. 에밀이 오히려 나에게 기하학을 가르쳐 줄 수도 있다. 내가 비율을 보여주면 그는 그것을 발견할 것이다. 예를 들어 내가 컴퍼스를 사용하지 않고 실 끝에 연필을 묶어 원을 그린 후 두 개의 원의 반경을 비교하려 하면 에밀은 나를 비웃으며, 같은 길이의 팽팽한 실로는 같은 거리가 될 수밖에 없다고 가르쳐 줄 것이다.

만일 60도의 각을 재려면 나는 그 각의 정점에서 호(弧)가 아니라 원 전체를 그린다. 나는 각의 양변에 끼어 있는 원의 부분이 원둘레의 6분의 1이라는 것을 발견한다. 그러고는 이번에는 같은 정점에서 더 큰 원을 그리고 그 호도 역시 원둘레의 6분의 1임을 발견한다. 그러면 에밀은 각 사이에 끼인 호는 크든 작든 언제나 그 원의 6분의 1이라는 것을 나에게 가르친다.

사람들은 도형을 정확하게 그리지도 않으면서 그것을 증명하기에만 열중한다. 이와 반대로 에밀과 나는 아주 정확한 사각형과 원을 그리고 그 도형의 성질을 기반으로 그것이 정확함을 확인한다. 또한 직경을 기점으로 하여 접어서 두 개의 반원을 만들고 또 대각선으로 접어서 정방형을 절반으로 만들어 더 정확한 도형을 조사해 본다.

나의 제자에게 기하학이란 자와 컴퍼스를 잘 사용하기 위한 기술에 지나지 않는다. 그러므로 어린이들이 기하학과 그림을 혼동해서는 안 된다. 자와 컴퍼스는 간혹 사용하도록 하여 그가 덮어놓고 잘못 사용하는 일이 없도록 할 것이다. 나는 튀린에서 한 청년을 만난 적이 있었는데 그는 갖가지 기하학적 형태로 구워진 과자 중에서 동일한 둘레의 와플을 고르면서 둘레와 면의 관계를 배웠다고 했다. 그는 가장 많은 양의 와플을 고르기 위하여 아르키메데스의 기술을 습득한 것이다.

어린이들이 배드민턴을 할 때는 눈과 팔을 정확하게 사용하지만 팽이치기를 할 때는 힘을 써야 하므로 그러지 못한다. 나는 가끔 사람들에게 정구, 활쏘기 등 숙련을 요하는 운동을 어린이에게 시키지 않느냐는 질문을 한다. 그러면 대부분의 사람들은 어린이들은 체력도 모자랄 뿐 아니라 신체기관이 충분히 발달하지 않았기 때문에 그런 운동은 부적합하다고 입을 모은다. 나는 그런 이유가 성립된다고 생각하지 않는다.

어린이의 체격에 맞게 운동을 시키면 된다고 생각한다. 처음에는 유리창을 깨뜨릴 염려가 없는 방에서 나무로 된 라켓과 말랑말랑한 공을 쓰게 하다가 그 다음에는 양피(羊皮)를 쓰게 하고 익숙해지면 장선(腸線)을 두른 것을 쓰게 하면 된다. 여러분은 배드민턴이 어린이에게 위험하지 않다는 이유로 그것을 권장하는데 이것 또한 잘못된 생각이다. 배드민턴은 여성용 운동이지만 날아오는 공을 보고 도망치지 않는 여자는 없다. 그러나 강한 신체를 가진 남자라도 계속 노력해야 강해진다. 공격을 받아 본 사람만이 방어할 줄 안다. 사람들은 위험하지 않은 경기에서는 주의를 기울이지 않는 경향이 있어서 배드민턴은 몸을 날쌔게도 시력을 정확하게도 하지 않는다.

어린이의 근육은 약하다고들 하지만 어른의 근육에 비해 더 유연하다. 이 점을 염두에 둔다면 어린이도 우리가 하는 일을 해낼 수 있다. 어린이들은 무슨 일에나 익숙하지 못하므로 그들에게 재능을 주고 싶다. 어른이라 할지라도 어린이와 마찬가지로 훈련을 받지 않으면 어린이보다 뛰어난 재능을 가질 수 없다. 우리는 자신의 기관을 사용해 보지 않고서 사용방법을 알 수 없다. 그러므로 필요한 것은 오랜 경험이라고 할 것이다.

어린이도 사람이 하는 일이란 무엇이든 다 할 수 있다. 그래서 우리는 어른 못지 않은 날쌘 육체를 가진 어린이도 볼 수 있다. 어느 도시에서나 사람들은 어린이들이 줄을 타거나 거꾸로 서거나 줄 위에서 뛰거나 춤추는 것을 볼 수 있다. 그 어린이들이 과연 어른보다 미숙하다고 할 수 있을까? 니콜리니의 판토마임 극단을 보더라도 그렇다.

파리시민이라면 열 살밖에 안 된 영국 소녀가 클라브생을 기막히게 연주하던 일을 아직도 기억할 것이다. 또한 나는 어느 관리 집에서 여덟 살짜리 어린이가 탁자 위에 앉아 자기 키만한 바이올린을 연주하여 음악가

들마저 감탄하던 것을 보았다. 이렇게 볼 때 어린이는 어른이 하는 일을 못한다고 미리 못박는 것은 우매한 짓이며, 또 그들이 그런 일을 못한다면 그것은 어른들이 훈련시키지 않은 탓이라고 생각한다.

여러분은 나에게 정신면에 있어서 어린이의 조기교육을 비난했던 내가 이제는 육체적인 면에서 잘못을 저지르고 있다고 비난할 것이다. 그러나 이것은 전혀 별개의 문제다. 왜냐하면 정신의 진보는 겉보기에 지나지 않지만 신체의 진보는 현실적이기 때문이다. 이미 증명한 바와 같이 어린이들에게 있어 재주란 가진 것처럼 보이지만 실제로는 가지고 있지 않은 반면 그들이 하고 있는 것처럼 보이는 일은 실제로 하는 것이다. 즉, 어린이들이 하는 모든 일이란 놀이에 불과하므로 그것은 자발적이어야 하며 즐거운 것이어야 한다. 반면에 여러분이 교육하는 방법은 강제성이 많아서 어린이에게 불만과 권태를 유발하지 않고서는 목적을 성취할 수가 없다.

나는 가장 빈번하게 사용되면서 가장 중요한 두 감각에 대하여 설명해 왔다. 이것은 다른 감각을 훈련하는 데도 적용될 수 있다. 시각과 촉각은 운동하는 물체나 정지하고 있는 물체에 작용하지만 청각은 소리를 내는, 즉 운동하는 물체에만 작용한다. 따라서 움직이지 않는 물체는 두려움의 대상이 될 수 없다. 그러므로 우리는 민감한 귀를 가지고 우리 감각을 자극하는 물체가 큰가 작은가, 멀리 있는가 가까이 있는가, 진동이 강한가 약한가를 판단할 수 있도록 하는 것이 중요하다. 진동하는 공기는 그것을 반사하는 반향에 의하여 메아리를 만들어 내며, 감각의 반복을 초래하여 소리를 내는 물체가 실제 있는 장소와는 다른 장소에 있는 것처럼 들리게 한다.

이제는 시각과 청각을 비교하여 동시에 일어나는 두 가지 인상 중에서 어느 것이 더 빨리 감각에 작용하는지를 알아보자. 대포의 불빛을 보고 즉시 몸을 피하면 타격을 면할 수 있으나 폭음을 듣고 피한다면 그때는 포탄에 맞게 된다. 또한 번개와 천둥의 시간차를 판단하여 어느 정도 거리에서 발생하는 지를 어림짐작할 수 있다. 경험할 수 있는 것은 모두 체험케 하고 그 밖의 것은 귀납적 추리로 발견하게 하라. 그러나 말로써 설명해 주어야 한다면 아예 모르는 편이 좋다.

우리는 청각에 상응하는 발성기관을 가지고 있다. 그러나 시각에는 그러한 기관이 없어 음성을 돌려보내듯이 색채를 돌려보내지 못한다. 인간은 세 종류의 목소리, 즉 음절별로 명확하게 이야기하는 소리, 리듬을 타는 노래하는 소리, 강조하는 소리를 가지고 있다. 어린이도 이 세 가지 소리를 낼 수는 있으나 어른들처럼 잘 조화시키지는 못한다. 어린이는 우리들처럼 웃고 울고 슬퍼하고 감탄할 수는 있지만 억양을 이야기나 노래에 혼용할 줄 모른다.

완벽한 음악이란 이 세 가지를 잘 조화시킨 것인데 어린이에게는 이러한 능력이 없다. 그리고 어린이의 얘기 속에 표정이 거의 없듯이 그들의 음성에도 기력이 거의 없다. 우리들의 제자는 단조롭게 이야기할 것이며 단순한 어조로 말할 것이다. 그렇기 때문에 그들에게 비극이나 희극에 나오는 대사를 암송 또는 낭독시키려고 해서는 안 된다. 그는 자기가 이해하지 못하는 일에 어세를 붙이거나 전혀 경험해 본 적이 없는 감정에 대해 표정을 붙이지는 못할 것이다.

어린이에게는 항상 명확하게 말할 것과 음절을 분명하게 발음할 것과 억양과 정음법을 따를 것과 언제나 남이 알아들을 수 있도록 말하는 것을 가르쳐야 한다. 필요 이상의 큰소리를 내지 않도록 해야 한다. 모든 일에 있어서 지나쳐서는 안 된다.

마찬가지로 노래를 할 때도 바르고 고르고 부드러운 목소리를 내도록 해야 한다. 귀를 박자와 화음에 익숙하게 하고 모방적인 음악은 피하도록 한다. 그러나 그가 꼭 부르고 싶어 한다면 어린이에게 흥미를 줄 수 있는 단순한 노래를 부르도록 해야 한다.

나는 그에게 서둘러 읽고 쓰는 법을 가르치지 않는 것처럼 악보를 읽는 법도 결코 서두르지 않으리라. 어린이에게 힘겨운 부담을 주어서는 안 되며 약정된 부호에 정신을 쏟게 해서도 안 된다. 말하는 데는 글자를 몰라도 되는 것처럼 노래하는 데도 악보가 필요하지 않는 것처럼 보일 수도 있으나 실상은 다음과 같은 차이가 있다. 말할 때는 자신의 관념을 표현하지만 노래할 때는 남의 관념을 표현하므로 그것을 읽어낼 수 있어야 한다.

그러나 첫째로 악보에 담긴 관념을 읽지는 못하더라도 들을 수는 있으며 둘째로 음악을 완전히 이해하려면 그것을 표현하는 것만으로는 부족하며 음악을 만들지 않으면 안 된다. 여러분의 어린 음악가에게는 먼저 규칙적이고 박자가 잘 맞는 악절을 만드는 훈련을 시키고 그 다음에는 매우 단순한 변조(變調)로 악절에 연결시키고 마지막으로 이 모든 것을 정확한 구두법에 의해 표현하도록 훈련시켜야 한다. 괴상하고 비장한 표현의 노래가 아닌 부르기 쉽고 단순한 멜로디로 어린이가 반주에 따라 쉽게 부를 수 있는 노래를 선택하는 것이 좋다. 왜냐하면 목소리와 귀를 완전하게 형성하려면 항상 클라브생의 반주에 맞추어 노래를 불러야 하기 때문이다.

음을 확실하게 하기 위해서는 분명한 발음이 필요하다. 여기서 계명을 소리내어 부르는 습관이 생겼다. 음정을 구별하려면 음정과 음정간의 관계에 일정한 명칭을 붙여야 한다. 음정 이름과 알파벳 문자에 의한 명칭은 여기에서 생긴 것이다.

C와 A는 불변음을 나타내지만 Ut(유트)와 La(라)는 다르다. Ut는 장조의 주음이거나 단조의 제3음이다. La는 항상 단조의 주음이거나 장조의 제6음이다. 이리하여 알파벳 문자는 우리들의 음악체계 속에서 변하지 않는 각 음의 균형관계를 나타내고 음절은 서로 다른 음계가 모였을 때 서로 비슷한 관계를 나타내고 있다. 문자는 악기의 건반을 나타내고 음절은 음정의 도수를 가리킨다. 프랑스 음악가들은 이 구별을 혼동하여 건반의 부호를 이중화해서 음조의 기본화음을 표시하는 부호를 남겨 놓지 않았다. 그래서 그들에게는 Ut와 C는 항상 같다. 그러나 그런 법은 없으며 그럴 수도 없다. 그렇다면 C의 용도는 무엇인가? 그들의 계명창법에 따르면 Ut와 mi의 두 음절은 장·단·증(增)·감(感) 음조의 3도를 동시에 의미할

것이다. 음악에 관해서는 세계에서 가장 훌륭한 책을 쓴 나라가 음악을 배우는 데 있어서는 가장 어려운 나라가 되었으니 이상한 일이다.

나의 제자에게는 보다 간단하고 명료한 방법을 가르치겠다. 그에게는 항상 두 개의 음계밖에 없다는 것을 가르치고 그 두 가지 음조의 각 부는 항상 동일하고 또 항상 동일한 음절로 표현해야 한다고 가르친다. 노래를 하거나 연주하거나 그에게 있어서 음의 기초가 되는 12음의 하나하나에 의해서 자신의 음조를 정할 수 있도록 하고 D, C, G 등으로 전조 되어도 주음은 항상 음조에 따라 la나 Ut가 되도록 한다. 이렇게 하면 여러분의 제자도 올바르게 노래하고 명확한 연주를 하게 될 것이며 진보 또한 빨라질 것이다. 나는 지금까지 음악에 대해서 많은 말을 하였다. 아무튼 여러분 좋을 대로 가르치라. 다만 음악이 즐거운 것이 되도록 하라.

우리는 이렇게 하여 우리들의 신체와 그것이 관련된 외부 물체들의 상태, 무게, 형태, 색채, 크기, 거리, 온도, 정지나 운동 등을 충분히 알게 되었다. 우리는 가까이해도 좋을 것과 멀리해야 될 것이 있다는 것과 저항을 극복하는 방법과 그 저항으로부터 자신을 보호하는 법을 배웠다. 그러나 그것만으로 충분하지 못하다. 우리는 자신의 신체를 끊임없이 소모하고 있으므로 신체에 끊임없이 활력소를 공급해야 한다. 우리는 다른 물질을 우리의 영양분으로 변화시키는 능력은 있으나 어떤 것이나 다 좋은 것은 아니다. 모든 것이 식량이 될 수는 없어서 인간의 체질, 인종적인 특성, 풍토 등에 적당한 것과 적당하지 않은 것을 취사선택해야만 한다.

그러나 경험에 의해 음식을 선택하는 법을 터득해야만 한다면 우리는 벌써 굶어 죽었든지, 독을 먹고 죽었을 것이다. 그러나 창조자의 섭리로 우리는 입에 맞는 음식이 위에도 적당한 것임을 알 수 있다. 본래 식욕이란 가장 확실한 의사이다. 그리고 원시시대를 볼 때, 가장 맛있는 음식이 건강에도 가장 좋았던 것임은 의심할 여지가 없다.

그리고 창조주는 우리에게 준 욕구뿐만 아니라 우리들 스스로가 만들어 내는 욕구까지도 채워 주고 있다. 그리고 그는 필요성 이외에도 욕망이라는 것을 주어서 우리들의 생활양식에 따라 기호가 변화하도록 하였다. 그런데 오히려 습성이 제2의 자연성이 되어서 이제 우리는 제1의 자연성을 알지 못하게 되었다. 그래서 가장 자연스런 미각은 가장 단순한 미각이어야 한다는 결론이 여기서 나온다.

이것은 모든 감각에 대해 사실로 굳어진 것 같다. 특히 기호의 근원이 되는 미각에 있어서는 더욱 그렇다. 우리들의 최초의 음식물은 젖이며 자극적인 음식에 대해서는 처음에는 거부반응을 일으킨다. 원시인은 과일이나 채소를 먹고 고기도 양념이나 소금 없이 불에 구워 먹었다. 그들은 처음 술을 마시게 되면 얼굴을 찌푸리고 뱉어 버린다. 우리들도 처음으로 술을 마실 때는 그렇다. 그러므로 젊었을 때 술을 마셔본 적이 없으면 나이가 들어서도 끝내 그것에 익숙해지지 못할 것이다. 사람들이 공통적으로 가장 싫어하는 음식은 복잡하게 요리한 음식이다. 물이나 빵을 싫어하는 사람은 아무도 없다. 이것이야말로 자연의 길이며 우리들의 법칙이기도 하다. 가능하다면 어린이에게는 최초의 미각을 보존토록 하라. 그리하여 보편적이고 단순한 음식을 먹도록 하고 편식하는 일이 없도록 하라.

나는 이와 같은 생활방식이 건강에 유익한지 해로운지를 검토하거나 고찰하려는 것도 아니다. 다만 그러한 생활방식이 자연에 가장 일치하고 또 가장 쉽게 적응할 수 있다는 점을 말하고 싶을 뿐이다. 어른이 되어서 먹어야 할 음식을 어릴 때부터 먹는 습관을 키워야 한다는 생각은 잘못된 것이다. 노동과 고생 때문에 피곤한 어른에게는 영양이 풍부한 음식이 좋으나 성장하는 어린이에게는 유미를 많이 만들어 내는 음식이 좋다.

미각은 다른 감각보다도 강한 자극을 우리에게 주기 때문에 우리는 다른 물질보다도 음식물에 대하여 더 많은 관심을 둔다. 촉각이나 청각, 또는 시각에는 아무래도 좋은 물질도 미각에게는 그렇지 못한 것이 많다. 또한 미각의 작용은 전적으로 육체적이고 물질적인 것이어서 상상력과 관계되는 일이 가장 적다.

일반적으로 다른 감각에는 쉽게 마음이 움직이는 사람도 미각에 대해서는 매우 미온적이다. 미각을 다른 감각보다 열등한 것으로 생각하는 사람들이 있는데 오히려 이 점을 이용하여 어린이를 지도하는 데 있어서 가장 좋은 수단은 그들의 입을 통해서 이끌어 가는 것이라고 결론지을 수 있다. 탐식의 동기는 허영심의 동기보다 다루기가 용이하다. 왜냐하면 탐식의 동기는 감각과 직접 관련된 자연에서 나오지만 허영심의 동기는 인간의 변덕과 갖가지 폐습에서 나오기 때문이다.

탐식은 어린이의 정념이다. 그러나 이 정념은 다른 어떤 정념에 대해서도 약한 것이다. 무엇이고 다른 일에 마음이 쏠리게 되면 어린이는 먹는 일에 대해서는 관심도 기울이지 않을 것이다. 성장함에 따라 수많은 격한 감정이 식욕으로 바뀌게 되고 허영심만이 마음을 사로잡을 것이다. 왜냐하면 허영심이라는 정념은 독단적으로 다른 정념을 이용하고 결국 모든 것을 삼켜 버리기 때문이다. 아침이 되면 먹을 것만 생각하면서 식사메뉴를 머릿속에 그리는 사람을 본 일이 있는데 그러한 사람들은 무기력한 사십 세의 어린이에 지나지 않으며 '먹기 위해 태어난' 인간에 지나지 않는다는 것을 깨달았다. 즉, 탐욕스런 식성은 마음이 텅 빈 사람의 결점이다. 그들은 오직 먹기 위해 태어난 사람으로 식탁만이 자기 위치이고 요리밖에는 모르는 존재이다.

재능 있는 어린이에게 탐식의 경향이 있다고 해서 걱정하는 것은 소심한 사람의 지나친 기우이다. 청년이 되면 먹는 것 이외에 다른 일들을 생각하게 된다. 그렇다고 해서 훌륭한 행위에 대한 명예를 맛있는 음식물로 보상해 주는 따위의 짓은 삼갔으면 좋겠다. 어린 시절은 장난의 시기에 불과해야 하므로 순수한 육체적인 훈련에 대하여 물질적이고 감각적인 보상을 준다해도 별로 해로울 것이 없다고 생각한다.

마주르카 섬의 어린이들은 나무 꼭대기에 매달아 놓은 바구니를 보고 돌을 던져 바구니를 떨어뜨려 그 안에 있는 것을 소유함으로써 그가 그것을 손에 넣기 위해 소비한 힘을 맛있는 식사로 보충한다고 하는데, 이것은 참으로 지당한 일이 아니겠는가? 스파르타의 한 어린이가 매맞을 위험을 무릅쓰고 부엌으로 숨어들어 여우새끼를 훔쳐 나오다가 여우에게 할퀴어 상처를 입었다면 그 여우를 자기 것으로 차지한다고 해서 잘못된 일인가? 절대로 맛있는 음식을 상으로 주어서는 안 되지만 종종 그것을 자기 소유로 하기 위해 지불한 노력의 대가가 되는 것이야 어째서 나쁘겠는가? 에밀은 내가 바위 위에 올려놓은 과자를 자기가 잘 달린 보상으로 생각지 않고 다만 과자를 손에 넣기 위해 상대방보다 빨리 그곳에 도달해야 한다는 사실만을 알고 있을 뿐이다.

이것은 내가 조금 전에 음식은 간소한 것이 좋다는 준칙과 모순되는 것은 아니다. 왜냐하면 어린이의 식욕에 맞춰주려고 할 때 관능을 자극할 필요는 없으며 다만 식욕을 만족시키면 되기 때문이다. 그들의 성장을 위해 필요한 조미료는 식욕이다. 과일이나 유제품, 보통의 빵보다 약간 맛있는 과자 같은 것을 조금씩만 준다면 그들은 강한 미각에도 길들여지지 않고 사치스런 음식만 가려먹는 일도 없을 것이다.

어린이들이 고기요리보다는 유제품, 과자, 식물성 음식을 좋아한다는 사실로 미루어 보아 육식을 선호하는 것이 인간의 자연성이 아님을 알 수 있다. 어린이들의 건강을 위해서라기보다는 성격을 위하여 이런 자연적인 성향을 지켜주는 것이 좋다. 동서고금을 통하여 육식을 많이 하는 사람은 그렇지 않은 사람보다 더 잔인하고 포악한 것이 사실이다.

영국인은 잔인하지만 인도의 뱅골인들은 온순하다. 이것은 습관이 아닌 음식에서 비롯된 것이다. 미개인들은 사냥을 가듯이 전쟁터로 나가 인간을 마치 곰 다루듯 한다. 영국에서도 백정은 외과의사와 마찬가지로 재판의 증인이 되지 못한다. 극악한 악당은 피를 마시면서 살인을 밥먹듯 한다. 호메로스(그리스의 서사시인)는 육식을 하는 사이클롭스인(그리스 신화의 애꾸눈 거인족)들을 무서운 인간으로 묘사했으나 연꽃을 먹고 사는 로토파고인들은 온순하여 그들과 한 번 사귀면 그들과 함께 살고 싶어진다고 말하고 있다.

플루타르크는 "왜 피타고라스가 짐승의 고기를 먹지 말라고 하였는가?"라고 물었다. 나는 반대로 그대에게 묻겠다. 죽은 짐승의 고기를 입에 대고, 죽은 짐승의 뼈를 이빨로 물어뜯고, 시체를 자기 앞에서 요리하게 하고, 조금 전까지 살아 있던 동물의 사지를 삼키는 사람은 대체 어떤 용기를 가진 자들인가? 그의 눈은 이런 살해장면을 보고 견딜 수 있을까? 저항도 하지 않는 가련한 동물의 피를 짜내고 가죽을 벗기고 사지를 잘라내는 것을 어떻게 보고만 있을까? 그 비릿한 고기냄새에 구역질도 나지 않을까?

가죽은 벗겨져서 땅 위에서 꿈틀거리고
꼬챙이에 꿰어진 살점은 불 위에서
오그라지면서 울부짖고 있다.
사람은 몸서리치지 않고는 그것을 먹을 수 없을지니
자기 뱃속에서 그것들의 신음 소리를 들었다.

원시인들은 우리에게 이렇게 말할 것이다. 신의 은총을 받은 인간들이여, 그대들은 얼마나 행복하고 우리는 얼마나 불행했던가? 새로이 창조된 대지와 넓은 대기는 계절의 법칙도 따르지 않았으며, 강물은 도처에서 범람하여 지표의 4분의 3이 물에 잠기었고 그 나머지는 불모의 땅이었다.

대지는 과일을 생산하지도 못했고 우리에게는 땅을 일굴만한 농기구도 없었다. 그래서 우리는 굶주림에서 한시도 벗어날 수 없었다. 그러다가 개밀 뿌리나 히스의 파란 뿌리를 찾아내면 그것이 우리에게는 굉장한 성찬이었다. 그리고 너도밤나무 열매나 호도, 또는 도토리를 발견하면 서투른 노랫가락에 맞춰 그 나무 둘레를 기뻐 춤을 추며 돌아 다녔다. 그것이 우리들의 유일한 노래였으며 축제였다.

마침내 대지가 벌거숭이가 되어 더 이상 아무것도 주지 않자 우리는 자기보존을 위해 할 수 없이 자연을 침해할 수밖에 없었다. 그러다가 모든 동료와 함께 사멸하기보다는 차라리 그들을 잡아먹기로 한 것이다. 그러나 잔인한 인간들이여, 그대들은 대체 무슨 이유로 피를 흘려야 한단 말인가?

대지는 풍요롭고 동물들은 젖과 모피를 여러분에게 제공하고 있지 않는가? 여러분은 그 이상 무엇을 더 동물들에게 바라는가? 여러분에게는 많은 재산과 음식이 있는데 무엇 때문에 살육한단 말인가? 어째서 우리의 어머니인 대지에게 충분히 먹여주지 못한다고 푸념하는가? 어째서 여러분은 신성한 법률을 만들어 낸 케레스(로마신화에 나오는 풍년을 약속한 오곡의 여신)를 배반하고 인간을 위로해 주고 친절을 베푸는 박카스에 대항하여 죄를 범하는가? 마치 그들이 아낌없이 주는 선물로도 인류가 생명을 유지하기에는 충분치 못하다는 것처럼.

어떻게 여러분은 그들이 주는 열매를 동물의 뼈와 함께 놓고 즐기려 하는가? 표범이나 사자는 본능에 따라 살기 위한 수단으로 다른 동물들을 죽인다. 그러나 동물들보다 몇 배나 더 잔인한 여러분들은 필요 없이 본능과 싸워가며 잔인한 쾌락을 즐기고 있다. 여러분은 사자나 표범 같은 육식동물은 먹지 않으면서 그 흉내를 내고 있다. 자연에 반역하는 살해자여, 쇠붙이나 칼을 쓰지 않고 직접 손으로 동물들을 죽이라. 사자나 곰처럼 그대의 손톱으로 동물을 찢어 보아라. 산 채로 새끼 양을 먹어 보라. 그 피와 함께 혼도 마시라. 그대는 살아 있는 살이 그대의 이빨 사이에서 꿈틀거리고 있는 것을 느낄 용기가 없는가? 가련한 인간들아, 그대는 동물을 죽여놓고 그것을 먹음으로써 두 번 살생하는 것이다. 그것뿐만이 아니다. 이번에는 삶고 굽고 또 조미료를 가미하여 본래의 몸서리쳐지는 동물의 시체를 연상하지 않고 즐기기 위해 요리사가 필요한 것이다.

이 인용문이 나의 주제와는 무관하지만 여기에 옮기고 싶었다. 이것 때문에 나에게 불만을 나타내는 독자는 없으리라 본다. 결국 여러분이 어린이에게 일반적이고 평범한 음식만을 주어 그것에 익숙해지게 하면 어린이들은 결코 과식하는 일도 없고 소화불량을 일으키는 일도 없을 것이다. 그러나 그들을 굶주리게 하면 우리의 눈을 피해서 배가 터지도록 먹어치울 것이다. 끊임없이 제한하거나 명령하는 우리들은 손에 저울을 잡지 않고서는 아무 일도 하지 않는 형편이며, 위장을 척도로 삼고 있는 것이 아니다.

만일 내 방법에 따름에도 불구하고 과식하는 어린이가 있으면 그가 좋아하는 놀이로 마음을 딴 곳으로 쏠리게 함으로써 쉽게 고칠 수 있다. 그리스의 역사가 헤로도투스의 말에 의하면 리디아인들이 극심한 식량부족을 겪었을 때 여러 가지 놀이나 오락을 고안하여 즐기면서 허기를 잊었다고 한다. 해박한 교사들은 이것을 수없이 읽었겠지만 이것이 어린이들에게도 적용되리라는 것은 미처 생각지도 못했을 것이다. 어떤 교사는 "어린이가 먹기를 그만두고 기꺼이 공부하러 가는 일은 결코 없다."라고 말할 것이다. 그러나 그가 말하는 공부가 그다지 재미있는 놀이라고 생각되지 않는다.

미각에 대한 후각의 관계는 촉각에 대한 시각의 관계와 같다. 후각은 어떤 물질이 어떻게 미각을 자극할 것인가를 미리 알리고 그 인상을 판단하여 물질을 요구하거나 피하게도 한다. 미개인의 후각은 우리의 후각과는 다른 식으로 느끼기 때문에 좋은 냄새나 나쁜 냄새는 그 자체로 미약한 감각이다. 감각보다는 상상력을 자극하기 때문에 냄새 자체보다는 오히려 그것이 기대하게 하는 것에 영향을 받는다.

이런 점으로 미루어 본다면 생활방식이 다른 사람들은 미각이나 미각을 예고하는 냄새에 대해서도 상이한 판단을 내리는 것이 당연하다. 예를 들면 화단의 꽃향기는 아주 미미하기 때문에 바빠서 산책을 즐기지 못하거나 별로 일을 하지 않아 휴식의 즐거움을 모르는 사람들은 거의 느낄 수 없다. 항상 굶주리고 있는 사람은 먹지 못하는 향기 따위엔 관심도 없다.

후각은 상상력의 감각이다. 그것은 신경에 강한 자극을 주어 두뇌에 많은 작용을 일으키게 한다. 후각은 연애의 경우에 있어서도 잘 알려진 효과를 준다. 그러나 유년기에는 후각의 작용이 활발하지 못하다. 그것은 어린이의 감각이 어른처럼 예민하지 않아서가 아니라 어린이는 감각에 다른 관념을 결부시키지 않으므로 감정의 동요도 심하지 않고 우리들처럼 마음의 위안을 받는다거나 기분이 상하는 일은 없기 때문이다. 나는 이러한 생각으로 판단할 때 여성이 남성들보다 일반적으로 향기에 대해 보다 강한 자극을 받는 이유를 쉽게 찾을 수 있으리라 생각한다.

캐나다의 미개인들은 일찍부터 후각이 발달하여 사냥할 때 그들 자신이 개의 역할을 한다고 한다. 개가 냄새로 사냥감을 찾아내듯이 어린이에게 냄새로 음식을 찾을 수 있도록 훈련시킨다면 그 정도까지 발달시킬 수 있을 것이다. 그러나 나는 후각으로부터 어떤 유용한 수단을 얻으려는 것이 아니라 후각과 미각과의 관계를 알려고 할 뿐이다. 자연은 코와 입을 연결시킴으로써 미각과 후각의 작용을 불가분의 것으로 만들었다. 때문에 우리는 무엇이든 맛을 볼 때에는 반드시 냄새를 맡게 되어 있다. 나는 다만 이 자연적인 관계에 역행하지 않기를 바랄 뿐이다. 예를 들어 어린이를 속이기 위해 쓴 약에 상쾌한 향료를 넣는 일 따위는 삼가기 바란다.

계속해서 제6감이라고 할 만한 것을 양성하는 일에 대해 이야기하겠다. 이것은 상식, 즉 공통감각이라고 하는데 그 까닭은 그것이 만인에게 공통적이라기보다는 오감을 충분히 규제하여 사용함으로써 생겨난 것이며, 또 외형의 종합에 의해서 사물의 성질을 우리들에게 가르쳐 주기 때문이다. 따라서 제6감은 특별한 기관을 갖고 있는 것이 아니라 우리 두뇌 속에만 있기 때문에 지각 또는 관념이라고 불린다. 이 관념들의 수에 의해서 우리들의 지식 넓이를 측정할 수 있다.

인간의 이성이라는 것도 사실은 그 관념들을 서로 비교하는 기술을 말한다. 그래서 내가 감각적 이성 또는 유치한 이성이라고 하는 것은 몇 개의 감각만을 종합하여 단순한 관념을 형성하는 것을 말한다. 그리고 지적 이성, 또는 인간적 이성이라고 하는 것은 몇 개의 단순한 관념을 종합해서 복잡한 관념을 형성하는 것을 말한다.

여기서 나의 방법이 자연의 방법이고 그 방법을 적용함에 있어서 아무 잘못이 없었다면 우리는 제자를 감각의 영역을 통과해서 이성의 경계선까지 데리고 온 셈이다. 우리가 그것을 넘어서서 가려고 할 때 내딛는 첫걸음은 인간으로서의 첫걸음이다. 그러나 새로운 길에 들어서기 전에 우리가 걸어 온 길을 잠시 생각해 보자. 인생의 모든 시기와 상태는 그것에 알맞은 완성이 있고 고유한 성숙이 있다. 우리는 종종 이미 완성된 인간에 대해서 말하는 것을 듣는데 이제는 완성된 어린이에 대해서도 생각해 보자.

유한한 존재는 극히 미미하고 한정된 것이어서 있는 그대로의 모습을 보고 우리가 감동하는 일은 결코 없다. 그러므로 만약 상상력이 감각의 대상에 매력을 부여하지 않는다면 거기서 느끼는 쾌감은 그저 감각에만 한정되며 마음은 언제나 차가운 채 감동할 줄 모를 것이다. 대지가 가을의 갖가지 보물로 장식되어 우리 눈을 감탄시켜도 마음을 크게 감동시키지는 못한다. 그 감탄이 감정보다는 사색에서 많이 오기 때문이다. 봄의 들판에는 새싹만 돋아나도 사람들은 그것을 보고 감동한다. 자연이 소생하는 것을 보고 사람들도 새로이 소생함을 느낀다. 그러나 포도를 거둬들이는 광경은 아무리 활기차고 생동적이어도 그것을 보는 우리의 눈은 서글프다.

어디에서 이런 차이가 올까? 그것은 상상력이 봄의 광경에는 봄에 이어서 찾아오는 계절의 경치를 연결시키기 때문이다. 반대로 가을에는 현재 있는 것 외에는 더 이상 보지 않으려고 한다. 우리가 아무리 봄으로 생각을 돌리려고 해도 겨울이 가로막기 때문에 얼어붙은 상상력은 눈과 서리 위에서 사라지고 만다.

사람이 원숙기의 완성보다도 아름다운 어린 시절을 바라볼 때 발견하는 매력의 원천은 바로 이런 것이다. 우리가 한 인간을 보고 진정한 기쁨을 느낄 때는 그 사람의 과거 행동이 우리에게 그의 생애를 되돌아보게 할 때, 즉 그 사람이 젊었을 때의 모습을 상상할 때인 것이다. 만일 우리가 현재 그 사람의 모습과 노년기의 모습을 머리속에 그린다면 쇠퇴해 가는 자연의 관념이 우리의 모든 기쁨을 앗아가고 말 것이다. 무덤을 향해 걸어가는 인간의 모습이나 죽음의 그림자를 생각하는 것은 모든 것을 추하게 만든다.

그러나 나이에 걸맞게 씩씩하고 건강하게 자란 어린이의 모습을 그려볼 때는 현재를 생각하든 미래를 생각하든 나에게는 한결같이 유쾌한 관념만 떠오른다. 나는 그에게서 용솟음치는 생동감, 넘치는 생명력을 본다. 또한 나날이 자라나 시시각각으로 발전하는 감각이나 정신이나 체력을 사용할 장래의 성인으로서의 모습을 상상해 본다. 그의 뜨거운 피가 나의 피를 뜨겁게 해주는 것 같다. 마치 그의 활기찬 모습이 나를 젊어지게 하는 것처럼.

시계가 울린다. 순간 그의 눈은 흐려지고 쾌활함이나 즐거움, 재미난 놀이도 일시에 사라진다. 엄한 듯 보이는 한 남자가 그의 손을 잡고 엄숙한 말투로 "자, 따라와!"라며 그를 데리고 간다. 그들이 들어가는 방에는 무수한 책이 쌓여 있다. 나이에 어울리지 않는 얼마나 슬픈 장식물인가? 끌려가는 그의 눈에는 아쉬움의 눈물이 고이며 가슴에는 내뿜지도 못할 한숨만이 가득 차 있다.

행복하고 사랑스런 나의 제자여, 이리 와서 저 불행한 어린이가 떠나가서 생겨난 슬픔으로부터 우리를 위로해 다오. 그가 온다. 그가 가까이 다가오는 것을 보고 나는 기쁨에 휩싸인다. 우리는 언제나 상대방을 속박하는 일이 없기 때문에 둘이 있을 때만큼 즐거운 때는 없다.

그의 모습과 태도와 동작은 자신감과 만족감에 차 있고 얼굴은 건강으로 빛나고 확고한 발걸음은 힘찬 느낌을 준다. 얼굴빛은 섬세하지만 나약한 느낌은 없다. 대기와 태양은 그의 얼굴에 이미 사나이다운 특징을 주고 있다. 얼굴 근육은 아직 뭉실뭉실하지만 얼굴의 뚜렷한 선을 차츰 나타내기 시작한다.

눈은 아직 감정의 불꽃이 반짝이지는 않지만 타고난 맑은 빛을 그대로 간직하고 있고 눈물로 뺨을 적신 일도 없다. 그의 민첩하고 확실한 동작에는 활발성과 독립심과 훈련으로 쌓은 경험이 반짝이고 있다. 그는 매우 개방적이고 자유스럽지만 자만하거나 허영되지 않다. 책하고만 씨름하도록 강요받지 않은 그는 아래만 쳐다보지 않는다.

많은 사람이 모여 있는 한복판에 그를 놔두어 보라. 이 어린이는 누구에게도 귀찮게 하거나, 수다스럽게 재잘거리지도 않을 것이며 무례한 질문으로 여러분을 난처하게 하지도 않을 것이다. 그러나 그에게서 듣기 좋은 말만을 기대하지는 마라. 또한 나에게서 교육받은 대로 그가 말하리라고는 기대하지 마라. 그에게는 꾸밈도 없고 교활함도 없고 과장됨도 없는 순박하고 단순한 진실만을 기대하기 바란다. 그는 자신의 나쁜 행동과 사고도 그저 소박한 말투로 자유롭게 얘기할 것이다.

사람들은 어린이의 장래에 기대를 갖는 경향이 있어서 어쩌다가 어린이의 입에서 튀어나오는 훌륭한 말에 희망을 걸지만 그 후에 듣게 되는 어리석은 소리는 실망만 안겨준다. 나의 제자는 나에게 좀처럼 그러한 희망을 주지 않는 대신 결코 실망시키지도 않을 것이다. 왜냐하면 그는 무의미한 말은 하지 않을 것이며 아무도 듣지 않는 말을 혼자 지껄이지도 않을 것이다.

그의 관념은 제한되어 있으나 명확하며, 그는 아무것도 암기하고 있지 않으나 경험에 의해 많은 사실들을 알고 있다. 그는 다른 어린이에 비해 책을 잘 읽지는 못하나 자연이란 책은 더 잘 읽는다. 그는 기억력보다 판단력이 뛰어나다. 그는 한 가지 언어밖에는 하지 못하나 자기가 하는 말은 똑똑히 이해하고 있다. 그리고 다른 어린이들만큼 말을 잘하지는 못하나 그의 행동은 다른 어린이보다 뛰어나다.

그는 관례나 습관이나 풍속을 모르며 그가 어제 한 일은 오늘 하는 일에 아무런 영향도 주지 않는다. 그는 절대로 형식에 따르지 않으며 권위나 시범에 굴하지도 않고 자신에게 어울리는 행동만을 한다. 그리하여 남이 강요하여 가르쳐 준 말이나 꾸민 태도를 그에게서 기대해서는 안 된다. 항상 그의 관념에 충실한 표현과 그의 마음에서 우러나는 행동만을 기대하는 것이 좋다.

여러분은 그에게서 현재 상태와 관련 있는 도덕적 관념을 조금은 발견하겠지만 어른과 관계되는 상태에 대해서는 어떠한 도덕적 관념도 발견하지 못할 것이다. 어린이는 아직 능동적인 사회 구성원이 아니므로 그러한 것이 무슨 소용이 있겠는가? 그는 자유나 소유권, 또는 계약에 대해서는 이해하고 있다. 그러나 자기 것은 자기 것이고 남의 것은 자기 것이 아니라는 것을 알고 있으나 그 이상은 알지 못한다.

여러분들이 의무나 복종에 대해서 얘기해 봐도 그는 이해하지 못할 것이다. 그에게 명령을 해 보라. 그는 따르지 않을 것이다. 그러나 만일 '네가 이러이러한 것을 해주면 언젠가는 너에게 보답하겠다'고 말하면 그는 곧 여러분이 원하는 것을 할 것이다. 왜냐하면 자신의 지배영역을 넓히면서 여러분에게서 보답을 받기 때문이다. 그는 지위나 명성을 싫어하지는 않을 것이다. 그러나 최후의 동기를 지니게 되었을 때는 이미 자연에서 벗어난 것이며 허영을 가두지 않은 것이 된다.

그가 어떤 도움이 필요할 때는 누구든지 맨 처음 만나는 사람을 붙들고 부탁할 것이다. 그가 부탁하는 태도는 여러분에게 의무를 강요하는 것이 아니라 은혜를 베풀어 달라는 것임을 알게 된다. 그의 표현은 간결하며 목소리나, 눈빛, 몸짓은 승낙이나 거절 모두에 익숙해져 있는 사람처럼 느껴진다. 그것은 노예의 복종도 지배자의 명령도 아닌 동등한 인간에 대한 겸허한 신뢰감이며 사람의 마음을 감동시키는 부드러운 마음씨이다. 만일 여러분이 그의 요구를 들어주더라도 그는 답례는 하지 않고 빚이 생겼다고만 생각할 것이다.

여러분이 그의 요구를 거절하더라도 그는 불평이나 고집을 부리는 일없이 '거절당했다'는 생각 대신 '불가능한 일은 없다'고만 생각할 것이다. 이미 말했듯이 사람들은 필연적인 사실에 대해서는 거의 반항하지 않는다.

그를 혼자 내버려 둔 후 그의 모든 행동에 대해서 아무 말도 하지말고, 그가 무엇을 할 것이며 어떻게 하는가를 주의 깊게 보도록 하자. 그는 자유롭다는 것을 자신에게 확인시킬 필요가 없기 때문에 가볍게 처신하지 않을 것이다. 그렇다고 해서 자기 힘을 자랑하기 위해서 무언가를 하지도 않을 것이다. 그는 언제든지 자기 마음대로 행동할 수 있다는 것을 알고 있기 때문이다.

그는 민첩하며 쾌활하다. 그의 움직임에서는 자신의 나이에 걸맞은 활기참을 찾아볼 수 있지만 그렇다고 목적 없는 행동은 찾아볼 수 없다. 무슨 일을 하더라도 힘에 겨운 일은 결코 하지 않는다. 그는 자기가 계획하는 일에 적합한 수단을 동원하고, 성공의 확신이 없는 일에는 좀처럼 행동하지 않는다. 눈은 주의 깊고 정확하여 보이는 모든 것을 스스로 알아보려고 한다. 설령 뜻하지 않은 난관에 부딪히더라도 다른 사람들처럼 두려워하지도 않을 것이며 냉정한 태도로 대처해 나갈 것이다. 그는 태어나면서부터 필연의 속박을 받고 있기 때문에 그것에 아주 익숙해져 있다.

그에게는 놀이가 곧 일이므로 일과 놀이 사이에 하등의 차이가 없이 행동할 것이다. 그는 자신을 즐겁게 하는 흥미와 자유를 가지고 자신이 하는 모든 일을 한다. 그와 동시에 자신의 모든 재능과 지식을 동원한다. 한 어린이가 활기차고 쾌활한 눈빛과 만족스럽고 밝은 표정, 그리고 활짝 웃는 모습으로 놀면서도 진지한 태도를 하고, 하찮은 놀이를 하는 데도 더없이 열중하고 있는 장면이야말로 그 나이에서는 으레 찾아볼 수 있는 즐겁고 매력적인 광경이 아니겠는가?

이번에는 다른 어린이와 비교해 보기 위해 그를 다른 어린이들과 어울려 놀게 하고 그대로 내버려 두자. 그러면 누가 진정으로 더 성장했으며, 또 누가 그들의 나이에 알맞은 완성에 가장 가까이 접근했는지를 곧 알게 될 것이다. 도시 어린이들 가운데 그보다 더 재능 있는 어린이는 없으며 그 누구보다도 힘이 세다. 농촌 어린이들과 비교해도 체력에 있어서는 그들과 같고, 재능에 있어서는 그들을 능가한다. 능력이 미치는 한도에서는 도시의 어린이나 농촌의 어린이보다도 잘 판단하고 추리하며 예견한다.

그는 모든 일에 마치 자연이 그의 명령을 따르고 있는 것처럼 행동할 것이다. 그만큼 모든 일을 자기 의사대로 할 수 있다. 그는 또래의 어린이들을 인도하고 지도하도록 만들어졌다. 재능과 경험이 권리와 권위를 대신한다. 그는 어디를 가나 선두에 나설 것이고 어디서나 어린이들의 우두머리가 될 것이다. 그는 명령하지 않는 데도 지배자가 될 것이다. 다른 어린이들은 자신이 복종하고 있다고 깨닫지 못한 사이에 복종하게 될 것이다.

그는 이제야 어린이로서 성숙기에 도달했다. 어린이로서의 삶을 살아왔으나 자신의 행복을 희생하면서 얻은 것이 아니라 두 가지가 결합한 것이다. 나이에 걸맞은 이성을 모두 획득함과 동시에 체질이 허용하는 범위 내에서 행복하고 자유로웠다. 만일 운명이 희망의 꽃을 싹둑 잘라버린다 하더라도 그의 삶과 죽음을 동시에 슬퍼할 필요는 없다. 우리는 속으로 말할 것이다. '적어도 그는 어린 시절을 즐겼다. 또한 우리는 그에게 자연이 부여한 것을 하나도 잃어버리게 하지도 않았다.'

초기교육의 큰 결점은 현명한 사람만이 이해한다는 것과 정성 들여 키운 어린이도 천박한 사람들의 눈에는 한낱 개구쟁이로만 보인다는 점이다. 교사는 제자의 이해관계보다 자신의 이해관계를 더 생각하기 마련이다. 그는 자신이 시간을 헛되이 보내는 것이 아니며 자기가 받는 돈이 정당하게 버는 거란 사실을 증명하려고 애쓴다. 그래서 교사는 어디서나 쉽게 과시할 수 있고 자랑할 수 있는 지식을 제자에게 가르친다.

그러한 지식이 어린이에게 유익한지 아닌지는 문제가 되지 않는다. 어린이를 시험할 단계가 되면 그와 같은 자기 상품을 어린이에게 풀어놓는다. 어린이는 그 상품을 사람들 앞에 진열해 보이고, 사람들은 만족해 한다. 그런 후 어린이는 보따리를 챙겨서 가버린다. 그러나 나의 제자는 가난하기 때문에 펼쳐 보일 상품보따리가 없다. 그는 자기 자신밖에 보여줄 것이 없다.

너무 많은 질문을 한꺼번에 받으면 누구나 지겹고 짜증이 나기 마련인데 어린이의 경우는 더욱 그러하다. 그리하여 이런 상황에 처한 어린이는 아무렇게나 대답하게 된다. 나는 고(故) 하이드 경에게서 이런 이야기를 들었다. 친구 중 한 사람이 3년 만에 이탈리아에서 돌아와 아홉 살이나 열 살되는 자기 아들의 진척도를 알아보려고 했다.

어느 날 저녁 아들과 가정교사와 함께 산책을 하던 중 어린 학생들이 연날리기를 하자 아버지가 아들에게 물었다. "저기 그림자가 진 연은 어디에 떠 있니?" 아들은 고개도 들지 않고 서슴없이 대답했다. "큰길 위입니다." 그리고 정말로 큰길이 태양과 그들 사이에 놓여 있었다고 하이드 경은 덧붙였다.

아버지는 아들을 포옹하였다. 그리고 시험은 그것으로 끝내고 집으로 돌아와서 다음날 가정교사에게 봉급 외에 종신연금(終身年金) 증서를 주었다고 한다. 얼마나 훌륭한 아버지이며, 장래성 있는 아들인가(이 어린이는 벨일 원수의 아들 지졸 백작인데 1772년 9월 26일자 라뚜르 드 프랑크빌 부인에게 보낸 루소의 편지에 의해 알려졌다).

이 질문은 그 나이의 어린이에게 알맞은 질문이었으며, 대답 역시 참으로 간결했다. 그러나 대답 속에는 어린이의 정확한 판단이 들어 있었다. 바로 이런 식으로 아리스토텔레스의 제자(알렉산더 대왕)는 어떤 조련사도 길들일 수 없었던 준마를 길들일 수 있었다.

제3부
소년기(열두 살에서 열다섯 살까지)

청년기에 이르기까지의 인생 과정은 전체적으로 나약한 시기애 해당한다. 하지만 초기 시기는 능력 발달이 욕망 발달을 앞지르기 때문에 성장 중의 동물은 절대적으로는 약하지만 상대적으로는 강해지는 시기이기도 하다. 욕망은 충분히 발달되어 있지 않기 때문에 현재의 능력으로도 욕망을 충족시키기에는 충분하다. 어른으로서는 지극히 허약한 존재이지만 어린이로서는 지극히 강한 셈이다.

인간의 허약함이란 능력과 욕망간의 불균형에서 오는 것으로 우리를 약하게 만드는 것은 정념(情念)이다. 그것을 만족시키려면 자연이 준 이상의 능력이 필요하기 때문이다. 그러므로 욕망을 줄여야 한다. 그렇게 하면 능력을 증대시키는 것과 마찬가지가 된다. 자기가 원하는 그 이상의 것을 할 수 있는 사람은 여력을 가진 자이다. 그런 사람은 매우 강한 자이다. 이것이 어린 시절의 제3기의 상태로 나는 지금부터 이 시기에 대해 설명하려고 한다. 이 시기는 사춘기에는 이르지 못했으나 청년기에는 가까워지고 있기 때문에 계속 소년기로 부르기로 한다.

열두세 살이 되면 어린이의 체력은 욕구보다 빠르게 발달한다. 아직까지 그에게는 가장 격렬하고 무서운 욕구는 느껴지지 않으며 기관 자체도 미완성인 상태로 머무르고 있다. 대기나 계절의 침해에도 민감하지 않고 그것을 쉽게 극복하며 자신의 높은 체온으로 의복을 대신할 수 있다. 왕성한 식욕은 조미료가 필요 없으며 무엇이나 맛있게 먹는다.

그는 어디를 가나 자기가 필요로 하는 것이 도처에 있음을 본다. 그는 상상에서 생기는 욕구로부터 고통을 당하지도 않으며 사람들의 의견에도 영향을 받지 않는다. 욕구는 언제나 자기 손안에 있으며 자기 일을 스스로 처리할 뿐더러 필요를 채우고도 오히려 넘치는 힘을 가지고 있다. 이런 상태는 일생을 통해 단지 이 시기뿐이다.

반론이 있을 것이다. 사람들은 지금 내가 말하는 욕구보다 더 많은 욕구를 어린이가 가지고 있다고 말하지 않겠지만 내가 말한 정도의 힘을 가지고 있다고는 생각하지 않을 것이다. 내가 말하고 있는 것은 나의 제자이지 자동인형 같은 어린이를 말하는 것이 아니다.

성인의 힘은 장년이 되어야 발휘되는 것이라고 사람들이 말할지 모른다. 즉, 왕성한 생명의 정기는 혈관 속에서 형성되어 전신에 퍼져야 진정한 힘의 근원인 견고함과 활동성과 정력 및 탄력성을 근육에 줄 수 있다고 말할 것이다. 이것은 서재의 철학이다. 그러나 경험으로 볼 때, 씩씩한 사내아이들은 밭에서 아버지가 일을 거침없이 하는 것을 본다. 목소리를 들어보면 어린이지만 외모는 어른으로 오인할 정도이다.

도시에서도 젊은 직공들은 주인과 마찬가지로 건장하며 기술에 있어서도 수업기간만 빨랐다면 스승에 못지 않을 것이다. 만일 차이가 있다 해도 대단치 않은 것으로써 그것은 어른들의 격심한 욕망과 어린이의 한정된 욕망과의 차이보다 훨씬 적은 것이다. 게다가 이것은 육체적인 힘만의 문제가 아니라 그것을 보충하고 지도하는 정신력과 가능성의 문제이기도 하다.

이 시기는 사람이 절대적인 최대의 능력을 갖는 시기는 아니지만 앞서 말한 바와 같이 상대적으로는 가장 큰 힘을 갖는 시기이다. 이때가 인생에서 가장 귀중한 시기이며, 단 한 번밖에는 오지 않는 시기이다.

그렇다면 현재로서는 남아돌지만 장래에는 모자라게 될 이 능력과 체력을 어떻게 쓸 것인가? 그는 그것을 미래를 위해 유익하게 쓸 것이다. 즉, 금고나 창고 속에 넣어 두지 않고 자기 것으로 만들기 위해 자신의 몸

속에 간직할 것이다. 그러므로 이 시기야말로 근면하고 면학하고 연구해야 하는 시기이다. 그런데 주의해야 할 것은 이 시기를 선택하는 것은 내가 아니라 자연만이 제시한다는 것이다.

인간의 지능에는 한계가 있다. 또한 거짓 명제의 반대는 진리이므로 진리의 수도 오류의 수만큼 무한한 것이다. 그러므로 교육의 시기를 선택하는 것처럼 교육의 대상을 선택하는 것도 중요한 것이다. 우리가 얻을 수 있는 지식 중에서 무익한 것도 있으며 쓸데없이 자만심만 길러 주는 것도 있다. 그러므로 중요한 점은 모든 것을 다 아는 것이 아니라 유익한 것만을 아는 것이다.

얼마 되지 않는 지식 중에서도 이미 형성된 오성(悟性)이 아니고는 이해할 수 없는 진리는 제외시켜야 한다. 어린이가 이해할 수 없는 인간관계에 대한 지식이나 경험이 없는 어린이의 정신에 혼동을 일으키는 지식 등은 제외시켜야 할 것이다.

이렇게 보면 우리는 존재하는 만물에 비해 지극히 작은 테두리 안에 갇히고 마는 셈이다. 그러나 이 작은 테두리도 어린이의 정신척도에서 본다면 광대한 영역이다. 인간의 오성이 미치지 못하는 암흑이여, 감히 누가 너의 베일에 손을 내미는가? 우리의 보잘것 없는 지식 때문에 이 불행한 어린이의 주위에 얼마나 많은 함정이 있는가? 오! 위험한 길로 인도하여 그의 눈앞에 전개되는 자연의 성스러운 장막을 걷어올리려는 자여, 그대의 손을 멈춰라. 사람의 마음을 현혹하는 자만심을 두려워하라. 무지가 해로운 것이 아니라 오류가 해롭다는 사실과, 사람이 길을 잃는 것은 모르기 때문이 아니라 알고 있다고 착각한 데서 비롯되는 것임을 잊지 마라.

기하학에 있어서 어린이의 진보는 그의 지식발달의 증거와 척도로써는 유익할지 모른다. 그러나 어린이가 유익한 것과 무익한 것을 구별하게 되면 사변적 연구로 인도하기 위하여 많은 준비와 기술이 필요하다. 예를 들어 두 직선의 비례중항을 구분하게 하려면 우선 그에게 주어진 직사각형과 면적이 같은 정사각형을 찾아야 한다는 것을 느끼게 해야 한다. 두 개의 비례중항을 구하게 하려면 흥미를 끌 수 있는 입방체를 두 배로 하는 문제를 내주어야 한다. 우리가 어떤 단계를 거쳐 선과 악을 구별하는 윤리적 개념에 도달하는지를 생각해 보면 우리가 알고 있었던 것이란 필연의 법칙뿐이었다.

동일한 본능이 인간의 여러 능력을 자극한다. 신체활동 다음에는 스스로 지식을 구하려는 정신활동이 나타난다. 처음에는 몸만 움직이는 어린이도 시간이 지나면 호기심을 갖기 시작한다. 이 호기심을 잘 유도하면 지금 우리가 문제삼고 있는 시기의 원동력이 된다.

세상에는 박식하다는 평을 듣고 싶어서 만들어진 지식욕이 있는가 하면 흥미를 주는 것은 무엇이든지 알고싶어 하는 호기심에 의해 만들어진 지식욕도 있다. 행복에 대한 선천적 욕망과 이 욕망을 충족시켜주지 못할 때의 불만이 행복에 이르는 새로운 수단을 모색하게 한다. 이것이 호기심의 근본원리이다. 이것은 자연이 인간의 마음에 주는 것이지만 그 발달은 우리의 정념과 지혜에 비례한다.

가령 어떤 철학자가 책과 몇몇 기구들만으로 혼자서 평생을 무인도에서 보내야 한다면 우주의 체계, 만유인력의 법칙이나 미분법 따위에는 더 이상 머리를 쓰지 않을 것이다. 그러므로 우리 인간에게 있어서 최초의 공부는 자연스럽고 본능적으로 탐구하고 싶은 지식에만 국한시키기로 하자. 대체로 거의 모든 미개민족의 철학은 한결같이 지구의 상상적인 부분과 태양의 신성(神性)에 관해서 논하고 있다. 사람들은 이것을 비웃을 것이다. 그러나 이것은 체력의 증대와 정신적이고 자연적인 경향의 결과이다. 즉, 자신의 존재를 확대시키려는 욕망이 가능한 한 먼 곳으로 비약하게 만든 것이다.

우리들의 감각을 관념으로 전환시켜 보자. 그러나 감각의 대상에서 갑

자기 지적 대상으로 비약해서는 안 된다. 정신이 활동하기 시작하면 감각은 언제나 정신의 안내자 역할을 해야 한다. 세상이라고 하는 책 이외에는 어떤 책도 필요 없으며, 사실 외의 지육(知育)도 필요 없다. 책을 읽는 어린이는 아무 생각도 없이 그저 읽을 뿐이다. 그는 지식을 배우는 것이 아니라 낱말을 배울 뿐이다.

제자의 주의를 자연현상으로 돌리면 그들은 곧 호기심을 가질 것이다. 그러나 호기심을 기르기 위해서는 그에게 적당한 문제를 주어 스스로 해결하도록 해야 한다. 가르쳐서가 아니라 스스로 깨달아서 지식을 얻도록 해야 한다. 여러분이 그의 머리속에 이성이 아닌 권위를 심어 주면 그의 이성은 마비되어 다른 사람의 의견에 놀아날 뿐이다.

여러분은 어린이에게 지리를 가르칠 때 지구의, 지도 등을 보여주는데 어째서 실물은 보여주지 않는가? 맑게 갠 날 저녁에 지평선이 한눈에 들어오고 태양이 지는 모습을 보려고 산책을 나간다. 그리고 태양이 지는 지점을 알아둔다. 다음날 아침 신선한 공기를 마시기 위해 태양이 떠오르기 전에 어제 산책했던 곳으로 간다.

아침 햇살이 퍼지면서 동녘은 새빨갛게 타오른다. 이글거리는 불덩이가 찬란한 빛을 내뿜으며 순식간에 모든 공간을 가득 채운다. 푸른 들판이 드러나고 이슬은 영롱한 색을 발한다. 새들도 목청껏 합창을 하며 생명의 아버지에게 인사를 한다. 이 모든 것이 조화를 이루어 우리의 감각에 신선한 인상을 남기고 영혼에까지 스며드는 것 같다.

자기가 느낀 감동에 사로잡혀 있는 교사는 그 감동을 제자에게 전하고 싶어 한다. 이 얼마나 어리석은 일인가? 자연경관의 생명은 사람의 마음속에 있는 것으로써 그 경관을 보려면 먼저 그것을 느낄 수 있어야 한다. 어린이는 여러 가지 사물을 알아볼 수는 있지만 그 사물들을 연결시키는 상호관계는 인식하지 못한다. 하나의 복합적인 인상을 느끼기 위해서는 새로운 감정과 경험이 필요하다.

어떻게 어린이들에게 상쾌한 아침공기나 만발한 꽃들의 향기, 매혹적인 푸른 풀잎, 촉촉한 아침이슬과 안개 등을 느낄 만한 경험과 감정이 성숙되어 있을까? 요컨대 어떠한 인간적인 요소가 자연의 아름다움 위에 다시 아름다움을 더하는가를 알지 못하고서는 자연 경관의 아름다움에 감동할 수 없을 것이다. 어린이가 이해할 수 없는 말은 하지 마라. 묘사나 웅변, 비유나 시 따위는 필요 없다. 지금에 와서는 정서나 취미도 문제되지 않는다. 항상 냉정하도록 견지하라. 자기 힘으로는 도저히 할 수 없다는 것을 알기 전에는 결코 도움을 요청하지 않는 습관이 붙은 그는 새로운 것을 대할 때마다 언제나 묵묵히 그것을 고찰할 것이다. 그러므로 적절한 시기에 사물을 보여주는 것만으로 충분하다. 그런 다음에 그가 충분한 호기심에 사로잡혀 있으면 간단한 질문을 제시하여 스스로 해답을 찾게 하면 된다.

이와 같은 경우에는 떠오르는 태양을 그와 함께 관찰한 다음 그쪽 방향에 있는 산들과 그 근처의 사물들에 관심을 갖도록 하라. 그리고 그가 느낀 바를 마음껏 떠들게 한 다음 얼마 동안 아무 말도 않다가 이렇게 말하라. "태양이 어제 저녁에는 저쪽으로 지고 오늘 아침에는 이쪽으로 떴는데 왜 그럴까?" 그리고 그 이상은 말하지 말고 어떠한 질문에도 답하지 마라. 그에게 맡겨두면 그는 반드시 그것을 생각해 낼 것이다.

어린이에게 주의력을 길러주고 감지될 수 있는 진리를 분명하게 인식시키려고 하면 그가 그것을 발견하기까지의 며칠 간을 불안 속에서 보내도록 할 필요가 있다. 그래도 그가 충분히 이해하지 못하면 문제를 정반대로 뒤집어 보면 된다. 진 태양이 어떻게 다시 떠오르는지는 모를지언정 적어도 떠올랐던 태양이 질 수 있다는 것은 알고 있다. 그것은 보면 알 수 있다. 그러므로 처음 문제는 나중 문제로부터 해답을 찾아낼 수 있다. 이 것이 우주에 관한 최초의 수업이다.

이 최초의 수업으로부터 태양의 운행과 지구의 형상에 관한 지식에 도달하기까지는 상당히 긴 시간이 걸린다. 그러나 모든 천체의 운동은 동일한 원리에 입각한 것이고, 또 최초의 관찰은 모든 관찰의 실마리가 되므로 태양의 하루 회전에서부터 일식의 계산에 이르기까지는 낮과 밤을 충분히 이해하는 것보다 오랜 시간이 걸릴지 모르나 큰 노력이 드는 것은 아니다.

태양이 지구의 둘레를 회전하고 있으므로 원을 그리며, 모든 원에는 하나의 중심이 있다. 이 중심은 지구의 한가운데 있기 때문에 볼 수 없으나 대응하는 두 개의 점을 지구상에 표시할 수 있다. 이 세 개의 점을 하나로 꿰어 양끝이 하늘까지 연장된다면 이것이 지축과 태양의 하루 운행의 축이 된다. 둥근 팽이가 뾰족한 축 위에서 회전하고 있는 모습이 바로 하늘의 모습이다. 팽이의 두 개의 뾰족한 끝은 양극이다. 어린이는 그 한 가지를 알게 되면 무척 기뻐할 것이다. 나는 그 끝이 작은곰자리의 꼬리에 있다는 것을 가르쳐 준다. 그렇게 해서 차츰 별들과 친숙해지며 성좌를 관찰하는 취미가 생기게 된다.

우리는 세례 요한의 축제일(6월 24일)에 해뜨는 것을 보고 크리스마스에 해뜨는 것도 보게 된다. 같은 장소에서 관찰하도록 한다. 그리고 주의를 집중시키기 위해 이렇게 말한다. "이상한데? 태양이 이제는 같은 장소에서 뜨지 않는구나. 그렇다면 여름에 태양이 떠오르는 곳과 겨울에 태양이 떠오르는 곳은 다르구나!" 젊은 교사여, 이것이 그대가 취해야 할 바른 길이다. 이 정도의 예만으로도 그대는 충분히 지구를 지구로써, 태양을 태양으로써 아주 명확하게 천체를 가르칠 수 있다.

혼천의란 기구는 구성도 조잡하고 형태도 괴상해서 자칫 어린이의 마음에 공포심을 심어줄 수 있다. 지구는 작은 대신 하늘은 크고, 바퀴도 지구보다 폭이 넓다. 그래서 여러분이 이것은 상상에 의해 제작된 것이라고 설명하면 어린이는 그것을 더 이상 이해할 수 없게 된다.

우리는 어린이의 입장에서 생각할 줄 모르기 때문에 그들의 생각을 이해할 수 없다. 우리의 생각을 주입할 뿐이다. 그리하여 우리는 그들의 머릿속에 피동적인 부조리와 오류를 쌓고 있다.

학문을 연구하는 데 있어 분석과 종합 중 어느 쪽을 선택할 것인가 하는 문제는 그다지 중요하지 않다. 두 가지를 동시에 사용하여 서로를 증명하게 하는 것이 보다 나은 방법이라고 하겠다. 같은 길을 걷고 있음에도 불구하고 상반되는 두 지점에서 출발했기 때문에 동일한 길을 걷는 것이 아니라고 생각하는 두 어린이가 한 지점에서 만나게 되면 놀라우면서도 매우 유쾌할 것이다. 나는 이 두 출발점으로부터 지리학을 취급하고 싶다. 그리고 지구의 회전에 관한 연구에 있어서, 자기가 살고 있는 장소로부터 지구의 각 부분을 측량하여 연결시켰으면 한다.

지리학에 있어서 최초의 출발점은 그가 살고 있는 도시와 아버지의 시골 별장이며 계속해서 그 사이의 토지, 인근에 있는 강, 마지막으로는 태양의 존재와 방향을 분간하는 방법이 될 것이다. 그에게 이러한 모든 것을 지도로 만들게 하라. 처음에는 단 두 개의 물체를 표시하게 하고 다른 지점들은 덧붙여 나간다.

약간의 도움은 필요하겠지만 아주 조금만, 그가 모를 정도만 도와줄 일이다. 잘못이 있더라도 고쳐주지 말고 스스로 깨닫고 정정할 때까지 기다려라. 중요한 것은 그 지방의 지형을 정확하게 아는 것이 아니라 그것을 알기 위한 수단을 터득하는 데 있다. 요컨대 지도가 나타내고 있는 내용을 실제로 잘 알고, 또 지도를 제작하는 데 필요한 기술을 명확히 익히면 되는 것이다. 여러분 제자의 지식과 내 제자의 무지 사이는 이와 같은 차이가 있다. 여러분의 제자는 지도를 알고 있지만 내 제자는 지도를 만든다. 여기에서 그의 방을 장식할 새로운 장식이 마련된다.

나의 교육정신은 어린이에게 많은 것을 가르치는 것이 아니라 정확하고 명료한 관념만을 머리속에 넣어 주는 데 있다. 문제는 무지가 아니라 잘못된 생각에 있다. 내가 그의 머리속에 진리를 주입시키는 것은 다만 그가 진리 대신에 오류를 배울지도 모르는 위험으로부터 그를 지켜주기 위함이다.

이성과 판단력은 서서히 오는 반면 편견은 떼를 지어 달려온다. 그를 이러한 편견으로부터 보호할 필요가 있다. 그러나 만일 여러분이 학문 자체를 목적으로 생각한다면 여러분은 바닥도 모르는 바다 속에 들어가 절대 빠져나올 수 없게 될 것이며, 이는 바닷가에서 조개껍데기를 줍다가 다른 조개껍질에 매혹되어 먼저 것을 버렸다가 다시 주워 모았다가 하면서 결국 빈손으로 되돌아오는 사람을 보는 듯한 느낌을 준다.

유년기에는 시간이 많아서 그 시기를 잘못 사용할까 두려워서 애써 낭비하려고만 하였으나 지금은 그와 정반대로 여러 가지 유익한 일을 하기에도 시간이 충분치 못하다. 곧 다가올 정념에 여러분의 제자는 온 정신을 몰두할 것이다. 평온한 지혜의 시기는 매우 짧아서 여러분은 어린이를 지식 있는 사람으로만 만들면 그만이라는 생각을 하는데 이것은 매우 어리석은 생각이다. 요는 학문을 가르치는 일보다는 그것에 애착을 느끼게 하고 학문을 사랑하는 마음이 한층 발전했을 때, 학문을 터득하기 위한 방법을 가르쳐 주는 것이 문제이다. 이것이 모든 교육의 근본원리이다.

이 시기는 한가지 사물에 대한 일관된 주의력을 가질 수 있도록 습관을 길러주어야 하는 시기이기도 하다. 항상 즐거움이나 욕구가 주의력을 낳도록 해야지 싫증을 느끼게 해서는 안 된다. 따라서 어린이가 어떤 일에 싫증을 느끼기 전에 그만두도록 해야 한다. 왜냐하면 의욕이 없는 학습에는 결실이 없기 때문이다.

어린이가 질문을 하면 호기심을 자극하는 정도로만 대답을 하라. 그러나 쓸모 없는 질문으로 여러분을 난처하게 할 때는 즉시 대답을 중단하라. 그가 입으로 하는 말보다는 그와 같은 말을 하게 된 동기에 유념하라. 이것은 어린이가 추리를 시작하게 되자마자 중요한 사항이 되기 때문이다.

모든 학문의 밑바탕에는 공통원리가 있으며 그것의 발달과정에는 일련의 연속된 진리가 있다. 이것과는 전혀 다른 또 하나의 연쇄가 있는데 그것에 의해 각 개의 개별적인 사물이 서로 잡아당기기도 하고 뒤따르는 것을 제시하기도 한다. 이것이 필요로 하는 주의력은 항상 호기심에 의해 육성되어야 한다. 지도를 그리기 위해 방향을 설정할 때 우리는 자오선(子午線)을 그어야만 했다. 동일한 물체의 아침 그림자와 저녁 그림자 사이의 두 교차점을 연결하면 열세 살짜리 어린 천문학자에게는 훌륭한 자오선이 된다. 그러나 이 자오선은 없어져 버리며 다시 그으려면 시간이 꽤 걸린다. 그리고 항상 같은 장소에서만 일해야 한다. 지나치게 주의를 해야 하고 불편하면 결국은 짜증이 나기 마련이다. 그래서 미리 대책을 세우는 것이다.

여기서 나는 상세하게 설명을 늘어놓아야만 하겠다. 오래 전부터 나의 제자는 호박(琥珀)이나 유리, 밀랍과 같은 물체들은 마찰시키면 지푸라기를 끌어당긴다는 사실을 알았다. 또 우리는 우연히 더 기이한 힘을 가진 물체, 즉 마찰을 하지 않아도 줄밥이나 쇠붙이를 끌어당기는 물체를 발견하였다. 흥미와 관심을 기울인 결과 그 물체는 어떤 방향에서 자성을 지니면 그와 같은 성질이 철 자체에 전달된다는 사실도 알아냈다.

어느 날 시장에서 마술쟁이가 물 위에 떠 있는 밀랍으로 만든 오리를 한 조각의 빵으로 낚고 있었다. 매우 놀랐지만 우리는 그것을 마술이라고 하지 않았다. 왜냐하면 우리는 마술쟁이가 무엇인지도 모를 뿐 아니라 원인을 알 수 없는 결과에 성급한 판단을 하지 않기 때문이다.

바로 그날 저녁에 우리는 자력이 강한 바늘을 밀랍으로 잘 싼 다음 그 바늘 끝이 오리의 부리가 되도록 만들었다. 오리를 물 위에 띄우고 열쇠를 부리 쪽에 댔더니 시장에서 보았던 오리처럼 열쇠를 따라오는 것을 보게 되었다. 그리고는 미리 장치한 빵을 가지고 다시 시장으로 간다. 마술쟁이가 마술을 부리자 나의 어린 박사는 그에게 "나도 그쯤은 할 수 있어요."라고 말한다. 마술쟁이도 해보라고 한다. 그러자 그는 즉시 주머니에서 쇳조각이 들어 있는 빵을 끄집어내고 탁자로 가면서 가슴을 두근거린다. 떨리는 손으로 빵을 내민다. 오리가 다가오면서 빵을 쫓아다닌다. 그는 기뻐서 소리를 지르며 춤을 춘다. 관중들도 박수를 친다. 마술쟁이는 약간 당황했지만 그에게 다가와 칭찬을 하면서 내일은 더 많은 관중을 모아 놓고 더 많은 갈채를 받게 해 주겠다고 말한다. 나의 어린 과학자는 의기양양해 하지만 나는 그의 입을 막고 집으로 데려간다.

어린이는 이튿날까지 안절부절하며 만나는 사람마다 초대를 하여 뽐내고자 한다. 아직 시간이 남았는데도 날아가듯 그 장소로 뛰어간다. 사람들은 만원이었으며 마술쟁이는 전보다 더욱 신기한 마술을 부린다. 어린이는 초조한 나머지 떨리는 손으로 주머니의 빵을 만지작거린다. 마침내 그의 차례가 왔다. 어린이는 수줍게 걸어나가 빵을 꺼낸다. 아! 그러나 어제는 그렇게도 잘 따라오던 오리가 오늘은 말을 듣지 않는다. 부리를 내밀기는커녕 반대 방향으로 도망간다. 전에는 열심히 따라오던 오리가 빵과 손을 피해 도망간다. 관중들은 야유를 퍼붓는다. 어린이는 전번 오리가 아니라고 말하면서 마술쟁이에게 이 오리를 끌어 보라고 말한다. 마술쟁이는 아무 말도 없이 빵 한 조각을 집어서 오리에게 내민다. 오리는 즉시 빵을 따라오며 그것을 당기는 손을 쫓아온다. 어린이는 그 빵으로 다시 해본다. 그러나 마찬가지이다. 마침내 그는 관중들의 비웃는 소리에 참을 수 없어 그 자리를 빠져나간다.

그러나 마술쟁이는 어린이가 가져온 빵을 가지고서 자기 빵으로 하던 것처럼 멋지게 해낸다. 그는 빵 속에 들어 있는 쇳조각을 꺼내 든다. 그리고는 또 다시 먼저 번과 같이 오리를 끌어당긴다. 장갑을 끼고도 하고 손가락으로도 한다. 오른쪽으로 가라고 하면 오른쪽으로 왼쪽으로 가라고 하면 왼쪽으로 빠르게 명령하면 오리의 움직임도 그만큼 빨라진다. 우리는 슬그머니 빠져 나와 방안에 틀어 박혔다.

다음날 아침, 마술쟁이가 찾아와 겸손한 태도로 불평을 한다. "내게 무슨 잘못이 있기에, 밀랍오리를 끌어당기는 것이 뭐 그리 신통한 재주라고 성실한 인간의 생계수단을 빼앗으면서까지 명예를 얻으려고 하십니까? 도련님, 나에게 먹고 살아갈 다른 재주가 있었다면 이따위 짓을 사람들 앞에서 하지는 않았을 겁니다. 이런 변변찮은 재주일망정 이것으로 평생을 살아온 사람이 잠시 재미로 해 본 사람보다 한수 위라는 것을 인정하시겠죠. 제가 처음부터 가장 뛰어난 재주를 보여주지 않은 것은 만약의 경우에 대비해서 간직하고 있었던 것입니다. 그 외에도 놀랄 만한 재주들이 또 있어요. 하지만 오늘 제가 이렇게 온 것은 당신들에게 마술의 비밀을 가르쳐 드리기 위해서입니다. 단지 부탁드리고 싶은 것은 그 방법을 사용해서 저를 방해하지는 말아 달라는 것과 좀 더 삼가주십사 하는 것입니다."

그리고 나서 크고 강력한 자석을 보여 주었다. 그리고 한 어린이가 탁자 밑에 숨어서 마술쟁이의 신호에 따라 움직이고 있었다는 사실을 알고 우리는 깜짝 놀랐다. 사나이는 도구를 챙겼다. 우리는 용서를 빌며 선물을 하나 하려고 했다. 그는 단호히 거절하였다. "나는 그럴 만한 일을 하지 못했습니다. 저는 여러분의 비위에 거슬리더라도 빚을 남겨 드리고 싶습니다. 그것이 제가 할 수 있는 유일한 보복이니까요. 누구에게나 관용은 있는 법입니다. 저는 재주에 대한 대가는 받지만 마술방법을 가르쳐 드린 데 대한 대가는 받지 않습니다."

그는 돌아가면서 나에게 비난을 퍼부었다. "저 어린이는 아무것도 모르고 저지른 것이니까 용서할 수 있습니다. 그러나 당신은 그의 잘못을 알면서 어째서 내버려 두셨습니까? 당신은 어른이니까 그를 보살피고 타일러야죠. 당신의 경험은 곧 그를 이끄는 권위가 되어야 합니다. 어린이가 성장하여 자신의 잘못을 뉘우칠 때는 미리 주의시켜 주지 않은 당신을 원망할 겁니다."

그는 떠나고 우리 둘은 몹시 부끄러움을 느낀다. 또한 나는 경솔한 행동에 가책을 받는다. 나는 다음부터는 남의 이익에 위배되는 일은 말리도록 하고, 잘못을 저지르기 전에 미리 일러주겠노라고 약속한다. 왜냐하면 이제는 우리의 관계가 친구의 친절에서 교사의 위엄으로 변화될 시기이기 때문이다. 이러한 변화는 단계적이어야 하며 미리 예견되어야만 한다.

이 실례는 매우 중요해서 그 속에는 많은 교훈이 담겨져 있다. 순간적인 허영심이 얼마나 많은 괴로움을 자아내는가? 그러나 이 최초의 충동에서 수치스러움과 실수를 자아내게 할 줄만 안다면 상당기간 두 번 다시는 그런 일을 저지르지 않을 것임이 확실하다. 사실 이 모든 것이 어렵기는 하지만 자오선 구실을 하는 나침반을 만들기 위한 과정인 것이다.

자석은 다른 물체를 통하여 작용한다는 것을 이미 알았으므로, 더욱 정성 들여 만든 오리를 대야 위에 띄운다. 그러다가 마침내 우리는 그 오리가 정지상태에 있을 때는 언제나 거의 같은 방향, 즉 남쪽에서 북쪽을 향해 있음을 알게 되었다. 우리의 나침반은 이렇게 발견되고 우리는 물리학에 첫발을 내딛게 되었다.

지구상에는 갖가지 풍토가 있고 그에 따른 여러 기후가 있다. 계절의 변화는 극(極)에 가까워질수록 현저해 지며 모든 물체는 찬 곳에서 수축하고 뜨거운 곳에서는 팽창한다. 이 작용은 액체, 특히 알코올에서 더욱 뚜렷하게 나타난다. 이와 같은 이치에서 온도계가 발명되었다. 사람은 바람을 볼 수는 없으나 느낄 수는 있다. 컵을 거꾸로 물 속에 집어넣고 공기가 들어가지 않도록 하면 컵에 물이 채워지지 않는다. 공기는 저항력이 있음을 알 수 있다. 컵을 아무리 눌러 보아도 컵 속의 공간을 완전히 채울 수는 없다. 그러므로 공기는 어느 정도까지는 압축이 가능하다. 압축한 공기로 채워져 있는 공은 다른 것으로 채워져 있는 공보다 잘 튄다. 그러므로 공기에는 탄력성도 있다.

욕조에 누워 팔을 물 밖으로 수평으로 올리면 팔이 무거움을 느낀다. 그러므로 공기에는 무게가 있다. 공기를 다른 유체(流體)와 평형상태에 놓음으로써 그 무게를 측정할 수 있다. 기압계나 사이폰, 공기총이나 공기펌프는 이것을 이용하여 만들어진 것이다. 정력학(靜力學)이나 수력학의 법칙은 이와 같은 간단한 실험에 의해 발견된다. 이런 것을 알기 위해 물리실험실로 들어가는 것을 원치 않는다. 학문적인 분위기는 학문을 죽이기 마련이다.

나는 모든 기계를 자신의 손으로 만들고 싶다. 그것도 우연하게 실험을 한 다음 그것을 검증하기 위한 기계를 단계적으로 만들고 싶다. 우리의 기계는 완벽하거나 정밀할 필요도 없으며 단지 그것이 어떤 것이어야 하며 또 거기에서 생길 효과에 한층 더 명확한 관념을 가질 수 있었으면 한다. 나는 정력학의 첫 수업을 위해 저울 대신 의자에 막대기를 가로질러 걸고는 막대기가 평형상태에 있을 때 두 부분의 길이를 잰다. 그리고 막대기의 양쪽 끝에다 똑같거나 또는 다른 무게를 가한다. 그리고 잡아당기기도 하고 밀기도 하여 마침내 균형은 무게와 막대기의 길이 사이의 상관적인 비율에 의해 생긴다는 것을 발견한다. 이렇게 해서 나의 물리학자는 저울을 본 일도 없는데 벌써 저울을 조정할 수 있게 된다.

이처럼 자기 스스로 배우게 되면 가르침을 통해 배우는 것보다 더 명확한 관념을 얻게 되는 것이 분명하다. 또한 이렇게 되면 이성은 권위를 제압하고 여러 관계의 발견을 통한 관념이 싹트며 도구를 발견하는 재간도 늘 것이다. 그러나 무분별하게 모든 것을 피동적으로 받아들이게 되면, 우리의 정신은 나약하게 되어 결국은 힘을 잃고 손발을 사용하지 못하는 사람의 육체와 같아진다. 브왈로(1636~1711 프랑스 시인, 모랄리스트, 비평가)는 라신느(1639~1699 프랑스의 극시인)에게 어렵게 작시법을 가르쳐 주었다고 자랑하였다. 학문연구를 단축시키는 훌륭한 방법이 많이 있겠지만, 노력을 통해 배우는 방법을 가르쳐 주는 사람이 우리에게는 매우 필요하다.

시간이 많이 걸리고 더딘 이러한 연구법의 가장 두드러진 장점은 이론적인 연구를 하는 중에도 계속 몸을 움직여서 손발을 유연하게 하고 노동과 인간에 대해 유익한 방향으로 손을 단련시키는 데 있다. 이미 나와 있는 실험도구는 감각의 훈련을 소홀하게 만든다. 각도기는 각의 크기를 계산할 필요가 없게 하고 정확하게 측량할 수 있는 눈은 측량기에 그 역할을 일임하게 된다. 기계가 정교해 질수록 우리의 감각은 무디어 간다. 주위에 있는 온갖 기계를 모을수록 우리 내면의 기계는 잃고 마는 것이다.

그러나 기계가 대신했던 우리의 재능과 기계 없이 일을 처리하기 위해 필요했던 우리의 지혜를 기계를 제작하는 데 사용한다면 우리는 아무것도 잃지 않고 이익을 얻을 수 있게 된다. 그리고 자연에 기술을 더하면 그 기술은 더욱 정교해지고 향상될 것이다. 어린이를 항상 책에만 매달리게 하지말고 공작실에서 공부하게 하면 어린이의 손은 정신에게도 유익하게 될 것이다. 그는 철학자가 되면서도 스스로 노동자로 생각하며 철학적 유희의 대상인 인간을 진정한 기능을 갖춘 존재로까지 끌어올릴 것이다.

청년기에 다다른 어린이에게는 아직도 순수한 이론적 지식은 적합하지 않다. 그러나 어린이를 이론적 물리학에 깊이 파고들게 하지 더라도 어린이의 모든 경험이 어떤 영역에 의해서 서로 연결되어 그의 머리속에 질서정연하게 정돈되어 있다가 필요한 때에 그것을 생각해 낼 수 있도록 해야 한다. 고립된 사실과 이론이란 어떤 계기가 주어져 활용될 때 그 생명이 오래가기 때문이다.

자연법칙의 탐구에 있어서는 항상 공통되고 명확한 현상에서부터 시작하는 것이 좋다. 또한 그러한 현상도 하나의 이론이 아닌 사실로 파악하는 습관을 들여라. 나는 돌을 공중에 던지려고 하다가 손가락을 벌려 돌이 떨어지게 한다. 이것을 주의 깊게 바라보고 있던 에밀에게 나는 묻는다. "왜 돌이 떨어졌지?"

이 질문에 대답을 못할 어린이는 아무도 없다. 에밀도 내가 애써 그런 대답을 하지 못하도록 막지 않은 한 대답할 것이다. 돌멩이는 무겁기 때문이라고. 그렇다면 무거운 것은 어떤 것인가? 그것은 떨어지는 것이다. 그럼 돌은 떨어지는 것이기 때문에 떨어지는가? 여기서 나의 어린 철학자는 말문이 막힌다. 이것이 이론 물리학의 최초의 수업으로써 어린이에게 양식(良識)을 길러 주는 학업이 될 것이다.

어린이의 지성이 발달함에 따라 어린이가 해야 할 일을 좀 더 세심하게 선택해 주어야 한다. 어린이가 충분히 자아를 인식하고 행복이 무엇인가를 알게 되면 자기에게 적합한 것과 부적합한 것을 판단할 수 있게 되므로 곧 일과 놀이의 차이를 느끼고 놀이란 일에 대한 단순한 휴식으로 밖에 생각지 않는다. 그렇게 되면 현실적으로 유익한 일이 어린이의 학업과 결부되게 되고 더 많은 노력이 그곳에 쏟아지게 된다. 필연의 법칙은 가장 불쾌한 일이라도 장래에 보다 더 험악한 일에 대비하기 위해서는 그것을 해야 한다는 것을 인간에게 가르쳐 준다. 이것이 선견지명의 효용이다. 이 선견지명의 활용에 따라 지혜와 행복이 판가름난다.

사람은 모두 행복해지기를 바라지만 행복해지기 위해서는 그것이 무엇인지를 알아야 한다. 자연인의 행복은 그의 생활과 마찬가지로 단순하기 때문에 괴로워하지 않는 것이 행복이다. 그러므로 건강·자유·필수품이 그 요소이다. 그러나 여기서 문제가 되는 것은 그와 같은 행복이 아니다. 아직 허영심과 편견에 물들지 않은 어린이에게 흥미를 북돋아 줄 수 있는 것은 오로지 순수한 감각적 대상 밖에는 없다.

어린이가 필요를 느끼기 전에 그것을 예감하게 되면 그들의 지성은 이미 상당히 진보된 것이며, 시간의 가치를 알기 시작한 것이라고 하겠다. 이렇게 되면 그들에게 유용한 것들에 대해서 시간을 사용하도록 길들여 주는 것이 중요하지만 어린이의 나이에 걸맞은 지혜가 도달하는 범위 내에서 그 정도의 유용성을 지닌 것이어야만 한다.

그에게 좋은 일이란 자신이 좋다고 생각하는 일이다. 여러분은 어린이에게 쓸모 없는 도구를 줌으로써 그들에게서 인간의 가장 보편적인 도구인 양식(良識)을 빼앗고 있는 것이다. 그리하여 다른 사람의 손에서 놀아나는 기계로 길들이고 있다. 여러분은 어린이가 잘 순종하기를 바라는데 그것은 그가 성장해서 쉽게 속는 인간으로 만드는 결과가 된다.

어른은 어린이가 그 유용성을 알지 못하는 많은 일들을 알아두어야 한다. 그러나 어린이가 어른이 알아두어야 할 일을 모두 다 배울 필요도 없으며 그럴 능력도 없다. 왜 여러분은 오늘의 그에게 적합한 공부는 중단

시키고 그가 도달할지 말지 불확실한 나이에 필요한 공부를 시키려 하는가? 필히 여러분은 사용할 시기가 되어서야 지식을 배운다면 이미 늦을 것이라고 말하리라. 그것은 나도 잘 모르겠으나 다만 그보다 더 일찍 배운다는 것은 불가능하다고 생각한다. 왜냐하면 미래에 유익한 일은 감히 상상할 수 없는 일이기 때문이다. 그러니 어린이가 이해하지 못하는 인간의 상태에 관한 관념이란 어린이에게서 멀리 격리시켜야 한다. 이 책은 이 교육원리를 끊임없이 증명하는 데 지나지 않는다.

"그것은 무엇에 쓸모가 있을까?"라는 말은 이제 우리 생활의 모든 행동을 결정하는 신성한 말이 된다. 이것이 그의 모든 질문에 반드시 뒤따라야할 질문인 것이다. 그리고 이것은 어린이들의 성가신 질문을 그치게 하는 수단이 된다. 유용한 것만을 알려고 하라는 교훈을 얻은 어린이는 소크라테스와 같은 질문을 할 것이다. 즉, 그 질문의 이유를 자신이 납득한 뒤가 아니면 절대 질문하지 않을 것이다. 상대방은 질문에 대답하기 전에 그 이유를 물으리라는 것을 알고 있기 때문이다.

그러나 여기에도 교사로서 피하기 힘든 함정이 있다. 만일 어린이가 "그것은 무엇에 쓸모가 있을까?"하고 질문을 할 때 만일 여러분이 어린이로서는 이해할 수 없는 설명을 하면 그는 여러분이 어린이의 관념에 의해서가 아니라 여러분 자신의 관념에 의해 설명하고 있으며 그 질문은 여러분의 연령에는 적합할지 모르나 그들의 나이에는 유익하지 않은 것이라고 생각할 것이다. 그렇다면 어린이는 이미 여러분을 신뢰하지 않을 것이며 만사는 수포로 돌아간다.

교사라면 대부분 제자 앞에서 자신의 잘못을 인정하려들지 않지만, 나는 내가 잘못하지 않았더라도 나의 이치를 제자에게 이해시키지 못한다면 그것을 내 잘못으로 인정하는 것을 법칙으로 삼고 싶다. 이렇게 되면 나의 교육방법은 항상 그의 정신에 명백하게 이해되어 결코 의심을 품게 하지 않을 것이며, 나는 자신의 잘못을 일단 시인함으로써 모든 교사들이 자신들의 잘못을 은폐함으로써 유지하려고 하는 것 이상의 신뢰를 틀림없이 유지할 수 있을 것이다.

첫째, 어린이가 배워야 할 것은 여러분이 제시해 주지말고 제자 스스로가 요구하고 추구하고 발견하도록 해야 한다. 여러분은 배우려는 욕구를 자극하고 그것을 만족시킬 수단을 제공해 주기만 하면 된다. 또 너무 자주 질문해서는 안 되며, 질문은 잘 선택하여 가끔씩 해야 한다. 그리고 여러분은 여러분이 질문하는 것보다 더 많은 질문을 받으므로 질문을 받을 때는 항상 "네가 지금 질문하고 있는 것은 무엇 때문에 필요한가?" 하고 어린이에게 다시 물어야 한다.

게다가 그가 무엇을 배우는가가 중요한 것이 아니라 배운 것을 잘 이해하고 왜 배우는지 그 배움의 효용을 이해하는 것이 중요하기 때문에 그에게 유익한 설명을 줄 수 없을 때는 아예 설명하지 말고 이렇게 말해야 한다. "적당한 대답을 찾을 수 없구나" 하고. 만일 여러분이 가르치고 있던 것이 실제로 빗나간 것이었다면 완전히 버려도 관계없다. 그 유익성을 그에게 깨닫게 해 줄 기회는 올 것이다. 나는 말로 설명하지 않고 실물을 사용할 것이다. 우리는 수다스러운 현 교육 때문에 수다쟁이들 밖에 만들어 내지 못한다.

내가 제자와 함께 태양의 운행과 방향을 알아내는 방법을 공부하고 있을 때, 그가 갑자기 내 말을 가로막고 이런 것이 도대체 어디에 쓸모가 있느냐고 묻는다면 나는 얼마나 훌륭한 얘기를 그에게 해줄 수 있을까? 또한 그때 주위에 우리의 대화를 듣고 있는 사람이라도 있다면 나는 그에게 얼마나 많은 것을 가르칠 수 있는 기회를 포착하겠는가?

그러면 나는 여행의 유익함, 상업의 이점, 각 풍토에 따른 독특한 산물, 여러 민족의 풍습, 달력의 사용법, 농업을 위한 계절의 순환산정법, 항해술, 항로결정법, 심지어 정치학, 박물학, 국제법, 도덕 등에 대해서 장황한 설명을 하여 모든 학문에 대한 광범위한 개념을 그에게 주어 그것에 대한 학습욕구를 품게 할 것이다. 그러면 그는 여전히 '방위를 아는 것이 무슨 소용이 있느냐 고 다시 질문하고 싶을 것이다. 그래도 내가 화를 낼까봐 감히 입을 열지 못할 것이다. 오히려 그는 남이 일방적으로 들려주는 이야기란 그저 이해하는 척 하는 편이 낫다고 생각할 것이다. 훌륭한 교육은 이렇게 이루어진다.

그러나 에밀은 소박하게 자라서, 또 순수한 이해력을 갖도록 길러졌으므로 이해하기 곤란한 개념을 말할 때는 귀담아 듣지 않고 방안으로 달아나 방에서 돌아다니며, 나 혼자 떠들도록 내버려 둘 것이다. 우리는 좀 더 소박한 대답을 강구해야 한다.

우리는 몽모랑 시의 북쪽에 있는 숲의 위치를 관측한 적이 있었다. 그때 그는 "이런 것이 무슨 소용이 있느냐"고 물었다. 나는 "글쎄다. 이 일이 아무짝에도 쓸모가 없다면 다시는 이런 일을 하지 말자."고 했고 우리는 다른 일을 시작했다. 지리공부는 더 이상 문제삼지 않기로 했다.

다음날 이른 아침, 나는 그에게 산책하러 나가자고 말했다. 우리는 숲속으로 들어가 이리저리 뛰놀다가 길을 잃는다. 집으로 돌아가야 하는 데도 길을 찾을 수가 없다. 시간은 자꾸만 가고 배가 고프다. 이리저리 헤매고 다녀 보았으나 보이는 것은 울창한 숲과 돌언덕과 초원뿐이었다. 우리들의 현 위치를 전혀 알 수 없다. 마침내 앉아서 쉬며 생각해 보기로 한다. 에밀을 보통 어린이들처럼 키웠다면 생각할 마음도 없을 것이다. 그는 우리가 몽모랑 도시의 입구에 와 있으며 한 무리의 잡목 숲이 우리와 몽모랑 시의 사이를 가리고 있다는 사실을 모르고 있다. 잠시 동안 침묵하다가 근심스레 그에게 묻는다. "에밀, 어떻게 하면 이곳을 빠져나갈 수 있을까?"

에밀 : (눈물을 흘리며) 모르겠어요. 피곤하고, 배고프고, 목이 말라 더
　　　이상 견딜 수가 없어요.
장 자크 : 나라고 별 수 있겠니? 운다고 밥이 나오니? 울어도 소용없
　　　어. 우리가 지금 어디에 있는지를 알아야 한다. 네 시계 좀

보자. 지금이 몇 시지?

에밀 : 열두 시예요. 배가 너무 고파요.

장 자크 : 정말 그렇구나. 나도 속이 텅 비었는데.

에밀 : 참, 선생님도 배가 고프시겠군요.

장 자크 : 불행히도 점심식사가 우리를 찾아 여기까지 와주지 않는구나. 지금이 열두 시면 어제 우리가 몽모랑 시에서 숲의 위치를 관측하던 바로 그 시간이구나. 우리가 이 숲속에서도 몽모랑 시의 위치를 관측할 수 있다면 참 좋겠는데.

에밀 : 그래요. 어제는 숲을 볼 수 있었는데 여기선 마을이 안 보이네요.

장 자크 : 그게 문제야. 마을이 보이지 않아도 그 위치를 알 수 있다면 좋겠는데.

에밀 : 그러게 말이에요.

장 자크 : 어제 우리는 숲이 어느 방향에 있었다고 말했더라?

에밀 : 몽모랑 시의 북쪽이라고 했지요.

장 자크 : 그렇다면 몽모랑 시는……

에밀 : 숲의 남쪽이겠지요.

장 자크 : 우리는 정오에 북쪽을 알아내는 방법을 알고 있잖아?

에밀 : 네, 그래요. 그림자의 방향으로요.

장 자크 : 그러나 남쪽은?

에밀 : 어떻게 하면 될까요?

장 자크 : 남쪽은 북쪽의 반대지.

에밀 : 참 그렇군요. 그림자의 반대 방향만 찾으면 되겠군요. 야! 이쪽이 남쪽이에요. 몽모랑 시는 틀림없이 이쪽이에요. 이쪽으로 가요.

장 자크 : 네 말이 옳은 것 같다. 이 숲 사이의 오솔길로 가보자.

에밀 : (손뼉을 치고 환성을 지르며) 야, 몽모랑 시가 보여요! 바로 저기예요. 자 빨리 밥을 먹으러 가요. 빨리 뛰어요. 천문학은 이런 때

쓸모가 있군요.

그가 마지막 말을 하지 않았더라도 그렇게 생각했을 것이다. 그리고 그날의 기억은 평생 지워지지 않을 것이다. 그러나 이처럼 실제로 겪는 대신 내가 그저 방안에서 이런 가정을 하고 설명했다면 다음날에는 이미 잊어버리고 말 것이다. 가능한 한 행동으로 가르치고 그럴 수 없는 것만 말로 가르쳐라.

모든 종류의 공부에 대해 일일이 예를 들어가며 설명한다고 해서 내가 여러분을 멸시하고 있다고 생각하지는 않을 것이다. 그러나 어떠한 문제에 있어서도 교사는 학생의 능력에 충분히 귀기울여 그 능력에 따라 증명해주어야 한다고 거듭 말하고 싶다. 왜냐하면 난처한 경우란 이해하지 못하는 경우가 아니라 이해했다고 믿는 경우이기 때문이다.

나는 어떤 어린이에게 화학에 흥미를 갖게 하려고 몇 가지 금속의 침전 상태를 보여준 뒤 잉크가 만들어지는 절차를 설명한 적이 있었다. 잉크의 검은 색소는 유산염에서 분리한 알칼리액에 미세한 철가루를 침전시킨 것에 불과하다고 말했다. 그러자 어린 배반자는 내가 가르쳐준 질문으로 나를 크게 당황시켰다. 잠시 생각한 후 사람을 시켜 지하실 창고에 있는 고급 포도주와 싸구려 포도주를 가져오게 하였다. 나는 작은 병 안에 일정량의 알칼리 용액을 넣은 다음 두 종류의 포도주를 따른 두 개의 컵을 내 앞에 놓고 다음과 같은 이야기를 했다.

"사람들은 본래의 품질보다 더 좋게 보이려고 다른 물질을 섞는 일이 있단다. 그와 같은 혼합물은 겉보기에만 훌륭할 뿐 실제로는 전보다 더 나빠진다. 이런 짓은 포도주에서 가장 심한데 그것은 속임수를 알아채기가 힘들고 속이는 쪽에 보다 많은 이익이 되기 때문이다. 떫거나 신 포도주에 납으로 만든 일산화연을 넣으면, 산은 납과 결합하여 달콤한 염분(鹽分)을 만들어 내며 이것이 포도주의 신맛을 없애 주지만 몸에는 무척 해롭다. 그래서 미심쩍은 포도주를 마실 때는 거기에 일산화연이 첨가되었는지의 여부를 조사해 볼 필요가 있는데 그것을 식별하기 위해서는 다음과 같은 방법을 쓴다.

포도주에는 브랜디와 같이 불붙기 쉬운 알코올이 들어 있으며, 술로부터 식초나 주석(酒石)이 만들어지는 것을 보아 산도 함유되어 있음을 알 수 있다. 산은 금속과 결합하는 성질이 있으며 금속과 결합하면 합성염을 만든다. 예를 들어 녹슨 철은 공기나 물에 함유되어 있는 산이 철을 용해시킨 것이며, 녹청(綠靑)도 산에 의해서 용해된 동(銅)에 지나지 않는다.

그러나 이 산은 금속보다 알칼리물질과 더욱 잘 결합하기 때문에 내가 지금 말한 합성염에 알칼리물질을 섞으면 산은 금속에서 분리되어 알칼리와 새로이 결합한다. 그래서 금속은 그것을 용해시키던 산에서 분리되어 침전되고 액체를 불투명하게 만든다. 그러므로 만약 이 두 포도주 가운데 일산화연이 함유된 포도주가 있다면 산이 일산화연을 용해시키고 있는 것이다. 여기에 알칼리액을 부으면 산은 분리되어 알칼리와 결합하기 마련이고 용해상태에서 벗어난 납은 본래의 형태로 되돌아가 액체를 흐리게 하다가 바닥에 가라앉을 것이다. 납이 섞이지 않은 포도주라면 아무런 침전물도 생기지 않을 것이다."

이렇게 말하며 두 컵에 알칼리액을 붓는다. "자 보아라, 집에서 만든 포도주는 자연 그대로의 순수한 포도주이므로 침전물이 생기지 않았으나, 이쪽은 침전물이 생기는 것으로 미루어 이물질을 섞어서 만든 것이다. 그러므로 이 포도주는 몸에 해로운 것이다. 아까 네가 무슨 소용이 있냐고 물었던 화학지식들은 이럴 때 필요한 것이다."

나는 이 실례에 크게 만족하였으나 어린이는 전혀 감명을 받지 않았음이 분명했다. 열두 살짜리 어린이에게 이런 설명이 이해될것인 지의 여부는 제쳐두고라도 이 실험의 효용이 그의 정신에 와 닿지 않았기 때문이다. 두 가지 포도주 맛이 다같이 좋았기 때문에 술맛을 보았던 어린이는 혼합물이니 건강에 해롭다느니 독이라느니 하는 관념들이 전혀 연결되지 못했던 것이다.

이처럼 그 연결관계가 이해되지 않는 인과관계나, 우리가 지니지 않은 선악에 대한 관념, 한 번도 느껴보지 못한 욕구 등은 우리에게 아무런 의미가 없다. 그것과 관계되는 무언가를 느껴야 흥미를 가질 수 있다. 사람은 열다섯 살에 선인(善人)의 행복을 알게 되고 서른 살에 천국의 영광을 알게 되는 법이다. 이 두 가지를 충분히 이해한 자만이 그것을 얻으려고 할 것이다. 설령 그것을 이해했다고 하더라도 바라는 마음이 생겨야 얻으려고 한다. 오로지 정열만이 행동의 원천인데, 아직 느껴보지도 못한 이해관계에 대하여 어떻게 정열을 쏟을 수 있겠는가?

어린이가 볼 수 없는 것은 절대로 제시하지 마라. 장래에 그에게 유익하리라고 생각되더라도 지금 당장에 유용성을 알 수 있는 것에 관해서만 말하는 것이 좋다. 다른 어린이와도 비교하지 말며 그가 논리적인 사고를 하게 되면 경주를 할 경우에도 경쟁자와 비교하지 말아야 한다. 질투심이나 허영심 때문에 공부한다고 하면 차라리 배우지 않는 편이 좋다. 다만 나는 그가 이룩해 온 진보를 해마다 기록하여 이듬해에 이룩한 진보와 비교할 것이다. "너는 여러 면에서 성장하였다. 전에는 이 정도까지 할 수 있었는데 지금은 그것보다 더 잘 할 수 있을까?"하고 말하면서 자기 자신을 경쟁자로 삼게 할 것이다. 그는 틀림없이 전보다 잘하려고 노력할 것이다.

나는 책을 싫어 한다. 책은 알지도 못하는 것에 관해 이야기하는 일밖에는 가르치지 않는다. 헤르메스는 돌기둥에다 자신이 발견한 학문의 기본원리를 새겨 놓음으로써 홍수로부터 그것을 보호하려고 했다. 그러나 그것을 인간두뇌에 확실히 새겨 놓았다면 대대로 전해졌을 것이다. 많은 책 속에 흩어져 있는 수많은 교훈을 한데 모아 어린이도 쉽게 알 수 있게끔 흥미를 가지고 뒤따를 수 있게끔 또 자극제가 될 수 있게끔 보편적인 대상에다 그것을 결합시키는 방법은 없을까? 우리에게 책이 절대적으로 필요한 이상 자연교육에 관한 훌륭한 개론서가 될 수 있는 책이 있을 것이라고 생각된다. 이 책이야말로 에밀이 최초로 그리고 오랫동안 읽게 될 귀중한 책이 될 것이다. 자연과학에 대한 우리의 대화는 그 책의 주석에 지나지 않는다. 그렇다면 그 놀랄 만한 책은 무엇인가? 아리스토텔레스? 플린? 뷔퐁? 아니다. 그것은 로빈슨 크루소이다.

로빈슨 크루소는 무인도에서 어느 누구의 도움도 없이 기술이나 도구도 없이 자신을 보호하고 나아가서 평안한 생활까지도 누릴 수 있었다. 이 책이야말로 누구에게나 흥미를 불러일으키며 여러 가지 방법으로 어린이에게 즐거움을 선사할 수 있다. 여기에 내가 비교의 예로 든 무인도를 실현하는 방법이 있다. 그러나 이러한 상태는 정상적인 인간의 상태는 아니며 더구나 에밀의 상태가 될 수도 없다. 그러나 바로 그러한 상태를 기준으로 해서 다른 모든 상태를 평가해야 할 것이다. 편견을 너머 자기의 판단을 사물의 가장 진실된 토대 위에서 내릴 수 있는 가장 확실한 방법은 자기를 고립된 인간의 위치에 놓고, 모든 일에 있어서 그와 같은 고립된 인간이 자신의 이해문제를 생각하고 스스로가 판단하는 것과 같은 판단을 내리는 것이다.

잡다한 것을 제외하고 나면 로빈슨이 섬 부근에서 조난 당한 것으로부터 시작하여 그를 구출하러 온 선박의 도착으로 끝을 맺고 있는 이 소설에서 로빈슨이 무인도에서 혼자 살아가는 동안만이 에밀에게 즐거움과 교훈을 줄 것이다. 나는 에밀이 그 소설을 읽는 동안 실제 생활에 필요한 일만을 생각하기를 바라며, 그와 같은 상황에 처했을 때 배워두어야 할 것을 책이 아니라 사물에 입각해서 배우기를 바란다.

나는 또 그가 로빈슨이 된 기분으로 짐승가죽을 걸쳐도 보고 커다란 칼도 차보고 하면서 그림에 나오는 로빈슨의 모습에서 자신의 모습을 발견하면 좋겠다. 만일 그에게 부족한 것이 생기고 자신의 행동에 미숙한 것이 있으면 주인공의 그것과 검토하고 주인공의 실수에 주의를 기울여 그것을 거울삼아 자신이 비슷한 경우에 처하게 되면 훌륭히 극복할 수 있도록 노력하기를 바란다. 왜냐하면 그 자신도 어딘가에 가서 로빈슨과 같은 왕국을 건설하려는 계획을 세울 것이 분명하기 때문이다.

어린이는 섬생활에 필요한 물건을 장만하려고 서두를 것이며, 교사가 가르치는 이상으로 열성을 가지고 배울 것이다. 유익하다면 무엇이나 알고자 할 것이며, 그 밖의 일은 알려고도 하지 않을 것이다. 여러분은 이제 더 이상 그를 지도할 필요도 없이 적당히 견제만 하면 되는 것이다. 서둘러 그를 섬에 정착시켜라. 왜냐하면 그가 무인도에서 계속 살기를 원한다 해도 더 이상 혼자 살기를 바라지 않게 될 날이 가까워오기 때문이다.

자연적인 기술은 혼자서도 충분히 습득할 수 있으나 그것을 하노라면 자연히 많은 사람들의 도움을 필요로 하는 공업적인 기술을 추구하게 된다. 전자는 고립된 인간이나 미개인도 할 수 있으나 후자는 사회 속에서만 생기며 또한 사회를 필요로 한다. 여기에서 여러분이 주의해야 할 것은 어린이가 이해할 수 없는 사회적 관계라는 관념을 되도록 그에게서 멀리하는 것이다. 그러나 지식상의 연관 때문에 인간 상호간의 의존상태를 제시해야 할 경우에는 윤리적 측면에서만 제시하지 말고 모든 인간이 필요로 하는 공업과 기계적인 기술에 그의 모든 주의력을 집중시켜야 한다. 그를 이 공장 저 공장으로 데리고 다니면서 직접 실습케 하고 무엇 때문에 그런 일을 하는지를 분명히 인식시켜야 한다.

그러기 위해서는 여러분 자신도 일을 하여 그에게 모범을 보여라. 그를 최고의 장인으로 만들기 위해서는 여러분 스스로가 도제가 되어야 한다. 하루종일 설명하는 것보다 한 시간의 노동이 더 많은 것을 가르쳐 줄 것이다.

기술이란 현실적인 유용성과 반비례하는데 가장 유용한 기술은 가장 적은 소득을 벌게 한다. 왜냐하면 만인이 필요로 하는 것은 가난한 사람도 지불할 수 있을 정도의 가격에 머물러 있어야 하기 때문이다. 이와는 반대로 부자나 한가한 사람들을 위해서 일하는 소위 예술가라는 사람들은 자신이 만든 물건에 제멋대로 가치를 부여하고 있으며 그것도 사람의 의견에 의해서 가치가 정해지므로 가격 그 자체가 가치를 결정케 되는 일면이 있고, 그래서 값이 비싸면 비쌀수록 가치가 높게 평가되는 것이다. 부자들이 그런 것을 중요시하는 이유는 그것이 유용하기 때문이 아니라 가난한 사람들은 살 수 없는 물건이기 때문이다.

만일 여러분의 제자에게 이와 같은 어리석은 편견을 갖게 하면, 정당한 대가를 받아야 할 기술의 진정한 가치와 사물의 올바른 가치에 대해서 그릇된 판단을 갖게 될 것이다. 만약 그와 같은 그릇된 관념이 그들의 머리 속에 심어지면 그들을 교육하겠다는 생각은 아예 포기하는 것이 좋다. 그렇게 되면 14년 간 쏟은 여러분의 수고는 결국 수포로 돌아가는 셈이다.

자기 섬의 설비를 생각하면서 에밀은 그것과는 다른 견해를 가질 것이다. 로빈슨은 하찮은 장신구보다는 연장을 더 소중하게 생각할 것이며 그의 눈에는 대장장이가 예술가보다 훨씬 더 존경스런 인물로 보일 것이다.

"나의 아들은 상류사회에서 살도록 만들어져 있다. 그는 현자들과 사는 것이 아니라 어리석은 사람들과 어울려 사는 것이다. 그러므로 나의 아들은 그들의 어리석은 행위도 알아 둘 필요가 있다. 사물에 대한 현실적인 지식도 훌륭하지만 인간에 대한 지식과 인간이 내리는 판단의 지식은 더욱 값진 것이다. 왜냐하면 인간사회에서는 인간이 가장 훌륭한 도구이며, 이 도구를 가장 효율적으로 사용하는 사람이 진정 현명한 사람이기 때문이다. 어린이는 먼저 현명해지도록 가르쳐라. 그런 다음 다른 사람들이 어떤 점에서 어리석은가를 판단하는 방법을 가르쳐라."

이런 말은 그럴듯하지만 실상은 그릇된 사고를 가진 사람들이 어린이를 편견의 노예로, 정념의 도구로 만들어 결국은 천박한 인간들의 노리개로 만들고자 할 때 사용하는 금언에 불과하다. 인간을 알게 되려면 그에 앞서 얼마나 많은 것을 알아야 하는가! 그러므로 인간연구는 현인들의 마지막 연구과제이지 어린이의 최초의 수업주제는 될 수가 없는 것이다. 우리의 의견을 가르치기 이전에 현명한 것은 현명한 것으로, 옳지 않은 것은 옳지 않은 것으로 판단하는 방법부터 가르쳐야 한다. 사람들의 판단을 구별할 줄도 모르고, 그들의 잘못을 분간할 줄도 모르면서 어떻게 인간이라는 것을 알 수 있겠는가? 그러므로 어린이에게는 사물 그 자체가 무엇인지를 가르쳐야 한다. 그런 다음에 그것이 우리의 눈에 어떻게 보이는가를 가르쳐야 한다. 그렇게 함으로써 어린이는 자신의 의견을 진실과 비교할 줄 알게 되고 대중을 초월할 수 있게 되는 것이다. 결국 분별력을 갖춘 젊은이로 만들려면 우리의 판단을 그들에게 강요하지 말아야 하며 그들의 판단력을 충분히 길러 주어야 한다.

여러분도 아시다시피 지금까지 나는 나의 제자에게 인간에 대한 이야기는 단 한마디도 하지 않았다. 얘기해 보았자 그는 충분한 양식(良識)을 가지고 있지 못하므로 내 얘기를 귀담아 듣지 않을 것이다. 그는 자신과 타인의 관계를 아직까지 충분히 알지 못하기 때문에 타인을 판단할 줄 모르며, 자기 자신을 아는 것조차도 아직은 요원한 상태에 있다. 그러나 자신에 대한 판단이 조금밖에 없다고 해도 그 판단은 틀림이 없을 것이다. 그는 사람들이 어떤 상태에 있는지 모르지만 자신이 처한 입장은 알고 있다. 그는 아직도 육체적인 존재에 불과하므로 우리는 계속 그와 같은 존재로 그를 취급하자.

그는 자연의 온갖 물체와 인간의 모든 노동을 자신의 이익이나 안전, 자기 보존이나 행복과 연관지어 생각한다. 따라서 그의 눈에는 쇠붙이가 금보다 더 값지게 보일 것이고 유리가 다이아몬드보다 더 값지게 보일 것이다. 마찬가지로 보석세공사, 조각사, 도금사, 자수공 등은 그의 생각으로 볼 때 쓸데없는 놀이에 열중하고 있는 게으름뱅이에 지나지 않는다.

그러므로 그 효용이 가장 일반적이면서 필요 불가결한 기술이야말로 가장 존경받을 만한 가치가 있는 것이며, 다른 기술의 도움을 필요로 하지 않는 독립된 기술이 더욱 존경받을 만하다고 하겠다. 이것이 기술과 산업을 평가하는 진정한 기준이며 그 밖의 것은 모두 일반 여론에 의해 좌우되는 편견인 것이다.

모든 기술 중에서 가장 으뜸이며 존경할 만한 것은 농업이다. 그 다음이 대장장이, 그 다음이 목수이다. 편견에 빠지지 않은 어린이라면 분명 이렇게 생각할 것이다. 로빈슨으로부터 많은 교훈을 얻은 에밀은 세분화된 기술과 넘치는 도구에 대해 어떻게 생각할 것인가? '저 사람들은 영리하면서도 어리석구나. 그들은 손 하나 까딱하지 않으려고 수많은 도구를 만들어 놓고 단 하나의 기술을 사용하기 위해서 다른 많은 기술에 얽매여 있다. 그러나 나는 나 자신을 도구로 만들고 있다. 파리에서 뽐내고 있는 사람들의 재능은 우리 섬에서는 전혀 쓸모 없는 것이며 오히려 그들은 우리의 제자가 되어 새 기술을 연마해야만 할 것이다.'

독자들이여! 여기서 우리 제자의 육체적 훈련과 손재주만 보지말고 어린이의 호기심을 이끄는 방법을 생각해 보라. 그가 무엇을 보든, 어떤 일을 하든 그 전부를 알려고 할 것이다. 그가 가정(假定)에 의해서 인정하는 것은 하나도 없을 것이며, 알지도 못하는 지식을 필요로 하는 것은 일체 배우려 하지 않을 것이다. 용수철을 만드는 과정을 본다면, 먼저 광산에서 강철이 생산되는 과정을 알려고 할 것이며, 상자 만드는 것을 보면 나무가 베어지는 과정을 알려고 할 것이다. 그가 일하면서 사용하게 되는 도구 하나하나에 대해서도 그것을 만들기 위해 혹은 그 도구가 없다면 어떻게 해야 할 것인지에 대해 생각할 것이다.

한가지 피하기 어려운 것은 언제나 어린이도 자기와 같은 취미를 가지고 있을 것이라고 가정하는 일이다. 여러분은 즐겁게 일에 몰두해도 어린이는 지루할 때가 있음을 유의해라. 그가 하는 일에 주의를 기울이면서 그것의 유용성을 느낄 수 있도록 도와줘야 한다. 기술의 교류는 상업의 교환으로, 상업의 교류는 물건의 교환으로, 은행의 교류는 수표와 화폐의 교환에 의해 성립된다. 이 모든 관념들은 상호연관성을 가지므로 그것을 일반화하여 보다 많은 실례를 통하여 확장시켜야 한다.

사회는 교환을 전제로, 교환은 공통의 척도를, 공통의 척도는 평등을 각각 전제로 한다. 그러므로 모든 사회는 인간이나 사물에 있어서 일종의 계약에 의한 평등을 제1의 법칙으로 삼고 있는 것이다. 그러나 인위적인 협정에 의한 평등은 인위적인 정부나 법률을 필요로 한다. 어린이의 정치적 지식은 명확하면서도 한정된 것이어야 한다. 어린이는 소유권에 관한 것 외에는 일반적으로 정부에 대해 알 필요가 없다.

화폐란 계약에 의한 평등의 산물이므로 사물의 가치를 판단하는 기준이 되며 이런 의미에서 돈은 사회의 진정한 결속체이다. 그리고 이와 같은 의미에서 어떤 것이든 화폐로 사용가능하기 때문에 철은 스파르타의 화폐였고 과거 스웨덴에서는 가죽이 화폐였으며 우리나라에서는 금과 은이 화폐였다. 금속은 운반에 용이하므로 일찍부터 교환의 매개로 사용되었으나 교환할 때 무게를 달아야 하는 번거로움 때문에 화폐가 발생하였다. 그리고 군주만이 화폐를 주조할 권리를 갖는데 그것은 오로지 군주만이 자신의 보증이 온 국민에게 권위를 갖도록 요구할 수 있기 때문이다.

화폐를 발명하게 된 효용에 대해 이렇게 설명하면 누구라도 알 수 있다. 직물과 밀처럼 성질이 다른 사물을 직접 비교하기란 어렵다. 그러나 공통의 척도인 화폐를 매개로 하면 밀의 가치에 상응하는 직물을 교환할 수 있다. 이렇게 해서 여러 종류의 재화가 똑같은 단위로 계량되고 비교될 수 있게 된다.

그러나 이러한 제도가 빚어내는 도덕적 결과에 대해서는 아직 설명할 단계가 아니다. 매사에 있어서 사물의 악용을 보여주기 전에 먼저 그 효용을 깨닫게 하는 것이 바람직하다. 화폐로 인해 발생하는 갖가지 병폐를 어린이에게 설명하는 것은 어린이를 철학자로 취급하는 격이 될 뿐더러 철학가 자신도 이해하지 못하는 것을 어린이에게 이해시키려고 하는 꼴이 되고 만다.

이리하여 우리는 제자의 이해력이 미치는 현실적이며 물질적인 관련에서 벗어나지 않으면서 흥미로운 것에 제자의 호기심을 집중시킬 수 있지 않겠는가? 교사의 기술은 어떤 관련도 없는 사소한 일에는 정신을 집중하지 못하게 하고, 장래 시민사회의 좋고 나쁜 질서를 바르게 판단하기 위해 제자가 알아두어야 하는 중대한 관계에 대해 끊임없이 그를 접근시키는 것이다. 그리고 교사는 제자의 정신적 기질에 따라 그의 흥미를 끌만한 이야기를 할 줄 알아야 한다. 다른 학생 같으면 별로 주의를 기울이지 않을 문제가 에밀에게는 6개월 동안이나 괴로움을 주는 경우도 있다.

우리는 어느 부유한 가정의 호화로운 연회에 초대된 적이 있었다. 그러한 즐거움과 푸짐한 연회는 이러한 분위기에 익숙하지 못한 사람들의 마음을 어리둥절하게 하는 그 무엇이 있다. 식사가 계속되고 온갖 즐거운 담화가 오갈 때 나는 제자의 귀에 대고 다음과 같이 조용히 속삭였다. "여기에 있는 모든 것이 식탁 위에 오르기까지는 얼마나 많은 사람들의 손을 거쳤다고 생각하니?" 그 순간 들떠있던 흥분은 사라지고, 그는 생각하고 계산한 후에 불안감을 나타낸다.

철학자들이 술기운에 들떠 있고 옆자리의 여자들 때문에 신바람이 나서 농담을 지껄이며 마치 어린애처럼 되어 있을 때, 그는 한쪽 구석에 앉아 철학을 하고 있는 것이다. 나에게 무엇인가 질문을 하지만 나는 대답을 뒤로 미룬다. 그는 흥겨운 분위기도 잊은 채 나와 얘기하고 싶을 뿐이다. 때 묻지 않은 건전한 판단력을 지닌 그가 사치에 대해서 어떤 생각을 할까? 여러 곳에서 많은 사람이 쏟은 수고의 결실이 한낱 한끼의 식사로 없어져 버린다는 것을 알았을 때 그는 사치와 호화스러움을 어떻게 생각할까?

이러한 모든 관찰에서 그가 마음속으로 은밀하게 끌어낸 결론을 주의 깊게 살펴 보라. 그렇지 않으면 그는 다른 방향으로 생각을 전개시켜, 자신의 식사를 마련하기 위해 그처럼 많은 사람들이 노력하고 있는 것을 봄으로써 자기가 이 세상에서 매우 중요한 인물이라고 생각할지도 모른다. 만일 그것을 여러분이 알아 차렸다면 그가 그러한 결론을 내리기 전에 미리 방지할 수 있을 것이며 그런 인상을 지워버릴 수도 있을 것이다. 그러나 만약 그가 운동한 뒤의 소박한 음식, 시장할 때의 간소한 음식을 이 호화롭고 거북한 향연과 비교해 본다면, 그는 이 어마어마한 잔치도 아무런 실질적인 이익을 주지 못한다는 것을 느끼게 될 것이다.

　이러한 경험이 있은 후 어느 날 아침 이렇게 물어 보라. "오늘은 어디로 점심을 먹으러 갈까? 식탁이 은식기로 덮이고 조화(造化)로 장식된 곳, 너를 인형으로 취급하는 그런 곳으로 갈까? 아니면 여기서 8km 떨어진 시골이긴 하지만 우리를 따뜻하게 맞아주고 우리에게 맛있는 크림을 대접해 주던 친절한 사람들의 집으로 갈까?" 허영심이 없는 그는 항상 넓은 초원과 싱싱한 과일, 야채 그리고 선량한 시골 사람들을 좋아하므로 선택은 자명한 것이다.

　내가 제시한 예가 모든 사람에게 좋다고 확신할 수는 없다. 그러므로 그 의도만이라도 이해하여 필요에 따라 또 어린이의 독특한 성품에 따라 얼마든지 그 실례를 변경할 수 있을 것이다. 천부적인 재능을 가진 어린이라 할지라도 내가 상정한 3, 4년 동안에 장래에 스스로 배우는 데 기초가 되는 자연과학적 예술적 관념을 충분히 배울 수는 없다. 다만 그가 꼭 알아야 할 모든 것을 그에게 제시함으로써 그의 취미나 소질을 발전시키고 그의 재능에 적합한 목적을 향해 첫걸음을 내딛게 하며, 자연의 작용을 돕기 위하여 그가 열어야 할 길을 우리에게 보여주게 하면 되는 것이다.

　제한적이긴 하지만 정확한 지식을 연쇄적으로 가지는 것이 지니는 또 다른 이득은 그런 지식을 연관성과 상호관계에 의해 그에게 제시하고 바르게 평가함으로써 자신의 재능만을 높이 평가하는 편견으로부터 그를 보호할 수 있다는 점이다. 전체의 질서를 바르게 보는 사람은 부분의 위치도 바르게 볼 줄 안다. 한 부분만이라도 충분히 아는 사람은 유식한 사람이지만 앞서 말한 전체를 바르게 보는 사람은 올바른 판단을 할 줄 아는 사람이며 우리가 진정으로 얻고자 하는 것은 지식이 아니라 판단력이라는 것을 상기하라.

　아무튼 나의 방법은 내가 제시하는 실례와는 별개의 것이다. 나의 방법은 인간은 나이에 따라 능력이 다르므로 그 능력을 측정하고 그것에 적합한 일을 하도록 선택하는 데 그 기초를 두고 있다. 이보다 더 좋은 방법을 찾으려고 한다면 얼마든지 있다고 생각한다. 그러나 그 방법이 종족이나 나이나 성(性)에 대해 적당하지 않다면 내 방법과 같은 성공을 거두리라고는 생각지 않는다.

제2기로 들어서면서 우리는 욕망보다 강인한 체력을 이용하여 자기 자신으로부터 외부 세계로 눈을 돌릴 수가 있게 되었고, 우리는 하늘과 땅을 자연법칙을 이용하여 내 것으로 만들었다. 그리고 이제 우리는 우리 자신에게로 돌아왔다. 우리를 위협했던 적이 아직도 우리 자신을 점령하지 못했다면 얼마나 다행인가?

우리 주변에 있는 모든 것을 관찰한 다음 우리가 할 일은 우리가 가질 수 있는 모든 것을 우리에게 유익하게 변화시키고 우리의 호기심을 이용하여 쾌적한 생활을 도모하는 일이다. 우리는 이제까지 어디에 필요한지도 모르는 채 많은 도구를 준비해 왔다. 어쩌면 그 도구는 우리에게는 필요 없으나 남에게는 필요할지도 모르며, 또 그 반대일 수도 있다. 그러므로 교환하기 위해서는 서로에게 필요한 것을 알아야 한다. 열 사람이 각자 열 가지 종류의 필요를 지니고 있다면 각기 열 종류의 일을 해야 한다. 그러나 열 종류의 일을 분담하여 각자 재능에 적합한 일을 하고 그 일에 각자의 재능을 발달시키면 열 명 모두가 자신의 필요를 충족시키고 다른 사람의 필요까지도 충족시켜 줄 것이다. 이것이 우리 사회제도의 명백한 원칙이다. 그것은 내가 이미 다른 저서에서 검토한 것이다.

이 원칙에 입각하면 혼자서 스스로의 필요를 충족시키려고 하는 사람은 불행한 인간이며 살아가는 일 조차도 불가능할 것이다. 모든 토지는 타인의 소유고 자신이 소유하고 있는 것은 몸뿐인데, 어디서 자신의 필수품을 얻을 수 있겠는가? 우리들은 자신이 자연 상태로부터 벗어나면서 동료도 그러기를 바라는 데 다른 사람의 의사를 무시하고 자연의 상태에 계속 머물러 있는 사람은 아무도 없다. 왜냐하면 자연의 제1법칙은 자기 보존에 있기 때문이다.

이래서 어린이의 정신 속에는 사회의 능동적인 구성원이 되기 이전에 사회관계에 대한 관념이 조금씩 형성되어 간다. 에밀은 자기 자신에게 필요한 도구를 갖추기 위해서는 남들이 필요로 할 수 있는 도구도 필요할 수 있으며, 교환을 통해 편리를 도모할 수 있다는 것을 알고 있다. 나는 그에게 쉽사리 교환의 필요성을 느끼게 하고 또 그것을 사용하도록 유도할 수도 있다.

"각하, 저는 살아야만 합니다." 어떤 불우한 풍자 작가는 그의 직업이 천하다고 책망한 어느 고관에게 이렇게 말하였다. 그러자 그 고관은 "나는 그 필요성을 수긍할 수 없다."고 냉담하게 말했다. 모든 사람은 살아야만 한다. 왜냐하면 죽음이란 자연이 인간에게 준 가장 혐오스런 대상이기 때문이다. 그러므로 살기 위한 수단이 없는 사람에게는 어떤 것을 하더라도 자연에 의해 모든 것이 용서되기 마련이다. 만일 세상 어딘가에 어쩔 수 없이 나쁜 짓을 하지 않고서는 누구도 살아갈 수 없고 시민들은 불가분 악인처럼 되지 않을 수 없는 불행한 나라가 있다면 교수형에 처해야 하는 사람은 악인이 아니라 나쁜 짓을 하지 않을 수 없게 만든 바로 그 사람이다.

에밀이 생명이 무엇인가를 깨닫게 되자마자 나는 그에게 생명을 보존하는 법을 가르칠 것이다. 인간이란 신분, 지위, 재산에 의해 차별을 당해서는 안 된다. 자연적 욕구가 누구에게나 동일한 만큼 그것을 충족시키기 위한 수단 또한 평등해야 할 것이다. 인간의 교육은 인간에 적합해야 한다. 인간이 아닌 것에 적합하게 해서는 안 된다. 오로지 한 신분에만 걸맞은 인간을 만들려고 노력함으로써 다른 신분일 경우에는 쓸모 없는 인간으로 만들고 있다는 것, 만약 운명의 신이 변덕을 부리게 되면 그를 불행하게 만들기 위해 노력한 결과밖에 안 된다는 것을 모르는가? 거지로 몰락한 귀족이 출생 가문에 대한 편견을 버리지 못하는 것처럼 꼴사나운 것이 어딨겠는가? 또 가난하게 된 부자가 지난날 자신이 가난한 사람에게 던진 경멸을 생각하여 이제는 자기 인생이 끝장이라고 느끼는 것처럼 비열한 일이 또 있겠는가?

여러분은 오늘날의 사회질서를 신뢰한 나머지, 높은 자리에 있던 사람이 천민이 되고 부자가 가난뱅이가 될 수 있는 변혁을 모르고 있다. 우리는 지금 위험한 상태와 혁명의 시대로 다가가고 있다(루소가 죽고 나서 11년 후에 프랑스 혁명이 발발). 그때 여러분의 운명은 어떻게 되겠는가? 이런 경우를 당하면 그에게서 떠나게 될 신분은 스스로 버릴 줄 알고 인간다운 자세로 살아갈 수 있는 사람은 참으로 행복할 것이다. 싸움에 패하자 부서져 버린 왕좌 밑에 매장되기를 원하는 비겁한 왕을 나는 경멸한다. 그러나 왕관을 잃고도 태연하게 살아갈 수 있는 사람은 왕 이상의 참다운 사람이다. 나는 지배자의 자리에서 떠나면 어떻게 될 것인지도 모르던 타르퀴니우스(로마 최후의 왕)나 간신의 멸시의 대상이 된 찰스 에즈워드보다 코린트에서 학교 선생이 된 시라쿠사의 왕이나 로마에서 서기가 된 마케도니아 왕을 더 좋아한다.

그 누구도 자기 자신 외에는 사회에 바칠 재산이란 없다. 그러므로 어떤 사람이 부자라고 할 때, 그가 그 부를 즐기지 않든가 아니면 공중(公衆)이 그것을 즐기든가 둘 중의 하나일 것이다. 첫 번째 경우의 관점에서 본다면 그는 자기 소유가 아닌 것을 다른 사람에게서 훔치고 있는 것이며, 두 번째 경우의 관점에서 본다면 그가 다른 사람에게 아무것도 주지 않고 있는 것이다. 그러므로 그 사람이 자신의 재산밖에 이 사회에 지불할 것이 없는 경우 그의 사회적인 빚은 그대로 남아 있는 것이다. "그러나 나의 아버지는 재산을 모음으로써 사회에 공헌하였소."하고 여러분은 말할 것이다.

그렇다. 분명 그대의 아버지는 부채를 갚았으나 여러분의 부채까지는 갚지 않았다. 여러분은 남다른 혜택을 받고 태어났으므로 무일푼으로 태어난 사람보다 많은 부채를 지고 있다. 어떤 사람이 사회를 위해 공헌했다고 해서 다른 사람의 사회에 대한 부채를 덜어 주는 것은 아니다. 왜냐하면 사람은 저마다 자기가 지니고 있는 것 전부가 빌린 것이므로 자기를 위해서 밖에는 지불할 수 없기 때문이다.

아무 일도 하지 않으면서 먹는 자는 도둑이다. 국가에서 주는 연금만으로 사는 자는 강도나 다름없다. 사회 밖에서 고립된 생활을 하는 자는 아무에게도 부채를 지지 않았으므로 자기 마음대로 살 권리가 있다. 그러나 인간은 필연적으로 남의 도움 없이는 살아갈 수 없기 때문에 사회란 테두리 안에서 그의 생활비를 노동으로 갚지 않으면 안 된다. 그러므로 노동이란 사회적 인간에게는 필수적인 의무이다.

그런데 생필품을 제공하는 직업 중에서 자연 상태와 가장 가까운 것은 손을 쓰는 노동이며, 모든 신분 중에서 운명과 타인으로부터 가장 독립되어 있는 신분은 직공이다. 직공은 오직 자신의 노동에만 의존할 뿐이다. 농부는 농경지에 의존하고 있으나 수확은 타인의 손에 의해 처분되기 마련이며 농경지마저도 빼앗기는 경우가 있다. 그러나 만일 직공이 그런 일을 당하게 되면 두 팔만 가지고 떠날 것이다. 그럼에도 불구하고 농업은 인간에게 있어서 가장 기본적인 직업이며, 가장 정직하고 유익하며 고상한 직업이다. 나는 에밀에게 농업을 가르치지는 않았지만 그가 최초로 시작한 일이 농경이었고 지금도 계속 하고 있다.

한 직업을 배우는 데 있어 중요한 것은 먼저 직업을 경시하는 편견을 물리치는 일이다. 필요에 의해서가 아니라 명예를 위해서 일하라. 여러분을 현재의 신분보다 높아지게 하려면 먼저 직공의 신분으로 낮아져라. 운명과 사물을 극복하려거든 먼저 그것들로부터 독립하라. 여론에 의해서 지배하려고 하면 먼저 여론을 지배하라.

내가 여러분에게 요구하는 것은 재능이 아니라 순전히 직업적인 수완이다. 넉넉한 집안의 아버지가 자식이 어떤 곤경에 부딪쳐도 자력으로 살아갈 방편이 될 수 있는 지식을 가르치는 경우를 보았다. 그러나 그런 아버지들은 사실상 아무것도 하지 않는다. 왜냐하면 자녀에게 주고자 하는 생활 수단이란 결국 운명에 좌우되기 때문이다.

모든 일에 있어서 술책이나 모략이 문제가 된다면 유복한 생활을 유지하기 위해서나 가난으로부터 유복한 생활로 돌아가기 위해서도 술책이나 모략이 필요할 것이다. 명성에 의해 성공의 여부가 판가름나는 예술을 한다든가 누군가의 호의에 따라 직업을 얻든지 얻지 못하든지가 결정되는 그런 직업에 종사하고자 할 때, 바로 그런 일들 때문에 싫증을 느껴 성공을 위한 필수적인 수단마저도 멸시하게 된다면 이런 모든 것이 대체 무슨 소용이 있겠는가?

정치학과 왕후들의 이해관계를 이해했는데 대신이나 여러 부처의 장(長)에게 접근할 수 없다면 이런 지식은 무슨 소용이 있겠는가? 건축가나 화가가 되려면 먼저 재능을 인정받아야 한다. 작품을 아무 때나 쉽사리 살롱에 전시할 수는 없는 일이다. 먼저 아카데미에 가입하지 않으면 안 된다. 자나 붓은 잠시 던져두고 마차를 세내어 이 집 저 집을 부지런히 돌아다녀야 한다. 그렇게 해야만 명성을 얻을 수 있다. 그런데 유명한 사람의 집에는 문지기가 지키고 있다. 여러분은 배운 것을 가르치고 싶어 한다. 그래서 지리학이니 수학, 어학, 미술, 음악선생이 되고 싶은가? 그러기 위해서는 학생이 있어야 하며 여러분을 추천하는 자가 있어야 한다. 학자가 되기 전에 먼저 협잡꾼이 되어야 한다. 따라서 여러분이 자신의 재능만을 생각한다면 언제까지나 무지한 인간밖에는 되지 않는다.

그러므로 훌륭한 생활수단이라는 것은 믿을 게 못되며, 그것을 활용하기 위해서는 얼마나 많은 수단들이 필요한가를 알게 될 것이다. 게다가 그렇게 비굴하게 타락해 버린다면 여러분은 어떻게 될 것인가? 여느 때보다도 더 여론의 장난감이 되고 있는 여러분이 어떻게 편견을 넘어서고 운명을 지배할 수 있겠는가? 살기 위해서는 비열함도 필요한데 어떻게 그것을 경멸할 수 있을까? 여러분은 전에는 부에만 의존했지만 이제는 부자들에게 의존하고 있다. 여러분은 노예상태를 한층 더 악화시켰고 궁핍을 가중시켰을 뿐이다. 여러분은 지금이야말로 자유를 잃은 가난한 자가 된 것이다. 이것이 인간이 당하는 최악의 상태이다.

그러나 영혼을 가꾸기 위해 이루어진 고상한 지식을 생활방편으로 삼는 대신 필요에 따라 여러분의 손과 그 손으로 할 수 있는 일에서 살아갈 수단을 찾는다면 곤경은 사라지고 모든 술책은 무용지물이 된다. 그렇게 하기만 하면 생활의 길은 언제라도 열려 있는 것이다. 여러분은 더 이상 높은 사람 앞에서 비굴하지 않아도 되며 다른 사람의 의견에는 전혀 개의치 않게 된다. 모든 사람에게 천박한 아첨쟁이가 될 필요도 없고, 돈을 빌릴 필요도 없고 도둑질할 필요도 없다. 악당들이 정권을 잡아도 여러분에게는 별 관심거리가 못된다. 여러분의 기술을 필요로 하는 곳에서 근면하고 소박하게 살아간다면 그 누구도 방해하지는 않을 것이다. 여러분은 자유롭고 건강하고 진실 되고 부지런하게 바른 생활을 하게될 것이다. 이것은 결코 시간을 낭비하는 것이 아니다.

나는 에밀이 직업적인 기술을 배우기를 원한다. 여러분이 말하는 '고상한 직업' 이란 무엇을 의미하는가? 모든 사람에게 유익한 직업이라면 모두 고상한 직업이 아니겠는가? 나는 그가 로크의 귀공자처럼 자수공이나, 도금공이 되는 것을 원치 않는다. 또한 나는 음악가나 배우나 예술가가 되는 것을 원치 않는다. 이런 직업과 이와 비슷한 직업들을 제외하고는 그가 원하는 대로 어느 직업이든 선택하게 하라. "그러나 경찰이나 사형집행인도 유용한 인간이다."고 여러분은 말할 것이다. 그러나 유용한 직업도 악하거나 인간의 심성과 대치되는 것은 바람직하지 못하다. 훌륭한 직업을 선택하는 것이 중요하다.

유명한 생 뻬에르 신부(1658~1743)는 자기가 속한 교단의 다른 신부들과 마찬가지로 정식으로 부인을 갖지 않겠다는 서약을 했다. 그러나 그는 자신의 경솔한 서약으로 인해 인류에게 미치는 손해를 될 수 있는 한 보상하기로 결심하고 아름다운 하녀를 두어 자식을 낳았다. 그렇게 해서 낳은 아들을 국가에 바침으로써 직공계급의 인구를 늘려 나갔다.

또한 그는 어린이들이 성장하면 각자가 좋아하는 취미에 따라 직업을 가르쳤다. 다만 보잘것 없고 쓸모 없으며 유행을 타는 직업은 제외했다. 즉, 가발업 같은 것이 그것인데 자연이 우리에게 머리카락을 주는 것을 그치지 않는 이상 가발업 같은 직업은 절대로 필요한 것이 아니라고 그는 가르쳤다.

　에밀은 직업을 선택할 때 이런 정신을 따를 것이다. 그는 오로지 현실적으로 유용하지 않은 것은 인정하지 않기 때문에 섬에서 홀로 살아간 로빈슨에게 소용될 수 있는 그런 직업을 필요로 할 것이다.

　어린이의 눈앞에 자연과 기술이 만들어 낸 생산물들을 차례로 펼쳐 보임으로써 그의 호기심을 자극하고, 호기심이 그를 이끄는 대로 따라가다 보면 우리는 어린이의 취미와 기호, 경향 등을 연구하게 되고 그에게 어떤 확실한 친분이 있다면 그 최초의 불꽃의 반짝임을 보는 데 유리할 것이다.

　그러나 우연의 결과를 재능의 발로로 귀결시킨다든가 아무 소용도 모른 채 오로지 본능적인 모방에 의한 것을 재능이라고 건너짚는 경우가 많은데 특히 이 점을 주의하라. 많은 사람들, 특히 예술가들 중에는 선천적인 재능을 가지고 있지도 않으면서 어려서부터 숙련되어 그 일에 이끌려 가는 경우가 있다. 그들은 어려서부터 남들의 일상적인 관념 혹은 그 기술에 대한 자신의 표면적 열성에 속아서 그 일에 뛰어든 것이다. 사람은 누구나 자기의 직업이 남에게 존경을 받는다고 생각될 때에는 곧 그 직업에 애착을 갖는 법이다.

　어떤 일을 좋아한다는 것과 그 일이 적성에 맞는다는 것과는 상당한 차이가 있다. 재능보다는 욕구가 더 잘 나타나는 어린 시절에 있어서 진정한 재능과 취미를 구별하기 위해서는 사람들이 생각하는 이상의 세심한 관찰이 필요하다. 사람들은 어린이의 소질을 연구할 줄 모르기 때문에 언제나 밖으로 드러나는 욕구를 보고 어린이를 판단한다. 나는 누군가가 어린이를 사려 깊게 관찰하는 기술에 대한 저서를 우리에게 제공했으면 좋겠다고 생각한다. 이 기술을 아는 것은 매우 중요한데 아버지나 교사들은 그 기본적인 것조차도 모르고 있다.

　그러나 우리는 여기서 직업의 선택에 너무 치중했는지도 모르겠다. 손으로 하는 일이라면 에밀에게는 문제가 되지 않는다. 그는 벌써부터 삽과 괭이 같은 도구도 사용할 줄 알며 대패나 망치도 사용한다. 다만 그 도구들을 직공과 같이 신속하고 용이하게 다루는 방법을 습득하는 일만 남아 있다.

그리고 이와 같은 점에 있어서라면, 민첩한 육체와 잘 훈련된 손발을 가진 에밀에게는 어느 누구보다도 쉽게 습득할 수 있을 것이다. 게다가 그에게는 잘 단련되고 정확한 감각이 있다. 모든 기술의 기계장치도 다 알고 있다. 다만 우두머리로서 일하기에는 경험만이 부족할 따름이며 경험은 시간에 의해서만 얻어지는 것이다. 그렇기 때문에 우리에게 남겨진 것이란 선택뿐인데 그는 과연 어떤 일에 익숙해질 수 있도록 충분한 시간을 투입해야 할 것인가? 문제는 이것뿐이다.

어른에게는 그 성(性)에 알맞은 직업을 주고 젊은이에게는 그 나이에 알맞은 직업을 주라. 한 장소에 틀어박힌 채 앉아서 하는 일, 신체를 나약하게 만드는 직업은 적합하지 않다. 젊은 사람들은 여자가 하는 틀질을 하려고 하지 않을 것이므로 남성에게 시키기 위해서는 약간의 기교가 필요하다. 바늘과 검을 동일한 손으로는 다룰 수는 없다.

내가 만일 왕이라면, 틀질이나 바느질은 여성들이나 신체적 장애자들에게만 허용하겠다. 내시를 인위적으로 만들어낸 동양인들은 참으로 어리석다고 생각한다. 세상에는 자연이 만들어낸 내시나 태어나면서부터 용기가 결여된 비겁한 남자들이 얼마나 많은가? 또한 남성에게 적합하지 않은 직업을 택함으로써 남성의 명예를 실추시키는 남자들을 그 자리에 보낼 수는 없었을까? 그들의 선택은 자연의 과오를 나타내고 있다. 그 과오는 어떠한 방법으로든지 고쳐야만 한다.

나는 제자에게 건전치 못한 직업에 종사하는 것은 금하지만, 힘들거나 위험한 직업에 종사하는 것은 금하지 않겠다. 이런 직업은 힘과 용기를 동시에 얻는 것이므로 남성에겐 적당한 직업이다. 여성들은 그러한 직업을 바라지 않는다. 그런데 남성들이 여성의 직업까지 침해한다는 것은 부끄러운 일이 아니겠는가?

이탈리아에서는 상점에서 여성들을 볼 수 없다. 그래서 프랑스나 영국의 거리에 익숙해진 사람들은 이 나라의 거리풍경이 매우 음침하다고 생각한다. 유행품 상점주인이 리본이나 털실 등을 여성에게 파는 것을 보고, 그 섬세한 것들이 대장간에서 쇠붙이를 두드려야 할 거친 남성의 손에서 다루어지는 것이 우스꽝스럽게 여겨졌다. 나는 이렇게 생각하였다. '이 나라에서는 여성들이 반대로 무기를 파는 가게를 경영하면 좋겠군.'

젊은이여, 그대들이 하는 일에는 남성의 손자국을 남겨야 한다. 강한 팔로 도끼와 톱 쓰는 법을 배우고 지붕 위에 올라가 용마루를 놓고 버팀목과 이음목으로 그것을 고정시키는 일들을 배우라.

유익한 직업은 모두 존경할만하다고 해서 그것들을 모두 실천해야 할 필요는 없다. 직업을 자유롭게 선택할 수 있고 또한 그 직업이 우리를 속박하지 않는다면, 같은 종류의 직업 중에서 보다 쾌적하고 편리한 직업을 찾는 것이 바람직하다. 더욱이 제화공으로는 더더욱 만들고 싶지 않다. 직업의 선택이 자유로울 때는 청결의 문제를 생각하지 않을 수 없다.

이것은 편견이나 직업 차별의 문제가 아니라 감각의 문제이다. 그리고 나는 기능이 제대로 발휘될 수 없는 그러한 기계적이고 반복적인 직업은 싫다. 방직공이나 양말제조공이나 석공 같은 직종에 분별 있는 사람들을 채용한다고 무슨 보람이 있겠는가? 그것은 다른 기계를 다루는 또 하나의 기계인 것이다.

모든 점을 고려할 때 내 제자의 기호에도 맞고 또 나도 좋아하는 직업은 역시 목수이다. 그 일은 청결하고 유익하며 집안에서 할 수 있고 또 신체도 단련시킬 수 있는 직업이다. 또한 그 일은 숙련과 연구가 필요하다. 만약 여러분 제자의 소질이 이론적인 학문에 있다면 수학 기구나 안경, 망원경 같은 것을 만드는 기술을 가르치는 것이 좋다.

에밀 혼자서만 일을 배우면 그는 결코 만족할 만큼 배우지 못할 것이다. 그래서 우리는 둘 다 견습공이 되어 신사가 아닌 진정한 견습공으로 취급받기를 원한다. 러시아의 표트르 대제는 작업장에서는 목수였으며 군대에서는 북을 치는 고수(鼓手)였다. 여러분은 이 황제가 출신 성분이나 업적으로 보아 여러분보다 못하다고 생각하는가?

　불행히도 우리는 모든 시간을 작업장에서만 보낼 수는 없다. 우리는 직공수업을 하고 있는 것이 아니라 인간수업을 하고 있는 것이다. 또한 인간수업은 직공수업보다도 까다롭고 더 많은 시간을 필요로 한다. 그렇다면 목수를 교사로 채용할까? 그렇게 한다면 우리는 견습공이 아니라 문하생이 된다.

　그래서 나는 우리가 매주마다 적어도 한두 번씩은 목수 집에 머무르면서 하루종일 그와 함께 행동하며 그의 명령을 따르기로 하겠다. 이렇게 하여 다른 수업을 게을리하지 않고서도 수공업 훈련을 쌓을 수 있을 것이다.

　허영심을 극복하려다가 새로운 허영심에 빠지는 일이 없도록 하자. 오토만 가(家)의 전통에 의하면 터키 황제도 자기 손으로 일을 하지 않으면 안 되었다고 한다. 그래서 황제는 자기가 만든 것들을 조정의 대신들에게 나누어주었다. 그리고 만든 자의 계급에 걸맞게 그에 대한 값이 지불되었다. 여기에는 여러 폐단이 있으나 그 중 진정한 폐단은 황제가 자기와 같은 기능을 가진 가난한 사람에게 주는 관념인 것이다.

　제품의 가치는 만든 사람에게 있는 것이 아니라 제품 자체에 있다는 것을 잊어서는 안 된다. 그러므로 여러분의 제자에게도 자신의 작품을 일류 기술자들의 작품과 비교하여 평가하는 일이 없이 오로지 일을 일 자체로서만 평가하도록 해야 한다. 잘된 작품에 대해서는 "잘 만들어졌구나." 하고 말하되 그에 덧붙여 "누가 만들었느냐?"고 묻지는 마라. 그가 자랑스럽게 "제가 만들었어요." 하고 말하면, 냉정하게 "누가 만들었던 그것은 아무래도 좋다. 하여튼 이것은 잘 된 작품이다."고 말해 주라.

　선량한 어머니여! 사람들이 당신에게 하는 거짓말을 조심하고 당신 아들이 많은 것을 알고 있더라도 그의 지식에 대해 의심하라. 불행히 그가 파리에서 자라고 부자가 된다면 그는 구제 받기 어려울 것이다. 그가 파리에서 유능한 예술가들과 사귈 수 있는 한 그는 그들의 재능을 소유할 수 있겠지만 그들과 떨어지면 그에게는 아무 재능도 남지 않는다. 파리에는 예술을 사랑하는 사람들, 특히 그러한 여성들이 많아서 나름대로의 작품을 만들어내고 있다. 나는 그런 점에서 남성들 가운데서 세 사람의 존경할 만한 예외를 알고 있지만 여성은 단 한 명도 모른다. 그런 예외가 있는지도 의심스럽다.

그러므로 어떤 직업을 배우는 것이 좋다고 일단 결정되면 여러분의 어린이들은 기술을 배우지 않고도 당장에 그 직업을 알게 되는 것이다. 그들은 취리히의 참사원 의원처럼 명사로 통할 것이다. 그러나 에밀은 격식을 필요로 하지 않고 항상 현실적인 실리를 추구한다. 그가 많이 알고 있다는 말은 하지 말기를 바란다. 그는 오직 묵묵히 더 배워야 한다. 그가 항상 걸작품을 만들도록 격려하되 결코 대가로 통하지 않게 하라. 이름만의 기술자가 아닌 그가 한 일에서 기술이 나타나도록 하라.

이제까지 내가 한 말을 분명히 이해했다면, 여러분은 내가 어떻게 해서 에밀을 게으르지 않게 길들이면서 자신도 모르는 사이에 많은 반성과 명상의 취미를 갖게 했는지 이해했을 것이다. 그가 미개인처럼 게으름뱅이가 되지 않으려면 농부처럼 일하고 철학자처럼 생각해야 한다. 교육의 위대한 비결은 신체의 단련과 정신의 훈련이 항상 서로 도와줌으로써 상호간의 긴장을 풀어줄 수 있도록 하는 데 있다.

그러나 보다 성숙한 정신을 필요로 하는 부류의 교육에 대해서는 너무 일찍부터 가르치지 않도록 주의해야 한다. 에밀이 직공생활을 오래 하지 않아도 신분의 차이를 스스로 느끼게 될 것이다. 그렇게 되면 내가 그에게 가르쳤고 또 그가 이해하고 있는 준칙에 대해서 이번에는 그가 나를 시험하려 들 것이다. "부자도 인간인 이상 역시 사회를 위해서 일해야만 하겠죠. 그런데 부자인 선생님은 사회를 위해서 어떤 일을 하고 계십니까?" 이때 "응, 나는 너를 돌보고 있잖니." 하고 대답한다면 어리석기 짝이 없는 짓이 되리라.

그러나 나는 작업장이 있기 때문에 위기를 모면한다. "그것 참 좋은 질문이구나. 그 질문에 대해 언제고 대답할 것을 약속하마. 그러나 그것은 우선 네 스스로 그에 대해 만족할 만한 대답을 할 수 있게 되면, 그때 대답해 주겠다. 그때까지 나는 내가 지나치게 가지고 있는 것들을 너와 가난한 사람에게 나누어주고 매주마다 한 개의 책상이나 한 개의 의자를 만듦으로써 아무 쓸모도 없는 인간이 되지 않도록 해야겠다."고 대답할 것이다.

　이리하여 우리의 어린이는 어린이 단계를 벗어나 한 개인이 되려고 한다. 그는 자신을 사물과 연관시키고 있는 어떤 필연의 끈을 절실하게 느끼고 있다. 우리는 먼저 그의 신체와 감각을 훈련시켰고 그 다음 그의 정신과 판단력을 연마시켰으며 마지막으로 손발의 사용과 재능의 활용을 결합시켰다.

　그를 행동하고 생각하는 존재로 만든 것이다. 그를 인간으로 완성시키기 위해 남은 일은 그를 사랑할 줄 아는 인간으로 만드는 일이다. 즉, 감정에 의해서 이성을 완성시키는 일이다. 그러나 이러한 새로운 단계로 들어가기 전에 우리는 지금까지의 상태에 다시 눈을 돌려 우리가 어디까지 왔는가를 정확하게 바라보도록 하자.

　우리의 제자는 처음에는 감각만 지니고 있었으나 지금은 관념을 지니고 있으며, 처음에는 감정만 있었으나 지금은 오성을 가지고 있다. 여러 관념을 형성하는 방식에 따라 인간의 정신에 주는 특성이 결정된다. 내용에 현실성도 없고 표면적인 외형도 없는 가공적인 여러 관계를 만들어 내는 사람은 제정신이 아니다. 이러한 관념들을 비교하고 그 관계들을 발견하는 능력의 많고 적음에 따라 인간의 정신지능이 결정된다.

　단순한 관념은 감각을 비교한 것에 지나지 않는다. 그러나 이러한 감각에도 판단은 있어서 비록 그것이 수동적이긴 하나 감지하고 있음을 확인하는 것이다. 그러나 지각이나 관념에 의한 판단은 능동적이어서 감각으로 결정될 수 없는 여러 관계들을 접근시키고 비교하고 결정한다.

　나는 여덟 살짜리 어린이가 아이스크림을 받고는 그것이 무엇인지도 모르고 입에 댔다가 너무 찬 것에 놀라 "앗, 뜨거!" 하고 소리를 지르는 것을 보았다. 그는 뜨거운 불보다 더 날카로운 감각을 경험하지 못했기 때문에 찬 것을 뜨거운 것으로 느낀 것이다. 그는 충격은 받았으나 화상을 입지는 않았다. 이 두 감각을 경험한 사람은 그것을 혼동하지는 않는다. 그러니까 감각이 그를 속인 것이 아니라 감각에 대한 판단이 속인 것이다.

이런 일은 거울이나 광학기계를 처음 보는 경우 또는 한겨울이나 한여름에 지하실에 들어갈 때와 마찬가지이다. 이런 경우에 자기가 느낀 것만을 말한다면 그의 판단은 잘못되었을 수도 있지만, 사물의 외면만을 보고 판단할 때는 그는 능동적이어서 그것을 비교하고, 보이지도 않는 관계를 귀납법에 의해서 설정한다. 그렇게 되면 그는 잘못되거나 틀릴 우려가 있다. 잘못을 바로잡아 주거나 예방하는 데는 경험이 필요하다.

밤에 여러분의 제자를 밖으로 데리고 나가 달과 구름을 보게 하면, 그는 달이 움직이고 구름은 그대로 머물러 있다고 생각할 것이다. 왜냐하면 그는 보통 작은 물체가 보다 많이 움직이는 것을 보아왔기 때문이다. 항해하는 배에서 멀리 있는 해안을 볼 때는 이전과는 반대의 착각에 빠진다. 즉, 육지가 달리고 있는 것처럼 보인다. 그것은 자신이 움직이는 것을 느끼지 못하기 때문에 배와 바다 또는 강과 수평선 모두를 하나의 움직이지 않는 전체로 보고, 달리는 것처럼 보이는 해안은 그 일부분에 불과한 것으로 생각하기 때문이다.

물에 절반쯤 잠긴 막대기를 처음 보면 어린이는 그것이 부러진 것이라고 생각한다. 그 감각은 옳다. 그러므로 만일 여러분이 그에게 무엇을 보고 있냐고 물으면 그는 부러진 막대기를 보고 있다고 대답할 것이다. 그의 말은 옳다.

그러나 그의 잘못된 판단 때문에 그가 부러진 막대기라고 말한 뒤에도 한 걸음 더 나아가 자기가 보는 것이 실제로 부러진 막대기라고 고집한다면 그의 말은 잘못된 것이다. 왜 그런 가? 그때 그는 능동적으로 행동하여 조사에 의해서가 아니라 귀납적으로 판단하기 때문이다. 즉, 하나의 감각에 의해 얻은 판단이 다른 감각에 의해서 확인될 수 있다고 고집하기 때문이다.

모든 잘못은 판단에서 오는 것이므로 판단할 필요가 없다면 배울 필요도 없는 것이다. 그렇게 되면 우리는 무지의 상태에서 더 행복감을 맛볼 것이다. 무지한 자들이 알지 못하는 많은 것을 알고 있는 학자들은 사실상 진리에서 멀어져 간다. 왜냐하면 판단에서 오는 그들의 허영심은 지식의 발전속도보다 빨라서 하나의 진리를 판단할 때마다 백 가지의 그릇된 판단을 수반하기 때문이다. 유럽의 학문단체는 거짓을 가르치는 학교에 불과하다.

사람들은 알면 알수록 그만큼 잘못을 저지르므로 잘못을 피하는 유일한 방법은 무지이다. 섣불리 판단하지 마라. 그러면 결코 잘못을 범하는 일이 없을 것이다. 이것이 자연의 가르침이며 이성의 가르침이다. 미개인은 훌륭한 기계장치나 신기한 전기를 보려하지 않는다. "그것이 나와 무슨 상관이냐?" 이 말은 무지한 자들이 입버릇처럼 하는 말이면서 현자에게도 매우 적합한 말이다.

그러나 불행하게도 우리가 모든 것에 의존하는 이상 모든 것은 우리와 어떤 관련을 가지고 존재하고 있다. 우리의 호기심은 우리의 필요에 따라 커지므로 철학자는 많은 호기심을 가지고 있고 미개인은 전혀 가지고 있지 않다고 보는 것이다. 미개인은 아무도 필요로 하지 않지만 철학자는 모든 사람을 필요로 한다.

자연이 도구와 규칙을 선택하여 정비하는 것은 세론에 의해서가 아니라 필요에 의한 것이다. 그런데 인간의 필요는 상황에 따라 달라지므로 자연상태에 있는 자연인과 사회상태에 있는 자연인 사이에는 커다란 차이가 있다.

에밀은 사막에서 살아야 할 미개인이 아니라 도시에서 자신이 필요한 것을 찾고 주민과 함께 사는 법을 몸소 터득해야 하는 자연인이다. 그는 자기가 의존해야 할 많은 새로운 관계 속에서 판단을 내려야 하므로 그에게 올바른 판단을 내리도록 가르쳐야 한다.

바르게 판단하는 방법을 배우기 위한 가장 좋은 방법은 우리의 경험을 단순화시키고, 잘못을 저지르는 일이 없도록 하는 것이다. 그러기 위해서는 이제 각각의 감각이 느낀 경험을 다른 감각의 어떤 도움도 없이 그 감각 자체에 의해 확인하는 것을 배워야 한다. 그렇게 되면 감각 하나하나가 하나의 관념이 될 것이다. 그리고 이 관념은 언제나 진실과 일치하게 될 것이다. 이것이야말로 내가 인생의 제3기 동안에 얻으려고 노력한 지식이다.

이런 방법은 교사에게 끈기와 인내를 요구하는데 이 방법만이 올바르게 판단하는 방법에 이르는 첩경이다. 만약 여러분의 제자가 막대기가 부러져 보이는 외형에 속고 있을 때, 잘못을 보여주기 위해 성급히 막대기를 물 밖으로 끄집어낸다면 여러분은 그가 속았음을 시정해 줄 수는 있겠지만 그가 그것으로부터 무엇을 배울 수 있겠는가? 문제는 진리를 가르치는 것보다도 진리를 발견하게 하기 위해서는 그의 잘못을 곧바로 시정해서는 안 된다는 것이다. 그를 더 잘 가르치려면, 너무 빨리 알아차리게 해서는 안 된다. 에밀과 나의 경우를 예로 들자.

첫째, 앞에서 가정한 두 개의 질문 중에서 두 번째 문제에 대해 보통 어린이라면 분명히 꺾인 막대기라고 대답할 것이다. 그러나 에밀은 확실한 근거가 없는 한 쉽사리 판단을 내리지 않는다. 그는 원근법에서 문제가 되었던 것처럼 겉만 보고 판단하는 우리의 판단이 얼마나 우리를 속이는가를 잘 알고 있다.

더구나 그는 나의 질문이 사소한 것 같으면서도 무엇인가를 지니고 있다는 것을 경험으로 알고 있기 때문에 경솔한 대답을 피하고 항상 주의하여 질문의 의미를 곰곰이 생각한다. 우리에겐 사물의 진실을 안다는 것이 자랑거리가 아니라 잘못을 저지르지 않는다는 것이 자랑거리이다. '나는 모른다' 라는 말은 우리에게 어울리고 또 자주 사용하는 말이라서 우리는 이 말을 하는데 조금도 어색하지 않다. 그러나 그가 경솔하게 대답하거나 '나는 모른다' 라고 쉽게 대답하면 나의 대답은 언제나 '자 그러면 검토해 보자' 다.

절반쯤 물 속에 잠긴 막대기가 수직으로 서 있다. 그것이 정말 눈으로 보이는 것처럼 부러진 것인지 아닌지를 알려면 물에서 꺼내 보거나 만져보기 전에는 어떤 일을 해야 할까?

1. 먼저 막대기의 주위를 한 바퀴 돌아보면 꺾인 부분도 같이 돈다는 것을 알게 된다. 꺾인 부분을 바꾸는 것은 우리의 눈뿐인데, 시선은 물체를 움직이지 않는다.

2. 물 밖으로 나와 있는 막대기를 위에서 수직으로 내려다보면, 막대기는 꺾이어 보이지 않는다. 우리의 눈이 막대기를 반듯하게 고친 것일까?

3. 수면을 흔들어 보면, 막대기는 여러 토막으로 꺾이어 보이고 물결에 따라 움직인다. 우리가 물을 흔든 힘만으로 막대기가 그처럼 꺾이고 녹기라도 하는 것일까?

4. 물을 따라 수면을 조금씩 낮아지게 하면, 그에 따라 막대기가 바르게 된다. 이것은 굴절을 발견하기에는 충분한 실험이다. 따라서 시각이 우리를 속일 수는 없다. 왜냐하면 우리가 눈의 탓으로 돌리는 잘못을 규정하는 데는 시각만으로도 충분하기 때문이다.

어린이가 아둔해서 이렇게 실험해도 이해하지 못한다면 시각을 돕기 위해 촉각을 동원하여 막대기를 물에 꽂은 상태에서 한쪽 끝에서 다른 쪽 끝까지 만져보게 한다. 여기에는 판단뿐만 아니라 추리가 작용하고 있다.

그러나 정신이 여러 관념에까지 이르게 되면 모든 판단은 하나의 추리과정에 불과한 것이다. 모든 감각의 의식은 하나의 명제이며 판단이다. 그러므로 우리가 하나의 감각을 다른 감각과 비교하게 되면 우리는 추론을 하고 있는 것이나 마찬가지이다. 판단기술과 추리기술은 정확히 동일한 것이다.

에밀은 광선의 굴절은 결코 알지 못하지만, 알려고만 하면 이 막대기를 통해서 배울 것이다. 그는 곤충을 해부하지도 않았으며 태양의 흑점을 세어보지도 않을 것이다. 그는 현미경이나 망원경이 어떤 것인지도 모를 것이다.

여러분의 박식한 제자들은 에밀의 무지를 비웃을 것이다. 그것은 잘못이 아니다. 왜냐하면 나는 에밀에게 그러한 도구를 사용하기 전에 그것을 만들게 할 생각인데 이것이 이 시기에 있어서의 나의 모든 방법의 정신이다. 만일 어린이가 작은 구슬 하나를 두 개의 엇갈린 손가락 사이에서 굴리면서 두 개라고 느낀다면 나는 그가 공이 하나라는 것을 스스로 확신하기 전까지는 눈으로 보는 것을 용납하지 않을 것이다.

이러한 설명으로 여러분은 충분히 내 제자가 이룩한 발전과 발전과정을 알았을 것이다. 그러나 여러분은 내가 그에게 너무나 많은 사물을 전개시켜 그의 정신을 짓눌러 버리지나 않을까 염려할지도 모르겠다. 그러나 나는 그에게 그 많은 지식을 알게 하기보다는 도리어 알지 못하도록 가르치고 있는 것이다. 또한 진리에 도달하기는 쉽지만 길고 광대하고 서서히 밟아나가야 할 학문의 길을 제시하고 있는 것이다. 그에게 학문의 입구를 알려주기 위해서 최초의 몇 걸음은 알려주지만 그에게 더 멀리는 나가지 못하게 한다.

스스로 배워야 하는 그는 남의 이지(理智)가 아닌 자신의 이지를 사용한다. 이런 훈련을 계속함으로써 정신은 활력을 얻게 되는 것이다. 또 하나 유익한 점은 사람들의 진보란 스스로의 힘에 의해 이루어진다는 것이다. 육체가 그렇듯 정신도 감당할 정도만 갖는 것이다. 어떤 사물을 먼저 이해하지 않고 기억만 하게 되면 결국 남는 것은 아무것도 없게 된다.

에밀이 가지고 있는 미미한 지식은 진정으로 자신의 지식이다. 그는 지식에 있어서가 아니라 지식을 얻는 능력으로 인해 더 넓은 정신을 가지고 있다. 그러므로 에밀의 정신은 개방적이며 총명하고 모든 일에 대응할 준비가 되어 있으며, 몽테뉴가 말한 바와 같이 교양이 있다고는 못할 망정 적어도 교양을 받아들일 수 있는 것이라 할 수 있다.

나는 그가 어떤 일에 있어서나 유용성을 따지고, 자신이 믿는 모든 일에 목적을 발견할 수 있다면 그것으로 만족한다. 거듭 말하지만 나의 목적은 그에게 학문을 주는 것이 아니라 필요시에 학문을 습득하는 방법을 가르치고, 가치여부에 대한 정확한 판단력과 함께 진리를 사랑하는 마음을 심어 주는 데 있다. 이 방법에 의존하다 보면 발전속도는 더디겠지만 결코 쓸데없는 발걸음은 단 한 발자국도 내딛지 않을 것이며 또 뒷걸음질 칠 일도 하지 않을 것이다.

에밀은 자연적이고 물질적인 지식만을 가지고 있기 때문에 역사라는 낱말조차 모르며 형이상학이나 도덕 따위는 더욱 알지 못한다. 인간과 사물의 기본적인 관계는 알지만 인간 대 인간의 윤리적인 관계에 대해서는 전혀 모른다. 그는 관념을 일반화하는 것도 모르고 추상화하는 것은 더욱 모른다. 그는 기하학 도형의 도움으로 추상적인 공간의 넓이를 알고 있으며, 대수학 기호의 도움을 빌어 추상적인 공간을 측정한다. 이러한 도형과 기호는 추상적 관념을 받쳐주는 기둥이며 그의 감각들은 그 위에 자리잡고 있다. 그는 사물의 본성에는 관심이 없으며 자신에게 미치는 관계만을 알려고 한다.

그는 오직 자기와의 관계에서만 평가하지만 그 평가는 정확하고 확실하다. 거기에는 변덕이나 어떤 규제도 전혀 개입되지 않는다. 그는 자기에게 유익한 것이면 더욱 소중하게 여긴다. 그리고 이러한 평가기준에서부터 결코 벗어나지 않기 때문에 그는 여론 따위에는 조금도 동요되지 않는다.

에밀은 근면하고 절제하며 인내심이 강하고 확고하고 강인하다. 잠재되어 있는 그의 상상력은 결코 위험을 느끼지 않는다. 운명에 반항하는 것을 배우지 않은 그는 죽음의 순간에도 몸부림치거나 신음소리 없이 죽을 것이다. 이것이야말로 자연이 우리에게 허락하는 전부일 것이다. 자유롭게 살며 인간만사에 너무 집착하지 않는 것이 곧 죽음을 배우는 가장 좋은 방법이다.

한마디로 에밀은 자기 자신에 관계되는 모든 덕은 다 가지고 있는 것이다. 사회적인 덕을 갖추기 위해서도 오직 그 덕을 필요로 하는 관계만을 알면 그만인 것이다. 그에게 아직 부족한 것은 지식인데 그의 정신은 언제라도 지식을 받아들일 준비가 되어 있다. 그는 다른 사람의 일에는 관심이 없고 자신의 일만 생각하고 있다. 그는 인간사회에서 고립되어 있으며 오직 자기 자신만을 의지하고 있다. 그는 또한 그 누구보다도 자신을 의지할 권리를 가지고 있다. 왜냐하면 그는 그 나이의 소년들이 성취할 수 있는 모든 것의 화신이기 때문이다. 그에게는 전혀 과실이 없으며 있다고 해도 그것은 편견과 정념을 배제한 것이다. 그에게서는 모든 정념 중에서 가장 근본적이고 가장 자연적인 정념인 자존심마저도 아직은 거의 나타나지 않고 있다.

그리고 다른 사람의 평화를 파괴하는 일도 없이 그는 자연이 허락하는 범위에서 만족하며 행복하고 자유롭게 살아온 것이다. 이렇게 살아온 열다섯 살의 어린이라면 이때까지의 세월을 헛되이 보냈다고 여러분은 생각할 것인가?

제4부
청년기(열다섯 살에서 스무 살까지)

세월은 지극히 빠르게 흐른다. 인생에 있어서 최초의 4분의 1은 우리가 어떻게 사용해야 할지도 모르는 사이에 지나가 버리고 마지막 4분의 1은 인생을 즐기는 것을 그친 뒤에 지나가고 만다.

처음에는 어떻게 살아야할지를 모르지만 그 방법을 알았을 때는 이미 늦은 것이다. 그 사이에 남겨진 시간의 4분의 3은 수면과 노동과 구속과 고통으로 채워져 있다. 인생이 짧다는 것은 인생을 살아가는 시간이 짧다기 보다는 인생을 즐길 시간이 짧다는 것이다. 태어나서 죽음에 이르기까지의 사이가 아무리 길어도 소용이 없다. 그 동안의 시간을 충실하게 보내지 못한다면 인생은 역시 짧은 것이다.

우리는 두 번 태어난다. 한 번은 존재하기 위해서이고, 또 한번은 생활하기 위해서이다. 즉, 처음은 인간으로, 다음은 남성이나 여성으로 태어나는 것이다. 여성을 미완의 남성으로 보는 것은 옳지 않지만 사춘기 전까지는 남녀를 구별할 수 있는 명백한 외관상의 차이가 없어서 사내아이도 어린이이고 여자아이도 어린이지만 사춘기 이후에도 성(性)적으로 발육이 되지 않은 남성은 평생 이 유사성을 지니고 있어 커다란 어린이와 크게 다를 바가 없는 것이다.

그러나 일반적으로 남성은 언제까지나 어린이로 머물러 있게 만들어지지는 않아서 자연이 정한 시기에 이르면 소년기를 벗어난다. 이 시기는 짧지만 오랜 기간 그 인생에 영향을 미친다. 폭풍우가 일기 전에는 파도가 치듯이 격심한 변화는 기분의 변화, 격정, 정신의 동요 등 정념에 의해서 알려진다. 그를 온순하게 만들던 목소리가 이제는 그의 귀에 들리지 않는다. 그는 열병에 걸린 사자처럼 자신을 지도하는 사람을 인정하지 않으며 감독 받는 것을 아주 싫어 한다.

기질이 변하면서 얼굴에도 뚜렷한 변화가 일어난다. 뺨 아래의 부드럽던 털이 차츰 검어지고 거칠어지며 음성도 변한다. 그는 어른도 어린이도 아니며 어느 쪽의 음성도 낼 수 없다. 아무런 의미도 갖지 않던 눈에 말과 표정이 나타나 생기가 보이며, 더욱 강렬해진 그의 눈길에는 여전히 맑은 순진함을 간직하고 있으나 최초의 의미 없는 표정은 이미 사라지고 없다.

그는 눈만으로도 충분히 말할 수 있다는 것을 깨달으며 눈을 내리깔거나 얼굴을 붉힐 줄 알게 된다. 또한 이유 없이 불안해하기도 한다. 이 모든 것은 서서히 나타나기 때문에 여러분에게 시간적인 여유를 주기도 한다. 그러나 만일 그의 정열이 억제할 수 없는 상태에 다다르고 그의 흥분이 열광으로 변하며 초조해 하다가도 곧 감동하게 되고 까닭 없이 눈물을 흘리며, 그에게 위험한 대상이 접근하면 괜히 가슴이 두근거리고 눈이 번득이고, 여인의 손이 그의 손에 닿으면 몸이 떨리고 정신이 산란해져 몸둘 바를 모르거나 겁을 먹게 될 때에는, 율리시즈여, 주의하라. 바람은 이미 불어닥치고 있다. 한순간도 키를 놓아서는 안 된다.

이것이 내가 말하는 제2의 탄생이다. 여기서 인간은 진정한 생활로 들어가게 된다. 지금까지의 교육은 어린이의 놀이에 불과했으나 지금부터는 우리의 진정한 교육이 시작되는 시기이다. 그러나 이 새로운 계획을 명확히 설명하기 위하여 이와 관련되는 일들의 상태를 보다 더 근원부터 거론하기로 하자.

우리의 정념은 자기보존을 위한 수단이므로 그것을 근절하려고 하는 것은 어리석고도 헛된 짓이다. 이것은 자연을 억압하는 짓이며 하나님의 창조물을 뜯어고치는 결과가 된다. 만약 하나님이 인간에게 그가 부여한 정념을 없애라고 명령했다면, 원하면서 원치 않는 격이 되어 스스로 모순되게 마련이다. 그리고 인간이 무언가 하기를 바랄 때에는 타인에게 시켜 그것을 말하게 하지 않고 하나님 자신이 그에게 말한다.

하나님 스스로 그의 마음속에 그것을 불러일으키는 것이다. 그러므로 이 정념이 생기는 것을 방지하려는 사람은 정념을 아예 제거해 버리려는 사람과 마찬가지로 어리석다. 그리고 지금까지의 내 목적이 이것이라고 생각하는 사람은 분명히 나의 뜻을 크게 오해하고 있는 것이다.

그러나 정념을 갖는 것이 인간의 본성이라고 해서 그 모든 정념이 자연적인 본성이라고 할 수 있을까? 정념의 근원은 자연이며, 그 근원은 수많은 작은 흐름에 의해서 불어나 큰 강물을 이룬다. 자연스럽게 생겨난 우리의 정념은 극히 한정되어 있으며 그것은 우리의 자유와 보존을 위한 수단인 것이다. 우리를 부자연스럽게 만들고 파멸로 이끄는 정념은 자연이 주지 않은 것으로써 모두 외부에서 오는 것이다.

정념의 원천이며 다른 모든 정념의 근본이 되는 것, 인간이 살아 있는 동안에 언제나 존재하는 유일한 정념은 자기에 대한 애착심이다. 이것은 근본적이고 본능적이며 다른 모든 감정에 선행하므로 그 외의 다른 감정은 그것의 변형에 지나지 않는다. 이런 의미에서 본다면 모든 정념은 자연적이라고도 할 수 있다. 그러나 대부분의 변형은 외부에 원인을 가지고 있어서 그 원인이 없으면 절대로 생기지 않는다. 그러한 변형된 정념은 우리에게 도움이 되기는커녕 도리어 해를 준다. 인간이 자연 밖으로 이탈하여 자신과 대립하게 되는 것은 바로 이것 때문이다.

자애(自愛)란 항상 선한 것이며 자연의 질서에 따른다. 자기보존의 의무는 누구나 필수적인 것으로 중요한 배려가 거기에 집중되어야만 한다. 이와 같은 감정의 직접적인 결과로써 우리는 자기를 보호해 주는 대상을 찾게 된다. 자신을 보호해 주고 행복하게 하는 것에는 호감을 갖지만 해를 끼치려는 자에게는 반발한다. 사람은 주어진 충동에만 따르는 감성이 없는 존재에 대해서는 아무런 정열을 느끼지 않는다. 그러나 그 내면적인 성향과 의지에 의해 해악이 보이는 사람들, 찬성과 반대를 자유로이 하는 사람들이 우리에게 보이는 감정과 똑같은 감정을 우리도 갖게 한다. 사람이란 자기에게 이익되는 것을 원하고 이익을 주려는 사람을 사랑한다.

어린이의 최초의 감정은 자신을 사랑하는 것이다. 그 다음의 감정은 최초의 감정에서 생겨나는 것으로 자기를 가까이 하는 사람에 대한 사랑이다. 왜냐하면 어린이는 도움이나 보살핌을 주는 사람만 알아보기 때문이다. 유모나 보모에 대한 어린이의 애착은 필요에 의해 습관화된 애착으로 호의라기 보다는 차라리 그들의 얼굴을 안다는 인식이다. 유모가 자기에게 유용하고 도움이 된다는 것을 어린이가 이해하는 데는 상당한 시간이 걸린다. 그리고 그가 그들을 사랑하기 시작하는 때는 바로 이때부터이다.

그러므로 어린이는 자기에게 접근하는 사람은 모두 도움을 준다는 것을 알고 있기 때문에 어린이는 선천적으로 누구에게나 호의를 느끼는 경향이 있다. 그러다가 어린이는 그와의 관계, 능동적이거나 수동적인 의존관계를 확대해 가면서 대인관계에 대한 의식이 싹트며 거기서 의무와 기호의 감정이 생기게 된다. 이렇게 되면 어린이는 거칠어지고 질투심이 생기며 거짓말을 하고 고집스러워진다. 우리가 어린이에게 복종을 강요하면 그것이 어떤 이익을 가져다 주는지 알지 못하기 때문에 그는 그것을 어른의 변덕이라고 생각하고 또한 자기를 고통스럽게 하려는 것이라고 생각하여 반발한다.

만약 사람들이 그에게 복종할 때는 조금만 그의 뜻을 거슬러도 그것을 반역행위로 여기며 의도적으로 반대한다고 생각하고 의자나 탁자를 내리친다. 자기애는 필요가 충족되면 만족하지만 자존심은 비교 대상을 가지므로 절대로 만족하는 일이 없다. 왜냐하면 이 감정은 다른 사람보다 자신을 더 좋아할 뿐만 아니라 다른 사람도 자기를 본인보다 더 좋아하기를 바라기 때문이다. 그렇기 때문에 온정과 애정이 담긴 감정은 자기애로부터 생겨나고 다른 사람을 미워하고 화를 잘 내는 감정은 자존심으로부터 생긴다. 그러므로 인간을 본질적으로 선량하게 하려면 욕망을 적게 하고 남들과 비교하지 말도록 해야 한다.

반대로 인간을 악하게 만드는 것은 지나친 욕망과 타인의 의견에 대한 과도한 집착이다. 이 원리에 따르면 인간의 모든 정념을 인도하는 방법을 알 수 있을 것이다. 분명 인간이란 타인과 더불어 사는 존재이므로 언제나 선량하기란 어려운 일이다. 그러므로 사회적으로 위험을 가져다 주는 욕망으로부터 인간의 심성을 보호하는 일이 더 한층 요구되는 것이다.

인간에게 적절한 연구란 자신과 연관되어 있는 관계들에 대한 연구이다. 자신을 육체적 존재로 생각하는 유년기에는 자신을 사물과 연관지어 인식하지만, 도덕적 존재임을 인식하게 되면 자신을 인간들과 연관지어 생각하게 된다. 이 작업은 지금부터 계속해야 하는 일이다.

사람이 동반자의 필요성을 느끼게 되면 이미 그는 고립된 존재가 아니며 인류에 대한 관계와 마음의 애정이 싹트게 된다. 이 최초의 정념이 곧 다른 정념을 불러일으킨다. 하나의 성(性)이 다른 성에 관심을 갖는다는 것은 자연의 충동이다. 선택, 편애, 개인의 기호는 지식, 편견, 습관에 의한 것이다. 사랑할 수 있기까지는 시간과 지식이 필요하다. 사람은 판단한 후 사랑하며, 비교한 후 선택한다. 이러한 판단은 무의식중에 일어나면서도 진실하다.

사랑이란 존중할 만한 것을 예상하기 까닭에 언제 어디서나 경의를 받는다. 우리가 사랑을 맹목적이라고 하는 것은 사랑이 우리보다 훨씬 더 좋은 눈을 지니고 있고 우리가 인식하지 못하는 관계를 인식하기 때문이다. 가치나 미의 관념을 미처 갖지 못한 남성에게는 모든 여자가 마음에 드는 까닭에 첫사랑의 여성이 가장 아름다운 법이다. 사랑은 자연에서 생기는 것이 아니라 반대로 자연의 경향을 억제하고 규제함으로써 생기는 것이다. 그러므로 사랑하는 사람이 생기면 그 이외의 이성(異性)에게는 관심을 두지 않는 것도 바로 이 사랑 때문인 것이다.

사람은 자기가 사랑하는 사람이 자신을 사랑해 주기를 바란다. 사랑은 상호적인 것이기 때문에 사랑 받기 위해서는 먼저 사랑해야 한다. 선택받기 위해서는 적어도 사랑하는 자의 눈에 남보다 더 사랑스럽게 보여야 할 것이며, 다른 누구보다도 사랑스러워져야만 할 것이다. 여기로부터 동료에 대한 첫 관심과 동료와의 비교심이 비롯된다. 또 경쟁심, 적대심, 질투심이 생겨 그것을 토로할 애인과 친구가 필요해진다.

그러나 사람에게는 좋아하는 사람이 있듯이 싫어하는 사람이 있다. 사랑과 우정으로 인하여 불화와 반목, 증오가 생기게 된다. 어리석은 사람들은 권위의 노예가 되어 자신의 존재를 타인의 판단 위에서만 쌓아올리는 경향이 있다. 이런 관념들을 넓혀 보면 자존심의 근원을 규명할 수 있으며 자기애가 어떤 사람의 경우에는 오만이 되고 다른 경우에는 허영심이 되는가를 알 수 있다. 어린이의 마음에 그러한 정념이 뿌리를 내리게 되는 것은 우리의 그릇된 행동 탓이지만, 청년시절의 정념은 우리의 의지와 상관없이 생겨난다. 그러므로 우리의 방법을 달리할 때가 온 것이다.

여기에서 문제가 되고 있는 이 위기에 대한 몇 가지 고찰부터 시작하자. 소년기에서 사춘기로 넘어오는 이 시기는 자연에 의해 명확하게 결정되는 것이 아니라 개인의 체질과 기후에 따라 달라진다. 그러나 가끔 사람들은 그것의 원인을 정신이 아닌 육체에서 찾는 오류를 범한다. 이것은 현대 철학에서 빈번히 발견되는 오류 중의 하나이다. 자연의 교육은 순리적이지만 인간의 교육은 조급하다. 전자의 경우는 감각이 상상력을 일깨우지만 후자의 경우는 상상력이 감각을 일깨운다.

상상력은 처음에는 개인을 그리고 그 다음에는 인류를 무기력하게 만드는 활동을 하도록 자극한다. 기후의 영향보다 더 일반적인 것은 사춘기와 성적 능력이 야만인보다는 문명인에게 더 빨리 나타난다는 것이다. 문명세계의 어린이들은 예절이라는 가면의 폐단에 빨리 물들어서 그들이 배우는 세련된 언행은 호기심을 자극하여 배워서는 안 될 것들을 드러낸다. 경험으로 판단해 볼 때 이 방법은 자연의 작용을 재촉하여 인간 본연의 기질을 파괴하고 도시인을 타락의 늪으로 몰아넣는 중요한 원인 중 하나라는 것을 알게 될 것이다. 그리하여 봄에 열매를 맺다가 가을에 시들어 버리는 포도나무와 같이 젊은이들은 자라지도 못하고 노쇠해 버린다.

교양 없고 단순한 사람들과 살다보면 행복한 무지(無知)가 얼마나 어린이의 순진성을 연장시킬 수 있는지 알 수 있다. 남매가 서로 안심하고 어린 시절의 천진난만한 놀이를 그대로 계속하여 친밀감 자체가 참신한 즐거움으로 나타나는 것을 보면 그야말로 감동적이고 흐뭇한 광경이 아닐 수 없다. 이런 사랑스런 젊은 남녀들이 서로 결혼하면 서로가 자신의 순결한 몸을 줌으로써 서로 가장 사랑하는 사이가 된다.

만일 인간이 성(性)을 의식하는 시기가 자연의 작용에서와 마찬가지로 교육의 효과에 의해서도 달라진다면 어린이를 교육하는 방법 여하에 따라 이 시기를 조정할 수 있다는 결론이 나온다. 그리고 그 진행속도에 따라 몸이 튼튼해지거나 약해진다면 그 속도를 늦출수록 청년은 그만큼 건장함과 굳건한 체력을 얻는 결과가 될 것이다. 또 이러한 결과가 육체에만 국한되는 것이 아니라는 것을 여러분은 곧 알게 될 것이다.

나는 이렇게 고찰함으로써 자주 거론되고 있는 문제, 즉 어린이의 호기심의 대상에 대해 일찍부터 설명해 주어야 하는지 아니면 적당히 속여야 하는지의 문제에 대한 해답을 얻을 수도 있다. 어느 쪽도 모두 좋지 않다고 생각한다. 첫째, 이러한 호기심은 어린이에게 기회를 주지 않으면 생기지 않는 것이며, 둘째, 반드시 대답할 문제가 아니라면 속일 필요까지 없기 때문이다. 끝으로 만일 그 질문에 꼭 대답해 주어야 한다고 생각하면 솔직하고 분명하게 대답하고 난처한 표정이나 어색한 미소를 보이지 말아야 한다. 어린이의 호기심은 자극하는 것보다 만족시키는 편이 훨씬 위험이 덜하기 때문이다. 대답을 할 때는 언제나 진실해야 한다. 어린이들에게 거짓말을 하면 그것이 가져올 위험을 가르칠 수가 없다.

단 한번이라도 거짓말을 했다면 교육성과는 전혀 기대할 수 없게 된다. 어디까지나 그들에게 숨길 수 없는 문제는 일찍 가르쳐서 호기심이 발생하지 않도록 하든지, 위험수위가 되기 전에 호기심을 만족시켜 주든지, 둘 중 하나를 택해야 한다. 이때에도 여러분은 어린이의 특수한 처지, 장래의 환경 등을 고려해서 대답해야 한다. 만일 여러분이 성(性)의 차이를 열여섯 살까지 숨길 자신이 없다면 열 살 전에 미리 가르쳐 주도록 하라.

나는 사람들이 일부러 세련된 말을 즐겨 사용한다든가 완곡하게 돌려서 말하는 것을 좋아하지 않는다. 꾸밈 없는 솔직한 말은 결코 나쁜 결과를 초래하지 않으며 피해야 할 것은 음탕한 관념이다. 악을 알게 되면서 생기는 수치심은 어른에게는 자연적인 감정이지만, 악을 알지도 못하는 어린이에게는 부자연스러운 감정이다. 그러므로 어린이에게 수치심을 가르치는 것은 그들에게 부끄러운 것이 있다는 것을 가르치는 일이 되어 결국 어린이에게 해 보고자 하는 욕망을 불러일으키는 결과를 빚는다. 그러면 상상력은 관능을 자극하는 불을 타오르게 한다.

어른과 같은 욕망을 갖지 않는 어린이도 감각을 해칠 불순한 행위를 할 가능성은 있다. 그러므로 어린이에게도 예절교육은 필요하다. 그러나 그 교훈 또한 자연의 정신에 따르는 것이어야만 한다. 어린이의 자연적인 순진성을 보호하는 방법 중의 하나는 주위에 있는 사람들이 어린이들의 순진성을 소중히 여기고 사랑하는 것이다. 그 순진성을 가볍게 여기면서 어린이를 대하면 언젠가는 그 잘못이 드러나고 만다. 그러므로 어린이에게 하는 눈짓, 웃음, 표정 등은 있는 그대로를 보여야 하며, 말씨 또한 일부러 품위 있고 세련되게 하는 것 등은 그에게 맞지 않는 것이다.

우리가 어린이의 순진성을 진정으로 존경한다면 그들이 이해하기 쉬운 단순한 말을 사용해야 한다. 어린이의 순진성에 적합한 말은 호기심을 유발하지 않도록 솔직하게 말하는 것이다. 전혀 가식이 없는 말로 불쾌한 관념을 연결시키면 상상이 시작하는 불길을 끌 수 있다. 그렇게 함으로써 그와 같은 말을 하지 못하게 함과 동시에 그러한 관념을 갖지 못하도록 금지하는 것을 넘어서서 어린이 스스로가 그것에 혐오감을 갖도록 할 수가 있는 것이다. 언제나 필요한 말만을 하며 느낀 바를 솔직하게 말하는 사람은 많은 곤경에서 벗어날 수 있다.

"아기는 어떻게 생기나요?" 이것은 자연스럽고 난처한 질문으로 대답이 어떠냐에 따라 그들의 품행과 건강이 결정되는 경우가 종종 있다. 이 때에 어머니가 거짓말 않고 지혜롭게 넘어가야 한다. 그러나 대체로 어머니들은 "그것은 결혼한 사람들만의 비밀이야. 너희들이 그런 것을 알려고 하면 안돼."하고 말한다. 그러면 어린이들은 이와 같은 태도에 불만을 품고 그 비밀을 알아내려고 애쓸 것이다.

이러한 질문에 대해 전혀 다르게 대답하는 경우를 어디선가 들어본 적이 있다. 질문을 한 어린이는 얼마 전에 오줌에 작은 결석(缺席)이 섞여 나와 요도를 상한 적이 있었는데 이미 그 아픔도 잊고 있었다. 어머니는 조금도 망설이지 않고 이렇게 대답했다고 한다. "애야, 여자는 오줌을 누는 것처럼 아기를 낳는단다. 그런데 때론 그 고통이 심하여 죽는 경우도 있단다." 이 보다 명확한 대답이 어디 있겠는가?

어린이에게 있어서 고통이나 죽음이라는 관념은 종종 상상력을 약화시키고 호기심을 억제하는 경우가 있다. 이 점을 이용하여 출산의 결과를 말함으로써 출산의 원인에 관심이 집중되지 않도록 한다. 만일 이 대답이 주는 혐오감에도 불구하고 어린이가 계속 질문을 던진다면 그것은 인간 본성의 연약함이나 불쾌한 대상물, 고뇌의 모습 등에 대한 설명으로 그 이후의 문제이다. 이렇게 대답해도 진실은 조금도 손상되지 않는다. 결국 그들의 교육에 있어서 거짓이나 속임수는 하등의 문제가 되지 않는다.

여러분의 어린이들은 독서를 함으로써 책 없이는 얻을 수 없는 지식을 섭취한다. 그러다가 현실사회로 나오면서 책 속의 지식은 상상에 머물고 한 사람의 개인으로서 인간들의 행동이 자신의 행동과 부합되는지를 알려고 한다. 타인의 판단이 그들에게 법칙으로 작용한다면 적어도 타인의 행위는 그들에게 모범이 되어야 할 것이다. 그리하여 타인의 음탕한 말은 그들을 음탕한 행동으로 이끌고, 교활한 태도는 그들을 교활하게 만든다.

자기 나이에 적합한 교육을 받은 어린이는 매사에 고독해서 습관적인 것에 대한 애착밖에는 없다. 그는 시계를 소중히 하듯 누이를 사랑하며 개를 좋아하는 것처럼 친구를 좋아한다. 그에게는 성이 문제시되지 않으며 남자나 여자나 심지어 그 어느 누구의 말과 행동에도 주의를 기울이지 않는다. 그것은 인위적인 잘못이 아니라 자연의 무지이다. 자연이 자기의 제자를 조심스럽게 계발시켜 어린이가 무사히 자연의 교훈을 이용하도록 하는 시기가 왔다. 규칙의 세부는 내 주제가 아니지만 다른 일들을 위해서 내가 제안하는 수단은 이것을 설명하는 데 유용할 것이다.

생겨나는 정념에 법칙과 질서를 정하려면 그것이 스스로 조정될 수 있도록 정념의 발달시기를 늦추는 것이 좋다. 이때 정념을 조정하는 것은 자연이므로 여러분은 그저 내버려 두기만 하면 된다. 그러나 주위의 모든 것들이 그에게 상상력과 편견을 불어넣기 때문에 여러분은 어린이의 감정으로 하여금 상상력을 억제하고 이성으로 하여금 타인의 비판을 극복하도록 해야 한다. 모든 정념의 근원은 감수성이지만 상상이 정념의 흐름을 결정한다. 따라서 정념을 악덕으로 변하게 하는 것은 상상력의 잘못된 방향결정이다. 그러므로 정념을 효과적으로 사용하기 위해서는 첫째, 인류로서 그리고 한 개인으로서의 인간의 참된 관계를 인식하고 둘째, 이러한 관계에 따라 모든 애정의 감정을 조절해야 한다.

그러나 인간은 온갖 관계에 따라 애정의 움직임을 자유자재로 조절할 수 있을까? 만일 자신의 상상력의 방향을 자유로이 정하고 모든 습관을 마음대로 붙일 수 있다면 가능한 일이겠으나 우리에게 보다 중요한 관심사는 제자의 환경에 있다. 어린이가 선과 악에 대한 감정과 관념을 갖게 되는 것은 내부에 있던 감수성이 자신의 외부로 확대되어 갈 때이다. 이 관념이 인간을 진실하게 만들고 인류의 일원으로 만든다. 그러므로 우리는 먼저 자연의 질서에 따른 실례를 추구하면서 이 점을 관찰해야 한다.

세상 물정에 밝은 어린이는 자기가 받은 조숙한 교육을 사용할 기회를 잡으면 경험하기 이전에 인식한 욕구의 대상을 지체 없이 촉진시킨다. 그를 자극하는 것은 자연이 아니며 오히려 그가 자연을 강요하는 것이다.

그는 어른이 되기 전에 그의 정신은 벌써 어른이 되어 버린 것이다.

자연에 관한 과정은 매우 단계적이어서 먼저 피가 조금씩 끓고 정기가 자라나며 기질이 형성된다. 오랜 기간의 무지가 그의 욕망을 잠재워 끓어오르는 욕망의 생기를 더욱더 반짝이게 한다. 그런 생기는 주위의 다른 존재를 살피면서 인간은 홀로 살 수 없다는 것을 깨닫게 한다. 이리하여 인간적인 애정에 대해 마음이 열리고 애착을 가지게 된다.

신중한 교육을 받은 청년이 느끼는 최초의 감정은 애정이 아니라 우정이다. 그에게 갓 일어난 상상의 최초의 작용은 성(性)에 대한 감정보다 인류에 대한 감정을 불러일으켜 인간애의 씨앗을 뿌리는 일이다. 그러한 것은 이때에만 결실을 얻을 수 있기 때문에 더욱 소중한 것이다.

많은 여성편력을 지닌 방탕한 젊은이들은 대개 몰인정하고 잔인하다. 그들의 상상력은 오직 한 가지 대상에만 사로잡혀 다른 대상을 일체 거부한다. 동정도 자비도 모르는 그들은 쾌락이라면 그 어떤 것도 희생하는 자들이다. 반면 순박하게 성장한 젊은이는 자연의 최초의 충동에 의해 부드러운 정서를 가지게 된다. 그는 동료들의 고통에는 같이 울고 기쁨에는 같이 웃는다. 그는 자신의 잘못에 부끄러워하고 뉘우칠 줄 알며 화가 나고 모욕을 당할 때도 선량한 마음씨로 감정을 억제한다. 그는 자신의 잘못을 뉘우칠 때와 같이 남의 잘못도 너그러이 용서한다.

청년기는 복수와 증오에 불타는 시기가 아니라 자비와 관용을 베푸는 시기이다. 스무 살이 될 때까지 동정(童貞)을 지킨 어린이라면 이 연령에 있는 인간 중에서 가장 관대하고 선량하며, 정답고, 또 가장 사랑스럽다.

인간은 우리 모두의 불행인 허약함 때문에 사교적으로 된다. 무엇인가 부족하고 다른 사람의 도움이 필요할 때 타인과 교제하려는 생각이 든다. 우리의 허약함 때문에 이런 작은 행복이 우리를 찾아오게 된다. 그러므로 우리가 같은 인간에게서 애착을 느끼는 것은 환희의 감정에 의해서라기보다 오히려 고통의 감정에 의한 것이다. 왜냐하면 그 고통의 감정에서 우리의 본성을 보다 더 잘 인식하게 되며, 그들의 우리에 대한 애정의 보증을 한층 더 분명하게 알아보기 때문이다.

우리들의 공통적인 필요가 이해관계로써 결합시킨다면, 우리들의 공통된 괴로움은 애정으로써 우리를 결합시킨다. 자기 혼자만이 행복을 누리고 있는 사람을 보면 우리는 그들이 우리를 필요로 하지 않을 거라는 점에서 한층 더 괴롭지만, 불행에 처한 사람을 보면 도와 주고싶은 마음이 생긴다. 상상은 우리를 행복한 사람의 처지보다는 불행한 사람의 처지로 우리의 마음을 움직인다. 이처럼 동정은 유쾌한 것이지만 선망은 괴로운 것이다. 왜냐하면 동정은 괴로워하는 사람과 자신을 비교해 봄으로써 자신이 그 사람만큼은 괴롭지 않다는 기쁨을 느끼게 해 주지만 선망은 그 사람이 누리고 있는 행복이란 우리들에게서 빼앗아간 행복인 것같이 생각되는 까닭이다.

그러므로 감수성의 충동을 최초로 받은 청년을 선하고 친절한 사람으로 만들려면, 거짓된 행복을 보지 못하게 해 그의 마음속에 오만이나 허영심, 선망의 감정이 나타나지 않도록 해야 한다. 처음부터 호화로움과 사교모임의 사치스러움에 접하지 않도록 해야 한다. 그가 인간에 대해서 충분히 알기 전에 보여지는 세상은 그를 교육시키는 것이 아니라 타락으로 이끄는 것이다. 제왕이나 거지나 모두 태어날 때는 벌거숭이였으나 갖은 고통으로부터 자유로울 수 없으며 결국엔 죽음의 문에 서게 된다. 이것은 누구도 피할 수 없는 운명이다. 그러므로 먼저 인간성의 본질부터 연구하는 것이 좋을 것이다.

열여섯 살이 된 청년은 괴로움을 경험했기 때문에 괴로움이 무엇인지를 알게 된다. 그러나 다른 사람의 느낌을 상상하지 못하므로 타인이 고통을 당하고 있다는 생각은 하지 못한다. 그러나 감각이 발달하여 그의 상상력을 자극하면 그는 타인에게서 자신을 느끼고 그들의 고뇌를 함께 괴로워한다. 바로 이때 처음으로 괴로워하는 인간의 슬픈 광경이 지금까지는 경험하지 못했던 감동으로 다가오는 것이다.

만약 여러분의 어린이에게서 이 시기를 깨닫는 것이 용이하지 않다면 그것은 일찍부터 감정을 위장하도록 가르쳐 자신의 행동을 정확히 표현하지 못하도록 가르친 여러분의 탓이다. 그러나 느낌도 없었고 느낌을 위장해 본 적도 없는 나의 에밀은 사랑의 의미를 알기 전에 사랑한다는 말은 하지 않는다. 그는 슬프지도 않은데 슬픈 척 하는 태도를 꾸미지 않고, 누가 죽어도 거짓으로 눈물을 흘리지도 않는다. 무감각한 그의 상태가 그대로 행동에 나타난다. 다른 어린이처럼 그 또한 누구에게도 흥미를 가지고 있지 않으나, 다른 점이 있다면 그 느낌을 위장한다거나 거짓말을 입에 담지 않는다는 것이다.

에밀은 감각을 가진 존재에 대해서는 생각해 본 일이 없기 때문에 괴로움이나 죽음에 대해서는 먼 훗날에야 알 것이다. 비통해 하는 목소리나 괴로운 신음소리는 그의 마음을 흔들어 놓을 것이고, 피 흘리는 광경은 그의 시선을 돌리게 할 것이며, 죽음이 임박한 동물의 몸부림치는 모습을 보는 순간에 일어나는 새로운 감정은 어디에서 오는지 그로서는 알 수 없으나 마음은 무척 아플 것이다. 만약 그가 느낌이 둔하고 야만적이라면 그는 그러한 아픔을 느끼지 못할 것이다. 그가 더 많은 지식을 가지고 있다면 그는 그러한 고뇌의 원인을 알 것이다. 그는 이미 많은 관념을 비교해 왔기 때문에 전혀 무감각할 수는 없지만 자신이 느끼고 있는 것이 어떤 것인가를 알기에는 아직 충분하지 못하다.

이렇게 해서 인간의 마음을 움직이는 최초의 감정인 동정심이 생기는데, 어린이가 감수성과 동정심을 가지기 위해서는 자신과 똑같이 고통을 느끼는 비슷한 존재들이 있다는 것을 알아야 한다. 우리는 우리 자신을 초월하여 고통스러워하는 대상과 일체가 되어야만 동정심을 갖게 된다. 그러므로 상상력이 자신을 초월하기 시작한 경우가 아니고는 민감해 질수 없는 것이다. 이와 같이 싹트는 감수성을 자극하고 키워 나가기 위해서는 그의 마음을 다른 존재에게까지 미치게 하여 자신을 초월할 수 있는 대상을 보여주되 자아를 긴장시키는 대상은 멀리하는 것이 바람직하다. 즉, 친절, 동정심, 인간애와 같은 정념을 자극하여 질투나 증오심과 같은 정념을 무능력하고 부정적인 것으로 하여 잔인하고 불쾌한 정념이 싹트는 것을 미리 예방해야 한다.

이상과 같은 고찰을 명확하게 이해할 수 있도록 서너 개의 준칙으로 요약해 보자.

제1 준칙 : 인간은 자기들보다 더 행복한 사람의 위치에 자기를 놓아 보는 일은 없고 자기보다 불행한 사람의 위치에 자신을 놓아 볼뿐이다. 이 격언에서 예외가 있다면 그것은 실제적인 것이 아니라 표면적인 것이다. 그래서 자신을 부자나 귀족의 위치에 두는 경우는 별로 없다. 가끔 우리는 불행에 빠진 부자를 동정할 수는 있으나 그가 번영을 누리고 있는 한 진정한 친구는 없다. 다만 그의 친구가 될 수 있는 사람은 그가 번창하고 있을 때라도 그를 가엾게 여기는 사람뿐이다.

사람은 목가적(牧歌的)인 생활을 누리는 사람을 보면 질투보다는 감동을 느낀다. 그것은 마음만 먹으면 언제라도 그런 생활을 누릴 수 있다고 생각하기 때문에 그런 생활은 우리에게 언제나 유쾌한 감각만을 던져 준다. 자기의 재산을 생각하기만 해도, 비록 그것을 사용할 의사가 없더라도 그것은 언제나 즐거움을 가져온다. 그러므로 청년에게 인간애를 느끼게 하려면 타인의 빛나는 운명을 그에게 탄복하게 하는 대신 생활의 비참한 측면을 부각시켜 그것을 근심하도록 해야 한다. 그러면 그는 스스로 행복의 길을 개척해 나갈 것이다.

제2 준칙 : 사람은 자신도 똑같이 불행을 당하게 된다고 생각하지 않으면 남의 불행을 동정하지 않는다.

'내가 불행을 경험했기 때문에 남을 돕는 것이다(베르길리우스).'

나는 이 시구(詩句)처럼 아름답고 뜻이 깊고 감동적이며 진실한 말을 알지 못한다. 왕은 왜 신하를 동정하지 않을까? 부자들은 왜 가난한 사람에게 냉혹할까? 귀족은 왜 천민을 학대하는가? 모두가 상대방의 입장을 경험하지 않았고 그 입장에 처하리라고는 생각조차 않기 때문이다. 그러나 사람은 누구나 언젠가는 자기가 도와준 사람의 도움을 받는 처지에 처할 수 있다. 동양의 소설에는 이러한 사상이 많이 나오는데 메마른 도덕 속에 사는 우리에게는 신선한 감동을 준다.

그러므로 여러분의 제자에게는 불행한 사람들의 운명이 자신의 운명으로 될 수 있으며 모든 불행은 언제나 자기 주위에 머물러 있다는 것을 충분히 이해시켜서 출신성분이나 건강이나 부귀를 절대로 믿지 않도록 해야 한다. 이런 사실을 깨닫게 하기 위해 대단한 지식이 필요한 것은 아니다. 다만 그가 인간이 겪는 갖가지 재앙들을 직접 보고 느끼도록 해야 한다. 그의 상상력을 자극하여 주위에는 항상 위험이 도사리고 있다고 말함으로써 그것으로부터 보호받고자 여러분에게 의지하도록 하는 것이 좋다. 그대는 말하리라. '우리는 어린이를 겁쟁이와 비굴한 소년으로 만들고 있다'고. 그러나 먼저 그를 인간적으로 지도하는 것이 중요한 일임을 후에 알게 될 것이다.

제3 준칙 : 우리가 다른 사람의 불행에 대해서 느끼는 동정은 그 불행의 크고 작음에 있지 않고 그 불행에 괴로워하는 사람에 대해 지니는 감정에 좌우된다.

우리는 동정을 받을 만한 상태에 있는 사람만을 동정한다. 우리의 불행에 대한 육체적인 감정은 비교적 한정되어 있으나, 기억력이 그 느낌을 연장시키고 상상력이 미래로 확장시키는 것이다. 우리는 인간의 괴로움보다 동물의 괴로움에 대해서 덜 민감한데 그 원인은 바로 이 점에 있다고 본다. 우리는 수레를 끄는 말을 보고 가엾다고 생각하지 않는다. 왜냐하면 그 말이 풀을 뜯어먹으면서 매 맞을 것을 생각한다거나 노역을 생각하지는 않을 것이라고 추측하기 때문이다. 이와 마찬가지로 곧 죽게 될 양이 풀을 뜯는 것을 보고 불쌍하다고 생각하지 않는다. 왜냐하면 그 양은 다가오는 자기의 운명을 알지 못한다고 상상하기 때문이다.

이 생각이 확장되면 사람들은 인간의 운명에 대해서도 그처럼 냉담해져서 부자들은 그들이 가난한 사람에게 주는 고통도 그들이 우둔하기 때문에 곧 잊어버릴 거라고 가장하고 스스로 위로한다. 일반적으로 사람을 존경하는 마음의 여하에 따라 동료들의 행복을 소중하게 여기는 마음이 달라진다고 나는 생각한다. 그러므로 정치가가 민중에 대해 경멸하는 투로 대한다거나 철학자가 인간을 사악한 존재로 만들려는 것도 그리 놀랄 일은 못된다.

인류를 구성하고 있는 대다수는 민중이다. 인간은 모두 평등한 존재이므로 가장 많은 사람이 속해 있는 상태가 존경의 대상이 되어야 한다고 생각하는 사람에게는 사회적 차별이 있을 수 없다. 비천한 사람에게나 고귀한 사람에게나 동일한 감정과 정념이 있으나, 차이가 있다면 그것은 말씨와 몸가짐밖에는 없다. 민중은 있는 그대로를 보여준다. 반면 상류 사교계의 사람들은 변장을 한다.

현자들은 모든 상태에는 같은 양의 행복과 같은 양의 고뇌가 있다고 말한다. 그렇다면 노예나 병자나 거지나 모두가 다른 사람과 같은 행복을 누린다는 말이 된다. 또한 그들은 부자들의 고통을 말하고 쾌락이 부질없다고 떠든다. 그러나 부자의 고통은 신분에서 비롯되는 것이 아니라 스스로 그 신분을 남용한데서 비롯되는 것이다. 반면 가난한 사람의 고통은 피로와 궁핍을 제거할 수 없는 외부조건, 신의 운명에서 온다. 훌륭한 정신과 지혜도 불행한 처지로부터 그를 구출하는데는 도움이 되지 않는다.

노예시절에 주인의 고문을 당해 절름발이가 된 에픽테투스(그리스 스토아 학파의 철학자)가 그 고문사실을 미리 알았다고 해서 그 상황에서 벗어날 수 있었을까? 그것을 미리 알았다면 고통만 더할 뿐이었으리라. 우리가 우둔하다고 생각하는 민중에게 분별력이 있다고 해서 나아지는 것이 무엇이 있겠는가? 민중에게도 여러분과 같은 재능과 양식이 있다.

인류는 본질적으로 민중의 집합으로 이루어져 있으므로 왕이나 철학자가 여기에서 제외되더라도 인류 자체에는 변함이 없다. 따라서 인류를 사랑하는 것은 천시 당하는 사람을 포함하여 민중을 사랑하는 것이다. 여러분의 제자는 어느 계층의 구성원도 아니면서 동시에 어떤 계층에도 융화될 수 있도록 해야 한다. 그의 앞에서는 애정과 연민의 정으로 인류를 말하라. 인간을 결코 멸시해서는 안 된다.

자연의 최초 충동으로 청년의 마음을 자극하여 다른 인간을 향해 가슴이 열려지게 하려면 허영심, 명예심, 경쟁심과 같은 감정으로 다른 사람과 자신을 비교하게 해서는 안 된다. 자기 자신을 평가하기 위한 비교라 하더라도 그것은 필히 우열을 다투는 사람에 대한 반감을 조장하게 한다. 그렇게 되면 우리는 맹목적이 되거나 조급해지거나 신경질적인 인간 또는 바보가 된다. 이런 정념들이 곧 생기기는 하겠지만 일부러 조장할 필요는 없지 않은가? 이것이 우리가 취해야 할 기본적인 방법이다. 여기서부터는 수많은 성격이 나타나기 때문에 실례를 들어 설명하는 것은 무리다. 다만 교사가 형성하려고 애쓰는 제자의 마음속을 재는 기술을 지닌 관찰자와 철학자로서의 진정한 직분이 시작되는 것이 이 시기이며, 기회를 잘 살핌으로써 그것들을 예견하고 지도할 수 있어야 하는 것이다.

널리 알려진 피, 비명, 신음 또는 두려움을 주는 수술도구 등 고통의 대상을 감각에 느끼게 하는 것은 보다 빨리 보다 보편적으로 사람의 마음을 사로잡는다. 파멸의 관념은 매우 복잡하므로 느껴지지 않는다. 죽음에 대한 인상은 경험이 없으므로 보다 더 늦게, 보다 더 강하게 마음을 움직인다. 그러나 시체를 보면서 죽음에 대한 인상이 마음속에 새겨지면 이보다 더 무서운 광경은 없다. 감각에 전해지는 죽음의 인상은 완전한 파괴의 개념이며 피할 수 없는 운명이라는 생각에 마음이 동요되기 때문이다.

이런 갖가지 인상들은 각 개인의 독특한 성격이나 습관에 따라 변한다. 그러나 그것은 보편적이어서 그것을 완전히 모면하는 사람은 없다. 그러나 보다 더 더딘 것도 있고 일반성을 지니지 못하는 것도 있지만 감수성이 민감한 정신들에게는 한층 더 고유한 것이 있는데 그것은 정신적 고뇌, 번민, 우울, 비애 등으로부터 오는 인상이다. 비탄에 잠겨 신음소리를 내는 사람이나 핏기 없는 초췌한 얼굴을 한 사람을 보고도 마음이 동요되지 않는 사람이 있다.

이런 사람에게는 고통이란 아무 의미도 없으며 아예 느끼지 못하는 인상이다. 엄격하고 완고하고 잔인함밖에는 지니지 않은 이런 사람들은 공정하고 정의로운 사람은 될 수 있으나 관대하고 인정이 많은 사람은 절대로 될 수 없다. 그러나 그들이 바른 교육을 받아서 아직까지 경험하지 못한 정신적인 고통에 대해서는 아무런 관념도 가지지 못한 청년이라면 그렇게 판단할 수는 없다.

거듭 말하지만 이런 청년들은 자기가 경험한 고통에만 동정심을 갖기 때문이다. 그러나 일단 무수한 괴로움이 인간생활에 포함되어 있다는 사실을 알게 되면 그러한 무감각은 동정으로 변할 것이다. 나의 에밀은 어린 시절에 순진성과 양식(良識)을 지닌 까닭에 청년 시절에는 따뜻한 마음과 풍부한 감수성을 지니게 될 것이다. 왜냐하면 감정의 진실성은 관념의 정확성에 좌우되기 때문이다.

그러나 불행한 사람들, 죽어 가는 사람들, 그들의 고통과 비참한 광경들! 과연 이것이 인생의 문턱에 들어선 청년이 느껴야 하는 행복이며 기쁨이란 말인가! 이런 불평을 하는 교사들은 내가 약속했던 교육, 즉 즐거운 교육을 상기하면서 오히려 그를 괴롭히기 위해 눈을 뜨게 한 것이 아니냐고 말할 것이다. 그게 나와 무슨 상관인가? 나는 그를 행복한 인간으로 만든다고 했지 행복한 것처럼 보이게 하겠다고 약속하지는 않았다.

초기 교육을 마치고 전혀 상반되는 두 문을 통해서 세상으로 들어가는 두 청년을 생각해 보자. 한 청년은 단번에 올림포스 정상에 올라 화려한 사교계에서 활동하며 가는 곳마다 극진한 환대를 받는다고 하자. 그에게는 항상 새로운 쾌락이 기다리고 있으며 그는 언제나 그것에 몸을 맡긴다. 여러분은 그가 만족하고 있다고 생각한다. 그러나 그의 정신상태를 살펴보는 나는 괴로워하고 있다고 생각한다. 그가 눈을 뜨면서 맨 처음

본 것은 그가 모르고 있던 무수한 행복, 그것도 어느 한순간만 머물다가 홀쩍 떠나가 아쉬움만을 남겨주는 그런 행복이다. 궁정의 뜰을 산책하면서 그는 자기 아버지의 집은 왜 호화롭지 못한지 궁금해하면서 궁전의 주인과 자기를 비교한다. 그렇게 비교함으로써 그는 자신에게 굴욕감을 주는 모든 것이 그의 허영심을 자극하여 그것에 반항케 한다.

자기보다 더 좋은 옷을 입은 청년을 만나면 아버지의 인색함을 불평할 것이며, 이와 반대로 자기보다 더 초라한 옷을 입어도 자신보다 더 훌륭한 가문과 재능을 소유한 청년 앞에서는 자기가 오히려 무안해지고 부끄러워한다. 어떤 모임에서 혼자만이 돋보였다고 해서 더 나아질 것도 없는 것이 허영심과 자존심에 가득 찬 이 젊은이의 콧대를 꺾어 놓겠다고 결속하지 않을 사람이 없을 것이기 때문이다. 성실한 사람들의 근심스런 눈길과 비교하는 사람들의 독설이 지체 없이 그에게 날아온다.

그가 재능과 매력을 겸비한 청년이라고 하자. 그가 여자들에게 관심을 두기 전에 여자들로부터 환영을 받을 것이다. 그에게 많은 행운이 찾아와도 그것을 느낄 수 있는 정념이나 감정은 갖지 못할 것이다. 쾌락에 빠져 있으면서도 권태를 느낄 것이며 성(性)에 대해서도 싫증을 느낄 것이다. 허영심으로 계속 이성교제를 한다고 해도 훌륭하고 사랑스러운 남성은 많이 있으므로 그의 애인도 언젠가는 다른 남성과 교제하게 될지도 모를 일이다.

지금까지 가족과 친구의 배려만 받던 유일한 보호의 대상이 하찮은 존재로 여겨지는 미지의 세계로 들어가고, 자기가 중심이던 세계에서 그렇지 않은 세계로 들어간다는 것은 무척 대조적인 일이다. 자신이 중요하다는 편견을 가진 사람 속에서 자라난 그가 그렇지 못한 사람 사이에서 생활하게 된다면 얼마나 많은 수모를 당하겠는가? 어렸을 때는 모두로부터 양보와 친절을 받던 어린이가 청년이 되면 그가 다른 사람에게 양보와 친절을 베풀어야만 하는 것이다. 원하는 것은 모두 가졌던 그가 얼마나 많은 부족감을 맛볼 것인가?

모든 것에 유혹 당하고, 모든 것을 소유하고 모든 것을 지배하려는 허영심과 방종한 욕망이 젊은 마음을 불태운다. 욕망은 질투와 탐욕을 부른다. 그는 요란한 세상에 감정의 동요를 가지고 나갔다가 밤이 되면 격정의 동요와 인간에 대한 불만을 짊어지고 돌아온다. 그는 수많은 헛된 계획을 품고 또 수많은 환상에 시달리며 잠을 설친다. 그의 자만심은 꿈속에서도 이러한 환상의 쾌락을 그려 보인다. 이 청년이 여러분의 제자이다. 그러면 나의 제자를 살펴보자.

만일 에밀에게 비친 최초의 광경이 슬픈 광경이었다 하더라도 그것은 에밀에게 기쁨의 감정을 줄 것이다. 그는 자신이 그동안 불행을 겪지 않았다는 생각에서 행복함을 느낄 것이다. 그는 자기와 같은 인간의 고통을 자발적으로 나누어 가짐으로써 즐거움을 맛본다. 다른 사람의 행복을 위하여 우리에게 남아도는 활력이 있음을 느낀다. 사람들은 고통을 경험하고 또 경험하리라고 생각할 때 사람을 동정한다. 만약 지금 자신이 고통을 당하고 있다면 자기만을 동정할 뿐이다. 그러므로 동정이란 고통을 당하지 않는 상태의 사람에게 생기는 감수성이므로 결국 유쾌할 수밖에 없다. 반대로 냉혹한 사람은 타인의 괴로움에 대해서 그가 베풀 수 있는 감정의 여분이 전혀 없으므로 항상 불행하다는 결과가 된다.

우리는 지나치게 외관에 의해 행복을 판단하고, 가장 행복하지 못한 자에게서 행복을 가정한다. 그래서 행복이 있을 수 없는 곳에서 행복을 구하고 있다. 쾌활함이란 남을 속이고 자신의 불행을 잊으려는 사람에게서 볼 수 있는 특징이다. 여러 사람과 만날 때는 개방적이고 명랑하던 사람이 홀로 있을 때는 우울한 경우가 많다. 따라서 진정한 만족이란 유쾌한 것도 들떠있는 마음도 아니며 참으로 행복한 사람은 별로 말이 없고 웃음도 없다. 말하자면 행복을 자신의 내부에 간직하고 있는 것이다.

겉으로 나타나는 즐거움이나 기쁨의 이면에는 혐오와 권태가 깃들어 있다. 감동과 눈물은 유쾌한 즐거움을 수반하며 극도의 기쁨은 눈물을 동반한다. 처음에는 오락이 행복을 가져다주고 획일적인 생활은 지루함을 가져오는 것처럼 보이지만 실상은 그 반대로 영혼의 가장 감미로운 습관은 향락의 절제 속에 있다는 것을 알게 된다. 사교계의 사람들은 가면을 쓰고 타인으로만 존재하며 막상 자신으로 돌아오게 되면 불편을 느낀다. 그들에게는 자신이 어떤 존재인지보다는 남들 눈에 어떻게 보이느냐가 문제인 것이다.

만족과 마음의 평온함을 나타내는 소박하고 명랑한 표정을 가진 에밀의 얼굴은 존경과 신뢰감을 심어 주고 상대방에게 우정을 주려는 인상을 준다. 나는 사람의 인상이란 단순한 신체적 발달의 결과가 아니라 정신적인 감동의 계속된 표출로 인해 형성된 것이라고 생각한다. 따라서 인상은 사람의 성격을 나타내며 인상에 의해 사람의 성격도 파악이 가능하다.

어린이가 갖는 뚜렷한 감정은 기쁨과 슬픔밖에는 없다. 항상 이 두 감정을 오가는 어린이의 얼굴은 어떤 뚜렷한 인상을 갖지 못한다. 그러다가 연속적인 심리적 감동을 받는 나이가 되면 한층 더 지우기 힘든 인상의 흔적이 남는다. 이러한 습관적인 마음의 상태에서 얼굴의 특징이 나타나는데 이것은 시간이 흘러도 지워지지 않는다. 나의 관찰에 의하면 사람들은 인상과 더불어 습관적인 정념도 동시에 변한다. 이렇게 외부에 나타난 표징으로 영혼의 움직임을 판단하는 방법을 배우는 것은 교육론에서도 중요할 것이다.

관습적인 생활방식을 배우지도 않고 느끼지도 않는 감정을 지닌 체하는 것을 배우지도 않은 에밀은 덜 사랑스럽게 보일지는 몰라도 한층 더 애정이 넘치는 인간이 될 것이다. 그리고 자신만을 사랑하는 사람은 타인에 대한 애정에서 새로운 행복을 느끼는 사람만큼 타인의 마음에 들기 위해 자신을 위장할 수는 없을지라도 감정 자체에만 있어서는 내가 모순되지 않음을 증명할 만큼 충분히 설명한 것으로 믿는다.

다시 나의 방법으로 돌아간다. 그러므로 비판적인 연령에 이른 젊은이에게는 자극적인 광경은 피하고 감정을 진정시킬 만한 광경만 보여주는 것이 좋다. 그들의 관능을 부채질하지 말고, 관능을 저지할 대상을 선정하여 싹트는 상상력을 다른 방향으로 돌려주어라. 선택할 수 있는 나이가 되기 전에는 알아서는 안 될 쾌락이 난무하는 도시로부터 그를 격리시키고, 그들 나이의 정념을 비교적 더디게 발달시키는 순박함이 넘치는 시골로 그들을 데려가라.

설혹 예술에 대한 그들의 취미가 그들을 다시 도시로 끌어들인다 하더라도 그것을 피하게 하라. 친구, 직업, 쾌락을 주의해서 선택해 주고 관능을 흥분시키지 않고 감수성을 가꾸어 주는 감동적인 것만을 보여주어라. 인간의 비참한 광경을 보여주어 그의 마음을 감동시킬 필요는 있지만 그를 냉혹하게 만들어서는 안 된다. 습관적인 광경은 사람의 인상을 둔감하게 한다. 그러므로 죽음이나 고통을 항상 봐 온 신부나 의사들은 냉혹해지기 쉽다.

따라서 여러분의 제자에게는 동료의 불행을 느끼게 할 필요는 있으나 자주 보여줘서는 안 된다. 단 한 가지 대상이라도 적당한 때에 적당한 것을 골라 보여준다면 그는 계속 감동하고 반성할 것이다. 판단을 결정하는 것은 목격이 아니라 목격한 것에 대한 자신의 회고이고 대상에 의한 인상은 그 자체에서 오는 것이 아니라 그가 생각하는 관점에서 오는 것이다. 그가 지식을 얻으면 그것과 관련된 관념을, 욕망이 일어나면 그것을 억제시키는 광경을 보여주어라. 여성에 대한 욕정이 싹트는 아들을 억제시키려고 모든 노력을 다 했는데도 아들이 아버지의 감시망을 벗어나려는 것을 본 어느 아버지는 아들을 성병치료 병원으로 데리고가 방탕이 낳은 고통을 보여주면서 다음과 같이 말했다고 한다.

"가여운 방탕아야! 너도 곧 이 병원으로 들어올 테니 기쁘겠구나. 그리하여 가장 더러운 고통의 희생물이 되겠지? 그리고 나는 너의 죽음에 대해 하나님께 감사를 드려야 하겠지."

이 몇 마디 말은 그 청년에게 무서운 광경과 함께 잊혀지지 않는 깊은 인상을 남겼다. 이후 그는 동료들의 조롱을 받으면서도 방탕한 생활은 하지 않았다.

교사들이여! 많은 말이 필요 없다. 다만 때와 장소와 사람을 선택하는 것을 배워야 한다. 그 다음에는 구체적인 실례를 교훈으로 삼아라. 반드시 효과가 있을 것이다. 어린 시절을 어떻게 보내는가 하는 것은 그렇게 중요하지 않다. 그러나 진정한 삶이 시작되는 지금 이 시기는 결코 충분히 지속되지 않기 때문에 이 시기를 되도록 오래도록 연장시키는 기술이 중요하다. 훌륭한 재배법 중에서 가장 유익한 방법은 가능한 늦추는 일이다. 어른이 되기 위해 해야 할 일은 모두 다 마쳐야 하므로 그때까지는 어른이 되는 것을 막아야 한다. 육체가 성장하면서 혈액에 활력을 주고 근육에 힘을 주는 정기가 형성되고 정제되어 간다.

만일 신체를 완성하기 위해 주어진 정기를 다른 것의 형성에 사용한다면 쌍방이 모두 무기력해져서 자연의 작업은 미완성으로 남게 된다. 그렇게 되면 정신도 육체와 마찬가지로 허약하고 무기력하게 작용할 수밖에 없다. 그러므로 정신과 육체를 연결하는 기관들이 제대로 잘 이루어지고 힘과 활력이 있는 혈액을 그 원동력으로 삼고 있어야 한다. 일반적으로 타락하지 않은 청년은 정신력이 강하며, 좋은 풍습을 가진 국민이 보다 문화적인 것이다. 진정으로 존경할 만한 지혜와 이성은 훌륭한 관습을 지닌 국민에게서 볼 수 있는 미덕이다.

교사들은 이 시기의 격정이 청년을 지도하기 힘들게 한다고 말하는데 나도 그것은 인정한다. 하지만 그것은 교사들이 잘못한 결과이며, 교사는 제자가 격정으로 인해 관능에 빠지지 않도록 하면 된다. 사람은 인내심과 더불어 표면적인 권위도 가질 수 있다. 그러나 그 권위가 악덕을 조장함으로써 그 악덕을 유지하는 것은 이해할 수가 없다. 그것은 마치 성난 말을 진정시키려고 조련사가 말을 낭떠러지로 뛰어 내리게 하는 것과 같다.

이와 같은 청년의 정열은 교육에 방해가 되는 것이 아니라 그 정열로 인해서 교육이 성취되고 완성되는 것이다. 그들의 강한 힘은 정열의 실마리를 제공해 주며 그들의 최초의 애정은 그들 행동의 고삐가 된다. 사랑함으로써 그는 처음으로 인류와 결합하게 된다. 그렇다고 싹트기 시작한 그의 감수성을 인류 쪽으로만 돌린다고 해서 인류를 포용하게 되는 것은 아니다. 이 감수성은 처음에는 자기와 가까운 친지들에게만 국한되는데 이 개인적인 애정을 인류로 확산시키는 것은 그의 자연성을 키워나가 자신의 감정과 타인의 감정을 숙고한 연후에 비로소 이루어지는 것이다.

그가 애정을 가지게 되면 타인의 애정에도 민감해 진다. 그리하여 애정의 표시에도 관심을 갖게 된다. 여러분은 그에 대해서 어떤 새로운 영향력을 획득할 것인지 알겠는가? 여러분은 그가 모르는 사이에 그의 마음에 얼마나 많은 사슬을 쳐놓았던가? 그가 자신에 대해서 눈을 뜨면서, 여러분이 그를 위해 한 일이 무엇인가를 알게 될 때, 그가 또래의 다른 젊은 이와 자기를 비교하게 될 때, 얼마나 많은 것을 느끼겠는가?

그러나 그에게 그것을 말하지 않도록 조심하라. 만일 여러분이 미리 말해버린다면 그는 이미 그것을 이해하지 못할 것이다. 여러분이 자신에게 부채를 주고 자발적으로 동의하지 않는 계약을 체결함으로써 자기를 속박하려고 한다고 생각할 것이다. 그렇게 되면 여러분은 동의도 얻지 않고 그에게 베푼 것을 핑계삼아 요구하는 꼴이 되며, 여러분의 제자가 허락지 않은 보살핌에 대한 보상을 그에게 요구하는 것은 부정한 일이다.

우리는 자신에게 친절을 베푸는 사람을 사랑한다. 원래 배은망덕이란 인간의 마음속에는 존재하지 않지만 인간의 마음에는 이기심이 있기 때문에, 이기심 때문에 친절을 베푸는 사람보다는 은혜를 입고서도 은혜를 배은하는 사람이 더 적다. 선물이 소중한 것은 아무런 조건 없이 주기 때문이다. 사람들의 마음을 구속하면서 주는 선물은 그 마음을 멀리하는 결과를 가져온다.

만일 우연한 기회에 과거에 받았던 은혜를 잊지 않고 있음을 뜻하지 않은 봉사로써 표시할 수 있다면 그 감사의 정이 만족된 것에 대해 얼마나 기뻐할 것인가? 얼마나 큰 감격으로 그 은인에게 말할 것인가? "이제야 제 차례가 되었습니다."하고. 이것이야말로 진정한 자연의 음성이다. 진정한 은혜는 결코 배은망덕을 가져오지 않는다. 그러므로 감사하는 감정은 자연의 감정이다. 여러분이 자신의 잘못으로 그 효과를 훼손시키지만 않는다면 여러분의 제자는 여러분의 온정의 가치를 깨닫게 되면 반드시 그것에 대해 감사할 것임을 확신해도 좋다. 다만 여러분이 그에게 베푼

온정에 스스로 값을 따지지 않는다면 말이다. 그렇게 한다면 그의 마음속에 파괴되지 않는 권위만을 심어 주게 될 것이다.

여러분의 제자에게 자신의 공적을 자랑하는 것은 그가 그것을 견딜 수 없도록 만든다. 그가 어른으로 인정받기까지는 여러분에게 해야 할 그의 의무를 문제삼아서는 안 되며 그 자신에 대한 의무만이 문제시되어야 한다. 그를 복종케 하려면 그에게 완전한 자유를 주어라. 그리고 사랑의 의미를 느끼기 시작하면 항상 자기를 보살펴주는 여러분의 열정을 친구에 대한 애착으로 끌어올릴 것이다. 그런데 그러한 열정 속에서 가장 중요한 역할을 차지하는 것은 충분히 인식된 우정이라는 목소리다. 왜냐하면 그 우정의 목소리는 언제나 우리의 이익을 위해서만 말한다는 것을 알고 있기 때문에 우리는 친구가 우리를 오해한다고는 생각할 수 있어도 그가 우리를 속일 것이라고는 생각지 않기 때문이다.

우리는 마침내 도덕적 질서 속으로 들어간다. 인생의 제 2단계로 접어든 것이다. 나는 여기에서 어떻게 해서 마음의 최초의 충동이 양심의 최초의 목소리에 도달하는가를, 그리고 어떻게 해서 사랑과 미움의 감정에서 선악에 대한 최초의 관념이 생기는가를 시도해 보려 한다.

정의와 선은 단순히 추상적인 말이나 오성에 의해서 이루어지는 순수한 도덕적 개념이 아니라 이성에 의해 깨달은 영혼의 참된 애정이며, 그것은 우리의 근원적인 애정의 질서 있는 진보의 한 단계에 불과하다는 것, 또 양심과 상관없이 이성만으로는 어떠한 자연적 법칙도 확립될 수 없다는 것, 그리고 모든 자연적 권리도 만일 인간의 마음의 근원적인 필요에 입각한 것이 아니면 모두 하나의 환영(幻影)에 지나지 않는다는 것을 증명하고 싶다. 그러나 나는 여기서 형이상학이나 윤리학을 거론할 생각도 없으며 어떤 연구를 강의할 생각도 없다. 우리를 구성하고 있는 감정들이나 우리의 인식의 질서와 발달을 기록하는 것으로 충분하다. 내가 여기서 지적한 것은 아마 다른 사람이 증명해 줄 것이다.

나의 에밀은 지금까지 자기 자신만 생각해 왔으므로 자기 자신과 똑같은 인간에게 갖는 최초의 관심은 자기를 그들과 비교하는 것이다. 이러면서 생기는 최초의 감정은 언제나 최고가 되고자 하는 감정이다. 이것은 자기에 대한 사랑이 이기심 또는 자존심으로 바뀌는 지점이며 자존심과 관련된 모든 정념이 이때부터 생기기 시작한다. 그러나 어떤 정념이 그의 성격을 지배할 정념이 될지를 결정하기 위해서는 그가 사람들 사이에서 어떤 자리를 차지하고 있다고 자각하는지를 알아야 하며 그가 차지하려고 하는 자리에 도달하기 위해서 어떤 장애물을 넘어야 한다고 믿는지를 알아야 한다.

　이러한 탐구로 그를 이끌어 가기 위해서는 공통된 불행에 처한 인간의 모습을 보여준 다음 그것들의 차이에 의해서 인간을 제시해 주어야 한다. 여기서 자연적인 불평등과 사회적인 불평등의 척도가 생기게 되며, 이때야말로 사회 전반의 질서를 그려 보이는 시기인 것이다. 그러나 우리들은 무익한 욕망과 인간의 육체적인 욕구를 혼동하기 때문에 육체적인 욕구를 인간사회의 기초로 생각하고 있는 사람은 항상 결과를 원인이라고 생각하며, 그들은 모든 추리에서 혼란을 일으킬 뿐이다.

　자연의 상태에는 현실적으로 파괴할 수 없는 평등이 있다. 그러나 문명사회에서는 권리를 통한 평등이 있다. 그리하여 평등을 유지하려는 수단 그 자체가 평등을 파괴하며 권력은 자연의 균형을 파괴하고 있다. 이 최초의 모순 때문에 다수가 소수의 희생이 되고 공공의 이익은 개인의 이익의 희생이 되며, 정의에의 복종이라는 그럴듯한 말이 폭력과 불의의 무기로 되는 것이다. 우리는 여기서 정의와 이성에 의해서 특권층에게 어느 정도의 존경을 나타내야 할지를 분명히 판단해야 한다. 또한 각자의 운명을 정확히 판단하려면 그들의 지위가 과연 그들에게 행복의 열쇠가 되는지를 알아보아야 한다. 이 중요한 연구과제를 위해 먼저 인간의 마음을 알아보자.

　만일 청년에게 가면을 쓴 인간을 보여주는 것이 문제라면, 그들에게 인간을 보여줄 필요도 없다. 그들은 언제나 필요 이상으로 인간을 보고 있기 때문이다. 그러나 그것은 겉모습에 지나지 않으며 인간 그대로의 모습을 보여주는 것이야말로 인간이 인류에 대해 가질 수 있는 가장 알맞은 생각을 심어 주는 첩경이다. 이러한 목적을 위해서 청년에게는 그 자신의 경험보다는 다른 사람의 경험에 의해서 교육하는 것이 필요하다. 만일 사람들이 그를 속인다면 그는 인간을 미워할 것이다. 피타고라스는 "세상은 올림픽 경기와 비슷해서 어떤 사람은 가게를 차려 자신의 이익을 구하고, 어떤 사람은 몸을 바쳐 명예를 추구하고, 또 어떤 사람은 구경하는 것으로 만족하고 있는데 그렇다고 해서 최하의 부류의 사람은 아니다."하고 말했다.

나는 청년이 친구를 잘 선택하도록 하여 사람들에게 호의를 갖게 하고, 세상을 충분히 알게 하여 세상의 모든 일에 흥미를 갖도록 했으면 한다. 인간은 본래 선하다는 것을 인식하게 하여 이웃을 판단하게 하라. 반면에 사회가 인간을 어떻게 타락시키고 잘못되게 하는가를 알게 해서 사람들의 편견이 모든 악의 근원임을 깨닫게 하라. 모든 사람은 가식에 차 있지만 그 가식 뒤에는 아름다운 얼굴이 있음을 알려 주어라.

이 방법은 결코 쉽지 않아서 너무 어려서부터 다른 사람의 행동을 지나치게 자세히 탐색하도록 훈련시킨다면 그는 자칫 성급하게 판단을 내리고 만사에 대해 부정적으로 해석할 것이며 부도덕한 일에 그의 눈이 익숙하게 될지도 모른다. 그러나 인간의 자연적인 본성과 성향을 악으로 돌리는 외부적인 원인의 실상을 그에게 알게 하려고 단번에 감성적인 대상을 지적인 대상으로 바꾼다면 그것은 그가 전혀 이해할 수 없는 형이상학을 사용하는 결과가 된다. 그렇게 되면 지금까지 피하고자 했던 교사의 경험과 권위를 그의 마음속에 심어 주는 장애에 다시 빠지는 것이 된다.

이 두 가지 장애를 동시에 극복하고 인간의 마음을 그에게 이해시키기 위해서 나는 그에게 멀리 떨어져 있는 인간의 모습을, 또 다른 시대와 다른 지방의 인간의 모습을 보여주고 싶다. 이때가 곧 역사를 가르쳐야 할 시기이다. 그는 역사를 통해 철학 없이도 인간을 이해할 것이다. 그는 역사를 통해서 단순한 관객, 중립을 지키는 재판관의 자격으로 사람의 마음을 볼 것이다.

사람을 알려면 그들의 행동을 보아야 한다. 사회에서 사람들은 말만 할 뿐 행위는 숨기지만, 역사에서는 그들의 행동이 적나라하게 나타나므로 판단이 가능하다. 또한 그들의 말로써도 그들을 평가할 수 있는데, 왜냐하면 말과 행동을 비교하면 있는 그대로의 모습과 나타내 보이고자 하는 모습을 동시에 보게 되기 때문이다. 불행하게도 이 연구에는 몇 가지 위험과 불편이 있다.

역사의 가장 큰 결점 중 하나는 인간의 좋은 면보다 나쁜 면을 묘사한다는 점이다. 역사라는 것은 혁명이나 대사건이 없으면 흥미가 없으므로 평화로운 시기에는 가만히 있다가 이웃나라의 국정에 의해 간섭이 생길 때 비로소 입을 열게 된다. 역사가 어떤 국민을 오래 기억하게 하는 것은 그 나라가 쇠퇴기에 처해 있을 때뿐이다. 이리하여 쇠퇴기의 국민들에 대한 역사는 정확하면서도 번영기의 국민들에 대한 역사는 없다. 이런 국민들은 행복하고 현명해서 역사가 그들에 대해서 할 말이 없기 때문이다. 또 사실상 오늘날에 있어서도 훌륭한 정부는 화재의 대상에 오르지 않는 법이다. 선이 역사에 남는 일은 거의 없다. 유명해지는 것은 악인뿐이다. 그러므로 역사도 철학과 마찬가지로 인류를 계속 중상하고 있다.

게다가 역사에 기록된 사실들이란 역사가의 이해와 편견에 의해 변형되었다. 같은 대상도 보는 관점에 따라 달라지는데 전혀 사실과 다른 사실에 대한 변형물은 더더욱 진실된 것이라고 믿기 어렵다. 나무의 많고 적음이, 바위의 위치가, 회오리 바람이 아무도 느끼지 못하는 사이에 얼마나 많은 전투의 승패를 판가름 짓는 원인이 되었단 말인가! 이것으로 하여 역사가가 마치 전장에서 모든 것을 보기나 한 것처럼 승패의 원인을 말한다면 그것을 믿을 수 있겠는가? 진정한 원인이 밝혀지지 않는 사실에서 교훈을 발견하기란 어려운 일이다. 따라서 역사가는 원인을 날조한 것에 지나지 않는다. 그리고 사람들의 비평도 추측의 기술, 즉 여러 거짓말 중에서 가장 진실에 가까운 거짓말을 택하는 기술에 불과하다

『클레오파트라』나 『카산드로』와 같은 역사소설은 잘 알려진 유명한 사건을 선택한 후 전혀 존재하지도 않은 인물을 스스로 묘사하여 만들어 낸 허구에 불과하다. 역사는 거의 이런 소설과 비슷하다. 단지 차이가 있다면, 저자의 상상력을 이용하는 것이 소설이라면 타인의 상상력에 의존하는 것이 역사라는 점이다. 또 한가지, 소설가는 도덕적인 의도를 가지나 역사가는 전혀 그런 것을 가지지 않는다는 점이다.

여러분은 역사의 충실성은 풍습이나 성격의 진실성보다 흥미가 덜하기 때문에 인간의 내면묘사가 사건의 기록보다 중요하다고 말할지 모른다. 그리고 2천 년 전의 사실의 현재적 유용성에 의문을 던질 것이다. 인물이 충실히 묘사되었다면 별 문제가 없으나 대부분의 인물이 역사가의 상상에 의존한다면 우리는 다시 교사의 권위로부터 없애려고 하던 것을 도리어 이번에는 저자의 권위에 일임하는 셈이 된다. 만일 내 제자가 그따위 상상화만을 보게 된다면 내 손으로 그 그림을 직접 그리겠다.

청년에게 가장 나쁜 역사가는 스스로 판단을 내리는 역사가이며, 독자 스스로 판단을 내리도록 하는 역사를 통해서만이 아는 것을 배워야 한다. 만일 저자의 판단에만 따른다면 그는 타인의 눈으로만 세상을 보게 되는 것이다. 특징이 없는 초상화와 같은 근대역사를 논하는 것은 그만두기로 한다. 그러나 일반적으로 고대 역사가는 자신의 판단을 제외하고 많은 양식(良識)을 포함하였으나 그래도 선택에는 신중해야 한다.

따라서 가장 정확하면서도 단순한 역사가를 택해야 한다. 청년에게 폴리비우스(B.C. 205~125년경 그리스의 역사가)나 살뤼스티우스(B.C. 86~34 로마의 역사가, 정치가)는 적합하지 않으며 타기투스(A.D. 55~120년경 로마의 정치가, 역사가)는 좀 어렵다. 인간 마음의 깊이를 알아보기에 앞서 인간의 행동을 보는 법을 배워야만 한다. 경험에 의한 철학은 경험이 없는 청년에게는 위험하다. 청년의 교육은 모두 특수한 규칙에 의해야 한다.

내 생각에는 투기디데스(B.C. 460~395년경 아테네의 역사가, 군인)가 참된 역사가의 모범이다. 그는 판단하지 않고 사실만을 말하면서도 판단하는데 필요한 상황은 모조리 제시하고 있다. 그러나 유감스럽게도 그는 항상 전쟁사만 썼기 때문에 세상에서 가장 비교훈적인 것밖에는 보여주는 것이 없다. 헤로도투스(B.C. 484~425년경 그리스의 역사가)는 인물묘사나 격언을 쓰지 않고서도 유창하고 소박하며 흥미로운 이야기를 하여 어느 누구보다도 뛰어난 역사가라고 할 수 있다. 그러나 지나친 자세함은 오히려 유치해 청년의 흥미를 다소 손상시키는 일이 있다. 그의 저서를 읽기 위해서는 날카로운 판단력을 미리 가져야 한다. 티투스 리비우스(B.C. 59~A.D. 17 로마의 역사가)에 대해서는 다음에 말하기로 하겠다. 그는 정치가이며 수학자여서 지금 얘기하기에는 적합하지 않다.

통사란 이름, 장소, 날짜에 의해 확정적인 사실만을 기록하지만 그 사실에 대한 원인은 불확실하므로 그것 자체가 항상 불명료한 상태로 남아 있게 마련이다. 우리는 때때로 전쟁에서 혁명의 원인을 발견한다. 전쟁이란 역사가들이 보지 못하는 도덕적 원인에 의해 이미 결정된 사건이 표면적으로 드러난 것에 불과하다.

철학적인 정신을 가진 이 시대의 많은 작가들은 모두 체계에 열중하고 있으므로 사실을 있는 그대로 보지 않고 다만 자기 체계와 맞춰서 보려고 한다. 사실 역사는 인간보다는 훨씬 더 많은 것을 보여준다. 왜냐하면 역사는 어떤 선택된 순간에 있어서 또 겉치레의 의상 속에서만 인간을 파악하기 때문이며, 사람들에게 보이려고 몸치장을 한 공적인 인간의 입장만을 나타낼 뿐이다. 그러므로 역사가 묘사하고 있는 것은 인간이 아니고 그가 입고 있는 의상일 뿐이다.

인간의 마음을 연구하려면 개인의 전기를 읽는 것이 좋다. 왜냐하면 그곳에는 적나라한 인간의 모습이 살아 숨쉬기 때문이다. 몽테뉴는 다음과 같이 말했다. "전기 작가는 사건보다는 교훈에, 외적인 일보다 내적인 일에 더 흥미를 가지므로 이런 종류의 플루타르크(그리스의 역사가)가 나에게 가장 적합하다."

대중이나 국민정신은 개개인의 성격과는 크게 다르므로 인간의 마음을 집단 속에서 검토하는 것은 곧 불완전하게 인간을 인식하게 된다. 그러나 인간을 판단하려면 먼저 개인을 연구해야 되며, 또 개인의 성향을 완전히 파악하지 않고서는 국민 전체 속에서의 총괄적인 결과를 예상할 수 없다는 것 또한 사실이다.

다시 고대 작가들에게 돌아가야 하겠다. 그것은 내가 이미 말한 이유에 덧붙여서 진실되고 독특한 세부묘사는 근대의 문체에서는 추방당했으므로 인간들은 근대 작가들에 의해 사생활에서도 세계의 무대에 선 것처럼 꾸며져 있다. 엄격한 예절이란 행동에서뿐만 아니라 글에서도 마찬가지이기 때문에 대중 앞에서 행동할 수 있는 것만을 대중 앞에서 말하는 것도 허용된다. 우리는 언제나 인간을 겉으로만 보여주기 때문에 책 속에서도 연극과 마찬가지로 인간의 참모습을 볼 수가 없다.

플루타르크는 매우 탁월하게 상세한 묘사를 한 역사가이다. 그는 적당한 표현법을 선택하여 위인들을 묘사하고 말 한마디만으로 주인공의 특징을 충분히 나타냈다. 한니발은 농담 한마디로 겁에 질린 군대를 안심시키고 진군하여 이탈리아를 점령하였다. 케사르는 가난한 마을을 지나면서 자신은 폼페이우스가 되고싶을 뿐이라고 친구들에게 말하면서 모반의 마음을 무심결에 드러냈다. 알렉산더는 약을 삼키면서도 단 한마디도 하지 않았다. 아리스티데스는 조개껍질에 자기 이름을 새겨 자신의 별명을 증명하였으며 필로포에멘은 외투를 벗고 자기가 묵고 있던 집 부엌에서 장작을 팬다. 이것이 인간을 그리는 진짜 기술이다. 인간의 본성이 드러나는 곳은 위대한 행동에서가 아니라 사소한 일에서이다.

드 튀렌느(1611~1675 프랑스 최고의 군인) 자작은 지난 세기의 가장 위대한 인물 중 한 사람인데, 그의 전기작가인 램지는 호감 있게 그의 일생을 묘사한 적도 있었다. 그러나 그에게 더 호감을 갖게 할 수 있는 일화 하나를 소개하겠다. 반면 램지는 설령 알고 있었다 하더라도 절대로 쓰지 않았을 것이다.

어느 몹시 무더운 여름날, 튀렌느 자작은 흰 웃옷을 입고 테 없는 모자를 쓰고 응접실 창가에 서 있었다. 그때 한 하인이 뒷모습만 보고 요리사로 착각하여 가만히 그의 뒤에 다가가 궁둥이를 힘껏 후려쳤다. 순간 얻어맞은 남자가 획 돌아서자 하인은 주인임을 알고 어쩔 줄 모르며 무릎을 꿇었다. "나리, 저는 조르쥬인 줄 알고 그만……" 그러자 튀렌느는 궁둥이를 문지르며 "그래도 그렇게 세게 때리면 되나?" 하고 말했다. 어느 누구도 감히 그렇게 말하지 못할 것이다. 그렇다면 영원히 자연미도 인정미도 없이 지내야 한다.

여러분의 냉철한 마음을 천박한 품위로 굳어지게 하라. 위신을 지키려면 경멸받는 인간이 되라. 그러나 이 사람도 가문에 대해서는 다르게 행동했다는 것을 기억하라. 도처에서 자기 조카에게 한 걸음씩 양보하게 해 그 어린이가 왕손임을 보여주고자 했던 튀렌느였다. 이 대조적인 일들을 비교하여 자연을 사랑하며 편견을 경멸하고 또한 인간을 이해하라.

우리는 어려서부터 아무 생각도 없이 독서하는 습관에 젖어 있으므로 우리 자신이 가지고 있는 편견과 정념에 사로잡혀 역사나 전기 속의 주인공에 대해서도 감동을 받는 일이 적다. 그러나 내 격언에 따라 교육받는 에밀을 상상해 보라. 인생이라는 무대 뒤에서 분장하는 모습과 관객의 눈을 속일 여러 도구를 바라보는 그를 상상해 보라. 인류에 대한 최초의 감정은 수치와 경멸감이 되어 전 인류가 이런 장난으로 서로를 속이는 타락에ㄴ 빠져 있다고 분개할 것이다. 또한 그는 사소한 일로 서로 싸우며 짐승과 같은 상태로 전락하는 것에 비탄해 할 것이다.

그러나 올바른 독서태도를 형성한 어린이에게 이러한 학습은 실천철학의 강의가 될 것이다. 에피루스의 왕이었던 피로스의 허황된 계획을 알고 키네아스(피로스의 신하)는 그런 세계정복이 그에게 어떤 행복을 가져다주며 그 행복을 얻기 위해서 어떤 고통을 당하는지를 그에게 물었다. 우리는 여기서 재치 있는 말만을 생각하겠으나 이 이야기는 에밀의 머리에서 전혀 사라지지 않을 것이다.

이 무모한 인물의 전기를 읽고, 그의 위대한 계획도 한 노파의 손에 살

해됨으로써 파멸되고 마는 것을 알게 될 때, 그러한 위대한 장군의 모든 책략 속에서 그가 보는 것은 그 인생과 그 계획을 불명예스런 죽음으로 종결시킨 불행한 한 장의 기와조각을 향해 진군하는 것 외에 또 무엇을 보겠는가? 그러나 사람의 행복을 판단할 때, 그 내면적인 상태를 보는 사람은 그 정복자가 성공했다 해도 불행하게 볼 것이다. 그들의 행복과 더불어 그들의 근심도 끊임없이 불어나는 것을 볼 것이다. 그들은 산 너머 산이 있는 것을 모르고 한 정상에 올라서서 더 높은 산이 있는 것을 보고 실망하는 경우와 같다. 최대의 제국을 40년 간 지배했던 아우구스투스도 온갖 불행이 그의 주위에서 맴돌았고 그의 친구들에 의해 죽을 고비도 당했었다.

그 불행한 사람은 세계를 지배했으나 자기 집 하나 다스리지 못했다. 조카와 양아들과 사위가 젊은 나이에 죽어가고 딸과 손녀는 문란한 행동으로 그에게 치욕을 입힌 끝에 한 사람은 고도(孤島)에서 곤궁과 기아로, 다른 한 사람은 형리(刑吏)의 손에 죽었다. 집안에서 마지막으로 남게 된 그 자신도 결국 아내에 의해 한 괴물을 후계자로 인정해야만 했다. 이것이 영광과 행복으로 그처럼 유명했던 세계의 지배자의 운명이었다.

나는 야심을 예로 들었다. 그러나 죽은 사람들의 희생으로 현명해지려는 역사가에게 그와 비슷한 교훈을 준다. 아우구스투스의 전기보다는 안토니우스의 전기가 청년에게 더 적절한 교훈을 줄 시기가 다가오고 있다. 에밀은 이 연구를 하는 동안에 정념이 생기기 전에 미리 환상을 멀리할 것이며 그 정념이 자기를 어떻게 눈을 멀게 하는지도 미리 알아차릴 것이다.

자존심이 발달하면 상대적인 자아의식이 계속 작용하며 다른 사람을 관찰할 때도 자기를 남과 비교하게 된다. 그러므로 자신과 똑같은 인간을 조사한 뒤에 자신을 어떤 위치에 두어야 하는 것을 아는 것이 중요하다. 청년들은 잘못된 역사 연구 방법으로 자신을 역사의 주인공으로 혼동하고 있다. 그리하여 막상 본래 자신의 위치로 돌아오면 이내 낙담하고 만다. 그러나 나의 에밀은 타인이 되어 자신을 잃어버리는 이러한 행동은 하지 않을 것이다.

철학자들은 철학이라는 편견을 통해서만 인간을 본다. 그는 자신의 부도덕을 알면서도 우리의 부도덕에 대해서는 분개한다. 철학자는 "우리는 모두 악인이다."고 말한다. 반면 미개인은 "우리는 모두 미치광이다."고 말한다. 나의 제자도 이렇게 말하는 미개인이다. 단지 나의 제자와 미개인 사이에 차이가 있다면 에밀이 미개인보다 많이 생각하고 많은 관념을 비교하며 우리의 과오를 보다 더 가까이에서 보았으므로 자기 자신에게 더 많은 주의를 기울이고 자기가 알고 있는 것밖에는 판단하지 않는다는 것이다.

타인의 정념에 대해 우리를 자극하는 것은 우리의 정념이며 악인을 미워하게 하는 것은 우리의 이해관계 때문이다. 그들이 우리에게 해를 끼칠 때 우리는 그들을 미워하게 된다. 만일 우리가 그들 자신의 마음이 얼마나 자신들의 해악을 벌하고 있는가를 안다면 우리는 쉽사리 그들의 악덕을 용서하였을 것이다. 우리의 정욕도 우리를 유혹한다. 우리에게 손해를 입히는 정념은 우리를 반항케 한다. 그러한 정념에서 오는 모순에 의해서 자신이 모방하려던 것을 타인이 하면 그를 비난한다.

그러므로 인간을 충분히 관찰하기 위해서는 인간에 대한 깊은 관심, 공정한 판단, 인간의 정념을 이해하면서도 정념으로 인해 시련을 느끼지 않는 평온한 마음이 필요하다. 이러한 연구를 할 수 있는 절호의 기회는 에밀을 위해 선택한 이 시기일 것이다. 지금 그에게는 그를 지배할 세론이 없으며, 그의 마음을 동요시킬 정념도 아직 형성되지 않았다. 그가 사람들을 판단할 때 그들을 제대로 판단한다면 그들 중 누구의 위치와도 자신의 위치를 바꾸려하지 않을 것이다. 왜냐하면 에밀은 편견이 없기 때문에 그들 스스로가 가지는 고통을 허무하게만 생각할 것이다.

자기 자신에 만족하고 아무런 편견도 없으며 건강한 신체와 얼마간의 욕망과 그것을 충족시킬 수단도 가지고 있는 에밀이 도대체 누구에게 의존할 필요가 있겠는가? 자유롭게 자라난 그는 예속을 가장 큰 악으로 생각한다. 그는 자신에게 복종하는 모든 것의 노예였던 왕을 불쌍하게 느낀다. 그는 덧없는 명예에 예속 당한 가짜 현인들과 호화로운 생활의 희생자인 부자들을 불쌍하게 생각한다. 그는 자기에게 손해를 끼치는 적까지도 불쌍히 여긴다. 왜냐하면 그는 악에 빠진 적의 불행을 보았을 테니까.

　이기심은 유익하면서도 위험한 도구여서 그것을 사용하는 손에 종종 상처를 입히기도 하며 악행 없이 선행하기도 꽤 어려운 일이다. 에밀이 인류 속의 자신의 위치를 생각하고 자기가 행복한 위치에 있다는 것을 깨닫게 되면 그는 여러분의 업적들을 자기의 이성의 공적으로 돌리고 그 행복의 결과를 자신의 공적이라고 생각할 것이다. 그리하여 그는 남들을 멸시하고 자신을 더 높게 평가할 것이다. 이것은 가장 무섭고 고치기 힘든 오류로써 그와 같은 상태를 그대로 방치한다면 그를 위한 우리의 모든 수고는 수포로 돌아갈 것이다. 자만에서 오는 망상보다는 차라리 편견에서 오는 착각이 더 나을 것이다.

　위인은 자신이 훌륭하다고 생각하면서도 자만심에 빠지지 않고 언제나 겸손한 태도를 잃지 않는다. 그리고 그들은 남이 갖지 못한 재산을 소유하고 있으면서도 그들은 충분한 양식(良識)을 가지고 있으므로 자기가 만든 것도 아닌 재능 따위는 결코 자랑하지 않는다. 미덕은 자신의 것이지만 재능은 결코 자신의 것이 아니다. 에밀은 결코 재능이 뛰어나다고는 할 수 없지만 자신이 느끼는 생활방식에 만족하고 있다. 그러나 자신의 생활방식 때문에 남들보다 재능이 뛰어나다고 에밀 스스로가 생각한다면 그는 옳지 않다. 그 오류를 잡아주고 미리 예방해야 한다. 그리고서 그것을 제거하기에 너무 늦지 않았을까를 근심해야 한다.

　정상적인 사람이라도 허영심이란 오류는 깨우쳐 줄 수 없다. 허영심을 고쳐줄 수 있는 것은 경험밖에는 없다. 적어도 그것이 싹트기 시작할 때라면 자라지 못하도록 방지할 수 있다. 그러므로 일단 느끼도록 하라. 여기서 예외적인 방법을 취하여 나는 나의 제자가 우리보다 결코 현명하지 못하다는 것을 증명하는 모든 사건을 끌어들인다.

　나는 에밀이 아첨꾼이나 사기꾼에게 속아 마침내 그를 빈털터리로 만들고 사람들이 그를 비웃을 때, 그는 그들이 자신에게 준 교훈을 감사하게 생각할 것이다. 내가 지켜줄 유일한 함정은 창녀들의 유혹이다. 내가 그를 위해 조심해야 할 유일한 조치는 그에게 올 모든 모욕과 위험을 아무런 불평 없이 참아내는 일이다. 이렇게 꾸준히 해 나간다면 내가 그를 위해 고통을 받는 것을 그가 보기만 해도 그 자신이 당한 괴로움 이상으로 그의 가슴에 더 많은 인상을 심어줄 것은 확실하다.

학생들을 얕보고 언제나 어린이 취급을 하며 위엄만을 과시하려는 교사들의 잘못은 그들의 젊은 용기를 꺾고 있다. 그들의 정신을 앙양시키기 위한 모든 노력을 아끼지 말아라. 그들을 여러분과 동등하게 하려면 실제 그들을 동등하게 대해주고 그들이 여러분의 수준에 미치지 못한다면 주저 없이 그들의 수준까지 내려가면 된다. 여러분의 영예는 여러분 제자에게 있으니 그의 잘못은 함께 나누고 그의 수모를 씻어 주려거든 대신 그 수모를 짊어져라. 만일 내가 에밀에 대한 나의 의무를 수행하다 치욕을 당했다면 나는 그 치욕에 대한 보복을 하기보다는 오히려 자랑으로 삼을 것이다. 그 일 때문에 나를 더욱 존경하지 않을 비열한 인간이 한 사람이라도 있을까?

제자가 교사도 자기와 같은 정도의 지식밖에는 가지고 있지 않으며 자기처럼 유혹 당하기 쉽다고 생각해야 된다는 말이 아니다. 사리를 분별할 줄 아는 에밀이 교사에 대해 갖는 신뢰는 이성의 권위와 월등한 지식 그리고 청년이 알 수 있고 청년에게 도움이 되는 이익에 의한 것이어야 한다. 그는 오랜 경험으로부터 자기가 교사로부터 사랑 받고 있으며 또 교사는 현명하고 지식이 풍부한 사람으로 자기의 행복을 원하고 자신을 후원해주는 사람이란 것을 알아야 한다. 그런데 교사가 제자처럼 속아넘어가지 않고, 제자로 하여금 교사가 고의로 덫을 놓았다고 생각하지 않게 하려면 그가 빠져들 위험을 미리 경고해주고 그 위험을 확실히 알 수 있도록 보여주는 일이 필요하다.

그런 후에도 그가 고집을 피운다면 자유롭게 내버려 두고 그와 똑같이 자유롭게 행동하라. 그런데 여기서 교사의 가장 큰 기술은 청년이 어떤 때엔 굴하고, 어떤 때엔 고집을 피우는가를 미리 알 수 있도록 여러 기회를 만들어 주고 또 여러 충고를 조정하여 어디서나 경험에서 얻은 교훈으로 그를 감싸주어 결코 큰 위험에 빠지지 않도록 하는 것이다.

그가 잘못을 범하기 전에 미리 경고하라. 그러나 일단 잘못을 범했다면 꾸짖지 마라. 그의 자존심만 건드릴 뿐이다. 반항심을 불러일으키는 교훈은 쓸모가 없다. 전에 경고했던 말을 생각나게 하는 좋은 방법은 그 말을 잊어버린 척하는 것이다. 반대로 충고를 받아들이지 않아 부끄럽게 생각하고 있을 때는 친절한 말로 따뜻하게 대해주어야 한다. 만일 마음 아파하고 있는 그를 힐난한다면 그는 여러분을 싫어할 것이며 여러분의 충고의 중요성에 반박이라도 하려는 듯이 다시는 여러분의 말에 귀를 기울이지 않을 것이다.

여러분의 위로의 말은 그가 그것을 교훈이라고 생각하지 않기에 오히려 더 유익한 교훈이 될 수 있다. 이를테면 수많은 사람도 그와 같은 잘못을 범한다고 말한다면 여러분은 그를 동정하는 척 하면서도 그를 교정하게 된다. 왜냐하면 다른 사람보다 낫다고 생각하는 사람들에게는 남을 예로 들어 자기를 위로하는 것은 굴욕적인 일이 되기 때문이다.

과실(過失)의 시기는 우화를 들려주는 시기이다. 잘못을 범한 자에게 간접적으로 비난을 한다면 그의 마음을 손상하지 않고도 교훈을 줄 수 있다. 칭찬에 속아 본 적이 없는 어린이는 앞서 말한 라 퐁텐의 우화를 전혀 이해하지 못하지만, 아첨쟁이의 밥이 되었던 적이 있는 청년은 까마귀가 바보라는 사실을 알게 된다. 이렇게 경험을 통하여 하나의 교훈이 판단력 속에 새겨진다. 경험에 의해 획득할 수 없는 지식이란 없다. 그 경험이 위험한 것이라면 역사에서 그 교훈을 얻어낼 수 있다. 대단하지 않은 시련이라면 직접 경험하게 하는 것이 좋다.

그런 다음 교훈담에 의해서 그가 알고 있는 특수한 격언으로 간추린다. 그러나 나는 그러한 격언이 설명되어지거나 기록되기를 바라지 않는다. 대부분의 우화는 마지막에 교훈을 덧붙여 독자 스스로 교훈을 끄집어내는 일을 없애고 있다. 교육의 기능이란 제자가 그 교육을 기꺼이 받도록 하는 데 있다. 그런데 그렇게 되려면 그의 정신이 여러분이 이야기하는 것에 대해 완전히 수동적이거나 또는 여러분이 말하는 것을 듣기 위해 도무지 아무것도 할 일이 없거나 해서는 안 된다. 그러므로 교사는 어느 정도 양보해서 "나는 이해한다. 나는 꿰뚫어본다. 나는 행동한다. 나는 스스로 배운다."고 말할 수 있어야 한다.

사람들이 이탈리아의 희극 판탈로네를 지루하게 생각하는 것은 이미 알고 있는 평범한 일을 반복해서 들려주려고 하기 때문이다. 나는 교사가 판탈로네도, 그 작가도 되어서는 안 되며 자기가 의도하는 것이라고 모두 다 말해버려서도 안 된다고 생각한다. 모든 것을 다 말해버린 사람은 조금 밖에 말하지 않은 셈이 된다. 왜냐하면 아무도 그의 말을 더 이상 듣지 않기 때문이다. 라 퐁텐이 개구리의 우화에 첨가한 4행시의 구절은 무엇을 뜻하는가? 그는 그렇게 함으로써 그의 교훈을 일반화시키기는커녕 오히려 특수화시켰다. 즉, 인용한 예에만 국한시키고 독자가 다른 것에 그것을 응용하는 것을 방해하고 있는 것이다.

그러므로 우화를 들려주기 전에 미리 작가가 주려는 결론을 삭제해야 한다. 만일 여러분의 제자가 설명 없이는 이 우화를 이해하지 못한다면 설명을 해도 역시 이해하지 못할 것이다. 이 우화들은 보다 교육적으로 또 청년의 감정과 지식의 진전에 적합한 순서로 조정할 필요가 있다. 맨 먼저 까마귀, 다음이 매미, 그 다음이 개구리 그리고 두 마리의 나귀 등등이다. 나는 여태껏 어린이들이 자기가 배운 우화를 응용하는 일이나 그렇게 하도록 애쓰는 어머니를 보지 못했다. 단지 그들의 진정한 목적은 우화를 암송할 때 주위 사람들의 시선을 집중시키는 데 있다. 그리하여 정작 우화가 필요한 시기에는 모두 잊어버리는 것이다. 다시 말하지만, 어른만이 우화에서 교훈을 얻을 수 있으니 이제 에밀을 위하여 그것을 시작할 시기가 온 것이다.

나 역시 모든 것을 말하고 싶지 않으므로 정도(正道)에서 벗어나는 길을 피하는 법을 알게 하기 위해 간접적인 방법을 택하겠다. 내가 제시하는 길을 따라가면 여러분의 제자는 인간과 자기 자신에 대한 지식을 쉽게 얻을 수 있을 것이다. 또한 운명의 장난도 관조하면서 현명하지 않은 자기 자신에 대해서도 만족감을 느낄 수 있으리라. 여러분은 그들을 관객으로 만들 목적으로 그를 배우로 만드는 법부터 시작했으나 자기 자신밖에는 자유로이 할 수 없는 그는 사실 아무것도 할 수가 없는 실정이다.

가장 활동적인 연령인 청년들이 사변적인 연구만 몰두하다가 경험도 없이 세상에 던져지는 것을 보면 자연과 함께 이성도 거슬리고 있음을 본다. 사람들은 우리를 사회에 적응시키는 교육을 한다고 주장하면서 우리들을 마치 독방에서 홀로 사색하게 하거나 우리와의 전혀 무관한 공식적인 토론이나 하면서 일생을 보내야 할 사람으로 교육시킨다.

여러분은 어린이에게 아무 의미도 없는 그 어떤 신체를 움직이는 방식이니 또는 대화의 형식 따위를 가르치고는 사는 방식을 가르쳤다고 생각한다. 나도 에밀에게 살아가는 기술을 가르쳤으나 그 기술은 스스로 살아가고 빵을 구하는 방법이었다. 그러나 그것만으로는 부족하다. 세상에서 살자면 인간관계나 사람들을 움직이는 수단, 공공사회에서의 개별적인 이해작용과 반작용도 계산에 넣어야 한다. 그리고 성공하기 위해서 최상의 수단을 정확히 예상해야 한다.

법률은 청년이 자유로이 사업을 하거나 자기 재산을 임으로 처분하는 것을 허용하지 않지만 법정 연령에 이르기까지 아무런 경험이 없다면 이와 같은 배려가 무슨 소용이 있을까? 청년이 무지해서 맹목적이 되거나 정념 때문에 해를 입는다면 우리가 막아야 한다. 어떤 연령에도 선행을 베풀 수 있으며, 현명한 지도를 필요로 하는 불행한 사람들을 도울 수 있다. 사람이란 선한 일을 하면서 선한 사람이 된다. 그러므로 여러분의 제자로 하여금 진정한 정성으로 선행을 베풀고 가난한 자의 이해관계가 자신의 이해관계가 되도록 하라. 그리하여 그들을 보호하고 자신의 몸과 시간을 바치는 대변자가 되도록 하라. 그가 덕을 실천하면서 얻은 확신과 의지를 가지고 불쌍한 사람들의 주장을 변호하기 위해 왕좌 앞에까지 나아간다면 이제껏 전혀 귀기울여 주지 아니하여 많은 학대를 받아온 사람들이 얼마나 많은 정의를 얻게 되겠는가?

그런데 우리는 에밀을 떠돌이 기사나 협객, 공적인 일에 간섭하는 법의 옹호자, 또한 판사나 변호사로 만들 것인가? 명칭 따위로 사물의 본질이 변하는 것은 아니다. 그는 자기의 가장 큰 의무가 자기 자신에 대한 의무라는 것을 알며 조심 있게 행동하고 손윗사람에게는 공손해야 하며, 또 쓸데없이 말하지 않고 자신과 무관한 일에는 겸양을 지키고 착한 일에는 대담하게 뛰어들고 진실을 말하는 데는 주저함이 없이 용감해야 한다는 것을 알고 있다. 이것이 저 유명한 로마인들의 행동이었다. 그들은 공직에 나가기 전에 정의를 위해 봉사하고 좋은 풍속을 보호함으로써 스스로 자기 교양을 닦는 것 이외에는 아무런 사심 없이 그들의 청년기를 범죄자를 고발하고 무죄한 백성을 옹호하는 데 보냈다.

에밀은 사람들 사이는 말할 것도 없고 동물들 사이에서도 소란이나 싸움을 좋아하지 않는다. 이러한 평화정신은 그에게 강한 이기심이나 우쭐함을 조장하지도 않고 남이 괴로워하는 것을 보면 자신도 괴로워한다. 청년을 냉정하게 만들고 고통을 봐도 괴로워하지 않는 것은 허영심이 작용하여 자기는 그런 일을 당하지 않으리라고 생각하기 때문이다.

허영심이 없는 에밀은 평화를 좋아한다. 그의 선행은 적극적이어서 친구들의 불화를 화해시키고 비통해 하는 사람들을 보면 그 괴로움의 이유를 묻는다. 또한 불쌍한 사람에 대해 깊은 관심을 가지고 그들을 불행에서 건져낼 방법을 찾기도 한다. 이와 같은 그의 기질을 나이에 알맞게 활용하기 위해서는 노력과 지식을 조절해 주고 그것들을 증진시키는 일에 그의 열의를 이용하는 것이다.

다시 반복하지만, 청년에 대한 교훈은 경험으로 가르칠 것이며, 절대 책으로 가르치지 마라. 할 말이 없는데 말 연습을 시킨다든가, 사용법을 모르는데 수학을 가르친다는 것은 참으로 어리석은 일이다. 한니발이 자기 병사들에게 알프스를 넘어갈 결심을 시키려고 어떤 방법을 썼는가를 아는 일이 학생에게 무슨 상관이 있겠는가?

모든 정념이 발달한 청년에게 내가 수사학을 가르친다고 한다면 그의 정념을 기쁘게 해줄 대상을 끊임없이 제시할 것이며 또 다른 사람들이 그의 욕망을 만족시키기 위해서 그들에게 어떻게 말해야 할 것인지를 그와 함께 검토할 것이다. 타인의 도움을 필요로 하지 않는 에밀은 웅변술에 있어서 그렇게 유창하지 못하다. 그의 말솜씨는 단순하여 남이 이해할 정도로만 말할 따름이다. 그는 또 여간해서 감격하는 일이 없기 때문에 비유적인 표현은 쓰지 않는다.

그러나 이것은 그가 냉정하거나 무감각해서가 아니라 나이와 습관과 그의 취미가 그것을 허락하지 않기 때문이다. 그의 언어는 때로는 열정적이고 숭고한 감정은 그에게 힘과 기품을 주고 있다. 인류에 대한 애정으로 충만한 그의 말에는 솔직함과 함께 영혼의 움직임이 스며 있다.

우리는 이처럼 상냥한 마음을 행동으로 실천하고 우리의 성공이나 실패에서 그 원인을 성찰하고 발견한다면 이 세상에서 청년의 정신에 뿌리내리게 할 수 없는 지식이란 거의 없다는 것을 생각하면 할수록 절감하고 있다. 또한 학교 지식과 더불어 그것을 실생활에 활용하는 학문도 얻게 될 것이다. 타인에 깊은 관심을 가지고 인류의 행복에 어떠한 행동과 취미와 쾌락이 적합한지를 검토해 온 사람이라면 어느 누구에게도 관심을 갖지 않는 사람보다는 일반적으로 올바른 평가를 내리는 법을 배웠을 것이다. 자신의 문제만을 생각하는 사람은 자신의 이해관계에 따라 세상을 판단하는 편견에 이끌려 올바른 판단을 내릴 수 없다.

이기심을 다른 사람에게로 펼치자. 그러면 그것은 미덕으로 바뀌며 인간의 마음에는 모두 미덕의 뿌리가 박혀있는 것이다. 우리 관심의 대상이 우리와 직접적인 관계가 없다면 사욕에서 오는 환상을 염려할 필요도 적어진다. 그 사욕을 일반화하면 인류를 향한 사랑이란 우리에게 있어서 정의에의 사랑에 불과할 것이다. 그러므로 에밀이 진리를 사랑하고 알기를 원한다면 모든 일에 사욕을 버리게 해야 한다. 그러면 그는 더욱더 현명해져서 편파적이거나 선입관에 사로잡힌 판단은 내리지 않을 것이다. 소수가 아닌 만인의 최대 행복에 그가 협력한다면 누구에게 가장 큰 행복이 돌아가든 그에게는 아무 관심도 없는 것이다. 이것이 사생활을 떠나서 현자가 첫째로 관심을 기울이는 것이다. 사람은 모두 인류의 일원이지 어떤 개인의 일부는 아니기 때문이다.

동정이 약한 감정으로 되는 것을 막으려면 동정을 인류 전체에게로 확대시켜야 한다. 그러면 정의와 일치하는 한에서만 동정이 생긴다. 왜냐하면 정의만이 인류의 공통된 행복에 공헌하기 때문이다. 게다가 자신을 초월하도록 하는 모든 방법도 결국은 자신의 내면에 기쁨을 가져오도록 하는 자신과 직접 관련이 있기 때문이다.

나는 먼저 수단을 제시했지만 이젠 결과를 제시해 보자. 그에게는 많은 견해가 축적되어 사소한 감정은 그의 숭고한 감정에 의해 전혀 발생하지 않는다. 각자의 성품에 따라 영혼의 소망을 가능한 한도 내에 머무르게 하고 남보다 월등한 사람은 스스로 다른 사람의 수준으로 내려가는 경험을 쌓음으로써 그는 명석한 판단과 명확한 추리를 할 수 있게 되는 것이다. 그의 이성에는 정의의 진리, 진리의 참다운 모습, 인간의 도덕적 관계, 질서 등 갖가지 관념이 형성된다. 그는 선행을 보고 그것을 방해하는 사물을 보며 인간의 정념을 느끼지 않았어도 정념의 환상과 그 작용을 알고 있다.

나는 사물의 힘에 끌려 앞으로 나아가지만 그렇다고 해서 일반적인 의견이 멀리 떨어져 있을 때도 그 의견이 내 머리에서 떠난 일은 거의 없다. 나는 일반적인 의견을 순응하거나 반항하지 않고 다만 이성의 저울에 달아 그것을 음미하고 검토하려는 것이다. 보이는 것만이 현실적인 것이라고 생각하는 독자들은 내가 묘사하고 있는 청년을 다분히 환상적이며 공상적인 인물로 생각할 것이다. 그러나 나의 청년은 다른 청년과 달리 성장하고 다른 감정을 갖도록 교육받은 까닭에 그렇지 않은 것이 더 이상할 것이다. 그는 인간이 아닌 자연이 만든 인간이므로 당연히 독자들의 눈에는 이상하게 보일 것이다.

나는 이 책을 쓰기 시작하면서 나와 같이 관찰할 수 없는 것은 하나도 가정하지 않았다. 즉, 인간의 탄생은 우리 모두에게 동일점이기 때문이다. 여섯 살 때의 나의 제자는 여러분의 제자와 다를 것이 없었으나 지금은 닮은 데라고는 전혀 없다. 그들이 얻은 지식의 양은 서로 같을지 모르나 내용에 있어서는 전혀 다르다. 여러분의 제자는 이미 철학자이며 신학자이지만 나의 제자는 아직도 철학이나 신에 대해서 알지도 듣지도 못했다. 그런데 만일 누군가가 "당신이 상상하는 그런 청년은 있을 수가 없다."고 말한다면, 그것은 마치 우리 집 정원의 배나무는 모두가 작은 것뿐인데 어찌 큰 배나무가 있겠냐고 말하는 것과 같다.

그렇게 성급하게 비판하는 사람들에게 그 문제에 있어 그들보다 더 많이 생각해 왔으며, 나의 틀린 점을 지적해 달라는 것, 그리고 그 틀린 것을 연구할 시간을 요구할 권리가 내게는 있다는 점 등을 염두에 두었으면 한다. 그들도 인간의 본성을 철저히 검토하고, 교육이 한 개인에게 미치는 영향을 알아보기 위해 인간정신의 초기발달을 연구하기 바란다. 그런 후에 내 교육의 성과와 비교하여 틀린 점을 지적해 주기 바란다.

내가 자신 있게 말하는 이유는 나는 어떤 학설이나 추론에도 구애받지 않고 단지 관찰을 중요시 했다는 점이다. 나는 나의 경험들을 특수한 환경이나 신분에 국한하지 않았고 어떤 계급, 어떤 국민이든 간에 모든 사람에게 공통된 것만을 확실하게 인간에게 속하는 것으로 간주했다. 만일 여러분이 다른 사람의 권위와 의견에 의존하지 않는 청년을 어린 시절부터 지켜본다면 나의 제자와 여러분의 제자 중 어느 편이 보다 이 청년과 닮았으리라고 생각하는가?

인간은 일단 사고하기 시작하면 그칠 줄을 모른다. 그러므로 여러분은 내가 이해력을 과대 또는 과소평가하고 있고, 인간의 정신은 일찍 개발되는 것이 아니며, 또 정신이 아직 가지고 있지 않은 능력을 가정하고 그 정신이 이미 넘어섰어야 할 좁은 관념의 범위에 너무 그 정신을 가두어 놓았다는 점 등을 들어 나를 반박할지도 모른다.

그러나 나는 인간을 자연인으로 만들려고 숲속으로 몰아넣는 것이 아니라 사회의 소용돌이에 휘말려 있다고 하더라도 인간의 정념이나 편견에 이끌리지 않고 자신이 스스로 느껴 타인의 권위를 배제하는 것만으로 충분하다고 생각한다. 그런 상태에 있는 사물, 자신의 감정, 그의 필요를 충족시켜주는 수단들이 그에게 생소한 혹은 이후에 가질 관념들을 주게 될 것은 분명하다.

정신의 자연적인 발달은 촉진되어도 그 반대의 현상은 일어나지 않는다. 또한 우리의 능력이 감각적인 사물에만 국한되어 있으면 추상적이고 지적인 관념에 대해서는 결코 판단하지 못한다. 거기에 도달하기 위해서는 육체적 고정관념에서 해방되거나 점진적으로 대상을 바꾸어주든가 아니면 단숨에 그 중간단계를 뛰어 넘어야만 한다. 그러기 위해서는 어른이라 할지라도 특별한 발판이 필요하다. 그러나 그 발판을 어떻게 만들어야 할지는 나도 모른다.

세계를 움직이고 모든 존재의 체계를 형성하는 저 이상한 존재는 눈에 보이지도 않고 손에 만져지지도 않는다. 그것은 우리들의 감각으로는 포착되지 않는다. 인식하기 어려운 그 존재를 설령 인식했다 하더라도 그의 존재와 의미를 자문하면 정신은 혼돈 속에 헤매게 된다. 정신의 연구에서 육체의 연구로 옮겨갈 것을 바란 로크의 방법은 이상적인 방법도 아니며 자연의 방법도 아니다. 그것은 눈을 감은 채 보는 것을 배우는 것과 같다. 정신에 대한 진정한 관념을 갖기 위해서는 먼저 물체를 연구해야 한다. 이와 정반대의 순서를 따르면 유물론을 확립하는 데 이용될 뿐이다.

인식의 최초 도구는 감각이므로 구체적인 물체만이 우리가 직접 그 관념을 얻을 수 있는 유일한 것이다. 정신이란 철학을 배우지 않은 사람에게는 아무런 의미가 없다. 그러나 공기의 존재에 대해서는 누구나 수긍하는 바이다. 정신 또는 영(靈)이란 말의 본래의 의미는 '입김' 또는 '바람'

이다. 그런데 말의 의미도 알지 못하면서 그것을 사용하는 버릇을 붙여준다면 무슨 말이나 그들이 원하는 대로 말하게 하는 것은 쉬운 일이다. 인간은 우리에게 영향을 미치는 모든 존재에 생명을 부여하고 그 존재에 비해 힘이 강하지 못하다고 스스로 가정함으로써 인간은 그것들의 힘의 한계를 알지 못하고, 그것이 무한이라고 생각하고는 그것들에 육체를 부여함으로써 그들을 신으로 만든 것이다.

물질이라는 관념보다 정신이란 관념이 더 빨리 자라난 원시인은 우주를 감각적인 신으로 가득 채웠다. 별, 바람, 나무, 도시 모두가 영혼과 생명을 지닌 신(神)이었다. 다신교가 그들의 종교였으며 우상숭배가 그들의 종교의식이었다. 그러다가 유일신을 인정하게 된 것은 그들이 서서히 여러 관념을 일반화하여 최초의 원인으로까지 거슬러 올라가게 되고, 존재하는 것에 대한 전체를 단지 하나의 관념으로 묶어서 가장 큰 추상인 실체(實體)라는 말에 하나의 의미를 부여하고 나서부터 가능했다.

그러므로 신을 믿는 어린이는 모두가 우상 숭배자이거나 신인동형론자(神人同形論者)이다. 일단 상상으로 신을 보게 되면 논리적인 생각으로 신을 인정하는 일이란 거의 없다. 이것이 바로 로크가 주장하는 순서의 오류인 것이다. 이유는 모르겠지만 실체라고 하는 추상관념에 이르면, 이 실체를 인정하기 위해 서로 배척하여 양립할 수 없는 성질들이 실체 속에 있다고 가정해야만 한다. 그것은 사유와 물체의 확장이라는 성질로써 하나는 본질적으로 분할이 가능하지만 다른 하나는 분할이 전혀 불가능하기 때문이다.

그리고 사유 또는 의식이라고도 할 수 있는 것은 하나의 본원적인 성질로써 그것이 속해 있는 실체로부터 분리되지 않는데 그것은 확장이 그 실체에 관계되는 것과 마찬가지이다. 그러므로 이 성질들 중 하나를 잃어버린 존재는 그 성질이 속해 있는 실체를 잃어버리게 되는 것인데, 따라서 죽음은 실체의 분리에 불과하고, 이 두 성질이 결합되어 있는 존재는 두 성질이 속해 있는 두 개의 실체로 성립되어 있다는 결론을 내릴 수 있다.

그러면 여기서 실체와 신성의 관념 사이에, 또한 우리의 육체에 대한 영혼의 작용이라는 관념과 모든 존재에 대한 신의 작용이라는 관념 사이에 얼마나 큰 간격이 있는가를 생각해 보자. 창조, 파멸, 영원, 전능 등과 같은 관념은 매우 불분명한 관념이며 일반 대중에게는 이해되지 않기 때문에 조금도 애매하지 않다고 받아들여지고 있다. 그렇다면 감각의 근원적인 작용에만 사로잡혀있는 청년이 과연 이러한 관념들을 이해할 수 있을까? 어린이는 무한이라는 심연도 두려워하지 않는다.

　　어린이에게 있어서는 모든 것이 무한이다. 어린이들에게 있어 무한이라는 관념은 눈에 보이지 않을 정도로 먼 공간이 아니라 갈 수 없을 정도로 먼 곳이다. 그들은 공간을 눈이 아닌 발로써 판단하는 것이다. 만일 그에게 신의 능력을 말한다면 그들은 자기 아버지만큼 힘이 강하다고 상상할 것이다. 모든 것에 있어서 그들에게는 자기들의 지식이 모든 가능한 일의 척도에 지나지 않기 때문에 얘기로 듣는 것은 항상 알고 있는 것보다 작다고 생각한다.

　　아킬레우스를 두려워했던 아자스가 제우스에게는 도전한 것은 아킬레우스는 알고 있었지만 제우스는 몰랐기 때문이었다. 자신이 세상에서 가장 부자라고 믿었던 어느 스위스 농부에게 누군가가 왕이 어떤 것인가를 설명하려 하자, 그 농부는 거만스럽게 "도대체 왕이란 암소를 백 마리쯤이나 가지고 있냐?"고 물었다고 한다.

　　나의 제자는 종교도 모르며, 열다섯 살이 지나서야 자신도 영혼을 가지고 있다는 것을 알게 된 청년이다. 한 아이를 바보로 만들려면 나는 현학자들처럼 교리문답을 가르칠 것이다. 기독교 교리 대부분이 신비스러운 것이므로 인간이 그것을 이해하려면 인간의 영역을 넘어서야 한다는 주장에 대해 나는 이렇게 말할 것이다. "어린이가 도저히 이해할 수 없는신비라는 것을 인정하려면 그것이 이해하기 어렵다는 것도 깨달아야 하는데 어린이는 그런 생각을 갖지조차 못한다." 모든 것이 신비롭게 보이는 나이에는 엄밀한 의미에서 신비란 존재하지 않는다. '구원을 받으려면 하나님을 믿어야 한다'는 교리는 비관용적이며 인간의 이성에 배척되는 교리이다. 구원을 얻기 위해 몇 마디 문구만 반복하면 된다면 천국에는 어째서 어린이들뿐만 아니라 찌르레기나 까치도 우글거리지 않는지 그 이유를 알 수 없다.

믿음의 의미는 믿음의 가능성을 전제로 한다. 그런데 기독교를 믿는 어린이들은 과연 무엇을 믿고 있을까? 그는 사람들이 그에게 말하도록 한 것을 조금밖에 이해하지 못하기 때문에 만약 그에게 정반대의 얘기를 하도록 했더라도 그는 기꺼이 받아들였을 것이다. 어린이들과 어른들의 신앙은 지리적인 문제이다. 만일 그가 로마가 아닌 메카에서 태어났어도 기독교를 믿을까? 그리하여 같은 성품을 갖지만 다른 나라에서 태어났다고 해서 천국으로 갈 사람이 지옥으로 가겠는가? 한 어린이가 자기는 하나님을 믿고 있다고 한다면 그는 신을 믿는 것이 아니라 신이 있다고 말해 준 사람의 말을 믿고 있는 것이다.

철들 나이가 되기 전에 죽은 어린이는 영원히 행복을 가진다고 말하고 있다. 신의 이름조차 들어본 적이 없더라도 영세만 받았다면 그렇게 된다고 카톨릭 교도들은 말한다. 그러므로 설령 신을 믿지 않더라도 구원을 받을 수 있는 경우가 된다. 그것은 신성을 인정하는데 필요한 능력이 없는 경우, 즉 미쳤거나 어렸을 때이다. 여기서 나와 여러분의 차이는 여러분은 어린이가 일곱 살이 되면 그러한 능력이 있다고 주장하고 나는 열다섯 살이 되어도 그들에게 그러한 능력이 없다고 주장하는 것이다. 나의 주장이 옳든 그르든 문제가 되는 것은 신앙의 문제가 아니라 단순한 박물학상의 관찰인 것이다.

같은 원리에 입각해서 신을 믿지 않고 노년에 이르는 사람이라도 그 맹목의 상태가 고의가 아니라면, 내세에 그때문에 천국에 사는 것에 지장을 받지 않을 것이 분명하다. 광인 또는 병으로 인해 정신적 능력을 상실했으므로 조물주의 은혜를 입을 권리는 상실하지는 않을 것이다. 이성은 다음과 같이 말하고 있다. '인간은 고의에 의한 과실이 아니고는 벌받지 아니하며 무지에 의해서 죄를 짓게 되지는 않는다.' 그러므로 영원한 정의 앞에서는 만일 필요한 지식만 있었더라면 믿었을 사람은 모두가 신앙인으로 인정되어야 한다는 결론이 나온다.

진리를 이해할 수 없는 상태에 있는 사람들에게 진리를 설명하는 것을 삼가자. 그것은 진리를 오류와 바꾸는 꼴이 되기 때문이다. 신에 대한 저속한 생각, 환상적인 관념, 욕되고 부당한 관념을 가지기보다는 차라리 신에 대한 일체의 관념을 갖지 않는 편이 바람직하다.

어린이의 정신 속에 신에 대한 그릇된 관념이 일단 새겨지면 평생 그대로 계속되어 어른이 되어서도 그 관념은 계속된다. 내가 스위스에서 만난 한 어머니는 이것을 굳게 믿고 자기 아들이 어렸을 때 그에게 신에 대한 얘기를 일체 삼갔다. 그것은 자기 아들이 편협한 가르침에 빠져서 이성의 시기에 더 좋은 교육을 소홀히 하지나 않을까 염려했던 것이다.

그래서 그 어린이는 냉정히 존경심을 가지고서가 아니면 신에 대한 이야기를 들은 적이 없으며, 자신이 신에 대한 이야기를 하고 싶어도 그것은 마치 그에게는 너무 숭고하고 위대한 일이기라도 한 듯 감히 입을 열수 없었다. 그리하여 사람들이 신에 대한 이야기를 적게 할수록, 자신에게 그 이야기를 적게 하라고 하면 할수록 그는 더욱 신에게 몰두하였다.

내가 두려워하는 것은 이처럼 함부로 꾸며진 신비에 대해서 청년의 상상력이 지나치게 자극됨으로써 그의 두뇌에 변화를 일으켜 그를 신앙인이 아닌 광신자로 만들지나 않을까 하는 점이다. 그러나 스스로 이해할 수 없는 관념에 대해서는 불필요하게 주의를 기울이지 않는 에밀에게는 그런 걱정이 필요 없다. 그는 항상 "그것은 내가 관심을 둘 바가 아니다"하고 말하는 습관이 들었기 때문에 만약 이런 문제로 당황하게 된다고 해도 그것은 자신의 자연스런 지식의 진보가 그 방면으로 탐구방향을 돌린 것에 지나지 않는다.

우리는 세련된 인간정신이 어떤 과정을 통해 그러한 신비에 접근하게 되는가를 보았다. 그러나 사회 안에는 정념을 촉진시키는 불가피한 원인이 있어서 그 정념을 규제하는 지식의 발달도 동시에 촉진시키지 않는다면 그때는 정말로 자연의 질서에서 벗어나 균형을 잃게 된다. 너무 빠른 발달의 속도를 늦출 수 없다면 그것에 따르는 것들도 같은 속도로 이끌어야 한다. 그렇게 하여 각 순서가 뒤바뀌지 않고, 다같이 진보해야 할 것들이 따로 흩어지지 않도록 주의해야 한다.

여기에는 커다란 어려움이 있는데 그것은 사물 자체에 있다기보다는 그것을 해결하려고도 하지 않는 사람들의 소심한 자세에 있다. 우선 그 어려움을 없애야 한다. 사람들은 자신의 종교만이 참되고 유일하다고 생각하여 다른 종교를 배척한다. 그러나 콘스탄티노플에서 기독교를 경시하는 터키인들이 파리에서 마호멧교가 어떻게 인정되는지를 알아 보라. 편견이 승리를 차지하는 것은 무엇보다도 종교의 경우이다. 편견에 사로잡히지 않고 어떤 권위에도 속박되지 않으려고 하는 에밀을 우리는 어떤 종교 속에서 기를 것인가? 그 대답은 아주 간단하다. 우리는 그를 어떤 특정 종파에 소속시키지 않고 그가 자신의 이성을 올바르게 사용하므로써 자신이 스스로 종파를 선택하도록 해주는 것이다.

독자 여러분, 내가 진리의 친구답지 않게 너무 신중하게 생각한다고 걱정할 것은 없다. 나는 여기서 내 생각보다 더 훌륭했던 사람의 생각을 말하고자 한다. 내가 인용하고자 하는 것은 저자 자신에게 실제로 일어났던 것으로써 나는 이 진실성을 보증하거니와 여기에서 여러분이 어떤 유익한 고찰을 끌어낼 수 있는가는 여러분의 일이다.

30년 전에 이탈리아의 어느 도시에 추방당한 한 청년이 극한 빈곤의 상태에 빠져 있었다. 그는 캘빈교도로 태어났지만 경솔한 행동 탓에 외국으로 추방당한 신세였다. 그는 빵을 얻기 위해 개종자를 위한 구호소에 들어갔다. 그곳에서 그는 여태껏 보지 못한 악을 배웠으며, 새로운 교리와 전혀 새로운 풍습을 목격했기 때문에 희생물이 될 것 같아서 도망가려다가 다시 붙잡혀 불평을 늘어놓았다고 벌을 받았다.

그가 그들과 같이 죄를 짓지 않았기 때문에 압제자들은 마음대로 그를 죄인 취급하였다. 그는 모든 사람들에게 자신의 처지를 하소연했으나 그의 주위에는 죄인들뿐이었다. 그는 우연히 구호소를 찾아온 성실한 한 성직자를 만나 그의 도움으로 그곳을 탈출할 수 있었다. 악에서 빠져나와 가난한 생활로 되돌아간 청년은 운명과 싸웠다. 한때 그는 운명을 극복했다고 생각하였고, 행운의 서광이 비치자 자신의 불행이나 자기를 보호해준 사람도 망각하였다. 이러한 배은망덕 탓에 그는 곧 벌을 받았다.

그의 모든 희망은 물거품이 되었다. 그의 허망한 꿈이 모든 것을 허사로 만든 것이다. 그는 평탄하게 살아갈 재능이나 수단도 없었으며, 온건한 사람도 될 수 없고 악인도 될 수 없었으며, 너무나 많은 것을 갈망한 까닭에 아무것도 달성하지 못했다. 그는 또다시 옛날과 같은 곤경에 빠지자 그때서야 과거의 은인을 생각했다.

그는 다시 그곳으로 가서 은인을 만났다. 그 은인은 반가이 맞아 주었다. 그는 청년에게 잠자리를 주고 필수품들을 나누어 썼다. 또한 그는 청년을 격려하고 역경을 이겨내는 어려운 기술을 배우게 했다. 이 진실한 성직자는 원래 사보아 태생의 가난한 보좌 신부였는데 젊은 날에 잘못을 저지르고 새 터전을 찾아 타국에 온 것이다. 그는 재능도 있고 교양도 갖추고 뛰어난 용모를 지녔으므로 어느 후원자의 추천으로 고관 집의 가정교사로 있게 되었다.

그러나 남의 구속 받기를 싫어하고 고관 집에서 어떻게 처신해야 할 지 몰랐기 때문에 더 이상 머무를 수 없었다. 그래도 그는 더욱 현명하게 살았고 모든 사람의 사랑을 받았다. 그는 다만 어느 산 속의 조그마한 교구를 맡아 평생을 보내는 것을 최대의 야망으로 삼았다. 이 신부는 젊은 도망자를 자세히 관찰하였다. 그는 이 젊은이의 마음에는 모욕과 멸시, 악의 환상이 깃들어 있으며 이 젊은이에게 있어 종교란 이해관계를 숨기고 있는 가면에 불과하고 신성한 예배의식은 위선을 감추는 것 외에는 아무것도 아님을 알아차렸다.

그리고 사람들의 터무니없는 상상으로 말미암아 신에 대한 숭고하고 근원적인 관념이 손상된 것을 알았다. 또한 신을 믿기 위해서는 신으로부터 받은 판단력을 포기해야 한다는 것을 알고서 우리의 편견을 경멸하고 있었다. 인간은 모든 종교를 잊어버리게 되면 마침내 의무마저 잊어버리게 된다. 이와 같은 무관심한 상태가 신앙이 없는 청년의 마음속을 이미 반 이상 점령하고 있었다. 그러나 그는 본질적으로 나쁜 사람은 아니었다. 다만 무신앙과 가난이 천성을 서서히 잃게 하여 마침내 파멸로 치닫게 하고 걸식의 습성과 무신론자의 도덕관을 가지게 된 것이다.

악은 거의 피할 수 없었지만 완전히 고질적이지는 않았으며, 지식이 전혀 없지도 않았고 교육을 소홀히 한 것도 아니었다. 그의 피는 뜨거웠으며 그의 마음은 아직도 탄력을 가지고 있었다. 심한 타락과 나쁜 습관이 그의 상상력을 충동질하기보다는 오히려 그것을 소멸시키고 말았다. 혐오가 미덕을 대신하여 그의 순결을 지키고 있었다. 이 순결은 훨씬 더 감미로운 유혹이 아니면 결코 굴복하지 않았다.

신부는 위험과 동시에 구제의 길을 찾아냈다. 그는 이 일에 일생을 걸고 악에 빠진 자를 신중하게 미덕의 길로 인도하려고 했다. 그 아름다운 동기가 그에게 용기를 주었고 그의 열정에 맞는 방법을 알도록 깨우쳤다. 그는 먼저 이 개종자의 신뢰를 얻기 위해 자기 은혜에 대한 보상도 요구하지 않았고 귀찮게 굴지도 않았으며 자신을 그의 위치에 맞게 낮추려고 하였다. 그처럼 성실한 사람이 한 부랑자의 친구가 되고 그의 방종한 생활에 함께 뛰어든다는 것은 매우 감동적인 일이다. 이 경솔한 청년이 자신의 문란한 행위를 고백하였을 때, 신부는 그의 마음을 안정시키고 무턱대고 꾸짖거나 하지 않았다.

청년은 그가 자신의 말에 관심을 가져준다는 생각 때문에 자신이 참회하고 있다고 느끼지도 못하면서 모든 것을 자연스럽게 고백했다. 청년의 감정과 성격을 충분히 관찰한 신부는 청년이 지식은 지녔으나 반드시 알아야 할 사항은 모두 잊고 있다는 것과 운명이 준 치욕적인 생활이 선악에 대한 판단을 그르치게 하고 있다는 것을 알았다. 신부는 이 청년을 정신적인 죽음으로부터 건져내기 위해 그의 자존심과 애착심을 길러주는 일부터 시작했다. 그는 청년에게 재능이 가져다줄 행복과 타인의 선행을 들려줌으로써 관용의 정신을 일깨워 주었다. 유랑벽을 고쳐주기 위해 책을 선택해서 그것을 요약하게 하였다. 그리고 요약한 것이 매우 요긴한 것처럼 생각하게 하여 감사하는 마음을 길러 주었다. 이렇게 간접적으로 청년을 교육하여 스스로 자존심을 갖게 하였다.

많은 사람들은 부유한 성직자의 손을 통해 이 성직자에게 자선금을 바치기를 원했다. 이 신부의 성실성과 높은 식견이 널리 알려졌기 때문이다. 어느 날 청년은 자신도 가난한 사람이므로 기탁금을 받아야 한다고 말했다. 그때 신부는 "그건 안 돼. 너와 나는 형제이므로 나를 위해 이 헌금에 손을 대서는 안 된다."고 말하면서 자신의 돈을 청년에게 주었다. 아직 완전히 타락하지 않은 청년이라면 이와 같은 교훈을 결코 잊을 수 없을 것이다.

나는 이제 3인칭으로 말하는 것이 싫어졌다. 동향인들은 이 불행한 도망자가 바로 나라는 것을 알고 있으며 나 또한 젊은 날의 방탕에서 완전히 손을 끊었으므로 지금은 그것을 고백해도 아무런 거리낌이 없다. 그리고 나를 거기서 꺼내준 은인에게 어느 정도의 경의를 표해야 한다고 생각한다. 내가 가장 감동한 것은 그의 사생활에서 미덕과 인정, 언제나 솔직하고 단순한 말, 그리고 언행이 일치되는 것을 보았을 때이다. 그는 자기가 도와주고 있는 사람들이 저녁미사에 참석하고 있는가, 고해는 자주 하는가 등에 일체 간섭도 강요도 하지 않았다.

종교에 대한 나의 경멸은 종파에 의한 경멸 때문이 아니라고 생각했던 그가 가끔 로마카톨릭교회의 교리에 반대되는 일에 찬성을 한다든가, 또한 그 모든 의식에 대해 대수롭지 않게 생각하는 말을 들었을 때 나는 어떻게 생각해야 좋았을까? 만일 그가 대수롭지 않게 생각한 그 모든 의식을 따랐다면 그를 가면을 쓴 프로테스탄트로 생각했을 것이다. 그러나 그가 어디서나 성직자의 의무를 성실히 수행하고 있음을 알았을 때 이 모순을 어떻게 생각해야할지 몰랐다.

예전에 불명예스러웠던 사실만을 제외하면 그의 생활은 모범적이었으며 그가 하는 말도 매우 성실하고 정직하였다. 나는 날이 갈수록 그를 존경하게 되었고 그의 친절이 마음을 사로잡았기 때문에 호기심으로 어떠한 원리 위에 이와 같은 기묘한 생활의 통일성이 이루어지고 있는가를 알 기회를 기다리고 있었다.

 그 기회는 빨리 오지 않았다. 그는 자기의 속마음을 제자에게 털어놓기 전에 먼저 나의 마음에 뿌린 이성과 선의 씨앗을 싹트게 하려고 노력했다. 내 마음에서 뿌리뽑기 힘들었던 것은 부자나 행복한 사람들에 대한 원한에서 비롯된 사람을 혐오하는 성격이었다. 그것들은 마치 나의 희생으로 얻어진 것인 듯 여겨졌으며 그들의 행복이 나의 행복을 침해한 것처럼 여겨졌기 때문에 원한의 감정을 가지고 있었다. 나의 교사가 심어준 자존심은 자만심으로 바뀌어 모든 사람을 비천하게 보고 그들에 대한 과거의 증오심은 경멸감까지 더하게 되었다.

 그는 나의 거만함이 냉혹으로 변하지 않고, 자존심을 보존하면서 남에 대한 경멸심만을 경계하였다. 그는 내면적인 불행을 나에게 인식시켜 그들을 시기하기보다는 오히려 동정하게 하였다. 부자들의 횡포와 편견과 억압에 시달리는 가난한 자들을 익히 본 그는 "내 말을 믿어라. 우리들의 망상은 우리들의 불행을 감추기는커녕 오히려 무가치한 것에 가치를 부여하여 가공(架空)의 궁핍을 느끼게 함으로써 더욱더 우리를 불행하게 만들뿐이다. 마음의 평화는 그 평화를 혼란시키는 전부를 무시하는데 있으며, 생명을 가장 소중히 여기는 사람은 생명을 가장 적게 향락하는 사람이고, 행복을 가장 탐욕하는 사람은 언제나 가장 불행한 사람이다."라고 말했다.

 "만일 모든 것을 거부한다면 삶은 도대체 무슨 의미가 있으며, 행복까지도 경멸해야 한다면 누가 행복해지려고 할까요?"라고 서글픈 마음으로 외쳤다. 그러자 "난 행복해."라고 성직자는 말했다. "행복하다고요? 당신이? 이처럼 가난하고 불운하고 추방당해 박해받는 당신이 행복하다고요?

그래, 당신은 행복을 얻기 위해 무슨 일을 했나요?" "나의 아들이여, 그럼 내 기꺼이 말해주지."하고 그는 대답했다. "내 가슴속을 모조리 털어놓겠네. 내 신앙고백을 다 듣고 내 영혼의 상태를 확실히 알게 되면 왜 내가 행복하다고 생각하는가를 알게 될 걸세. 그리고 자네도 나처럼 생각한다면 행복해지는 방법을 터득할 걸세. 그러나 이 고백은 당장에 할 수 있는 것이 아니네. 인간의 운명과 생활의 진정한 가치에 대해 모두 설명하려면 상당한 시간과 조용히 얘기할 수 있는 때와 장소가 필요하거든."

나는 얼른 그 이야기가 듣고 싶었다. 다음날 새벽 그는 나를 데리고 높은 언덕으로 올라갔다. 언덕 아래에는 기름진 평야 사이로 포 강이 흘렀고 저 멀리에는 알프스의 거대한 산줄기가 뻗어 있었다. 벌써부터 들판에는 풍요로운 아침햇살이 집과 나무의 그림자를 만들고 있었다. 한 폭의 그림이 우리를 감명 시키고 있을 때, 그는 잠시 그 광경을 바라보더니 조용히 입을 열었다.

사보아 보좌 신부의 신앙 고백

나의 아들이여, 나에게서 학문적인 이야기나 이론을 기대하지 마라. 나는 위대한 철학자도 아니며 또 그렇게 되고자 하지도 않는다. 나에게는 양식과 진리를 사랑하는 마음이 있지만 단순히 내가 생각하고 있는 것을 자네에게 말하려는 것이다. 설령 내가 잘못 생각하더라도 악의는 없으니 자네가 착각하더라도 특별히 나쁠 것은 없다. 만일 내 생각이 옳다면 이성은 누구에게나 공통되므로 그것은 이로울 것이다. 나는 가난한 농부의 아들로 태어났으므로, 신분으로 보자면 마땅히 농사를 지어야 했으나 부모는 내가 신부가 되는 것이 더 좋다고 생각하여 공부할 수 있는 길을 마련해 주었지만 선행을 베풀려는 생각 없이 다만 성직을 위해 필요한 것만 공부하였네. 나는 그들이 하라는 것만 하여 오늘날 성직자가 되었으나 얼마 지나지 않아 내가 도저히 실행할 수 없는 것을 약속해 버렸음을 알게 되었다네.

양심이란 편견의 산물이라고 말하지만 경험을 통해 양심은 인간의 법칙을 거역하고 자연의 법칙을 따르려고 하는 것임을 안다네. 금지사항이라 하더라도 자연이 우리에게 허용하고 명령한 것이라면, 그 금지사항을 어긴 우리의 후회스러운 마음은 미약한 것이네. 선량한 젊은이여, 그대의 감각을 강요하지 않는 자연 속에서 행복하게 머물러 있게나. 자연에 대항하는 것보다 앞질러 가는 것이 자연을 손상시키는 것임을 명심하게.

나는 젊었을 때부터 결혼을 가장 신성한 제도로 존중했다네. 나는 결혼할 권리를 빼앗겼으나 그 권리를 모독하지 않기로 결심했네. 바로 이 점이 나를 파멸케 한 것이라네. 결혼에 대한 나의 존경심은 추문을 낳았고 나는 그 대가로 파면을 당했는데 그것은 나의 소심한 신중성 때문이었다네. 이러한 경험에도 불구하고 나는 정의나 정직과 같은 이전의 나의 관념들이 뒤집히는 것만이 서글펐다네. 이런 여러 가지 관념들의 명료함이 서서히 빛을 잃어가면서 나는 지금 자네가 놓여 있는 것과 같은 상태에 머물게 되었다네.

나는 철학자와 직·간접적으로 접해 보았으나 그들 모두는 오만하고 단정적이며 독단적이라는 것을 알게 되었네. 더구나 그들의 회의론까지도 그러했으며 어느 것 하나 모르는 것이 없으면서도 아무것도 제대로 증명하지 못했고 남을 공격할 때는 의기양양했지만 자기 논리를 변호할 때는 무기력했네. 그들의 논리에는 파괴적인 것밖에 없었으며 그들의 수단은 오직 자기만의 수단이었네. 모든 철학자는 다른 사람의 진리보다 자신의 허위를 옹호한다네.

중요한 것은 다른 사람과는 다르게 생각한다는 점일세. 그들은 신앙인들 속에서는 무신론자가 되고 무신론자들 속에서는 신앙인이 될 것이네. 이와 같은 고찰에서 찾아낸 최초의 성과는 나 자신에게 직접 관계되는 것에만 연구를 한정할 것, 그리고 의심스러운 것이 있어도 그것을 꼭 알아야할 중요한 일이 아니면 관심을 갖지 말 것 등이네.

철학자들은 나에게 단 하나도 해결의 실마리를 주지 않음을 알고 다른 안내자, 즉 내면의 빛에 따르기로 했네. 그 빛은 철학자들처럼 나를 착란케 하지는 않을 것이며 설령 그렇게 된다 하더라도 그것은 나의 잘못일 것이네. 그리고 그들의 거짓에 자신을 의존하기보다는 자신의 환상에 의존하는 것이 더 나을 것이라고 생각했네.

그래서 비록 확실한 견해는 아니지만 지금까지의 견해가 어느 정도는 진실된 것도 있었으며 그 진실성의 차이에 따라 내면에서 찬성도 하고 거부도 했음을 알았네. 이런 과정을 통해서 나는 최초의 가장 일반적인 관념이 가장 단순하고 합리적인 관념이라는 것을 발견했네. 그래서 진리에 대한 사랑을 유일한 철학으로 삼고 간단하고 쉬운 나의 규칙에 따라서 자신과 관계되는 지식을 재검토하기 시작했네. 내가 존재한다는 것, 그리고 그것을 느끼는 감각이 있다는 것만이 나를 감동시키는 유일한 진리라네.

그리하여 내가 해결할 수 없는 첫째 의문은 자신의 존재에 대한 인식이 무엇인가 하는 점이라네. 나의 존재를 느끼는 감각은 내부에서 생기지만 그 원인은 외부에서 오네. 감각은 여하튼 나의 소유물이므로 내부의 감각과 외부의 원인이 있으나 그 대상은 별개라는 것을 알게 되었네. 그리하여 나 이외에도 내 감각의 대상이 존재하는 것이네. 그런데 자신의 감각의 대상이 되는 것을 물질이라고 부르네. 여기서 나는 자신의 존재와 더불어 우주의 존재도 완전히 확신하기에 이르렀네. 그리고 감각의 대상을 인식하고 그것을 비교하는 능력이 나에게 있음을 발견하였네. 내가 전에는 의식하지 못했던 능동적인 힘이 나에게 있음을 깨달았네.

지각하는 것은 느끼는 것이며 비교하는 것은 판단하는 것이네. 판단하는 것과 느끼는 것은 별개의 것이네. 감각을 지각하고 비교하는 능력을 주의력 또는 사고력 또는 반성이라고 불러도 상관없다네. 아무튼 그 능력은 나의 내부에 있는 것이지 사물의 내부에 있는 것이 아니며 나 자신이 인상을 만들어내는 힘을 가지고 있다는 것은 사실이네. 그러므로 나는 단순히 감각적이거나 수동적인 존재가 아니라 지적이며 능동적인 존재인 것이네. 다만 진리란 나의 정신이 아닌 사물 그 자체에 존재하는 것이며 따라서 내가 내리는 판단 속에 내 것을 덜 넣을수록 그만큼 진리에 가까워지는 것이 확실하네.

감각을 통해서 내가 지각하는 것은 모두 물질인데, 물질의 본원적인 특질이 물질을 내게 지각시키고 물질로부터 분리되지 않도록 하는 것일세. 물질의 자연상태는 정지상태인 것이며 물체에는 외부에 의한 운동과 자발적인 운동이 있네. 그런데 생명체와 공통된 것이라곤 하나도 없는 물질인 이 우주는 운동을 하고 있다네. 따라서 알 수 없는 어떤 원인이 우주를 움직이고 있는 것이네. 그러나 태양이 운행하는 것을 보고 그것을 움직이는 어떤 힘을 상상하고 지구의 회전에도 그 어떤 힘의 작용을 느끼는 것이네.

물질은 운동을 받아 전달하지만 스스로 운동을 일으키지는 못하네. 그러므로 물질 속에는 운동의 제1원인이 없네. 따라서 비생명체는 운동에 의해서만 움직일 수 있으며, 의지가 없는 곳에는 참된 행동이란 있을 수 없네. 이것이 바로 나의 제1원리라네. 그러므로 하나의 의지가 우주를 움직이고 자연에 생명을 주고 있다는 것을 나는 믿네. 이것이 나의 제1교리이며, 나의 제1신앙 신조인 것이네.

그러면 어떻게 해서 의지가 물리적 작용과 물체적인 운동을 일으키는가? 그것은 솔직히 나도 모르지만 체험을 통해서 알고 있네. 나는 나의 의지에 따라 몸을 움직이지만 비생명체는 스스로 움직일 수 없네. 나는 의지를 운동의 원인이라고 생각하네. 어떻게 해서 내 의지가 내 몸을 움직이는지 안다고 해서 내 감각이 영혼에 미치는 영향을 알 도

리는 없네. 내가 수동적이든 능동적이든 간에 이 두 실체의 결합방법
은 내게 이해될 수 없는 것으로 여겨지네.

운동이란 이동을 뜻하므로 방향이 없는 운동이란 있을 수 없네. 그러면
물질은 어느 방향으로 이동하는가? 아니면 모든 물체가 일률적인 운동
을 하는가, 혹은 각 원자가 스스로 운동을 일으키는가. 첫째 관념을 따르
면 우주 전체가 분리할 수 없는 단단한 덩어리를 형성해야 하며 두 번째
관념을 따르면 두세 개의 원자가 결코 결합할 수 없는 분산적인 하나의
유체가 되어야 하네. 만일 모든 물질이 똑같은 운동만 한다면 운동이 전
달되는 일이나 추상적인 운동방향을 설정하는 것 또한 무의미하며 원소
가 우연히 결합했다면 그 속에서는 질서도 충돌도 있을 리 없네.

그러면 우주의 혼돈 또한 나에게는 불가사의한 일이 된다네. 분명 우주란
이해하기 어렵지만, 일단 설명하려 하면 이해할 수 있는 것만을 말해야 하
네. 만일 운동하는 물질에 의지가 있다면 그 물질은 어떤 법칙에 의존한다
는 말이 되네. 이것이 나의 제2의 신조라네. 행동하고 비교하고 선택하는
것은 사고하는 존재의 특성이므로 그 존재는 실재하는 것이네. 세계의 목
적은 알 수 없더라도 부분들을 비교하고 그 관계를 연구해 조화를 터득함
으로써 질서는 판단이 가능하네. 우주에는 어떤 점에서 만물을 공통의 중
심으로 볼 수 없는 존재란 하나도 없네. 즉, 다른 것들은 모두 그 주변에
질서를 이루고 있어 그것들은 서로 목적이 되고 수단이 되네.

이러한 모든 조화를 물질의 맹목적인 기제로부터 끌어낸다는 것은 얼
마나 많은 불합리를 가정해야 할 것인가? 그러므로 추상이니 일반원리
니 하는 상징적인 표현으로 애매한 이론을 은폐해 봤자 소용없는 일이
네. 무생물체에서 생명체가 태어난다든가, 맹목적인 숙명에서 지적인
존재가 태어난다든가, 또는 생각하는 능력이 없는 것에서 사고하는 존
재가 태어난다든가 하는 이론을 나로서는 도저히 믿기 어렵네.

그러므로 나는 세계가 어떤 강력하고 현명한 의지에 의해 지배되고

있다고 믿네. 그러나 믿는 것을 떠나 이와 같은 세계는 영원한 것인가? 모든 물질의 근원은 하나일까? 아니면 그 이상일까? 그것의 본성은 무엇일까? 나는 이것을 알도록 노력할 것이네.

우주에는 무질서한 것이나 또는 질서라는 체계 속에서 그것을 유지하기 위한 노력에 참여하지 않는 것은 단 하나도 없네. 그러므로 우주에는 어떤 지적 존재가 있다는 것은 확실하네. 이 존재가 무엇이든 우주를 움직이고 만물을 주관하는 자의적이고 능동적인 존재를 나는 신(神)이라고 부른다네. 나는 이 명칭에 지혜·능력·의지의 관념이 엮어내는 총체적 관념, 즉 선(善)의 관념을 첨가하네. 그 존재가 나의 감각과 오성(悟性)에 살아 숨쉬고 있으나 그렇다고 이 존재를 확실히 안다고는 할 수 없어서 그 존재를 생각할 때마다 혼돈의 심연에 빠지지 않는 경우란 없다네.

나는 그가 자력(自力)으로 존재하며 그 존재 안에 나와 내가 아는 모든 것이 종속되어 있음을 아네. 그러나 신의 본성에 대한 추론(推論)은 항상 무모해서 현명하지 못한 사람만이 그런 것에 손을 대곤 한다네. 신성모독은 신에 대해 생각하지 않는 것이 아니라 신을 잘못 생각하는 것이네.

신의 속성 가운데 신의 존재를 확인할 수 있는 근거를 발견한 후에야 비로소 나는 자신에게로 돌아와 나의 위치를 확인할 수 있다네. 그렇게 되면 나는 인간으로서 내가 속해 있는 종(種)을 발견한다네. 이 지구상에서 도대체 인간 이외의 어떤 존재가 다른 존재의 운동이나 작용을 계산하고 짐작할 수 있겠는가? 만약 내가 모든 것을 내게로 연결시킬 수 있도록 만들어낼 수 있는 유일한 존재라면 모든 것이 나를 위해 만들어졌다고 생각해도 하등 우스울 것이 없지 않겠는가?

그러므로 모든 동물을 지배하고 여러 물질을 이용하고 천체까지도 자신의 생활에 이용하는 인간은 확실히 지구상의 왕이라 할 수 있네. 나는 질서와 미와 덕의 의미를 알고, 선을 사랑하고 행할 수 있네. 신을 제외하고 인간보다 더 좋은 위치가 없다고 생각하는 내가 인간 이상의 무엇을 택할 수 있겠는가? 이러한 생각은 나를 자만하게 하기보다 오히려 나를 감동케 하네.

나는 이 명예로운 위치를 기뻐하며, 그러한 자리에 놓아준 신을 축복하고, 이러한 특혜를 입은 나 자신을 감격하여 바라보는 것이네. 이리하여 조물주에 대한 감사와 축복의 감정이 생기며 자애로운 신에 대한 나의 최초의 경의(敬意)가 우러나게 되는 것일세. 이렇게 신에 대한 나의 신앙은 자연 그 자체가 내게 일깨워준 것이라네.

그러나 인간 사이에서 나의 위치를 알아보려 하면 어떻게 되는가? 지금까지 관찰해온 질서는 어디로 갔는가? 자연은 조화와 균형을 보여주는데 인류는 혼란과 무질서만을 보여주지 않는가? 오, 지혜여! 그대의 법칙은 어디에 있는가? 오, 섭리여! 그대는 이렇게 세계를 지배하고 있는가? 내가 지상에서 보는 것은 악이라네.

선량한 나의 벗이여! 이러한 모순으로부터 일찍이 가질 수 없었던 영혼에 대한 숭고한 관념이 머리에 형성되는 것이네. 나는 인간의 본성을 생각하면서 두 가지의 확실한 원리를 발견하였네. 하나는 진리의 탐구, 정의와 도덕적인 미에 대한 사랑을 통한 지적인 영역으로의 향상이며, 다른 하나는 첫째 원리에 의해 향상된 인간의 고귀한 상태를 끌어내리는 정념에의 예속이네.

이 상충된 두 원리 사이를 오가면서 나는 이렇게 중얼거렸네. "그렇다. 나는 어떤 것을 원하면서도 동시에 원하지 않고 있다. 나는 노예인 동시에 자유인임을 느끼고 있다. 나는 선을 사랑하고 동경하면서도 악을 행한다. 나는 이성에 귀를 기울일 때는 능동적이지만 정념에 이끌릴 때는 수동적이다. 그리고 내가 굴복 당했을 때 느끼는 가장 큰 괴로움은 저항할 수도 있었는데 저항하지 않았다는 것이다"하고.

소리라는 것을 들어본 적이라곤 없는 귀머거리가 현악기의 현을 진동시키는 원인은 현 그 자체에 있으며 그것은 진동하는 모든 물체에 공통된 성질이라고 생각한다면 그에게 소리라는 것을 설명할 필요가 있겠는가? 느낄 수 없는 소리로 과연 그에게 소리의 존재를 일깨워 줄 수 있겠는가? 인간정신의 사상과 본성에 대해 생각할 때마다 나는 유물론자들의 이론이 이 귀머거리의 경우와 비슷하다고 생각하네. 사실 유물론자들도 내면의 소리에는 귀머거리나 마찬가지라네.

또한 나는 의사와 욕망을 지배하는 의지를 가진 능동적 존재라네. 그러나 그 의지를 실행에 옮기는 힘은 그것을 원하는 힘보다 약하네. 나는 유혹에 의해 수동적인 인간이 되며, 악행에 의해 노예가 되고, 후회에 의해 자유인이 되네. 나의 이 자유감정은 내가 타락할 경우가 아니고는 또 육체의 법칙에 대항하여 끓어오르는 영혼의 비난하는 소리를 내가 봉쇄하는 경우를 제외하고는 결코 내 안에서 사라지지 않는다네.

물론 나도 자신의 행복을 바라지 않을 만큼 자유롭지는 못하고, 악을 바랄 만큼 자유롭지도 못하네. 그러나 나의 자유란 나와 상관없는 것에는 결코 강요받지 않고, 나에게 적합한 것, 또는 적합하다고 생각되는 것 외에는 바랄 수가 없는 그것이네. 모든 행동의 근원은 자유로운 존재의 의지에 있네. 그 이상은 거슬러 올라갈 수 없네. 능동적인 근원에서 출발하지 않은 어떤 행위나 그 어떤 결과를 예상하는 것은 곧 원인 없는 결과를 예상하는 것이며, 그것은 순환논법(循環論法)에 빠져드는 일이네. 그러므로 인간은 행동에 있어서 자유로우며, 그것으로써 어떤 영원한 실체로부터 생명이 주어진 것이라고 하겠네. 이것이 나의 제3의 신앙신조라네.

이렇듯 인간은 능동적이고 자유로운 의지로 행동하는데 신은 인간이 자유를 악용하는 것을 바라지도 않지만 막으려고 하지도 않네. 왜냐하면 인간과 같이 매우 약한 존재의 악행이 신에게는 아무것도 아니거니와 자유를 제한하지 않고는 그것을 막을 수 없기 때문이네. 신은 인간이 선을 선택하도록 자유의지를 주면서도 인간이 자유를 남용하여 자연의 질서를 파괴하는 일이 없도록 인간의 능력을 적당히 제한하였네. 인간이 악을 행하는 것을 신이 막아주지 않는다고 불평하는 것은 신이 인간에게 뛰어난 본성과 도덕성, 미덕의 권리를 주었다고 불평하는 것과 마찬가지라네.

우리는 우리의 능력을 남용하므로써 불행하고 악한 존재가 된다네. 정신적이고 육체적인 모든 고통은 그것을 고통스럽게 느끼도록 하는 우리의 부도덕이 없다면 전혀 고통이 될 수 없네. 육체적 고통은 육체에 고장이 생겼다는 신호이며 정신적인 고통은 공상적인 행복을 추구하는데서 비롯되네.

인간이여! 악을 창조하는 자는 바로 그대들이네. 그대가 행하는 악이나 그대가 괴로워하는 악 이외의 다른 악이란 존재하지 않네. 악은 자연이 아닌 우리 스스로가 만든 오류로 이 악을 버려야만 하네. 그러면 모든 일이 잘되고 부정(不正)도 없어질 것이네. 정의와 분리될 수 없는 선은 무한한 힘과 자기애(自己愛)의 필연적인 결과라네. 그러므로 최대의 능력을 가지고 있기 때문에 최고의 선이라고 할 수 있는 신은 최고의 정의라네.

신에게는 그의 피조물에 대한 의무는 없다고들 하지만 나는 신이 그들에게 존재를 부여하면서 약속한 모든 것에 대해 의무가 있다고 생각하네. 그러므로 신이 인간에게 선의 관념을 주고 그 필요를 느끼게 하는 것은 바로 신이 인간에게 선을 약속하는 것이네. 그리하여 나는 영혼 속에 쓰여진 '바르게 살면 행복하리라'는 말을 읽지만, 현실은 그렇지가 않아서 악인은 번영하고 의인은 박해를 당하네. 그러기에 이 같은 기대가 어긋났을 때, 우리는 분개하고 창조자에게 반항하고 불평하는지도 모르네. 그러나 공적도 없는 자에게 미리 상을 주고 그들의 미덕에 미리 대가를 지불해야 하는 의무가 신에게 있단 말인가? 행복해지려거든 먼저 선량해야 하며, 일을 한 다음 보수를 요구해야 하네.

만일 영혼이 비물질적인 것이라면 육체가 소멸한 뒤에도 살아남을 것이며 만일 그것이 옳다면 신의 정당함은 입증될 것이네. 나는 영혼의 비물질성에 대한 증거로써 '악인의 승리'와 '의인의 박해'라는 것만 있어도 충분하다고 보네. 나는 '우리에게 있어 모든 것은 죽음으로 끝나는 것이 아니라 죽음에 이르러 그 질서를 회복하는 것'이라고 생각하네. 인간에게 있는 감각적인 것이 소멸될 때 인간은 무척 당황할 것이네. 그러나 나는 영혼과 결합되어 있는 육체가 소멸되더라도 영혼은 보존된다고 생각하네. 즉, 결합이 깨짐으로써 상반되는 두 성질이 결합했던 불안한 상태에서 오히려 본연의 자연적 상태로 되돌아간다고 생각하네. 나 자신의 부도덕에 의해 느낀 바로는, 인간은 인생의 절반밖에는 살지 못하며 영혼의 삶은 육체의 죽음이 있은 다음에 시작되는 것이네.

그러나 영혼의 삶이란 무엇이며, 영혼이란 본질적으로 불멸의 것인가? 무한하다는 것은 나의 오성으로는 파악할 수 없네. 그러나 나는 육체가 죽어도 영혼은 살아서 질서를 유지한다는 것을 믿고 있으며 육체가 어떻게 소모되고 어떻게 소멸되어 가는지를 알고 있네. 나는 내 영혼을 느끼며 감정과 사고에 의해서 영혼을 알고 있네. 그 본질은 모르지만 그 존재는 알고 있다는 것일세. 그러므로 죽은 뒤에 생전의 '나'는 어떤 인간이었던가를 상기하려면, 생전에 내가 느낀 것, 또 내가 행한 것을 다같이 기억해내야 할 것이네. 나는 이 추억이 먼 후일 언젠가는 선인에게는 기쁨이 되고 악인에게는 고통이 되리라는 것을 믿어 의심치 않네.

선량한 사람이라면 자신의 본성에 따른 삶에서 행복을 구할 것이며, 자유를 남용하지 않고 자신의 사명을 외면하지 않았기 때문에 내세에서는 보상을 받을 것이네. 악인의 고통이 영원한지 아닌지 따위의 무익한 문제들을 밝히고 싶지는 않네. 그래도 나는 그들이 끝없는 고통을 받으리라고는 믿기 어렵네. 헛된 영화 속에서 선망, 탐욕, 야심이 가득한 마음 등의 지칠 줄 모르는 복수심이 여러분의 악행을 벌하고 있는데 굳이 지옥을 찾아 저 세상까지 갈 필요가 있겠는가? 지옥은 이미 이 세상에서 악인들의 마음속에 있는데.

이리하여 신을 그 업적과 속성을 통해 바라보면서 나는 처음에 가졌던 불완전하고 한정된 관념을 확대 발전시키기에 이르렀네. 살아 있는 육체에 생기와 활력을 주는 것이 바로 신이라는 것을 생각할 때, 내 영혼은 영적인 것이지만, 누가 신이 하나의 정령(精靈)이라고 말한다면 나는 이 신성한 본질의 가치를 그처럼 저하시키는데 대해 분개하는 것이네. 설명할 수 없는 신의 실체와 우리의 영혼과의 관계는 마치 우리의 영혼과 우리의 육체와의 관계와 같은 것이네.

신이 물질, 육체, 영혼, 정신을 만들었는지는 나는 모르네. 창조의 관념은 나를 혼동시키고 내 이해력의 범위를 벗어나는 것일세. 그러나 나는 신이 우주와 모든 존재를 창조하고 그것에 질서를 주었다는 사실은 안다네. 내가 아는 것은 신은 만물에 앞서 존재했고 그 만물이 존재하는 한 신 또한 존재할 것이며, 모든 만물에 종말이 온다 하더라도 신은 계속 존재할 것이라는 점이네.

인간은 추론할 때 현명하지만 신의 예지에는 추론이나 전제, 결론도 없으며, 심지어 명제조차도 없다네. 신의 예지에는 진리도 관념일 뿐이며 모든 장소와 시간도 한 점과 한 순간에 지나지 않네. 인간의 힘은 수단에 의해서 발휘되지만 신의 힘은 그 자체로써 움직이네. 인간에 있어 선이란 인류애지만, 신의 선이란 질서에 대한 사랑이네. 신은 그 자체가 정의지만 인간은 불의를 만드네. 그런데 인간의 정의란 각자에게 자신의 몫을 돌려주는 것인데 비해 신의 정의란 신이 준 것에 대해 각자에게 그 책임을 묻는 것이네.

이와 같이 감각적인 대상에서 받은 인상과 그 원인을 규명케 하는 선천적인 내적 감정으로부터 알아야 할 본질적인 진리를 끌어낸 다음 내가 할 일은 나의 행동에 필요한 어떤 준칙을 끌어내고 나의 사명을 다하기 위한 어떤 규칙을 찾는 일이네. 나는 그러한 것들을 철학의 원리가 아닌 나의 마음속에서 발견하네. 나는 내가 하고 싶은 일에 대해서 양심에게 묻기만 하면 된다네.

우리는 자연이 관능에게 속삭이는 말은 믿으면서 우리의 마음에게 말하는 것은 믿지 않네. 즉, 내가 바르다고 생각하는 것은 모두 바른 것이며, 내가 나쁘다고 느끼는 것은 모두 나쁜 것이네. 양심은 영혼의 소리이며 정념은 육체의 소리라네. 이 두 소리가 서로 모순될 때는 우리를 속이지 않는 양심에 따르면 되네. 양심과 영혼의 관계는 본능과 육체의 관계와 같아서 양심에 따르는 자는 곧 자연에 따르는 것과 마찬가지일세. 행위의 도덕성은 우리가 그 도덕성에 대해서 내리는 판단 속에 있고 정의에 대한 가장 큰 보상은 자기가 정의를 실행하고 있다고 느끼는 일이네.

나의 젊은 벗이여! 다시 우리 자신의 내부를 되돌아보자. 우리를 기쁘게 하는 것은 남의 불행일까? 아니면 남의 행복일까? 우리들이 행해서 즐겁고 행한 뒤에도 좋은 인상을 주는 것은 선한 행위일까? 아니면 악한 행위일까? 우리는 죄인의 범죄를 기뻐하는가? 아니면 죄인이 벌받는 것에 슬퍼하는가? 자신과 이해관계가 없는 일에는 일체 관심이 없는 사람도 우정과 인간애로 인해 자신의 고통을 위로 받는다네.

기쁠 때에 그 기쁨을 같이 나눌 사람이 없는 이는 고독할 것이네. 만일 인간에게 도덕심이 없다면, 미덕에 대한 우리의 열광은 우리의 개인적인 이해관계와 어떤 관계가 있을까? 미덕에 대한 사랑이 없으면 인생의 모든 매력 또한 없는 것이네. 자신의 내부로만 향하여 자신만을 사랑하는 사람에게는 사랑도 기쁨도 슬픔도 있을 수 없네. 이런 사람은 이미 죽은 것이나 다름이 없네.

자연에 복종하면 자연의 인자함을 알게 될 것이네. 또 자연의 소리에 귀를 기울이면 선량한 자신에게 매력을 느끼게 될 것이네. 악인은 자신을 두려워하여 자기를 벗어나게 하는 것에서 기쁨을 찾네. 반대로 올바른 사람의 평온은 내면적인 것으로써 그의 웃음은 조소가 아니라 기쁨에서 오는 것이네. 그는 자신의 만족을 그와 가까이하는 사람들에게서 얻는 것이 아니라 오히려 그 만족감을 그들에게 전하고 있는 것이네.

모든 민족과 그 역사를 살펴보면 온갖 기괴한 제식(祭式)과 갖가지 풍습과 예절 속에서도 정의와 성실에 대한 동일한 개념을 도처에서 발견하게 될 것이네. 고대의 이교(異敎)는 죄를 범하는 일과 정욕을 만족시키는 일을 주관하는 신들을 만들었네. 그러나 악이 신성한 권위의 갑옷을 입고 신들이 사는 곳에 내려와 봤자 아무 소용이 없었네. 도덕적인 본능이 인간의 마음에서 그 악덕을 몰아냈기 때문이네. 그러므로 인간의 마음속에는 정의와 미덕의 천부적인 원리가 있어 우리 자신의 준칙이야 어떻든 간에 우리는 이 원리에 입각하여 자신의 행동과 타인의 행동을 선과 악으로 판단하고 있는데 나는 그것을 양심이라는 이름으로 부르고자 하네.

존재한다는 것은 느끼는 것이네. 감성은 지성보다 먼저 존재하며 우리는 관념 이전에 감정을 가졌다네. 우리의 존재의 근원이 어떤 것이든 그것은 우리의 본성에 적합한 감정을 줌으로써 우리를 지킬 수 있는 수단을 마련해 준다네. 그리고 이러한 감정은 개인적으로는 자기에 대한 사랑, 고통과 죽음에 대한 공포, 그리고 행복에 대한 욕구라네. 그러나 인간이 본질적으로 사회적 동물이라면 인간에게는 인류와 관계 있는 천부적인 감정이 필요할 것이네. 그런데 자기 자신과 자신의 동족에 대한 이중관계로부터 형성되는 윤리체계에서는 양심의 충동이 생기게 되네. 인간은 선에 대한 천부적인 지식을 가지고 있지는 않지만 이성으로 인해 양심은 선을 느끼게 된다네.

신성한 본능이며 하늘의 불멸의 소리이며 지성을 갖는 인간의 확실한 안내자이며 선악에 대한 판정자인 양심이여! 그대야말로 인간 본성의 뛰어남과 그 행동의 도덕성을 이끌고 있네. 그대가 없다면 나는 금수(禽獸)의 차원에 머물 것이며 오류 속에서 방황하게 될 것이네. 양심은 소극적인 성격을 가져서 조용한 생활을 즐기며 침묵을 좋아하네. 그러나 편견과 광신(狂信)의 방해로 양심은 더 이상 우리에게 진실을 말하지 않고 대답도 하지 않게 되었네. 그리하여 이처럼 경멸을 당한 양심을 다시 불러들이기란 그것을 추방했을 때만큼이나 힘이 든다네.

나는 이 연구를 하면서 비애와 권태감에 휩싸이곤 했네. 나의 황량한 마음은 진리를 사랑하는 데 나약하고 미약한 열의밖에 나타나지 않았네. 나는 이렇게 생각했네. '나는 왜 존재하지도 않는 것을 고민하며 찾으려 하는가? 정신적 행복이란 한낱 공상에 지나지 않으며 관능적 쾌락보다 더 좋은 것이 어디 있겠는가? 망각한 정신적 행복을 찾는 것과 의식하지 못했던 정신적 행복을 느낀다는 것은 얼마나 어려운 일인가!

공익을 옹호하는 감정과 자아를 우선하는 이성 사이에서 고민한 나는, 새로운 빛이 내 마음을 비쳐주지 않고 진리가 나의 행동을 선택해 주지 않았더라면, 나는 악을 행하면서 선을 사랑하는 필연적인 모순 속에서 일생을 헤매었을 것이네. 이성만으로는 미덕이 이루어지지 않는다네. 항상 질서에 대한 사랑이 안락에 대한 사랑을 극복해야 미덕은 이루어질 수 있는 것이네. 그러나 감성과 지성이 있는 곳에 언제나 정신적인 질서가 있음을 감안한다면 악 또한 질서인데 이것을 어떻게 설명할 수 있을까? 다만 차이가 있다면 선의 질서는 모두를 위한 질서이지만 악의 질서는 한 존재만을 위한 질서라는 점뿐이네. 그러므로 신이 없다면 선을 행하는 사람은 어리석은 자에 지나지 않을 것이네.

이 세상에 사는 동안 타락에서 생기는 최초의 충동이 정당하고 우리 내부에서 악덕이 발생한다고 하면 왜 우리는 악덕에 굴복하고 불평하는가? 또한 우리 스스로가 만든 불행과 적 때문에 우리는 신을 비난해야 하겠는가? 스스로 타락하는 일은 더 이상 하지 말자. 만일 습관이 고질화되지 않고 정신이 계명 되기 시작할 때 미지의 것을 평가하기 위해 알아둬야 할 일에 전념하고, 남을 의식하지 않으면서 스스로의 본성에 따라 행동하고 의무를 이행하며, 스스로 행복해지기 위해 사물을 깨우치려 한다면 우리는 쉽게 자신의 정념을 다스릴 수 있을 것이네. 우리는 선악을 분별하기 전에 판단과 평가를 고정시키고 이 잘못된 기준에 따라 모든 것을 생각하므로 모든 일에서 정당한 가치를 찾지 못하는 것이네.

나는 우주의 질서를 찬양하고 또 거기서 느낄 수 있는 현명한 창조자를 숭배하기 위해 우주의 질서에 관해 명상을 한다네. 나는 그와 대화를 나누며 그의 신성한 본질이 나의 능력에 침투토록 한다네. 그에게 기도는 하지만 요구는 하지 않네. 신의 예지에 의해 세워지고 섭리로 유지되고 있는 이 모든 질서를 무엇보다도 사랑해야 할 내가 나를 위해 이 질서가 혼란해지기를 바랄 수는 없지 않은가?

나는 신에게 선을 행할 힘조차도 바라지 않네. 그는 이미 나에게 선을 사랑하는 양심과 선을 판별하는 이성, 그리고 선을 선택할 자유를 주지 않았던가? 만약에 내가 악행을 저질렀다고 해도 그것은 자신의 상태에 만족하지 못하고 인간임을 포기하고자한 나 자신에게 원인이 있음은 변명의 여지가 없네.

정의와 진리의 원천이시며, 관대하고 자애로우신 신이여! 당신을 신뢰하는 내 마음의 가장 간절한 바램은 당신의 뜻대로 이루어지는 것입니다. 나는 당신의 의지에 내 의지를 결부시켜 당신의 선의에 복종할 뿐입니다. 나는 그 보수로 최상의 행복을 미리 나누어 가진 것이라고 믿고 있습니다.

이것을 행할 자신(自信)이 부족한 내가 신에게 구하는 단 한가지는 정의에 어긋나는 나의 잘못된 행동이 있다면 그것을 시정해 달라는 것뿐이네. 나는 진리에 도달하기 위해 최선을 다했네. 그러나 진리의 원천은 너무나 높은 곳에 있네. 그러므로 더 먼 곳까지 갈 수 있는 힘이 나에게 없다면 나에게 무슨 죄가 있겠는가? 진리가 내게로 가까이 와 주어야 하지 않겠는가?

이 선량한 성직자는 열띤 어조로 말을 마쳤는데 그도 나도 감격해 있었다. 그가 그의 양심에 따라서 말을 하는 동안 나의 양심은 그가 한 말을 확인하는 것 같았다.

나는 말했다. "당신이 지금 말씀해 주신 생각은, 당신이 믿는다고 말씀하신 것보다도 모른다고 고백하신 것에 의해 더욱 새롭게 느껴집니다. 나는 거기서 약간 다르기는 하나 유신론이나 자연종교를 보는 것 같습니다. 나는 당신의 말씀을 깊이 명심하고 잘 생각해 보겠습니다. 만일 잘 생각해 본 후에 내가 당신과 같은 확실한 신념을 갖게 된다면 당신은 나의 최후의 스승이 될 것이고 나는 죽을 때까지 당신의 제자가 될 것입니다. 그렇지만 더 자세하게 설명하여 주십시오. 당신은 내가 알아야 할 것을 절반밖에는 말씀해 주시지 않았습니다. 계시라든가, 성경이라든가, 교리라든가, 내가 어려서부터 이해할 수도 믿을 수도 없었던, 긍정도 부정도 하지 못한 채 갈피를 잡지 못하고 있는 그러한 문제들에 대해 말씀해 주십시오." 그는 나를 포옹하고 다시 말하기 시작했다.

"그렇다면 나의 생각을 다 털어놓기로 하지. 지금까지 나는 자네에게 유익하고 내가 확신하는 것만을 얘기했네. 이제부터 검토할 것들은 난처하고 신비하고 애매한 것들뿐일세. 나는 나의 의견이 아닌 의문을 피력할 것이네. 아직 자네의 감정은 보다 안정된 상태에 있지는 않으므로 지금 나의 말에서도 얻는 것이 있을 것이네. 내가 잘못인지 아닌지도 모르면서 단정적인 말을 한다 해도 그것은 하나의 의문에 지나지 않네. 진리는 자네 자신이 찾도록 하게. 나로서는 성실하게 말할 것을 약속할 뿐이네."
자네는 내 설명에서 자연종교만을 발견했다고 했는데 다른 종교가 필요하다는 것은 매우 이상한 일이네. 신이 나의 정신에 준 빛과 마음에 준 감정에 따라 신을 섬기는 것이 왜 나쁜가? 자연과학에 기반을 두지 않은 실증적인 학설에서 순수한 윤리와 인간과 창조자에게 유익한 어떠한 교리를 끌어낸다는 것은 내 능력 밖의 일이네. 신의 영광과 사회의 복지와 또 나의 이익을 위해서 자연법의 의무에 덧붙일 것이 무엇인가?
자연의 광경을 보고 내면의 소리에 귀를 기울여라. 신이 인간에게 부여한 우리의 눈과 양심과 판단력 외에 또 무엇이 필요하겠는가? 인간의 계시는 신의 품위를 저하시키고 인간의 교리는 신의 관념을 훼손할 뿐이네. 인간의 어떤 특수한 교리는 이 땅 위에서 평화가 아닌 총과 칼을 가져와 인류의 죄와 불행을 초래하고 있을 뿐이네. 신을 숭배하기 위해 계시가 필요하다고 느낀 사람들은 갖가지 괴상한 신앙의 다양성을 제시하지만 사실 그 다양성 자체가 계시의 공상성에서 나온다는 것을 그들은 모르고 있네. 신이 인간의 마음에 말하는 것에만 귀를 기울였다면, 지상에는 단 하나의 종교밖에는 없었을 것이네.

종교의식과 종교 그 자체를 혼동해서는 안 된다네. 신은 마음의 신앙을 요구하고 있네. 그리고 이것은 마음이 성실한 이상 항상 한 모양이네. 그러므로 의식에 신이 큰 관심을 갖는다는 것은 하나의 망상에 지나지 않네. 신은 정신적으로 진실을 다하여 예배하기를 바라네. 예배의 형식에 있어서는 경건한 질서를 위해 일정한 양식이 필요할지 모르나, 그것은 어디까지나 규율상의 문제이지 계시가 필요한 것은 아니네.

서로 독선을 고집하며 다른 종교를 비난하는 종파에게 어떤 종파가 옳은가를 물어보면 그들은 제각기 대답하네. "내 종파만이 옳소. 다른 종파는 모두 속임수요." "그럼 당신의 종파가 옳다는 것을 어떻게 알 수 있소?" "신이 그렇게 말씀하셨소." "그렇지만 누가 여러분에게 신이 그렇게 말씀하셨다고 합니까?" "우리 신부가 그랬소. 신부는 그것을 믿으라고 했고 그래서 우리는 그렇게 믿는 것이오. 또 그는 자기와 다르게 말하는 사람들은 잘못된 자들이라고 자신 있게 말했으므로 나는 다른 사람들의 말은 듣지 않소."

모든 종교가 다 올바르고 신의 뜻에 일치하거나, 그것이 아니라면 신이 정해준 하나의 종교가 있어서 인간이 그것을 믿지 않으면 벌을 준다면 신은 인간에게 그것을 선택할 수 있는 식별력을 주던가 아니면 그런 종교에 모든 사람이 볼 수 있는 표식을 달아야만 했네. 이 지상에 유일한 종교가 있는데 성실한 인간이 그 사실을 모른다면 신은 가장 불공정한 폭군일 것이네. 그러므로 모든 권위를 벗어나 양심과 이성의 판단에 따라 성실하게 진실을 탐구해 보세.

인간의 증언은 결국 이성의 증언에 불과하며 그것은 진리를 알 수 있도록 신이 나에게 부여하고 있는 자연의 방법에 아무것도 덧붙이지 않은 것이네. 그러므로 진리의 사도여! 그대는 내가 판정을 내리지 못하고 있는데 무엇을 나에게 말하려는가? 신께서 말씀하셨다! 이것은 분명 위대한 말이네. 그렇다면 어째서 나에게는 아무것도 안 들리는가? 신은 사도를 통해 기적을 통해 당신을 유혹에서 지키려 하고 있다. 그 기적은 어디에 있는가? 성서 속에 있다. 그러면 책은 누가 만들었는가? 사람이 만들었다. 그러면 누가 그 기적을 보았는가? 그것을 증언하고 있는 사람이다. 이 또한 인간의 증언이 아닌가! 신과 나 사이에는 얼마나 많은 사람이 개입되어 있는가?

신이 인간을 신의 대변자로 택한다면 신은 왜 그 인간에게 신의 대변자라고 알려주지도 않고 그에게 무작정 복종하라고만 하는가? 소수의 사람들 앞에서만 표시를 보여주고 나머지 모든 사람들은 소문으로만 알 수 있게 하는 것이 과연 정당한 방법일까? 모든 나라에서 모든 사람이 본 기적이라면 그 기적은 옳다고 할 수 있을 것이네. 그런데 모든 기적 중에서 가장 큰 기적이라면 광신자들이 박해받는 곳에서는 전혀 기적이 일어나지 않았다는 점이네. 그러나 나는 신을 깊이 믿고 있으므로 신에게 부합되지 않는 그 많은 기적을 믿을 수가 없네.

신으로부터 오는 교리는 신의 신성한 성격을 지녀야 하며 신에 대한 모호한 관념을 밝게 해주고, 이와 더불어 신앙과 도덕 그리고 그것에 의해 알 수 있는 준칙들을 제시해야 하네. 만일 교리가 황당무계한 것을 가르치고 동료에 대한 혐오감과 자신에 대한 공포감만을 심어 주고 시기심 많고 편파적이며 전쟁과 투쟁의 신만을 보여준다면 그러한 종교를 섬기기 위해 나의 자연종교를 버리려고는 하지 않을 것이네.

나는 그 종파의 사람들에게 이렇게 말할 것이네. "당신의 신은 나의 신이 아니오. 특정 국민만을 선택하는 신은 모든 인간의 아버지가 아니오. 그가 만든 최대다수를 영원히 고통에 빠뜨리는 그런 신은 나의 이성이 보여준 관대하고 자애로운 신이 아니오."

명확한 증명에 의해 마음에 호소하는 것만이 진정한 교리라고 이성은 말하네. 인간의 정신으로 인식될 수 있는 방법으로 우리에게 진리를 가르치는 것이야말로 계시라고 할 수 있네. 그러므로 최상의 종교는 명료한 종교라고 할 수 있네. 신앙을 설교하면서 신비나 모순을 설교하는 사람은 그 종교를 의심토록 만드네. 내가 숭배하는 신은 암흑의 신이 아니라 나의 이성을 사용하도록 권유하는 신이네. 진리의 사도는 나의 이성에 억압을 가하지 않고 오히려 이성의 빛을 발하게 해 주네.

나의 아들이여, 서로 배척하고 추방하는 숱한 종교들 가운데서 진실한 종교가 있다면 단 하나만이 진실인 것이네. 그러나 그 진실을 확인하기 위해서는 모든 종교를 다 검토해야 하네. 그리고 갖가지 반론을 편견 없이 비교해야 하네. 어떤 생각이 우리에게 명백한 증거를 보이면 보일수록, 우리는 그 생각이 어떤 근거에서 많은 사람들에게는 인정되지 않는 것인지 그 이유를 연구해야 할 것이네.

유럽에는 세 가지 주된 종교가 있네. 하나는 유일한 신의 계시만을 인정하고 다른 하나는 두 가지 계시를 인정하며, 나머지 하나는 세 가지 계시를 인정하네. 그 중에서 단 하나의 계시만을 인정하는 종교가 가장 오래되고 정통인 것처럼 보이네. 세 가지의 계시를 인정하는 종교는 가장 새롭고 논리적이라고 생각되네. 두 가지의 계시를 인정하면서 제3의 계시를 배척하는 종교가 가장 좋은 것일지도 모르나 확실히 제3의 것에 대해서는 많은 편견을 가지고 있으며 그 모순도 너무나 두드러진다네.

그 세 가지 계시 중에서 성서는 그것을 따르는 국민들로서는 알지 못하는 말로 쓰여져 있네. 유태인이나 그리스인도 히브리어를 모르고, 터키인과 페르시아인들은 아랍어를 모르며, 현대의 아랍인조차도 마호멧의 말을 쓰지 않네. 알아듣지 못하는 말로 가르치는 것은 어리석은 방법이네. 번역이 되었다 해도 그 번역이 옳은지 아닌지 누가 보증할 수 있겠는가? 그리고 신이 인간을 향해서 말을 하는데 통역이 왜 필요한가?

내가 알지 못하는 사람의 말을 믿는다는 것은 참으로 기묘한 일이네. 내가 알아야 하는 사건이라면 신은 왜 내게서 멀리 떨어진 곳에서 일으켰는가? 그것은 마치 달세계에서 일어난 일도 내가 알아야 한다는 것과 똑같은 이치가 아닌가? 여러분의 말에 의하면 그 일을 나에게 가르쳐주러 온 것이라고 했네. 그러나 왜 여러분은 선량하고 진리를 구하는 사람들에게 알리지 않고 그를 지옥에 빠뜨렸는가? 도저히 믿을 수 없는 말을 여러분들의 증언만으로 믿어야 한단 말인가?

만일 이 세상에 참다운 종교라는 것은 하나밖에 없고, 또 누구라도 그것을 믿지 않으면 지옥으로 갈 수밖에 없다고 한다면, 사람은 이 모든 종교를 조사하고 탐구하고 비교하고 그 종교가 생긴 나라로 여행하는 데한 평생을 소비해야만 할 것이네. 육체 노동자도, 농부도, 병약자도 이 의무를 모면하지 못할 것이며, 다른 사람의 판단을 믿을 권리도 없는 것이네. 그렇게 되면 지구 전체가 많은 희생을 치르고 여러 종교를 증명하고 비교하고 검토하면서 돌아다니는 순례자로 가득할 것이며, 지금 인간이 하는 모든 행위는 이러한 일에 집중되어 죽기 전에 자신이 믿고 살아야 할 종교를 갖게만 된다면 참으로 다행한 일이라 할 것이네.

이런 방법을 완화시키고 인간의 권위를 최소한으로 높이려고 한다면, 그 순간부터는 인간의 권위에 모든 것을 돌려주는 것이 되네. 만일 그리스도교인들의 아들이 공평하고 세밀한 조사도 없이 아버지의 신앙을 그대로 받아들이는 것이 좋다면 터키인의 아들도 그 아버지의 신앙을 따르는 것이 나쁠 까닭이 어디 있겠는가?

나의 아들이여! 각자가 자기 주장만을 내세우고 자기만이 옳다고 믿으면,

그 자만과 편협성으로 인해 자꾸 불합리한 곳으로 빠져들게 되네. 내가 숭배하고 여러분에게 말한 평화의 신을 성실히 연구했음에도 불구하고 이 연구는 성공하지 못하고 끝없는 바다로 표류하고 있음을 안 나는 뒤로 되돌아가, 나의 신앙을 스스로의 소박한 관념 속에 머무르게 했네.

모든 사람의 눈앞에 있는 유일한 책은 곧 자연이라는 것이네. 이 위대하고 숭고한 책이야말로 신을 숭배하는 법을 가르치네. 또한 이 책은 모든 사람이 이해할 수 있는 말로 쓰여져 있기 때문에 책을 읽지 않는다면 어떠한 변명도 용납되지 않는다네. 무인도에 홀로 살아간다고 해도 이성을 훈련시키고 신이 준 능력을 올바르게 잘 사용하면 신을 알고 사랑하고 신의 업적을 찬양하고 신의 뜻에 따라 행동하는 법을 배울 것이네.

성서의 숭고함에 놀라며 복음서의 신성함이 나를 감동케 하였음을 인정하네. 철학서적의 미천함과 비교해 보게나. 매우 숭고하면서도 소박한 성서가 인간의 작품일 수 있는가? 이 책의 등장인물이 단순한 인간에 불과하다고 할 수 있을까? 그들의 행위는 얼마나 따뜻하고 순수한가? 그의 가르침에는 얼마나 감동적인 은혜로 가득 차 있는가? 그 규율은 얼마나 소중한 것인가? 그의 이야기에는 얼마나 깊은 지혜가 있는가? 정념을 지배하는 그 위력! 거만하지 않고 고통 속에 죽어가는 그만한 현인이 어디 있겠는가? 플라톤이 더러운 죄의 누명을 쓰면서도 모든 미덕의 보답을 받을 수 있는 적합한 의인을 그렸을 때 그는 바로 예수 그리스도를 그린 것이네.

나는 오랫동안 직무를 정지 당한 뒤에 멜라레드 씨의 도움으로 다시 성무에 충실할 수 있었네. 그리하여 그전에는 적당한 방법으로 드리던 미사를 이제는 정중한 태도로 임할 수 있게 되었네. 나는 신의 위엄과 그 실재를 확신하면서 그것을 모르는 인간정신의 무력함을 한탄하면서 모든 의식을 조심스럽게 따르고 있네. 봉헌의 시기가 가까워지면서 나는 교회와 성례의 엄숙함이 필요로 하는 모든 절차에 마음을 하나로

하면서 나의 이성을 드러내지 않으려고 노력하네. 무한한 힘을 측정하려고 하는 너는 누구냐고 자문하면서 나는 성례에서 사용하는 말들을 경건하게 말하고 또 그것을 위해서 나의 모든 신앙을 바친다네.

그 이해하기 힘든 신비가 무엇이든 간에 나는 심판의 날에 마음속으로 그 신비를 손상했다는 이유로 벌을 받게될 염려는 없다고 생각하네. 비록 낮은 신분이라도 성직에 있음을 영광으로 생각하는 나는 그 숭고한 의무를 이행하는데 결코 어긋나는 일은 하지 않을 것이네. 나는 사람들에게 미덕과 선행을 권장할 것이네. 그리고 가능한 한 그들에게 스스로 본보기가 될 것이며 신앙을 돈독하게 하는 유익한 교리만을 설교할 것이네. 그들이 다른 종교를 용서할 줄 모르는 잔혹한 교리를 폄으로써 이웃을 향하여 '너희는 지옥으로 갈 것이다' 는 말을 하지 않도록 하옵소서!

나는 교회의 정신보다는 복음서의 정신에 더 역점을 두고 그들을 가르칠 것이네. 나는 그들에게 무엇을 해야 하는가를 가르치기 이전에 내가 그들에게 말하는 것은 나 자신이 모두 믿고 있다는 것을 그들이 알 수 있도록 스스로 실천하려고 노력할 것이네. 나의 교구나 이웃 교구에 프로테스탄트교도가 있더라도 나는 그리스도의 사랑으로 그들을 내 교구 신도들과 차별하지 않을 것이네. 나는 그들이 서로 사랑하고 모든 종교를 존경하여 모두가 자기 종교를 믿고 평화스럽게 살도록 할 것이네. 보다 위대한 진리를 기다리면서 공공의 질서를 유지하고 어느 나라에 살든지 그 법률을 존중하고 그 법률이 명하고 있는 신앙을 준수하도록 하세.

자네는 지금 앞으로의 생애를 위해 정신과 마음이 악과 선 중 하나를 택해야 하는 위험한 시기에 처해 있네. 이 시기에 인간의 본성이 굳어져서 더 이상 변하지 않게 된다네. 젊은이여, 나는 자네의 혼에 진리의 낙인을 찍어 두고 싶지만, 무지하고 틀리기 쉬운 인간 중의 하나인 내가 어떻게 그런 일을 할 수 있겠는가? 나 자신이 확신하고 있는 것은 모두 털어놓았네. 나의 의문은 의문으로, 의견은 의견으로 모두 이야기했네. 이제 그 판단은 자네에게 맡기겠네.

만일 자네가 이런 고찰을 인정하고 내 생각이 자네의 생각이 되어 우리가 같은 신앙고백을 한다면 나는 자네에게 이런 충고를 하고싶네. 자네의 생활을 빈곤과 절망의 유혹에 내버려 두지 마라. 앞으로는 남이 베풀어주는 치사한 빵을 먹지 마라. 조국으로 돌아가 선조의 종교를 믿어라. 그것은 지극히 단순하고도 신성한 종교로써 가장 순수한 윤리를 포함하고 있네. 수치심에 두려워할 필요가 없네. 과오를 범하는 것은 부끄러운 일이지만 그것을 뉘우치는 것은 부끄러운 일이 아니네. 자네는 아직 모든 것을 용서받을 수 있는 시기이지만 죄를 짓고도 벌을 면할 수 있는 나이는 이미 지났네. 양심의 소리에 귀기울이면 모든 장애는 사라지고 말 것이네. 우리가 지금 처해 있는 불확실한 상황에서는 자기 선조 때부터 믿어온 종교 이외의 다른 종교를 믿는다는 것은 용서할 수 없는 오만이며, 자기가 신앙하는 종교를 성실하게 따르지 않는 것은 일종의 기만이네. 신은 스스로가 범한 잘못보다는 그곳에서 자라온 잘못을 용서할 것이네.

나의 아들이여! 자네가 언제나 신이 존재하기를 바라면 자네는 결코 신의 존재에 의심을 품지 않을 것이네. 그리고 어떤 종교를 택하든 종교의 참된 의무는 인간의 제도와는 무관하다는 것을, 올바른 마음이야말로 신이 존재하는 곳이라는 것과 나라와 종교를 불문하고 신과 이웃을 사랑하는 것이 모든 종교의 핵심이며 종교의 의무와 윤리의 의무는 어떤 본질적이라는 것, 그리고 내면적인 신앙이 가장 중요한 것으로써 그것 없이는 진정한 미덕도 존재하지 않는다는 점을 기억해야 할 것이네.

자연을 설명한다는 구실로 사람들의 마음에 무익한 교리의 씨를 심는 사람들, 그들 반대자의 결정적인 논조보다 훨씬 독단적인 겉치레의 회의론을 주창하는 사람들을 멀리하라. 그들은 상상 위에 확립한 이해할 수 없는 학설을 진정한 원리라고 거만하게 우리에게 강요하네.

또한 사람들이 존경하고 있는 일체의 것을 뒤엎고 고통받는 사람의 유일한 위안마저도 박탈하며 권력자와 부자를 제어하는 정념마저도 제거하네. 그들은 사람의 마음속에서 죄에 대한 고뇌와 미덕에 대한 희망을 없애면서도 자기는 인류에 대한 은인이라고 자랑하고 있네. 그들도 나와 마찬가지로 진리는 인간에게 해로운 것이 아니라고 말하네. 그러나 나로서는 그것이야말로 그들이 가르치고 있는 것이 진리가 아니라는 명백한 증거라고 생각되네.

젊은이여, 자만하지 말고 정직하고 진실 되어라. 다른 사람의 귀를 의식하지 말고 자신의 양심에 따라 이야기하라. 지식의 남용은 회의를 일으키므로 세속적인 감정을 무시하고 자신만의 감정을 가지려는 감정의 극단을 멀리하라. 항상 진리의 길에, 자네의 마음에 진리라고 생각되는 길에 굳게 서라. 철학자들 앞에서도 신을 인정하며 관용이 없는 사람 앞에서도 인간애를 가르쳐라. 진실을 말하고 선을 행하라.

인간에게 중요한 것은 이 땅에서 자신의 의무를 다하는 것이네. 그리고 인간은 자신마저 망각하고 있을 때 비로소 자신을 위해 일하게 되네. 나의 아들이여, 이기주의는 우리를 속이는 것이니 우리를 속이지 않는 것은 오직 정의로운 희망뿐이라네.

나는 종교상으로 따라야 할 정신적 규칙이 아니라, 내가 확립하려고 노력한 방법에서 이탈하지 않도록 하기 위해서는 제자를 대상으로 이렇게 생각해 볼 수 있다는 실례로써 이상과 같은 기록을 옮겨 쓴 것이다. 인간의 권위나 자국(自國)의 편견을 인정치 않고 이성의 빛만으로는 자연의 교육에 있어 우리를 자연종교보다 더 먼 곳으로 인도해 가는 일은 없을 것이다. 그래서 만일 그가 다른 종교를 가져야 한다면 이 점에 있어서는 나는 이제 그를 지도할 권리가 없다. 그것을 선택하는 일은 자신의 일이다. 자연과 협동하고 자연이 육체적인 인간을 만드는 동안 우리는 정신적 인간을 형성하려고 애쓰는 것이다. 그러나 육체가 정신보다 빨리 성장하기 때문에 체력은 항상 이성을 앞서고 있다. 우리는 인간을 가능한 한 향상된 인간으로 만들기 위해 이제까지 이성을 억누르고 체력을 촉진시켜 왔다. 즉, 지적인 대상들이 감각적인 대상들의 인상을 완화시킨 것이다. 사물의 근원으로 거슬러 올라가면 우리는 감각의 지배에서 벗어날 것이다. 자연의 연구로부터 창조주의 탐구로 올라가는 것은 간단한 일이었다.

여기까지 이르면 우리의 제자는 비로소 법과 세론을 의식하지 않고도 진정으로 선을 행하고 의무를 다하며 미덕을 가지려는 관심을 보이게 되는 것이다. 사람이란 누구나 질서에 대한 사랑보다는 자기에 대한 사랑으로 쏠리기 마련인데, 그것은 결국에는 질서와 자신에 대한 사랑, 즉 창조주에 대한 사랑으로 확장될 수 있다. 그것은 또한 오늘의 생활을 훌륭하게 마친 후에 양심의 평화와 신에 대한 명상에 의해서만 내세에서 맞게 되는 영원한 행복을 누리기 위해서이다. 여기에서 벗어나게 되면 인간 세계에는 부정과 위선과 허위만이 남는다. 경쟁 세계에서는 반드시 미덕을 부도덕으로 대체시킨다. 그런 사회에서는 모든 사람이 단 한사람의 행복을 위해 희생하기를 바랄 것이다. 마음속으로는 신은 존재하지 않는다고 말하면서 겉으로는 다르게 말하는 자는 거짓말쟁이이거나 미치광이에 지나지 않는다.

여러분들은 에밀을 여러분의 제자와 똑같이 항상 경솔하고 소란스럽고 거들먹거리며 한가지 일에 집착하지 못하고 쾌락과 축제만을 찾아 떠돌아다니는 청년들과 같다고 생각할 것이다. 그리하여 내가 그를 명상가요, 철학자요, 훌륭한 신학자로 만든 것을 여러분은 비웃을 것이다. 그러나 에밀과 여러분의 제자를 비교해서 공통점이 있다면 그것은 기적일 것이다. 여러분의 제자가 지금 누리고 있는 자유 속에서 어린 시절을 보낸 에밀은 그들의 어린 시절의 규칙을 지금 따르기 시작하는 것이다. 여러분의 제자들은 이 규칙을 어린 시절의 멍에로 생각하겠지만 에밀은 이 구속을 이성의 구속으로 생각하고 명예로 받아들일 것이다. 이러한 시기는 여러분의 제자에게는 방종의 시기에 지나지 않지만 에밀에게는 이성을 움직이게 하는 시기가 되는 것이다.

여러분이 이 점에 있어서 이 둘 중에서 어느 쪽이 더 자연의 질서 속에 있는가를 알고 싶다면, 어느 쪽이 더 자연의 질서에서 멀리 떨어져 있는가를 알아 보라. 농촌의 청년들과 여러분의 제자를 비교해 보면 누가 더 시끄러운지를 알 것이다. 르 보(1701~1778 프랑스의 역사가이며 법관)는 이렇게 말했다. "미개인들은 어린 시절에 항상 활동적이고 육체적인 놀이에 열중하다가도 청년이 되면 침착해져서 생각에 잠기는 일에 손을 댄다."

에밀 또한 이렇게 성장했지만 그들과 다른 점은 오직 놀거나 먹기 위해서만 활동하는 것이 아니라 일이나 놀이 속에서도 생각하는 것을 배웠다는 점이다. 그러므로 에밀에게 제시할 다음의 길은 에밀에게 호기심을 충분히 끌만한 주제가 될 것이다. 반대로 여러분의 청년들은 지루한 수업과 장황한 설교, 계속되는 교리문답에 지쳐있기 때문에 이 모든 주제에 대해서 오직 혐오와 반감과 권태만을 느낄 것이다. 그들은 구속을 싫어 한다.

여러분이 어린이에게 말하는 것 따위는 이미 그들에게는 필요하지 않은 것이다. 그것은 내 제자에게도 마찬가지다. 에밀이 어른이 되면 나는 그를 어른으로 대하고 새로운 것만 말한다. 이렇게 해서 나는 이성을 위해 자연의 진보를 지연시킴으로써 그에게 이중으로 시간을 벌게 하는 것이다. 그렇다고 정말로 자연의 진보를 지연시킨 것이 아니라 상상력이 그것의 촉진을 방해했을 뿐이다.

나는 일반의 조기교육을 다른 종류의 수업으로 균형을 유지한 것이며 현대교육의 탁류에 반대되는 교육을 실행한 것뿐이다. 이것은 그를 그의 자리에서 분리시키는 것이 아니라 그를 제자리에 있도록 지켜 준 것이다.

드디어 자연의 참된 시기가 다가온다. 내가 누누이 말한 여러분의 위기가 닥쳐올 시기를 예감했다면, 여러분은 지금까지의 낡은 태도를 버리고 여러분의 제자를 여러분의 친구이며 한사람의 성인으로서 대우해야 한다. 여러분은 말할 것이다. "권위가 가장 필요한 때에 그것을 버리라니?

탈선이 우려되는 시기에 그를 제멋대로 내버려 두라니? 그에게 가장 필요한 시기에 내가 행사해 오던 권리를 포기해야 한단 말인가?"하고.

누가 여러분에게 그 권리를 포기하라고 했던가? 이제야 비로소 그 권리는 그에게 의미를 갖기 시작한다. 지금까지 여러분은 완력이나 잔재주로 그 권리를 행사하였으며 그의 마음을 구속하였다. 그러나 그는 애정이 섞인 소리를 분간할 수 없을 정도로 타락하지 않았다. 그는 가장 기본이 되는 정념인 자기에 대한 사랑을 품고 그 감정을 여러분에게 의탁하고 있다. 이 외의 다른 감정들은 일시적인 감정으로써 서로 지워버린다. 그를 타락시키는 일만 없다면 그는 언제까지나 순수하게 순종할 것이다. 그가 반항하기 시작했을 때는 그는 이미 타락한 것이다.

여러분이 싹트기 시작하는 그의 욕망에 정면으로 부딪히면 그는 오랫동안 여러분의 말을 결코 들으려고 하지 않을 것이다. 또한 여러분이 나의 방법을 버리는 순간부터 나는 여러분에 대한 어떤 문제에 있어서도 아무런 책임을 지지 않을 것이다. 그러면 어떻게 해야 할까? 그의 경향을 북돋아줄 것인가 아니면 억누를 것인가? 그를 추종해야 할 것인가 아니면 거역해야 할 것인가? 그 어느 쪽을 택하는 것이 마땅하겠지만, 어느 쪽이나 다 위험한 결과를 가져오기 때문에 그 선택을 주저하지 않을 수 없다.

이 어려움을 해결하기 위한 첫째 방법은 그를 서둘러 결혼시키는 일이다. 이것은 가장 확실하고 자연스러운 방법이긴 하지만 가장 유익한 방법인지는 의심스럽다. 그 이유는 앞으로 설명하겠지만 그가 성숙할 때까지 결혼적령기를 늦추는 것이 좋다.

만일 그들의 경향을 들어야만 하고 그 지시를 따라야 한다면 당장에도 되겠지만 자연의 권리와 사회의 법칙 사이에는 많은 모순이 있어서 그것을 서로 조화시키는 데에는 많은 모순이 따른다. 이러한 이유로 해서 내가 제시한 방법에 따르면 욕망에 대한 무지와 관능의 순결은 스무 살까지는 지켜나갈 수 있다고 생각한다. 스무 살 전에 동정(童貞)을 잃은 청년은 명예를 상실한 것으로 생각하는 독일인들은 체질이 강건하고 다산하는 것을 보면 이것은 사실이다.

이 시기를 더 연장할 수도 있는데 프랑스에서도 불과 몇 세기 전까지는 이것이 일반적이었다. 몽테뉴에 의하면 그의 아버지는 이탈리아 전쟁에 종군한 뒤 서른세 살에 동정을 간직한 채로 결혼했다는데 그는 예순이 넘어서도 튼튼한 체력을 유지했다고 한다.

그러나 이러한 예는 그와 같은 상황에서 자라지 못한 주위의 청년들에게는 아무런 증명이 되지 못한다. 하지만 에밀이 지금까지 타고난 순결을 지켜왔다고 해도 자연의 법칙에서 벗어난 것이 아니며 이 행복한 시기도 이제는 끝날 때가 왔다고 나는 생각한다. 계속 증가하는 위험에 둘러싸인 그는 내가 무엇을 하든 기회만 있으면 내게서 벗어나려고 한다.

그 기회는 곧 찾아올 것이다. 그는 관능의 맹목적인 본능에 따르려 하고 있다. 그를 파멸로 유혹하는 기회는 얼마든지 있다. 내가 만일 아무것도 못 본 체 한다면 나는 파멸을 방조하는 자가 되는 것이다. 그는 더 이상 내 말을 들으려고 하지 않고 나를 부담스러운 존재, 필요치 않은 존재로 여길 것이다. 여기서 내가 취해야 할 유일한 합리적인 태도는 그의 행동에 그 스스로 책임을 지우며 불의의 과실로부터 그를 보호하고 그를 둘러싸고 있는 위험을 확실하게 그에게 보여주는 일이다. 지금까지는 그를 무지에 의해 제어했지만 이제는 지식에 의해 그를 제어해야 한다.

이 새로운 교육은 중요하기 때문에 원점으로 되돌아가 이야기하는 것이 좋을 것이다. 그는 누구이고 나는 또 누구인가, 그는 무엇을 했으며 나는 또 무엇을 했는가를 알려 주어야 한다. 또한 그의 모든 윤리적 관계와 그가 약속한 모든 일, 또 내가 그에게 서약한 일, 그의 능력이 도달한 단계, 앞으로 나아가야 할 길, 거기서 그가 부딪칠 어려움, 그 어려움을 극복할 방법, 내가 아직도 그를 도울 수 있는 점 그리고 마지막으로는 그가 현재 처해 있는 위기, 그를 둘러싸고 있는 새로운 위험들, 그리고 싹트기 시작하는 그의 욕망에 따르기 전에 주의 깊게 자기 자신을 경계해야 되는 확고한 이유를 그에게 말해 주어야 할 때인 것이다.

어른을 지도할 때는 어린이를 지도할 때와는 정반대의 방법을 취하면 된다고 생각하라. 오랫동안 그에게 숨겨왔던 위험한 신비들을 주저하지 말고 가르쳐라. 결국은 그가 그것을 알게 될 것인데, 문제는 다른 사람도 그 자신도 아닌 여러분이 그를 가르쳐야 한다는 것이다. 그는 앞으로 당연히 적과 싸우는 이상, 불의의 습격을 당하지 않도록 적을 알아야 한다. 이러한 문제들에 대해 자기도 모르게 이미 그것을 다 알게된 청년들은 결코 무사히 그 지식을 얻을 수가 없다. 이와 같은 불성실한 교육은 당당한 목적을 가질 수 없으므로 청년들의 상상력을 훼손하고 그것을 가르친 사람의 부도덕을 전염시킬 우려가 있다. 제자가 선생을 욕하게 되면 선생은 자진해서 물러나야 할 것이다.

어린이가 진실한 얘기를 털어놓을 상대를 찾으려는 것은 그를 지도하는 사람의 압제 때문이다. 피할 필요가 없는데 왜 어린이가 그들을 피하겠는가? 불평할 일이 없다면 왜 불평을 하겠는가? 당연히 그들은 어린이의 마음속 이야기를 들어줄 상대가 되어 있어야 한다. 평상시에 여러분의 압제에 시달리지 않는 어린이라면 언제든지 무엇이나 여러분에게 털어놓을 것이다.

내 방법에 대해 기대를 갖는 이유 중의 하나는 내 제자를 살펴보면 내 제자의 생활에는 유쾌하지 않은 것이란 단 하나도 없다는 점이다. 그가 가끔 일으키는 동요와 흥분 속에서도 어린 시절의 단순함을 엿볼 수 있다. 그의 육체처럼 순결한 마음은 부도덕이나 가식을 알지 못한다. 책망이나 멸시도 그를 소심한 사람으로 만들지 않았다. 비겁한 두려움 때문에 자기를 속이는 법을 그는 모른다. 그는 순진해서 아무런 거절도 하지 못하며 남을 속이는 것이 무슨 이득이 되는지도 아직 모른다. 그의 내면의 활동은 그의 입과 눈을 통해 모두 드러나므로 나는 그가 느끼고 있는 감정을 그 자신보다 내가 더 빨리 알아차리는 일이 많다.

그가 이처럼 자기 가슴을 활짝 열고 자기가 느낀 것을 나에게 모두 이야기하는 한 나는 아무것도 걱정할 필요가 없다. 그러나 좀 더 그가 내성적이 되고 소심해지고 이야기할 때에 부끄러움으로 당황해 하는 눈치가 보이면, 그의 본능은 이미 발달하여 악의 관념이 벌써 거기에 결부되기 시작한 것이다. 그때에는 서둘러서 그에게 그것에 대해 가르쳐 주지 않으면 그는 곧 무슨 수단을 동원해서라도 알아내고야 말 것이다.

씨를 뿌리기 전에 먼저 땅을 갈아야 한다. 미덕의 씨는 좀처럼 싹트기가 어려우며 뿌리를 내릴 때에도 오랜 시간이 필요하다. 우리의 감정이란 순간적이기 때문에 같은 말이 같은 영향을 주는 것은 일생에 단 한번뿐이다. 그러므로 청년들이 이성의 시기에 있다 하더라도 그때가 지혜의 엄숙한 가르침에 귀기울일 때인가를 판단하여 그 가르침을 이해할 수 있는 상태를 준비해야 한다.

자면서 절벽 끝을 걸어다니는 몽유병 환자가 갑자기 눈을 뜨면 그 절벽에서 추락하듯이 내가 무지의 잠 속에서 헤매는 에밀을 갑자기 흔들어 깨우면 그도 추락하고 말 것이다. 그러므로 그를 절벽으로부터 멀어지게 하자. 그 다음에 그를 깨워 멀리서 그것을 느끼도록 하자는 것이다.

독서, 고독, 나태, 여성과 젊은이들과의 교제, 이것이 그의 나이에 파고들 위험한 길이다. 이와는 다른 감각적인 대상으로써 나는 그 감각을 속이려고 한다. 즉, 고된 노동으로 그의 육체를 훈련시켜서 그를 유혹하는 상상력의 활동을 멈추게 한다. 가장 신속하고 간단한 예방책은 그를 유혹하는 대상으로부터 육체와 정신 모두를 멀리하게 하는 것이다. 만일 그러지 못한다면 그를 그 속에 방치하는 것과 같다.

에밀은 농업을 알고 또 좋아하지만 그는 이 농업을 하는데도 몸과 육체가 분리된 기계적인 일을 하고 있다. 그러므로 그에게는 즐겁고 정신을 집중시켜줄 수 있는 새로운 일이 필요하다. 내 생각으로는 이 모든 조건을 갖춘 일은 사냥인 것 같다. 그는 튼튼하고 민첩하고 참을성이 있으며 지칠 줄 모르는 힘이 있다. 그는 그 나이에 갖는 정열을 사냥에 쏟을 것이다. 그리하여 그는 적어도 잠시 동안은 나태한 생활에서 생기는 위험한 경향을 잊어버릴 것이다.

사냥은 사람의 심신을 단련시키며 피와 잔혹성에 익숙하게 만든다. 사랑의 권태는 안일에서 생겨나고 격렬한 운동은 부드러운 감정을 잠재운다. 숲속이나 들에서 같은 대상을 보고도 연인과 사냥꾼이 느끼는 감정은 서로 다르다. 연인은 물과 숲의 요정을 상상하지만 사냥꾼은 사냥감이나 사냥 말을 상상한다. 그들에게는 지상의 풍물이 같은 모습으로 보이지 않으며, 그들의 생각 역시 그들이 찾는 쾌락만큼이나 서로 다르다는 것을 금방 알 수 있다.

나는 이러한 취미들이 합치하여 상호 보완이 되는 법은 알고 있다. 그러나 청년의 정열은 그렇지 않아서 청년에게는 그가 좋아하는 일만을 열중하게 하는 것이 좋다. 그러면 다른 일은 모두 잊어버릴 것이다. 다양한 욕망은 다양한 지식에서 오는 것이므로 우리가 맨 처음 알게 된 쾌락은 오랫동안 그것만 추구하는 유일한 쾌락이 되는 것이다. 나는 에밀의 청춘을 짐승을 죽이는 일로 보내게 하고 싶지 않고 그것을 정당화하려는 것이 아니다. 다만 이러한 정념이 보다 위험한 정념을 억제하고, 내가 그 정념에 대한 말을 할 때에 냉정히 귀를 기울이도록 해 줄 수 있다는 그것으로 족하다.

내가 지금 말하는 교육의 시기는 에밀에겐 결코 잊지 못할 시기로써 그의 일생을 통해 큰 영향을 미칠 것이다. 우리 시대의 오류 중의 하나는 너무나 이성에만 치우치는 것이다. 우리는 모든 것을 이성에만 맡기려고 하기 때문에 관념으로만 그치고 행동으로는 아무것도 나타내지 않는다. 항상 논리를 따지는 것은 소인배들의 공통된 버릇이지만 위대한 영혼은 말로써 사람을 설득하고 행동하게 한다.

근대인들은 힘과 이기심으로 사람을 지배하지만 옛날 사람들은 표징의 언어를 도외시하지 않았기 때문에 설득과 영혼의 감동에 의해서 사람들에게 영향을 미쳤다. 군력이 확립되기 전에는 신만이 인간의 심판자였다. 신 앞에서 각 개인은 계약을 맺고 동맹을 체결하고 약속을 맹세했으며 대지는 그런 기록들을 보존하는 장부였다. 이런 기록들에 의해 신성화된 암석, 수목, 돌무덤 등은 이 장부의 한 페이지를 장식했으며 엄숙하고 신성한 계약의 기념비였던 것이다. 아무도 감히 모독의 손으로 이들 기념비를 만지지 못했으며 인간의 신앙은 이러한 무언의 증거로써 오늘날 법률보다 훨씬 더 확실했다.

통치에 관해서 말한다면 왕권의 위엄은 그 상징물들, 즉 옥좌, 홀, 곤룡포, 왕관, 옥대 등에 의해서 빛났으며 병사를 거느리지 않아도, 위협이 없어도 왕의 말 한마디에 모두가 복종하였다. 그러나 오늘날은 이 모든 상징물을 폐기하려고 하지만 사람들의 마음속에서 왕의 위엄이 사라지고 막상 왕은 군대의 힘을 앞세워야만 복종시키고, 징벌의 공포에 의해서만 존경을 받는 결과가 되었다.

고대인들은 화술(話術)로써 놀랄 만한 것들을 성취하였다. 이 화술은 가장 적게 말을 하면서 몸짓으로 이루어질 때 가장 큰 효과를 거두었다. 양귀비의 머리를 자르는 트라지불(B.C. 4세기경 아테네의 군인 정치가)과 타르퀴누스(로마의 4대 왕), 총애하는 신하의 입에 자기의 도장을 찍은 알렉산더 왕, 제논의 앞으로 걸어나온 디오게네스(그리스의 철인) 등은 장황한 연설보다 행동으로 더 큰 효과를 얻었지 않았던가?

로마인들은 상징어에 대해 깊은 주의를 기울였다. 옷은 나이와 신분에 따라 차이가 있어서 성인 남자의 긴 옷, 짧은 외투, 귀족 의복, 고관용 의자, 의장병, 집정관의 표지인 속간(束桿), 도끼, 금관, 환영의식, 개선식 등 모든 것이 그들에게는 장식이었고 상징이었으며 의례였다. 그 모든 것이 시민들의 마음속에 깊은 인상을 남겼다. 국민이 모이는 장소, 제우스의 신전이 보이는지 보이지 않는지의 문제, 원로원 쪽으로 향하느냐 향하지 않느냐의 문제, 국정협의의 날짜를 선택하는 문제 등은 국가로서는 중대한 일이었다. 전사(戰士)들은 공적을 자랑하는 대신 그들이 입은 상처를 내보였다. 현대의 변론가라면 케사르의 죽음에 온갖 상투적인 말로 조사를 읽겠지만 웅변가였던 안토니우스는 다만 유해를 운반해 오게 했다. 이 얼마나 훌륭한 웅변인가?

다시 본론으로 돌아가자. 청년들에게는 무미건조한 이론을 내세우지 말고 영혼의 언어를 구사하여 이론을 이해할 수 있도록 해야 한다. 냉랭한 이론은 우리들의 의견을 결정할 수는 있어도 행동까지 결정하지는 못한다. 만일 이것이 모든 어른들에게 해당된다면, 아직 감각 속에 싸여 있어서 상상하는 한도밖에는 생각하지 않는 청년들에게는 더욱 해당되는 것이다.

그러므로 나는 그에게 가르쳐 주고싶은 것에 대해 답답하고 긴 이야기는 되도록 삼가고 내가 주고싶은 인상에 가장 알맞은 때와 장소와 대상을 택하여 그의 상상력을 새롭게 하는 일부터 시작할 것이다. 다시 말하면 우리 대화의 증인으로서 자연과 자연을 창조한 신을 에밀과 나 사이의 심판자로 삼고 우리를 둘러싸고 있는 바위와 숲과 신을 약속의 기념비로 정하겠다. 눈과 말투와 몸짓으로 그에게 이야기하여 그를 감동시키면 그는 자신의 의무를 한층 더 존중하게 될 것이다.

나는 무의미한 격언을 사용하지 않고 오로지 엄숙하고 진지하게 적은 말로써 이치를 설명할 것이다. 이때, 그를 위해 한 모든 일이 마치 나를 위한 것처럼 보이게 한다면 그를 더욱 감동시킬 것이다. 그의 마음속에 우정, 관용, 감사하는 마음을 심어 주면서 "너는 나의 재산이고 아들이며 작품이다. 나의 행복은 곧 너의 행복에 있으니, 네가 만일 나를 실망시킨다면 너는 내게서 20년 간의 인생을 빼앗은 것이 되며 나의 노년을 불행하게 만들 것이다."하고 말할 것이다. 이것이 그의 기억을 새롭게 하여 마음속에 간직하도록 하는 방법이다.

프랑스어는 가장 고상한 언어라고들 하지만 나는 가장 난잡스런 언어라고 본다. 왜냐하면 언어의 고상이란 외설스런 표현을 피하는 것이 아니라 그런 표현용법이 없는데 있다고 생각되기 때문이다. 거기다가 프랑스어만큼 순수하게 말하기 어려운 말도 없다. 예의범절이 바른 국민은 모든 사물에 맞는 적절하고 품위 있는 말을 사용하기 마련이다. 사실 성서의 말은 매우 솔직한데 그 이유는 모든 것이 소박하게 적혀있기 때문이다. 내가 에밀에게 하는 말은 이처럼 소박하기 때문에 그의 귀에는 나의 말이 고상하고 품위 있게만 들릴 것이다.

말의 진정한 고상함과 악덕의 거짓된 세련성에 관해 고찰한 도덕상의 대화가 매우 유익하다고 나는 생각한다. 왜냐하면 그는 성실에 관한 말과 예절에 부합하는 말이 어째서 그렇게 다른지를 알아야만 하기 때문이다. 어떻든 간에 때가 되기 전에 쓸데없는 교훈을 설교하는 것은 막상 그것을 이해할 나이가 되면 오히려 그것을 경시하게 되므로 때를 기다려 자연의 참된 법칙들을 설명해 주어야 한다. 그리고 믿기 어려운 생식의 신비를 말할 때는 자연의 창조자가 이러한 행위에 부여하는 매력의 관념에 그 매력을 배가시키는 정절의 의무와 수치의 의무를 결부시켜서 말해 주어야 한다.

결혼을 단순히 유쾌한 교제로써 뿐만이 아니라 모든 계약 중에서 결코 파기할 수 없는 신성한 계약임을 인식시키고 신성한 결합과 그렇지 못한 결합이 가져오는 세상의 평가를 강조해야 한다. 방탕과 문란에서 오는 파멸을 정확하게 묘사해 주고, 건강과 힘, 용기와 미덕, 사랑과 행복이 순결과 어떤 관계가 있는지를 그에게 가르쳐 준다면 그는 순결을 소중하게 느낄 것이며 그의 영혼은 그것을 지키는 방법을 솔직하게 받아들일 것이다. 왜냐하면 순결을 지키는 사람은 순결을 존중하지만 순결을 잃은 사람은 그것을 경멸하기 때문이다.

악에 대한 경향은 교정할 수도 없으며 그것에 굴복하는 습관에 젖고 난 뒤에야 극복할 수 있다는 것은 사실과는 다르다. 사랑에 미친 몇몇 남자가 자신들의 목숨을 바치고 클레오파트라와의 하룻밤을 얻었다고 아우렐리우스는 말하고 있지만 실제로 정열에 도취되면 그런 희생도 불가능한 것은 아니다. 그러나 15분 뒤의 처형대를 상상하고 유혹을 물리치는 방법 또한 별로 힘들지는 않을 것이다. 모든 약점의 근원은 불확실이며 강함은 몹시 원할 때만 생겨난다. '강한 의지에는 난관이 없다.'

이런 문제를 얘기할 때에는 항상 신중하게 말하면서도 그가 귀기울이지 않을 수 없도록 하는 매력을 지녀야 한다. 그의 상상력을 억압하지 말고 그 상상력이 바른 길에서 벗어나지 않도록 항상 인도하라. 그에게 연애와 여성과 쾌락에 대해서 얘기하려면 그가 그의 젊은 마음을 끌만한 매력을 그 얘기 속에서 발견할 수 있도록 해야 한다. 또한 진정한 이야기 상대가 되려면 어떤 종류의 이야기도 피해서는 안 된다. 이렇게 하면 그는 여러분이 하려는 이상으로 여러분에게 계속해서 더 이야기해 달라고 것이다.

내가 만일 이와 같은 격률에 일치하는, 모든 필요한 주의를 기울였고 또 에밀에게 그의 나이에 알맞고 그가 도달한 상태에 적합한 이야기를 할 수 있다면 그는 내가 의도하는 지점에 그 스스로가 도달하여, 기꺼이 나의 보호 아래 몸을 의탁하며, 위험을 깨닫고 놀란 나머지 그의 나이에 걸맞은 열정을 가지고 이렇게 말하리라는 것을 나는 알 수 있다.

"오, 나의 친구여, 나의 보호자여, 나의 스승이여! 당신의 권위는 지금 나에게 매우 절실하니 그대로 보존하십시오. 이제까지는 내가 나약했기 때문에 그 권위를 인정하였으나 이제는 나의 자유의지로써 당신의 권위를 인정하겠습니다. 지금 나를 쫓고 있는 적, 내 안에 있는 적, 나를 배신하는 적으로부터 나를 지켜 주십시오. 나는 언제까지나 당신의 규칙을 따르려는 확고한 의지를 가지고 있습니다. 부디 고통스러운 나의 정념으로부터 나를 보호함으로써 나를 자유롭게 해 주십시오. 그리고 내가 관능에 굴하지 않고 스스로의 이성에 따라 나 자신의 지배자가 되도록 강제해 주십시오."

여러분이 여러분의 제자를 이 지점까지 이끌어 왔다면 여러분들은 너무나 빨리 그 말에 동조하지 않도록 조심하라. 만약 여러분의 영향력이 너무 과한 것처럼 여겨지면 자신을 농락하는 줄 알고 여러분을 비난하면서 여러분의 지배로부터 벗어날 권리를 찾게될까 두렵기 때문이다. 언제나 조심성과 준엄한 태도로 그를 위압해야 하므로 그에게 이렇게 말해야 한다.

"젊은이여, 자네는 쾌락을 앞세워서 자네들을 파멸로 이끄는 관능에 빠져서 너무 가벼이 어려운 약속을 하고 이내 그러한 맹세를 한 것에 후회하곤 한다. 시레노스(아름다운 노래로 선원들을 암초로 끌어들였다는 바다의 마녀)의 노래에 감동되어 닻줄을 풀라고 외쳤던 율리시스처럼, 쾌락의 매력에 끌려가는 자네는 자네를 묶고 있는 사슬을 끊으려고 할 것이다. 그리하여 자네는 원망으로 나를 괴롭힐 것이며 자네의 행복을 위해 자네를 보살피는 나를 폭군이라고 비난할 것이다. 나의 에밀이여, 자네에게 내가 미운 사람으로 보이는 것은 참을 수 없는 일이다. 자네는 나에게 복종하겠다고 약속함으로써 내가 자네만을 위해 헌신하도록 멍에를 씌우고 있다. 가장 신중하게 약속을 하는 자가 가장 잘 지킨다는 것을 자네는 모르는가?"

여러분이 약속을 어렵게 받아들일수록 그 약속의 실행은 오히려 더 쉽다는 것을 알아야 한다. 그가 계약에 서명할 때가 오면 그때에는 부드러운 태도로 이렇게 말해 주라. "젊은 친구여, 자네는 경험이 부족하지만 나는 자네에게 이성에 부족함이 없도록 힘써 왔다. 자네에게는 내 행동의 동기를 볼 수 있는 능력이 있으므로 스스로 냉정하게 되기만을 기다려라. 항상 처음에는 복종하고 그런 뒤에 나의 명령의 이유를 요구해라. 자네가 내 말을 이해할 수 있을 때 이유를 설명하겠다. 자네는 복종할 것을 약속하고 나는 자네에게 행복을 약속하겠다. 자네 나이의 젊은이들 중에 자네만큼 행복한 생활을 누리는 자가 하나라도 있다면 나는 더 이상 자네와 아무 약속도 하지 않겠다."

권위가 세워졌다면 그의 신뢰를 얻기 위해 나는 모든 것을 희생해서라도 그의 정신적인 상대자가 되며 그의 쾌락의 심판자가 되려 할 것이다. 나는 그 나이에 나타나는 취향을 충분히 살려주면서 그의 현재의 행복과 마찬가지로 미래의 행복을 보장하도록 노력할 것이다.

젊은이를 관능의 함정에서 구해낸다고 하면서 사랑을 혐오케 한다거나 연애를 죄악시하게 만드는 것은 자연의 교훈에 어긋나는 것이다. 나는 반대로 그가 애타게 기다리는 감정을 고무하고 그것을 일생의 최고의 행복으로 여기도록 할 것이다. 마음과 마음이 결부되어 느껴지는 매력은 그로 하여금 난잡한 행위에 대하여 혐오감을 느끼게 할 것이다. 정념은 정념으로 지배하고 정념의 횡포는 정념의 힘으로 억제해야 한다고 나는 생각한다.

에밀은 사람들과 더불어 살아야 하기 때문에 사회적 의무를 다해야 하며, 사람들을 알아야 한다. 그는 인류를 알게 되었지만 이제는 개인을 알아야 한다. 이제는 거대한 무대 뒤의 내막을 넘어서서 무대의 외형을 보여주어야 할 때이다. 그래도 그는 여느 젊은이가 하듯이 그런 경솔한 감탄 따위는 하지 않고 이성으로 판단할 것이다. 설령 정념에 동요되더라도 그것에 속지는 않을 것이다. 그는 현자의 눈으로 남을 판단할 것이다.

학문연구에 적당한 시기가 있듯이 세상의 관습을 판단하는 데도 적당한 시기가 있다. 너무 이른 시기에 그것을 가르치면 일생 동안 그것을 선택하거나 반성하는 일도 없이 그대로 따를 것이다. 반면 그 관습을 익히고 그 원인을 아는 자는 확실한 판단을 가지고 따르기 때문에 보다 적절하고 훌륭하게 그것을 따르는 것이다.

결혼하기 전까지 수도원에서 성장하다가 결혼하는 프랑스 처녀들이 고통스럽게 새로운 예절을 배우는 것을 과연 본 적이 있는가? 모든 것을 가능한 빨리 배우는 것이 좋다는 생각은 잘못된 것이다. 그렇다고 너무 늦게까지 기다려도 안 된다. 청년기를 사회와 격리되어 보낸 사람은 막상 사회에 나오면 일생 동안 부자연스럽게 행동하고 어울리지 않는 말만을 할 것이다. 이처럼 모든 종류의 교육에는 적당한 시기가 있고 피해야 할 위험이 있다.

나의 방법이 하나의 목적을 성취하고 또 어떤 위험을 피하면서 동시에 다른 위험을 예방할 수 있을 때라야 비로소 나는 나의 방법이 훌륭한 것이며 내가 올바른 길을 걷고 있다고 생각할 수 있다. 만일 내가 엄격하고 무뚝뚝하게 대하면 그는 나를 믿지 않고 피하려고 할 것이다. 만일 내가 아량으로 대해주고 눈감아 주면 이는 그의 방탕을 묵인하고 그의 양심을 편하게 하기 위해 나의 양심을 속이는 결과가 될 것이다.

만일 내가 그를 마지막까지 세상에 내보내지 않는다면 이는 그가 시민으로서 가장 필요한 기술, 즉 동료와 함께 사는 기술을 못 배우게 하는 것이다. 만일 내가 그에게 즐거운 일만을 가르친다면 이는 그를 허약하게 하고 결국은 아무것도 배우지 못하게 하는 것과 같을 것이다.

그러나 나는 이에 대한 방비책을 갖고 있다. 나는 청년에게 이렇게 말할 것이다. "자네는 여자 친구를 원하고 있으니 자네에게 어울리는 사람을 찾아보자. 진실로 가치 있는 것은 희귀하지만 우리가 바라는 여성에 가장 가까운 여자는 반드시 있을 것이니 마침내는 찾게될 것이다." 이 이상 무슨 말이 필요하겠는가?

　내가 그의 장래의 연인의 모습을 묘사할 때 그녀의 성격이 그를 즐겁게 할지, 그리고 그가 구해야 할 것과 피해야 할 것에 대해서 자신의 모든 감정을 자유로이 조정할 수 있을지는 여러분의 상상에 맡기겠다. 그가 자기를 유혹할 대상에게 싫증을 느껴도 그만이다. 그의 눈에 띄는 실제의 인물보다도 자신의 환영(幻影)쪽을 택하고 심지어는 그러한 비교를 그가 어디서나 할 수 있게 되면 충분하다.

　만일 사랑하는 대상을 있는 그대로 정확하게 본다면 이 세상에는 사랑이라고는 존재하지 않을 것이다. 우리가 더 이상 사랑을 느끼지 않게 되면 그때까지 사랑하던 사람에게 아무런 변화가 없더라도 이미 같은 사람으로는 보이지 않는 법이다. 천사의 가면이 벗겨지면 사랑은 자취를 감춘다. 그러므로 상상의 대상을 제공함으로써 나는 어떠한 비교라도 시킬 수 있으며, 현실의 대상에서 생기는 환상을 용이하게 막아 줄 수 있다.

　그러나 나는 비현실적인 완벽한 모형을 그려서 청년을 속일 생각은 없다. 단지 나는 그에게 적합하고 그의 마음에 들고 그의 결점을 바로잡는데도 도움이 될 수 있는 결점도 가진 연인을 물색할 작정이다. 그러나 만일 이 환영이 그의 마음에 든다면 그는 곧 그 실물을 구하고 싶어질 것이다. 그때에는 좀 더 뚜렷한 필치로 그 상상적인 대상에다 실재적인 분위기를 주는 몇 가지 교묘한 묘사만 있으면 된다. 또한 나는 웃으면서 이렇게 말해 준다.

　"자네의 미래의 연인을 소피라고 부르자. 자네의 연인이 그 이름을 갖지는 않더라도 그녀는 적어도 그런 이름을 가질만한 여성일 것이다." 이렇게 말하고서 어물쩡 빠져나온다면, 그의 의심은 확신으로 변할 것이다. 그는 자기에게 정해진 신부를 숨겨두고 있는 것으로 예상할 것이며 때가 되면 그 여성을 만날 수 있으리라고 생각할 것이다. 일단 일이 이렇게 되고 그 여성의 특징만 선택이 되면 그를 세상에 내놓아도 아무런 위험이 없을 것이다. 다만 그를 관능에서 보호해 주면 된다.

그러나 에밀은 그 모델과 비슷한 모든 것에 애착을 갖고 비슷하지 않은 모든 것에 대해서는 거리감을 느낄지도 모른다. 이것은 그의 몸이 당면하고 있는 위험에서 그의 마음을 지키기 위해서, 또 청년에게서 품위를 상실케 하는 그런 여성으로부터 그를 떼어놓게 하는데는 커다란 도움이 될 것이다. 그런 여자들을 경멸할 정도로 소박한 소피는 에밀에겐 절대로 위험하지 않을 것이다.

청년이 탈선하는 것은 그의 기질이나 감각 때문이 아니라 세상의 여론 때문이다. 학교와 수도원에서 자란 소년소녀를 보면 친구와 어울리면서 그들에게 최초의 교훈이자 결실을 맺게 되는 유일한 교훈은 악덕의 교훈 이다. 그러나 농촌 아버지 밑에서 건전하게 교육받은 청년이 사회에 첫발을 디딜 때면 그는 모든 일을 이성에 의해 생각하고 이성만큼의 건전한 의지를 가지고 악덕과 방탕에 모멸감을 가질 것이다.

이 청년이 반년 후에는 거만하고 불손한 언행을 하는 것을 본 여러분은 다른 청년으로 생각할 것이다. 그 짧은 기간 동안 이처럼 급격한 변화는 어디서 오는 것일까? 체격의 발달 때문이라면 그의 아버지 집에서도 이런 변화를 보였을 것이 아닌가? 처음으로 느껴본 관능적인 쾌락 때문일까? 그러한 쾌락에 빠지면 사람들은 오히려 겁이 나고 불안해서 밝은 장소와 떠들썩한 곳을 피하기 마련이다. 그가 말로만 떠든다면 관능적인 기쁨을 누리지 못하고 있다는 증거이다.

결국 이러한 변화는 사고방식의 변화에서 오는 것이다. 그의 감정은 전과 같지만 의견이 변한 것이다. 그가 사회에 발을 들여놓게 되면 과거의 교육과는 다른 제2의 교육을 받게 되고 그 교육에 의해서 이전에는 존경했던 것을 경멸하고, 경멸했던 것을 존경하며 부모와 교사의 가르침을 현학자의 농담으로나 생각하고 자신이 배운 의무를 유치한 도덕으로 생각하게 되는 것이다. 그는 명예를 위하여 행동을 바꾸고, 원치 않으면서도 여성을 유혹하며, 그릇된 수치 때문에 쓸데없이 야비한 말을 한다.

스위스 근위대의 젊은 장교는 동료들의 소란스러운 즐거움이 지겨웠지만 그들에게 놀림받을까 두려워 거절하지 못했다며 이렇게 말했다. "나는 그런 생활에 스스로 익숙해지려고 합니다. 마치 피우기 싫은 담배를 피우듯이 말입니다. 취미는 습관에서 생기는 것입니다. 그렇다고 언제까지나 어린이로 있을 수는 없기 때문입니다." 그러므로 사회에 나간 청년은 감각으로부터가 아니라 오히려 허영으로부터 보호해 주어야 한다.

그것이 확실하다면, 나는 여러분에게 묻고 싶다. 품행과 감정 및 자기의 주장을 공격할 모든 것에 대해 내 제자보다 더 잘 무장된 청년이 이 세상에 있는지, 또 그보다 더 심한 격류에도 저항할 수 있는 청년이 단 한사람이라도 있는지를 묻고 싶다. 왜냐하면 그는 어떤 유혹도 견디어 낼 수 있으며 욕망이 육체를 이끌어 가려고 하더라도 다른 일에 열중하는 그의 마음을 끌지는 못할 것이기 때문이다.

그는 방탕에 대한 두려움을 갖고 있기 때문에 창녀나 결혼한 여성들을 멀리 할 것이다. 청년의 문란한 행위가 시작되는 것은 이 두 여성들 중 어느 한쪽에 의해서이다. 적령기에 있는 처녀라면 교태를 부릴 수는 있어도 불미스런 행동은 하지 않을 것이며 누군가 보호자가 있을 것이다.

에밀도 완전히 혼자만은 아닐 것이다. 두 사람에게는 적어도 최초의 욕망에 반드시 따르는 두려움과 부끄러움이라는 보호자가 있기 마련이다. 그들은 단번에 부도덕한 방향으로 접근할 수도 없고 점진적으로 친해진다고 해도 아무런 장애도 없이 그곳에 도달하게 될 여가도 없을 것이다. 그가 다른 방법으로 행동한다면 그는 동료들로부터 소심함을 비웃는 방법과 그들을 따라하는 뻔뻔스러움을 배워야 할 것이다.

그러나 나는 조롱받는 데 대처하도록 그를 20년 동안이나 무장시켜왔기 때문에 그는 쉽사리 조롱거리가 되지는 않을 것이다. 이상한 젊은이들이 그를 내게서 빼앗아갈 염려는 없다. 양심과 진리는 내 편이다. 아무도 내가 에밀에게 쓸데없는 것을 가르쳤다고 믿게 하지는 못할 것이며, 그는 곧고 정직한 마음을 가졌기 때문에 진실한 친구 한 명의 소리로 20명의 유혹자의 외침을 잠재워버릴 수 있을 것이다. 그렇다면 문제는 그들이 그를 속이고 있다는 것과 그를 어른으로 대하는 것 같으면서도 어린이로 취급하고 있다는 것을 그에게 보임과 동시에 나만은 그를 진정으로 어른으로 대하고 있다는 것을 보여주는 것이다.

나는 그에게 이렇게 말할 것이다. "그 청년들이 자네를 설득하는 이유는 자네에게 어떤 애정이나 흥미를 느껴서가 아니라 자네가 그들보다 나은 것에 열등감을 느끼고 자네를 유혹하고 싶어서이다. 그들의 유일한 동기는 자네를 지배하기 위해서 자네가 다른 사람에게 지배당하고 있다는 것을 알려주기 위함이다. 그러니 이 모든 것이 자네에게 무슨 이득을 가져올 수 있으며 그들의 교훈이 나의 교훈보다 낫다는 것을 무엇으로 증명할 수 있겠는가?

그들은 다만 경솔한 자의 흉내를 내고 있을 뿐이다. 그들은 그들의 아버지들이 갖는 편견을 극복하려고 동료들의 편견에 묶여 있는 것이다. 이것은 결국 아버지의 사랑이 담긴 진실한 충고와 이미 경험했던 일에 대한 판단, 이 둘을 잃게 되는 손해를 입는 일이다.

그렇다고 자네는 그들이 적어도 그들의 어리석은 준칙에 대해 성실하다고 보는가? 나의 에밀이여! 사실은 그렇지 않다. 그들은 자네를 속이기 위해 자신마저도 속여서 양심은 자신들의 행동과 말에 끊임없이 상반되고 있다. 자신들은 성실한 것을 웃음거리로 만들면서 자기 아내가 그렇게 생각한다면 크게 실망할 것이다. 그러나 그에게 그의 어머니에 관한 얘기를 해 보라. 그래서 그가 불의(不義)의 자식이며 방탕한 여자의 아들로 어떤 가족의 성(性)을 사취하고 그 가문의 유산을 빼앗았다는 것을 스스로 인정하는가를 보라.

그들 중에 자기가 남의 딸에게 씌우는 불명예를 자기 딸에게도 씌우려는 자가 누가 있겠는가? 그들 중에는 그들이 자네에게 주려는 준칙들을 반대로 자네가 그들에게 적용시키려고 한다면 자네의 생명까지도 빼앗으려 할 것이다. 그러므로 그들은 스스로 자기모순을 드러내놓는 결과가 되는 것이다. 사랑하는 에밀이여, 그들에게도 이유가 있다면 나의 이유를 그들의 이유와 비교해 보라. 조소하는 자들의 승리는 한순간의 승리에 지나지 않으며, 진실만이 남아서 그들의 어리석은 웃음은 사라지고 말 것이다."

여러분들은 스무 살의 에밀이 어떻게 순박할 수 있는지 상상조차 못하겠지만 나는 어떻게 그가 열 살 때 순종할 수 있었을까 상상할 수가 없다. 왜냐하면 그 연령인 그에게 어떤 계기가 있었겠는가! 사실 그 무렵에는 나는 그를 교육한 것이 아니라 교육받을 준비를 시켰다. 이제와서야 그는 순종하기 위해서 충분히 교육되어 있으며 이성의 소리를 분별하고 이성에 따를 줄도 아는 것이다. 나는 실제로 표면상 그에게 자유를 허용하고 있으나 그는 스스로 예속되기를 원하기 때문에 지금처럼 잘 복종하던 때도 없었다.

그의 의지를 지배할 수 있는 지금에야 나는 그의 육체와 더불어 정신까지도 지배할 수 있게 된 것이다. 나는 종종 그를 홀로 내버려 두며 그때 이렇게 말한다. "에밀, 나는 자네를 성실한 마음에 맡기고 간다. 자네를 책임지는 것은 자네의 마음이다." 그러나 나는 오래 그를 떠날 생각도 않지만 만약 내가 없는 동안 커다란 변화가 온다 하더라도 그는 나에게 모든 것을 털어놓을 것이다. 에밀은 숨기는 기술을 사용할 줄 모르기 때문이다.

청년의 적 가운데 가장 위험하고도 피할 수 없는 적은 바로 그 자신이다. 이 적은 우리가 실수하지 않는 동안에는 위험하지 않다. 거듭 말했듯 관능을 눈뜨게 하는 것은 오직 상상뿐이어서, 만일 난잡한 대상이 관념을 자극하고 이 관념이 우리의 정신을 사로잡지 않았다면 틀림없이 이 거짓 욕구인 관능은 결코 우리에게 느껴지지 않았을 것이다. 어떤 상황과 광경이 청년의 피를 끓게 하는지 나도 모르고 청년이 느끼는 불안의 원인을 청년 자신도 모르지만 이러한 중대한 위기에 관해서, 고독한 인간은 아무리 나이를 먹어도 동정인 채로 죽어갈 것이라는 생각에 휘말리게 된다.

그러나 여기서 문제가 되는 것은 그러한 미개인의 생활이 아니라 사회 내에서 일어나는 사물에 대한 환영(幻影)을 받게될 때 청년을 주의해서 보살펴야 한다는 현실적인 방법론적 문제이다. 자신이라는 적으로부터 스스로를 보호할 사람은 청년 자신이지만 그 외의 적으로부터는 여러분이 보호해 주어야만 한다. 밤이든 낮이든 그와 함께 있는 것이 좋다. 그가 졸릴 때 잠자게 하고 눈을 뜨면 즉시 일어나도록 해야 된다. 그것으로도 만족할 수 없게 되면 본능을 경계하라. 그가 홀로 있는 동안은 본능은 선량하지만 일단 인간의 사회제도에 섞이게 되면 그것은 신용할 수 없게 된다. 본능을 파괴해서는 안 되지만 통제는 해야 한다. 본능이 본능을 속이고 관능을 만족시키려고 하는 경향을 띠게 될 때 그는 가장 위험한 정신과 육체의 무기력증에 빠지게 될 것이다.

나의 사랑하는 에밀이여! 만일 자네가 강한 욕정에 굴복하게 된다면 나는 자연의 목적에 따라 그것으로부터 자네를 구출시킬 능력이 있는 다른 압제자를 선정해 줄 것이다. 어떤 일이 생기더라도 자네 자신으로부터 보다는 여자로부터 자네를 해방시키는 일이 더 용이할 것이다. 육체의 성장이 필요한 스무 살까지는 금욕이 자연의 질서에 맞지만 스무 살 이후의 금욕은 도덕적인 의무이며, 그것에는 여러 가지 변화와 예외와 규칙이 있다. 인간의 나약함으로 인해 양자택일이 불가피할 경우에는 그 중 작은 악을 택하기로 하자.

지금 내가 말하고 있는 것은 나의 제자가 아니라 여러분의 제자에 대한 것이다. 여러분들이 방치해 둔 그 정념이 여러분들을 괴롭히고 있는 것이다. 여러분이 있는 그대로를 솔직하게 가르쳐 준다면 그는 거만해지기보다는 오히려 부끄러워할 것이다. 그가 방황하는 동안 그를 인도할 권리를 계속 가지고만 있다면 제자는 교사가 승낙하는 일 이외는 하지 않을 것이다. 어떤 일은 대충 넘어가는 것이 좋다고 생각하는 자는 모든 일에 눈감아주지 않으면 안 되게 된다. 처음에 잘못하면 반드시 모든 질서가 붕괴되고 모든 규칙은 무시될 것이다.

내가 이미 비난한 일이지만 소인배가 저지르는 잘못 중의 하나는 교사의 권위를 내세워 제자의 마음속에 완벽한 인간이라는 인상을 주려는 것이다. 그것은 자신의 권위를 파괴하는 행위이며 제자의 교육목적을 상실한 행위이다. 제자의 약점을 교정하려 할 때는 자신의 약점을 그에게 보여주면 된다. 그가 체험하고 있는 번민을 여러분에게서 발견하여 여러분을 본보기로 자신을 이겨내는 법을 배우게 하는 것이다. 그리고 다음과 같이 말하게 해서는 안 된다. "자신들은 다시 젊어질 수 없기 때문에 청년을 노인처럼 취급하고 있는 것이다. 자기들의 욕망이 모두 소멸해 버렸으므로 우리의 욕망을 죄악시하는 것이다."

좋은 가문의 청년이 오늘날의 이 더러운 습성에 물들기 전에 우리는 그에게 얼마나 많은 주의를 기울여야 하는가? 모든 청년을 타락시키는 것은 바로 이와 같은 것을 등한시하는 것이다. 젊은 시절에 문란한 생활에 빠지게 되면 그들에게 남는 것이라고는 쇠약한 육체와 영혼밖에는 없을 것이다. 그들에게서 위대하고 고귀한 감정이나 순박함, 사나이다운 활기도 찾아볼 수 없고 단지 허세와 시기와 거짓만을 발견하게 될 것이다. 이것이 젊은 시절의 문란한 생활이 만든 경멸적인 청년들의 모습이다.

만일 방탕에 빠지지 않고 절제된 생활을 한 사람이라면 서른이 되었을 때 벌레 같은 자들을 짓밟아 버리고 그때까지 자기 자신을 지배하는 데 기울였던 노력보다 훨씬 적은 노력으로 그들을 지배할 수 있을 것이다. 그러나 에밀은 다른 사람을 지배하는 것에 경멸을 느끼고 있으므로 그따위는 하지 않을 것이다. 이제 사람들 사이에서 높은 지위가 아닌 세상에 대한 인식과 가치 있는 반려자를 찾기 위해 떠나는 에밀을 살펴보도록 하자.

그가 태어난 신분이나 그가 가고자 하는 사회가 어떠하든 그는 첫눈에 좋은 인상을 주는 장점도 없이 그저 소박하고 단순하게 첫발을 디딘다. 사람들에 대한 그의 태도는 겸손하지는 않으나 자연스럽고 솔직해서 언제나 혼자 있을 때와 같은 태도가 될 것이다. 그렇다고 그가 거칠고 거만하고 조심성이 없다는 것은 아니다. 그는 그들을 자기 아래에 두지도 않고 무관심한 태도도 보이지 않는다.

그는 예절이란 형식은 몰라도 언제나 따뜻한 인간애를 가지고 있다. 그리하여 상대방이 고통을 당하고 있으면 자신이 고통을 당하는 것이 더 편하다고 생각하고 언제라도 자신의 좌석을 양보할 줄도 알 것이다.

사람들을 동정하고 깊은 연민을 느끼는 에밀에 대해 사람들은 높이 평가하지도 않지만 경멸적인 태도도 보이지 않는다. 그러므로 그는 남들과 논쟁도 반박도 하지 않지만 그렇다고 상대방의 비위를 맞추거나 아첨하지도 않는다. 그는 솔직하게 말하는 것도 자유의 고귀한 권리라고 생각하고 또 그것을 사랑하기 때문이다. 그는 또 수다스럽지도 않아서 필요한 말만을 한다. 수다는 말하는 재능에 대한 자부심이나 상대방이 자기와 똑같이 하찮은 일에 관심을 가지고 있다는 생각에서 오는 것이다.

대개 아는 것이 별로 없는 무식한 사람들이 자신의 지식이 월등하다고 생각하여 하찮은 화제에 가치를 부여하지만 교육받은 사람은 할 말이 너무 많고 자기가 할 수 있는 말 이외에도 많은 말이 있다고 생각하기 때문에 쉽게 입을 열지 않는다.

에밀은 다른 사람의 의견에 도전하지 않고 거기에 순응하려 한다. 그러나 이것은 상대방의 의견을 알고 있다는 과시가 아니다. 또한 인간다운 모습을 꾸미기 위함도 아니며 사람들이 그를 남과 구별할까 두려워하기 때문이며, 남의 눈에 띄는 것을 피하기 위함이다.

그는 세상에 나가서도 물정을 전혀 모른다고 해서 그것 때문에 부끄러워하거나 겁쟁이가 되지는 않는다. 설령 그가 남의 주목을 피한다 하더라도 그것은 그가 난처함을 느껴서가 아니라 관찰을 충분히 하려면 남의 눈에 띄지 않아야 하기 때문이다. 왜냐하면 자신에 대한 사람들의 관심이나 조소에 전혀 두려움을 느끼지 못하기 때문이다. 그는 항상 조용하고 침착하므로 남의 이목에 관계없이 최선을 다하여 세상의 관습을 배운다.

그러나 그의 태도를 오해하지도 말고 또한 여러분의 청년들과 비교도 하지 마라. 그는 똑똑하기는 하지만 거만하지 않으며 자유롭기는 하지만 잘난 체하지 않는다. 자부심이 강한 사람은 그것을 태도로 나타내지 않는다. 그러한 겉치레는 다른 것으로 자기를 나타낼 수 없는 자들에게나 어울리는 것이다.

사람이 사랑할 때는 자기도 사랑 받기를 원한다. 에밀은 사람들을 사랑하므로 그들의 마음에 들기를 원하며 특히 여성에게는 더욱 그렇다. 품성이 좋은 남성은 진정으로 여자들을 숭배하는데 이런 사람은 다른 남성들처럼 여성의 환심을 사기 위해 알아듣지도 못할 말을 하지 않는다. 그러나 그들에게 는 마음으로부터 우러나오는 보다 성실하고 부드러운 일종의 열정이 있다.

성욕에 눈을 뜨면서 억제할 수 있는 이성을 가진 에밀도 여성들 앞에서 는 부끄러워하며 당황하겠지만 이런 태도가 분명 여성들의 기분을 상하 게 하지 않고 오히려 그 모습에 재미를 가지게 하여 더욱 당황하게 만들 려고 할 것이다. 게다가 그는 기혼 여성들에게는 더욱 겸손하고 정중하게 대할 것이며 미혼 여성들에게는 더욱 활발하고 다정하게 대할 것이다.

그는 자기가 구하는 대상을 놓치지는 않을 것이며, 그의 마음속에 그것을 환 기시켜줄 수 있는 여성만이 그의 주의를 많이 끌 것이다. 그는 자연의 질서와 사 회의 질서를 모두 존중하지만 그 중 자연의 질서를 더욱 따를 것이다. 그러므로 그는 사회에서 어느 누구보다도 자연스러운 감정을 갖고 항상 겸손할 것이다.

루이 14세가 어느 늙은 귀족에게 옛날과 지금 중 어느 쪽을 더 좋게 생 각하느냐고 물었을 때 "폐하, 제가 젊었을 때는 노인을 존경했사오나 이 제는 젊은이들을 존경하면서 노년을 보내야만 합니다."고 말했다 하는데 에밀은 이런 대답이 옳다고 할 만큼 건방진 처세술을 익히지 못했다.

부드럽고 민감한 영혼을 지녔으며 세론에 흔들리지 않는 에밀은 남의 마음에 들기를 원하지만 존경받으려고는 하지 않을 것이다. 그리하여 그 는 정이 깊고 꾸밈이나 겉치레를 모르며 요란한 칭찬보다는 따뜻한 말 한 마디에 더욱 감동할 것이다. 그는 멋있게 보이기 위하여 부(富)의 표적 따 위를 달아서 그의 몸단장을 더럽히는 일도 결코 없을 것이다.

이것은 그가 어렸을 때 받은 교육의 한 결과일 뿐이다. 사람들은 사회 의 관습이 대단한 비법인 것처럼 생각하여 그 관습을 알아야 할 시기가 되어도 그 기본적인 법칙을 발견하는 것을 금기처럼 여기고 있다. 참다운 예의는 사람에 대한 호의를 표시하는데 있다. 그리고 그 호의는 사람이 그것을 가지고만 있으면 자연스럽게 표출되기 마련이다. 호의가 없는 사 람이 겉으로 있는 것처럼 보이기 위해서 기교를 부리는 것이다.

"관습처럼 되어버린 예의에서 가장 해로운 결과는 그것이 모방하고 있는 미덕을 지니지 않은 채 어물쩍 넘겨버리는 방법을 가르쳐 주는 일이다. 사람들이 교육으로써 인간에 대한 사랑과 다정한 마음을 베풀어주면 우리는 예의를 알게 된다. 아니면 더 이상 그런 것을 필요로 하지 않게 된다."

"우리는 비록 우아한 태도로 표시하는 예의 같은 것은 없을지 모르지만 정직한 사람이며, 시민이라는 것을 나타낼 예의는 갖추고 있을 것이다. 우리는 위선의 탈을 쓸 필요는 없을 것이다."

"남의 기분을 맞추기 위해 기교를 부리지 않더라도 친절하기만 하면 그것으로 만족할 것이다. 다른 사람의 약점을 눈감아 주기 위해 거짓말을 하지 않더라도 관대하기만 하면 그것으로 족할 것이다."

"이런 자세로 임하면 상대방은 그것 때문에 거만해 진다든가 타락하지는 않을 것이다. 그들은 다만 감사함을 나타낼 것이다. 그리고 그로 인해 한층 더 선량한 인간이 될 것이다."(뒤클로의 『현대 풍습 고찰』에서)

여기서 뒤클로 씨가 요구하고 있는 종류의 예절이 있다면 그것은 바로 내가 얘기한 교육에 의한 것이 될 것이다. 완전히 이와 같은 교육을 받은 에밀은 평범한 인간이 되지 않을 것이며 자신도 그걸 원하지 않을 것이다. 다른 사람과 차이가 난다고 해도 그 차이는 거추장스럽지 않을 것이다. 처음에는 "그러다가 언젠가는 달라지겠지"하면서 그의 기묘한 점을 용서하다가 그가 변하지 않는 것을 보게 되면 "그는 원래 그런 인간이군"하고 넘어가 버릴 것이다.

그는 처음부터 모든 사람들로부터 사랑 받지는 않겠지만 그를 재능 있는 사람들의 심판자로 삼을 것이다. 그는 올바른 감각과 건전한 정신을 가지고 있으며 새롭고 묘한 관념 같은 것은 찾으러 다니지 않는다. 인류에게 진실로 유익한 관념이란 옛부터 내려온 관념들로써 그것만이 사회의 진정한 유대를 이루고 있다는 점, 그리고 탁월한 재주를 지닌 사람에게 남겨진 일이 있다면 인류에게 유해하고 불행한 관념들을 사용하여 자신을 남과 구별짓는 일밖에 없다는 것을 에밀에게 주지시켜 왔다.

그는 자신의 행복을 어디서 찾아야 하며 어떻게 하면 남의 행복에 도움이 될 수 있는가를 알고 있다. 이 일 이외에는 전혀 관심을 가지지 않는 에밀은 방황하지도 않으며 남의 눈에 띄려고도 하지 않는다. 에밀은 양식 있는 사람이지 특별한 인간이 되려고는 하지 않는 것이다.

그 또한 남의 마음에 들고 싶어 하므로 남의 의견에 전적으로 무관심을 표명하지는 않겠지만 남의 의견 중에서도 자신과 직접 관련이 되고 편견과 유행을 따르지 않는 정당한 의견만을 따를 것이다. 그는 자기가 하는 일은 모두 훌륭하게 이행하려고 하고 남보다 더 우월하게 하려고 하지만 타인의 편견이나 사적인 것에 관련되어 우월하다고 생각되지 않는 행동에서만 그렇게 할 것이다.

자기와 같은 인류라는 이유에서 사람을 사랑하는 그는 특히 자기와 가장 비슷한 사람들을 더 좋아할 것이다. 그리고 이러한 비슷한 점을 그는 도덕적인 면에서의 취미의 일치라고 판단하여 선량한 성격에서 오는 것이면 무엇이든지 사람들로부터 칭찬 받는 것을 몹시 기뻐할 것이다. 그는 사람들이 자신을 인정해 주어서가 아니라 자신이 행한 올바른 일을 인정해 주어서 기쁘다고 생각할 것이다. 건전한 판단에 의한 칭찬은 언제 들어도 기쁜 일이기 때문이다.

지금까지는 역사를 통해 인간을 그 정념의 면에서 연구했으나, 이제는 사회적 습속에 의해 사람들을 연구하게 된 에밀은 인간의 마음을 즐겁게 하거나 슬프게 하는 것에 대해 필히 생각해 볼 기회를 갖게 되었다. 그리하여 이제 그는 인간의 취미의 원리를 탐구하고 있다. 취미란 사람들을 기쁘게 하거나 그렇게 하지 못하는 것을 판단하는 능력에 불과한 것으로써 이 점을 간과하면 취미가 무엇인지 알 수 없게 된다.

그리고 가장 일반적인 취미들이 좋은 취미를 형성한다 해도 좋은 취미를 가진 사람은 적다. 따라서 이것은 마치 가장 흔한 얼굴의 집합이 아름다움을 이루어도 아름다운 사람은 적은 것과 마찬가지이다. 취미란 이해관계를 떠난 오락이나 흥미에만 관계하는 것이지 결코 필요에 부응하여 존재하는 것이 아니다. 그러므로 취미란 본능에 의해 결정된다고 볼 수 있다.

더구나 우리는 정신적인 면과 아울러 물질적인 면에 있어서의 취미의 법칙을 구해야만 한다. 물질적인 취미의 원리는 설명이 불가능하나 모방과 관계되는 모든 일에는 정신적인 것이 깃들어 있다는 것을 주의할 필요가 있다. 취미에는 기후, 풍습, 정체(政體) 등 여러 제도에 따라서 다양하게 변화되는 지역적 기준이 있다. 더구나 나이, 성별, 성격 등에 관련된 다른 기준들이 있기는 하나 이런 의미에서는 취미를 논할 것이 못된다.

취미란 모든 사람이 자연적으로 갖는 것이지만 모두 다른 취미를 가졌고 취미의 발달 정도도 각양각색이다. 또한 취미는 감수성과 환경에 의해 크게 좌우되기 때문에 변화 또한 무쌍하다. 그러므로 취미를 비교하려면 첫째, 여러 사회에서 생활할 필요가 있으며 둘째, 일을 통한 사회적 교제는 그 기준이 오락이 아니라 실리에 있기 때문에 여가나 오락을 통한 교제가 필요하다. 셋째, 평등의 차가 너무 심하지 않고, 여론의 횡포가 비교적 덜하며, 허영보다는 즐거움이 지배하는 사회가 필요한 것이다. 왜냐하면 이와 반대의 사회에서는 유행이 취미를 질식시키기 때문이다.

그러므로 다수의 취미가 건전한 취미라는 말은 사실이 아니다. 왜냐하면 목표가 바뀌기 때문이다. 그렇게 되면 다수는 이미 스스로의 판단을 지니고 있지 않으며 자기들보다 지식이 많다고 믿는 사람들의 판단에 의존하게 된다. 언제나 자기 자신의 생각을 갖게 하는 것이 중요하다. 그렇게 하면 그 자체로써 가장 좋은 것이 반드시 많은 사람의 찬성을 얻을 수 있을 것이다.

사람들은 오로지 모방에 의해서 미를 창조한다. 모든 취미의 진정한 모델은 자연 속에 있으며, 자연에게서 멀어지면 우리의 그림은 점점 추해지는 것이다. 우리는 예술가, 귀족, 부자의 지도에 따르는데 그들은 이익과 허영심의 지도에 따른다. 허영심이 강한 사람은 부를 자랑하고, 이익을 구하는 사람은 그 허영심을 이용하려고 한다. 그렇게 함으로써 사람들은 자연에 따르지 않고 사치와 악취미에 빠지게 되는 것이다.

특히 남녀교제에 있어서는 취미가 좋든 나쁘든 그 성격이 나타난다. 취미를 살린다는 것은 이런 교제의 목적에 따른 필연적인 결과이다. 그러나 욕구를 만족시키겠다는 생각이 상대방의 호감을 사고싶은 욕구를 꺾을 때에는 취미는 타락하고 만다. 그리고 이 사실이 좋은 취미는 좋은 풍습에서만 생긴다는 가장 명백한 이유가 된다.

물질적인 취미나 감각적인 판단과 관계되는 취미에 대해서는 여성의 취미를, 도덕적이며 오성에 좌우되는 취미에 대해서는 남성의 취미를 살펴보는 것이 좋다. 여성들이 여성의 본분을 지킬 때는 자신의 일에서 항상 올바른 판단을 내리겠지만 문학을 접하면서부터 그들은 아무것도 모르게 되었다. 자기 작품에 대해 여성들의 의견을 묻는 작가는 언제나 좋지 않은 충고를 듣게 된다. 여성의 진짜 재능에 대해, 그것을 키우는 방법에 대해서는 머지않아 말할 기회가 있을 것이다.

이상과 같은 고찰은 그가 처하고 있는 상황과 그가 전념하고 있는 탐구에 있어서 그가 관심을 갖는 문제에 대해 그와 내가 함께 논의할 때 내가 그에게 제시하려는 기본적인 문제인데 그러한 문제에 대해 무관심할 수 있겠는가? 사람에게 필요한 것이 무엇이며 불쾌한 것은 무엇인가를 안다는 것은 모두에게 필요한 것이다. 사람들에게 도움을 주려면 그들의 마음에 들어야 할 필요가 있다. 글을 쓰는 기술도 진리를 말하는데 사용된다면 전혀 쓸모 없는 일도 아니다.

만약 나의 제자에게 취미를 길러주기 위해서 그런 취미의 육성을 발전시키려는 나라와 이미 그것이 쇠퇴한 나라 중 어느 한쪽을 택해야 한다면 나는 먼저 쇠퇴해 가는 나라에서 출발하여 발전하기 시작하는 나라에 이르는 길을 취하기로 하겠다. 왜냐하면 취미는 대다수의 사람들이 깨닫지 못하는 것을 느낄 수 있도록 만들어주는 섬세함으로 인해 부패하며 섬세함은 논쟁을 즐기는 경향을 심어서 사람들의 감각을 한층 더 섬세하게 하고 탐구의 통일성을 상실케 하기 때문이다. 그러므로 사람에 따라 각기 다른 취미가 생기게 된다. 어떤 것을 취할 것인가를 논쟁함으로써 철학과 지식이 넓어지고 사람들은 생각하는 것을 배우게 된다.

세밀한 관찰은 대단히 광범위하게 접촉하는 사람들에 의해서 밖에는 행해지지 않는다. 왜냐하면 그런 것들은 다른 모든 관찰을 한 뒤에야 행해지며, 평소에 많은 사람들과 접촉하지 않는 사람들은 일반적인 일에 주의력을 다 소모하기 때문이다. 현재로 지구상에 있는 도시 중에서 파리 이상으로 취미가 악화된 곳은 없을 것이다. 특히 좋은 취미가 함양되고 있는 것은 이 도시이고 유럽에서 높이 평가받고 있는 책의 저자는 거의 파리에서 교육을 받은 것 같다. 그러나 그러한 책을 읽는 다고 해서 충분하다고는 생각지 않는다. 왜냐하면 생각하는 두뇌를 발전시키고 시야의 범위를 확장시키는 것은 책에 의해서보다 저자와 직접 접촉하는 것에 의해서이다.

그릇된 취미가 지배하는 곳에서도 사색하는 것을 배울 수는 있으나 그런 취미를 가진 사람처럼 사색해서는 안 된다. 그들과 오래 지내다 보면 그들과 비슷하게 생각할지도 모르기 때문에 에밀이 자신의 취미와 타인의 취미를 비교할 줄 알게 되면 보다 소박한 대상에 그의 취미를 교정시키기 위해 그곳에서 그를 다시 데리고 나올 것이다.

항상 그가 기뻐하는 문제로 대화를 이끌어 가면서도 그것이 그에게 유익한 교훈이 될 수 있도록 해야 하는 지금이야말로 에밀이 재미있는 책을 읽을 시기이다. 대화의 내용을 분석하는 일과 말의 표현법에서 아름다움을 느끼게 할 시기이다. 어학 자체를 위한 어학은 그 효용 면에서도 그다지 중요하지 않고, 프랑스어를 이해하고 말하는 규칙을 이해하기 위한 라틴어 학습과 같은 경우에만 필요하다고 할 것이다.

그밖에 마음에 호소하는 소박한 취미라는 것은 고대인이 쓴 기록에서나 찾아볼 수 있다. 고대인의 문학은 내용도 풍부하고 판단 또한 절도가 있으나 근대의 작가들은 내용은 없으면서 말만 풍성하다. 이들의 차이는 묘비에서도 느낄 수 있는데 현대의 묘비는 찬사로 가득하나 고대의 묘비에는 사실만이 적혀 있다.

나그네여! 발길을 멈춰라. 그대가 밟고 있는 것은 영웅의 무덤이로다.

이 묘비(30년 전쟁 때 전사한 프란츠 드 메르시아의 비명)를 고대의 유적에서 발견했다 해도 나는 근대의 것으로 예상할 것이다. 왜냐하면 현재에는 영웅이란 매우 흔한 것이지만 고대에는 영웅이란 아주 드물었기 때문이다. 고대인들 같으면 그 사람이 영웅이 되기 위해서 행한 공적만을 적었을 것이다. 이 영웅의 비문과 사르다나파로스의 비문을 비교해 보라.

타르사스와 앙키알레스를 나는 하루에 건설했노라.
그리고 이제 나는 죽노라.

여러분은 어느 쪽이 더 많은 이야기를 하고 있다고 생각하는가? 과장된 표현으로 넘치는 현대의 비문은 소인들의 마음이나 부풀어 놓기에 적당하다. 고대인들은 인간을 자연 그대로 보여주었고 그러한 것이 인간이라고 보았던 것이다. 크세노폰은 배반당하여 전사한 몇 사람의 용사의 명예를 추모하면서 이렇게 말했다고 한다. "그들은 전쟁에서도 우정에서도 부끄럼 없이 죽었다"고. 이것이 전부였다. 이 짧은 찬사 속에 얼마나 많은 감동이 있는가? 테르모필데의 대리석 묘비에는 다음과 같은 글이 새겨져 있다.

나그네여, 스파르타에 가서 전하라. 우리는 신성한 국법(國法)에 따라
여기서 죽노라고.

이 묘비(헤로도투스 제7권)는 비명학회(碑銘學會)에서 새긴 것이 아님은 분명하다. 말의 가치를 인정하지 않는 에밀은 이 차이에 주의를 기울여 이후 독서의 선택에 커다란 영향을 미치도록 할 것이다. 데모스테네스의 힘찬 웅변에 끌리면 그는 그를 웅변가로 생각할 것이며 키케로를 읽으면 그

를 대변인으로 생각할 것이다.

에밀은 일반적으로 현대의 저작물보다 자연에 더 가까우며 자연과의 친분이 더욱 잘 표현된 고전에 훨씬 많은 흥미를 가질 것이다. 누가 뭐라고 해도 이성의 참된 진보란 있을 수 없다. 즉, 모든 정신은 항상 동일한 지점에서 출발하는데 다른 사람의 생각을 알기 위해 쓰는 시간은 자신이 생각하는 시간을 그만큼 빼앗는 것이므로 결국 지식은 쌓아도 정신은 소비하는 셈이다. 우리의 정신은 우리의 팔과 같아서 저 혼자서는 아무것도 하지 못한다. 고대인과 현대인에 대한 논쟁은 마치 옛날 수목이 지금의 수목보다 컸던가를 아는 것과 마찬가지라고 퐁토네르는 말하고 있다. 농경 방법이 변했다면 이런 질문도 전혀 부당한 질문은 아닐 것이다.

이렇게 에밀을 순수 문학의 원천으로 거슬러 올라가게 한 뒤에 그에게 신문, 번역, 사전과 같은 현대 편찬물들을 보여준다. 그러면 그는 이런 것들을 대충 보고 나서 두번 다시 돌아보지 않을 것이다. 그리고 학회의 수다스런 연설을 그에게 들려주고 회원으로 있는 것보다 혼자 있는 편이 더 가치가 있다는 것을 알아차리게 해주면 그는 조직의 효용에 대해 스스로 결론을 얻을 수 있을 것이다.

나는 취미를 연구시키기 위해 에밀을 극장에 데리고 가면서 극장은 교훈과 도덕을 가르치는 곳이 아니라고 말해 준다. 진리가 아니라 오락을 위해 만들어진 극장보다 사람을 기쁘게 하고 흥미롭게 하는 기술을 완전히 배울 수 있는 곳은 없다. 연극의 연구와 시의 연구는 같은 목적을 가지고 있다. 그가 시에 대한 취미를 다소나마 가지고 있어서 시인들의 언어인 희랍어, 라틴어, 이탈리아어를 얼마나 즐거운 마음으로 배울 것인가? 같은 장소에서 플라톤의 향연을 읽는 에밀과 나쁜 청년의 모습을 상상해 보자. 한쪽은 감동을 받지 않는데 한쪽은 얼마나 커다란 감동을 받고 있는가?

젊은이여, 민감하고 현명한 사람이 되어라. 만일 자네가 이 둘 중 하나밖에 되지 않는다면 자네는 아무 가치도 없게 되는 것이다. 그가 문학이나 시에 능통하든 능통하지 않든 문제가 되지 않으며 단지 나의 목적은 그가 애정과 취미를 결합하고, 그의 자연의 욕구가 변하지 않도록 예방하며, 그가 가까이서 찾을 수 있는 행복의 수단을 부에서 찾지 않도록 하는 데 있다. 취미란 사소한 것에서 자신을 발견하는 기술에 지나지 않지만 인간의 매력은 이 하찮은 것들의 연속이므로 이러한 노력은 결코 무관심할 수 없는 문제인 것이다. 이러한 노력을 통해서만 우리의 손에 미칠 수 있는 행복의 진실성 속에서 행복한 생활을 누리는 법을 배울 수 있다.

나는 여기서 훌륭한 정신적 경향의 사람들에게 속하는 도덕적인 행복을 말하는 것이 아니라, 다만 관능의 기쁨이나 편견이나 여론은 무시하고 현실적인 향락에 속하는 일을 말하고 있는 것이다. 나의 생각을 좀 더 확실하게 설명하기 위해 잠시 에밀의 경우를 제외하고, 독자의 습관에 보다 더 일치하는 예를 나 자신 안에서 구하고자 한다.

인간의 본성을 변화시켜 한 인간을 더 선하게 하거나 더 악하게 만드는 시기가 있다. 겁이 많은 사람도 나바르의 연대에 배속되면 용감해진다. 마찬가지로 내가 부자라면 부자가 되기 위해 필요한 모든 일을 다 했을 것이다. 나는 자신의 이익에만 민감하고 세심할 뿐 서민계층의 빈곤은 경멸적으로 바라보기만 하는 비열한 인간이 되었을 것이다. 결국 나는 내 재산을 자신의 쾌락의 도구로 하여 나 혼자만이 그 도구를 사용할 것이다. 여기까지는 나도 다른 모든 사람들과 같을 것이다.

그러나 내가 다른 사람들과 다른 점은, 나는 허영심에 빠지기보다는 관능과 쾌락에 빠질 것이며 과시하는 사치보다는 방종한 사치를 누릴 것이다. 나는 나의 재산을 지나치게 자랑하는 것에는 부끄러움을 느낄지도 모른다. 또 내 사치스런 생활에 압도되어 나를 질투하는 자들은 서로 "여기 불량한 자가 있는데, 저 불량배는 자기가 불량배로 인정되지나 않을까 몹시 걱정하고 있나 봐"하고 말하는 것이 언제나 귀에 들릴 것만 같다.

나는 이 대지를 채울 만큼 막대한 재물들 속에서 가장 기분 좋고 가장 확실하게 내 것으로 될 수 있는 것을 찾기 위해서 나의 재산을 사용하여 먼저 한가로움과 자유로움을 살 것이다. 만일 건강도 재산으로 살 수 있는 것이라면 건강도 내가 사는 물건 중의 하나가 될 것이다.

나는 가능한 한 자연을 접하여 자연으로부터 받은 나의 감각을 기쁘게 하고 만일 그 기쁨에 자연의 즐거움이 더해지면 보다 많은 즐거움을 발견할 것이다. 모방의 대상을 택할 때도 항상 자연을 모형으로 삼을 것이며, 나의 욕망에 있어서도 그 선택을 자연에 의존할 것이며, 취미나 음식물도 자연에 따를 것이다. 이러한 선택 뒤에는 언제나 자신의 수고를 곁들일 것이다. 그렇게 하면 그 수고도 또 하나의 즐거움이 되고 거기서 기대되는 즐거움을 배가시키는 것이 되기도 한다. 그리하여 나는 세상 끝에 있는 진귀한 요리가 먹고 싶으면 그것을 구해 오도록 하지 않고 아피키우스(로마의 유명한 미식가)처럼 그곳으로 직접 찾아갈 것이다.

이와 같은 이유로 나는 겨울에는 여름을 찾고, 여름에는 겨울을 찾으며, 이탈리아에서는 추위를 느끼고 북극에서는 더위를 느끼는 사람들처럼 풍토와 계절을 무시하는 사람들의 흉내는 내지 않을 것이다. 나는 한곳에 머물러 있거나 아니면 그 반대로 할 것이다. 나는 그 계절만의 특유의 맛, 그 기후만의 특유한 맛을 느끼고 싶다. 나는 자연에 맞는 다양한 즐거움과 습관을 대하고 싶다. 여름은 나폴리에서, 겨울은 페테스부르크에서 지내겠다. 때로는 타렌툼의 시원한 동굴 속에 누워 상쾌한 미풍을 마음껏 삼킬 것이며, 때로는 무도회의 환락에 지치기도 하고 휘황한 얼음 궁전 속에서 숨이 막힐 때까지 즐길 것이다.

식탁을 차리거나 거실을 꾸밀 때에도 계절의 차이에 따라 계절의 즐거움을 만끽할 것이다. 그러나 계절을 앞당겨 사용하는 것은 자연의 질서를 어지럽히고 힘만 소비할 뿐 정취는 없다. 덜 익은 과실만큼 맛도 없고 영양도 없는 것은 없다.

만일 내가 얼음이 어는 겨울에 버찌를 구하고, 한겨울에 멜론을 가진다 해도 목을 시원하게 축여야 할 필요가 없다면 그것을 먹어 보았자 무슨 즐거움이 있겠는가? 무더운 여름철에 밤이 맛있게 느껴지겠는가? 온실에서 생긴 꽃으로 겨울을 장식하는 것은 오히려 봄의 아름다움을 빼앗는 셈이 된다. 그것은 숲속으로 나가 제일 먼저 싹튼 제비꽃의 봉우리를 보고서 기쁨에 사로잡히는 즐거움을 빼앗는 것이 된다.

나는 하인을 많이 두지는 않을 것이다. 시민은 단 한 명의 하인으로도 공작이 그를 둘러싼 열 명의 남자들에게서 받는 봉사보다 더 진실한 봉사를 받기 때문이다. 무슨 일이든 남의 손을 빌리는 것은 내가 하는 것 같지는 않기 때문에 나는 물건을 사더라도 보다 싸고 확실한 것을 사기 위해 하인을 보내지 않고 내가 직접 갈 것이다. 직접 가면 즐거운 운동도 되고 밖에서 일어나는 일도 알 수 있다. 또한 나가면 무엇이든 배울 수가 있으며 권태로부터 해방될 수 있다.

나는 나와 다른 사람 사이에 하인이 개입하는 것을 바라지 않으며 시끄러운 마차를 타고 다니는 것을 원하지도 않는다. 말들이 병에 걸리고 마부가 쉬어야 할 때는 반드시 집에 틀어박혀야 할 걱정이 없다. 결국 자신만큼 자신을 돌봐줄 수 있는 사람은 없으니 알렉산더보다도 권력이 있고 크로이서스보다도 부자라 하더라도 자기가 스스로 하는 것만한 봉사를 다른 사람으로부터 받을 수는 없는 것이다.

나는 궁전에서는 살지 않겠다. 거기에서 살더라도 내가 사는 곳은 한 칸 방에 지나지 않기 때문이며, 그 외 공동으로 사용하는 방이라 하더라도 그것은 이웃집의 방처럼 나와는 무관하기 때문이다. 동양인은 향락을 즐기면서도 모두가 소박한 집과 가구를 갖추며 지낸다. 그들은 인생을 나그네로 보고 그들의 집을 하룻밤의 거처로 생각한다. 나는 이와 비슷하게 다른 방향으로 생각한다. 온갖 설비를 갖춘 궁전 속에서 산다는 것은 어떻게 보면 다른 사람과의 벽을 쌓고 자신을 감금하는 것처럼 여겨진다.

세계는 그 자체로 충분히 아름다운 궁전이다. 돈으로 무엇이든지 할 수 있다고 생각한다면 무엇 때문에 담을 쌓고 문을 스스로 달아 그 속에서 떠나지 않으려고 한단 말인가? 전염병이나 전쟁이나 반란 때문에 내가 어떤 장소에서 추방된다고 걱정할 필요가 있겠는가? 세계 어디를 가나 내가 묵을 집이 세워져 있는데 왜 일부러 내가 그것을 만들겠는가? 지금이라도 발견할 수 있는 즐거움을 왜 멀리서 준비하겠는가? 자신과 모순된다면 즐거운 생활을 하기는 어려울 것이다.

더구나 들어가 살 사람도 적고 들여놓을 가구도 적은데 그런 큰집이 나에게 무슨 소용이 있겠는가? 나의 가구들은 나의 취미처럼 간소하여 화실이나 서재도 두지 않을 것이다. 책이나 그림을 수집한다는 것은 결코 완벽할 수 없어서, 무언가 빠진 것이 있으면 차라리 아무것도 가지지 않은 것보다 더 괴로움을 준다. 이것을 경험하지 않은 수집가는 단 한 명도 없을 것이다. 자신을 위해 진열장을 이용할 줄 아는 사람은 다른 사람에게 보이기 위한 진열장 따위는 결코 만들지 않을 것이다.

도박이란 할 일이 없는 사람들의 장난이므로 할 일이 많은 속에서 즐거움을 느끼는 나는 그런 쓸데없는 일은 하지 않을 것이다. 가난한 나는 도박은 절대로 하지 않고 가끔 장기를 둔다. 만일 부자라면 더욱 도박은 하지 않을 것이며, 극히 작은 내기에 그칠 것이다. 도박에 대한 생각은 부유할 때에는 생기지 않으므로 청년이 나쁜 사람이 아니면 결코 도박의 승부에 열중하지 않는다. 내기가 적은 도박에서는 결국 딴 것을 다 써 버리게 되므로 일반적으로 도박에서는 따는 것보다는 잃는 것이 보통이다.

그러므로 잘 생각하면, 모든 종류의 위험이 자기 앞에 도사리고 있는 그 내기에 너무 열중할 필요가 없다. 요행을 기대하는 사람은 보다 자극이 강한 내기에서도 즐거움을 구할 수 있으며, 이와 같은 즐거움이 큰 도박에서보다 작은 도박에서 덜하리라는 법은 없다. 도박의 버릇은 탐욕과 게으름에서 생기므로 공허한 정신과 허전한 마음속에서만 뿌리박게 마련이다. 생각에 몰두하는 사람이 내기를 좋아한다는 것은 좀처럼 보기 힘든 일이다. 그러므로 학문에 열중하므로써 얻을 수 있는 단 하나의 이점이란 도박과 같은 저속한 욕망을 약간은 감퇴시키는 데 있다.

나는 사생활에 있어서나 세상과의 교제에 있어서나 가능한 한 모든 자유를 유지하기 위해 어떤 계급에서도 어울리고 사치스럽지 않은 복장을 하고 싶다. 그러면 나의 행동은 자유로울 수 있으며 모든 신분의 즐거움을 내 것으로 만들 수 있을 것이다. 수놓은 스카프를 두른 사람은 받아주지 않고 레이스로 된 스카프를 두른 사람만 받아주는 여성이 있다는데, 그런 경우 나는 다른 곳에서 하루를 지낼 것이다. 그러나 그 여성들이 젊고 아름답다면 가끔 레이스로 장식하고 가서 놀면 될 것이다.

나는 서로 애착을 느끼고 취미가 같거나 성격이 조화를 이루는 상대와 교제하는 것이지 이해타산을 따져 부자와 교제하는 것은 아니다. 부자가 되어 선행을 베푼다면 나는 궁전이 아닌 사교장을 가질 것이다. 나는 신하가 아닌 친구를, 파티의 파트너가 아닌 그들의 호스트로 남고싶을 따름이다. 여성을 돈으로 사기는 쉽지만, 그런 방법으로는 어떤 여성의 애인도 될 수가 없다.

사랑은 팔 수 있는 물건이 아니며, 돈은 반드시 사랑을 잃게 한다. 사랑하는 자에게 아낌없이 바치는 것은 좋지만 그것이 거래가 되어서는 안 된다. 사랑을 더럽히지 않고 애인에 대해 그런 욕망을 만족시켜줄 수 있는 유일한 방법은 모든 재산을 애인에게 주고 그녀의 부양인으로 살아가는 것이다. 문제는 다만 그런 방법을 써도 불합리한 일이 되지 않는 그런 여성이 어디 있는가 하는 것이다. "라이스는 소유했지만, 그녀는 나를 소유하지 않았다"는 아리스티포스의 말은 무의미하나, 상호적이 아닌 사랑의 소유란 기껏해야 성(性)을 소유할 뿐 인간을 소유하는 것은 아니다.

무분별하게 부도덕한 행위를 하면서 원하는 것을 얻더라도 결국은 많은 착오를 범하고 있다는 것을 알게 될 것이다. 순결한 사람을 타락시키고 보호해 주어야 할 젊은 사람을 희생하여 영원히 비참의 구렁텅이로 빠지게 하는 탐욕은 무엇 때문일까? 그것은 잔인, 허영, 과실 그 이외는 아무것도 아니다. 쾌락 자체도 자연적인 것이 아니라 천박한 습성이다. 그리고 경멸받는 입장에 있는 자는 다른 사람과 비교되는 것을 두려워하며, 무엇보다도 자기는 못난 인간이 아니라는 것을 보이려고 한다.

이런 허황된 쾌락을 추구하는 자들이 과연 사랑하고 또한 사랑 받을 만한 가치가 있는 청년일까? 아니다. 어느 정도의 용모와 가치와 감정을 가지고 있는 젊은이라면 여성 앞에서도 당당하게 말할 수 있을 것이다. "당신 또한 쾌락을 알고 있겠지만, 나의 사랑은 당신에게 새로운 쾌락을 줄 수가 있어요"하고.

그런데 방탕으로 몸을 망쳐 여성의 혐오를 받는 남자는 아직 아무것도 모르는 젊은 여성들에게 경험을 앞세워서 그녀의 관능에 최초의 자극을 주며, 그로 인해 자기에게 결여된 것을 모두 보상하려고 한다. 그의 최후의 희망은 미지의 매력으로 상대방을 즐겁게 해주는 일이다. 그러나 그가 여성에게 주는 혐오감은 그가 여성을 자극하려는 욕망과 마찬가지로 자연의 것이다. 그러므로 그의 어리석은 기대 역시 잘못된 것이다. 몸을 파는 여자는 자기가 사랑하는 남성에게 몸을 맡긴 일이 있으므로 이런 여성은 호색한이 두려워하고 있는 그 비교라는 것을 하기 마련이다. 그러므로 그는 꾸며진 쾌활을 사고 있는 것이며, 상대방으로부터 미움을 받기는 마찬가지이다.

내가 설령 부자가 되어서 변한다 하더라도 적어도 어느 정도의 취미, 감각, 섬세함이 남아 있어서 나는 공허한 꿈을 쫓고 재산을 탕진하여 유치한 자에게 배반을 당하거나 조롱당하는 일은 없을 것이다. 내가 젊다면 나는 젊은이의 쾌락을 추구할 것이나 부자로서는 그것을 추구하지 않을 것이다. 백발이 되어서 젊은 여성들의 환심을 사려고 노력하는 것은 정말 불쾌한 일이다. 나의 억제할 수 없는 습관이 과거의 욕망을 불가피하게 만든다면 아마도 나는 대체로 그 욕망을 만족시킬 것이지만 부끄럽게 생각하면서 얼굴을 붉힐 것이다.

그런 류의 즐거움이 아니라도 인생에는 다른 기쁨이 있는데 우리에게서 도망가는 것을 추구하다 보면 남아 있는 것마저 도망가 버린다. 나이에 맞게 취미를 바꾸되 언제나 자기 자신으로 남아 있어야 한다. 결코 자연을 거역해서는 안 된다. 이런 헛수고는 생명을 단축시키며 생명의 올바른 사용을 방해한다.

서민들은 권태를 거의 느끼지 못하며 항상 활동적이다. 그들의 즐거움은 단순하지만 소중하다. 오랜 노동 뒤의 짧은 휴식에서도 더없는 행복을 발견한다. 반면 부자들은 권태에 빠져 가장 큰 재앙을 경험하게 된다. 많은 비용을 들인 오락 속에서도, 그들의 환심을 사려는 사람들 속에서도, 권태는 견디기 어려운 무게에 짓눌려 있다. 더구나 일을 할 줄도 즐길 줄도 모르는 여성들에게는 권태란 이들의 이성과 심지어 생명까지도 빼앗는 무서운 병이 된다. 파리의 여성들의 운명은 매우 가엾다고 생각하는데 더욱 가엾은 것은 그런 여성 옆에 달라붙어 있는 젊은 남성이다. 그러나 젊은이는 본래의 상태에서 멀어짐과 동시에 허영심에 빠져 가장 비참한 생활을 하게 되는 것이다.

사치와 예절, 유행과 관습은 생활의 흐름을 단조로움 속에 가둔다. 그런데 남들에게 보이려고 하는 즐거움은 누구에게나 쓸데없는 것이다. 여론이 가장 두려워하는 것은 웃음거리가 되는 것인데, 여론 곁에는 언제나 웃음거리가 도사리고 있어서 그 여론을 지배하기도 하고 징벌하기도 한다. 틀에 박힌 형식이 없다면 사람은 결코 웃음거리가 되지는 않는다.

자신의 처지와 즐거움을 변화시킬 줄 아는 자는 어제의 인상을 오늘은 지워 버린다. 그는 사람들을 염두에 두지 않고도 스스로 즐길 줄 안다. 그러므로 나는 모든 경우에 있어서 다른 경우를 일체 생각하지 않을 것과, 그날 그날을 언제나 내일과는 관계없는 하루로 맞아들일 것을 나의 불변의 법칙으로 삼고 있다. 나는 서민과 섞여 있으면 서민이 될 것이고, 시골에서는 시골 사람이 될 것이다. 그리하여 나는 어딘가 먼 지방에 돈은 그리 많지 않으나 물품을 많이 가진 자도 빈곤한 자도 같이 안주할 땅을 택할 것이다.

거기서 나는 쾌락과 그것을 즐길 줄 아는 남자 친구들과 안락의자를 떠나서 들에서 놀거나 카드 대신에 낚싯대나 포도 바구니를 들고 나설 수 있는 여성들을 모으겠다. 거기서는 도시의 모든 풍경이 잊어지고 시골 사람이 된 우리는 재미있는 숱한 놀이를 발견할 것이다. 운동과 활동적인 생활은 우리에게 새로운 미각을 주기 때문에 우리의 식사는 언제나 향연이 될 것이다. 식사도 순서가 없으며 식당은 뜰이든 샘물가든 오리나무 밑이든 가는 곳마다 식탁이 있다. 잔디가 식탁이나 의자가 되며 샘물가가

식기대가 되고 디저트는 나무에 매달려 있다. 요리는 순서에 개의치 않고 식탁에 놓으며 식욕은 예의를 무시하고 왕성해진다. 그러한 스스럼없고 특히 절도 있는 친근감에서 경쾌한 다툼이 생기기도 하겠지만 그것은 상스럽지도 않고 거짓도 없으며 거북스러움도 없이 예절보다 훨씬 더 매력 있게 사람들의 마음을 잘 연결시킬 것이다.

우리의 이야기에 귀를 기울이거나 우리의 태도를 수군거리거나 하는 하인은 단 한 명도 없을 것이다. 농기구를 걸머지고 가는 농부를 만나면 나는 따뜻한 말과 포도주 몇 잔으로 그의 마음을 즐겁게 해 줄 것이다. 그것은 그가 자신의 가난을 보다 즐겁게 참고 견디는데 도움이 될 것이며 나도 역시 인정을 베풀 수 있다는 기쁨을 맛 볼 수 있을 것이다.

어떤 지방에 축제가 있다면 나는 어느 누구보다도 가장 먼저 찾아갈 것이며 시골에 어떤 결혼식에 초대되면 그 사람들처럼 검소한 선물을 가지고 갈 것이고 그것은 잔치를 보다 흥겹게 해 줄 것이다. 나는 그 집에서 저녁을 먹고 난 뒤 옛 노래를 몇 차례고 합창하고 오페라 극장의 무도회에 나갔을 때보다 기쁜 마음으로 그 헛간에서 춤출 것이다.

지금까지 한 말은 다 좋다고 하자. 그러나 사냥을 빼놓고서는 시골 생활을 얘기할 수 없지 않는가? 나 자신이 부자라고 가정한 이상 나에게는 독점적이며 파괴적인 행위가 필요한데 그렇다면 사정은 전혀 달라진다. 나에게는 넓은 토지, 숲, 그리고 향(香)과 성수(聖水)가 필요하다. 그러나 그 토지 주변에는 자기의 권리는 잃지 않으려고 하면서도 남의 권리를 침해하려는 자들도 있을 것이다. 그러다 보면 서로간에 알력과 소송 사태까지 일어날 것이다.

이곳 주민들은 나의 짐승들이 그들의 농작물을 망치는 것을 지키기 위해 개를 키우고 북을 치고 나팔을 불고 방울을 흔들어 댈 것이다. 이렇게 되면 나는 이들의 비참한 생활을 생각하지 않을 수 없으며 그때는 나 자신을 책망할 것이다. 만일 내가 영광스런 군주라면 이런 일에는 조금도 마음이 움직이지 않겠지만 벼락부자인 나는 아직도 약간은 평민의 심정이 남아 있을 것이다.

그것이 전부는 아니다. 사냥감이 많아지면 나는 밀렵꾼을 벌해야 하고 그러려면 감옥, 간수가 필요해 진다. 그 밀렵꾼들의 아내는 나의 집 문을 둘러싸고 아우성을 칠 것이다. 밀렵을 하지 않았으나 짐승의 피해를 본 사람도 찾아와 한탄할 것이다. 한쪽은 사냥감을 죽였다고 벌을 받고, 다른 한쪽은 죽이지 않았기 때문에 피해를 본 것이다. 그러면 나는 그들 모두의 비참을 느끼고 신음소리만을 듣게 될 것이다. 그러나 이렇게 되면 많은 토끼를 마음대로 죽이는 즐거움도 아마 없어질 것이다.

　괴로움이 없는 즐거움을 간직하려면 즐거움에 대한 독점욕을 버려라. 그러므로 나는 위에서 말한 것과 같은 짓은 결코 하지 않을 것이다. 나는 모두가 자유로이 사냥을 할 수 있고 아무런 장애 없이 사냥을 즐길 수 있는 시골에 산장을 짓겠다. 사냥감이 적다면 그것을 포획하는 기쁨은 더욱 클 것이다. 개만 데리고 총과 망태 등 얼마 되지 않는 포획물을 메고 지친 모습으로 돌아오는 기쁨이 훌륭한 말을 타고 스무 자루의 총을 번갈아 쏠 뿐, 기술도 없고 명예도 없는 사냥꾼의 기쁨보다 더 큰 것이다. 그러므로 토지를 감시하거나, 밀렵꾼을 벌하거나, 가난한 사람을 괴롭히는 일이 없을 때 즐거움은 한층 더 클 것이며, 특히 불편한 일은 다 없어진다. 이것이 내가 택한 방법의 이유이다.

　독점적인 즐거움은 즐거움을 깨뜨린다. 자기만 즐거움을 누리려는 사람에게는 즐거움이라는 것이 없어지고 만다. 내가 정원에 울타리를 친다면 그것은 막대한 비용을 들여 스스로 산책의 기쁨을 빼앗는 것이다. 소유라는 악마는 그 손이 미치는 모든 것을 더럽힌다. 부자는 어디에서나 주인이 되고싶어 하지만 그는 어디를 가도 주인이 될 수 없다. 그래서 그는 항상 다른 곳으로 피해 다녀야 한다.

　남의 재산을 약탈해서 부자가 된 나는 마음에 드는 주위의 모든 땅을 손에 넣고서 하나는 나의 정원으로 만들고 또 하나는 동산으로 만들고 자주 그곳을 찾아가 소유권을 유지한다. 그 땅을 차지하려고 어떤 음모가 닥쳐와도 나는 나의 정원을 걸머지고 어딘가 다른 곳으로 가서 이웃 사람들의 땅을 짓밟아줄 것이다. 이것이 여가를 즐기려는 참다운 취미에 대한 나의 시도이다. 그 밖의 다른 것은 모두가 환영이며 몽상이고, 허영에 불과하다. 이 규칙을 벗어나는 사람들은 아무리 부자라 하더라도 그 돈을 쓰레기통에 버리는 셈이며, 결코 인생의 가치는 모를 것이다.

그 정도의 즐거움이란 누구나 가질 수 있는데 그런 즐거움을 맛보기 위해 부자가 될 필요는 없다고 여러분은 말할 것이다. 내가 말하고 싶었던 것이 바로 그것이다. 즐거움이란 가지고 싶을 때 가질 수 있으며 행복하게 보이는 것보다 행복해지는 것이 더 용이해서 행복에는 부가 필요치 않다. 자유롭고 자신을 지배할 수 있고 건강하며 필요한 만큼의 생필품만 있다면 누구든지 부자가 될 수 있다. 이것이 호라티우스의 '황금의 중용'이다. 즐거움에 부란 아무 소용도 없으니, 부자들이여 부를 다른 곳에 사용하도록 하라. 에밀은 이 모든 것을 나보다 더 잘 알지는 못하지만 나보다 더 순수하고 건강한 마음을 가진 그는 그것을 훨씬 더 잘 느끼고 세상을 관찰하면서 더욱 확신하게 될 것이다.

이렇게 시간을 보내면서 우리는 항상 소피를 찾고 있으나 아직 찾지는 못했다. 그녀가 빨리 나타나지 않아야 할 필요성이 있기 때문에 나는 그녀가 없는 곳에서 그녀를 찾으려고 했다. 마침내 때는 왔다. 이제는 진지하게 그녀를 찾아야 한다. 에밀이 소피가 아닌 다른 여자를 자기 여자로 알고서 너무 뒤늦게 후회하지 않도록 하기 위해서이다.

파리여! 안녕. 소음과 연기와 진흙투성이의 도시, 여성은 정조를, 남성은 도덕을 불신하는 도시여, 안녕. 우리는 사랑과 행복과 순결을 찾고 있으므로 파리로부터 멀리 떨어지는 것이 좋다. 그녀는 먼 곳에 있다. 세계의 끝에서 온 그녀는 존경을 받을 것이다.

제5부
성년기(스무 살에서 결혼까지)

이제 청춘 시절의 마지막에 이르렀다. 그러나 아직 막을 내릴 시기는 아니다. 에밀은 이제 성인이므로 그에게 약속한 배우자를 맞아들이게 해야 한다. 그 배우자는 소피다. 우리는 그녀가 어떤 여자이며 어디에 사는지를 알아야 한다. 그러나 그녀를 찾았다고 해서 모든 것이 이루어지는 것은 아니다. 로크는 이렇게 말했다. "우리의 젊은 신사는 결혼하려고 하므로 이제는 그를 애인 곁에 남겨 두는 것이 좋다." 그러나 나는 귀공자를 교육하는 영광을 얻지는 못했기 때문에 이런 일에 있어서는 로크를 따르지 않을 것이다.

소피

에밀이 남자이듯 소피는 진정한 여성이어야 한다. 그것은 여성으로서의 의무를 다하기 위해 필요한 모든 자격을 갖춰야 한다는 뜻이다. 성(性)을 관련시키지 않으면 여성은 남성과 동일한 기관과 욕망과 능력을 갖고 있다. 다만 정도의 차이만이 있을 뿐이다.

그러나 성과 관련지어 보면 남자와 여자는 상호 보완적이면서 동시에 상호 대립적이다. 이 양자를 비교하는 어려움은 비교해부학이나 단순한 관찰에 의해서도 밝혀진 바와 같이 어느 것이 성에 관계하고 또 어느 것이 성에 관계하지 않느냐는 것인데, 다만 확실한 것은 양자가 공통되게 지니고 있는 점은 인간이라는 종(種)에 속한다는 것이고, 양자가 서로 다르게 지니고 있는 점은 성(性)에 속한다는 것이다.

이와 같은 유사관계와 상위(相違)관계는 과거의 경험으로 보더라도 명백하게 정신에 어떤 영향을 미치고 있다. 이것은 남녀의 우열이나 평등에 관한 논의가 헛되다는 증명이기도 하다. 양성이 각각의 숙명에 따라 자연의 목적을 향해 간다고 생각할 때 양성이 서로 다르다는 그 공통점에 있어서 양자는 평등하다. 그러나 양자의 다른 점에 관해서는 비교할 수 없다. 완전한 남성과 완전한 여성은 용모나 정신이 같을 수 없으며, 완전이란 그 이상이나 이하도 용납하지 않는다.

양성이 결합할 때는 서로가 같은 목적을 향해 협력하지만 그 방법에 있어서 차이가 난다. 이 차이에 의해 정신적인 관계가 차이가 난다. 남성은 강하고 능동적이며 여성은 약하고 수동적이어야 하는데 그래서 남성은 힘과 의지 모두를 가져야 하며 여성은 약간의 저항만으로도 충분하다. 사실이 이렇다면 여성은 남성의 마음에 들도록 만들어져 있다고 할 수 있다. 남성도 여성의 마음에 들어야겠지만 그래도 남성은 강하다는 것으로 여성의 마음에 들게 마련이다. 이것은 사랑의 법칙이라기 보다도 자연의 법칙이라고 생각한다.

만일 여성이 남성의 마음에 들기 위해서, 그리고 남성에게 정복당하도록 만들어졌다면 여성의 힘이란 갖가지 매력들이 될 것이다. 여성은 그 매력으로 남성이 힘을 발견토록 하고 그것을 발휘하도록 할 수 있는 법이다. 그러기 위해서는 저항을 통해 힘의 필요를 촉구해야 할 것이다. 이로부터 공격과 방어가 생기고 남성의 대담함과 여성의 소심함이 생겨나며, 여성은 남성을 굴복시킬 수 있게 된다.

그러므로 남녀가 동일한 욕망을 가졌다는 이유로, 동일한 의사표시라면 먼저 욕망을 갖는 자가 먼저 표시해야 한다는 생각은 참으로 어리석은 생각이다. 이같이 남녀가 심히 불평등한 이상, 자연이 여성에게 부여한 조심성을 남성도 가지지 않는다면 인류는 바로 자신을 보존하기 위한 수단으로 인해 파멸에 이르지 않겠는가?

여성은 남성의 관능을 자극하고 꺼져가는 남성의 욕정을 불러일으키는 데 이것이 억제되지 않고 성해진다면 남자들은 결국 여자들의 희생물이 되어 모두가 죽음으로 끌려가고 말 것이다. 동물의 암컷에는 욕망이 필요에 의해서만 생기기 때문에 수치심이란 것이 없다. 그리하여 필요가 충족되면 욕망은 사라진다. 그러나 만일 여성에게서 그 수치감을 없애 버린다면 소극적인 본능을 대신할 만한 것이 무엇이 있겠는가?

지고(至高)의 신은 남성에게 정욕을 주면서 그것을 억제할 수 있는 이성도 주었다. 여자에게도 정욕과 함께 그것을 억제하도록 수치심을 주었다. 그리고 신은 남녀가 정욕을 올바르게 행사하도록 사랑을 준 것이다. 또한 여성에게는 남성으로부터 자신을 보호할 수 있는 힘을 부여했다. 그리하여 여성에게 있어서 자신의 몸과 자유를 지키는 하나의 권리가 있는 것이다. 여기에서 강자는 외견상의 지배자이지만 실제로는 약자에게 의존하고 있다는 자연의 불변의 법칙이 나온다.

즉 자연은 여성에게 남성의 욕정을 자극하는 능력을, 남성에게는 자신의 욕정을 채우도록 하였으나 남성으로 하여금 자기의 쾌락을 상대방의 쾌락에 따르도록 하고 여성으로 하여금 남성의 힘에 몸을 맡기도록 한 것이다. 여성은 자신의 약함을 부끄러워하지 않고 도리어 그것을 명예로 여긴다. 그녀들은 태어나면서부터 필요하면 언제든지 약자라는 구실과 권리를 사용하도록 준비되어 있는 것이다.

과거 유태인과 고대 희랍인 사회에서는 폭행이 보통으로 행해졌으나 남성의 경솔함이 적어진 오늘날에는 폭행이 거의 없어졌다. 이러한 변화로 미루어볼 때 남성의 쾌락은 지금까지의 상상 이상으로 여성의 의사에 달려있음을 알 수 있다.

여성이 지닌 지배권은 남성이 그렇게 되기를 원해서가 아니라 자연이 그렇게 되도록 명령했기 때문이다. 지배권은 이미 여성에게 주어져 있었다. 테스피스의 딸 50명을 범하려 한 헤라클레스도 옴파레에게는 굴복하지 않을 수 없었고, 힘의 장사 삼손도 데릴라 만큼 강하지는 못했다.

성은 남자와 여자에게 전혀 다른 영향을 미친다. 남성은 한 순간에만 남성이지만 여성은 언제나 여성이다. 임신 중에는 몸을 보호해야 하며 출산기에는 안정해야 하고 아기를 보육할 때는 조용하고 평온한 생활을 해야 한다. 인내와 관용과 사랑으로 어린이를 기르고 아버지와 어린이를 연결시키는 다리가 되어 남편으로 하여금 어린이를 사랑할 수 있도록 해야 한다. 가족의 단란과 화합을 유지하기 위해서는 얼마나 많은 여성의 애정과 수고가 필요한 것인가?

남성과 여성의 의무는 같지도 않으며 같을 수도 없다. 남성과 여성의 불평등을 불평하는 것은 옳지 않다. 이 불평등은 자연의 소산으로써 자연은 여성에게 어린이를 맡기고 남성에게 그 책임을 지게 한 것이다. 그러므로 여성의 이 숭고한 의무를 가로채는 남편은 야만적인 사람이다. 그러나 부정한 아내는 더욱 나쁘다. 남편의 자식이 아닌 자식을 남편에게 안겨주는 여성은 어린이와 남편 모두를 속이는 것일 뿐만 아니라 부정에 더하여 배신까지 범하는 것이다. 이것은 혼란과 죄악의 근원이며 모든 악의 원천이다.

따라서 아내는 성실하고 겸손하며 신중해야 한다. 아버지가 자식을 사랑해야 한다면 그는 먼저 자식의 어머니를 존중해야 한다. 그러므로 아내는 정절에 못지 않게 명예나 평판이 중요하다. 이러한 원칙 하에서 양성의 도덕적인 차이와 함께 의무와 행실에 관한 새로운 동기, 여성의 본분 등이 생겨난다. 남녀가 평등하며 그 의무도 같다는 것은 공리공론에 불과하다.

임신기간이 고통스럽다고 해서 별다른 해결책이 있을 수 있을까? 오늘은 젖을 먹이는 어머니가 내일은 전사가 될 수 있을까? 집안살림만 하던 여자가 막노동판과 전쟁터에 뛰어들 수 있을까? 하루아침에 여자가 남자처럼 대담해지고 강해질 수 있을까? 강한 태양에 얼굴을 그을려본 적도 없는 여성이 남성도 힘든 군대생활에 적응할 수 있을까? 남녀가 어떻게 변하더라도 남녀의 차이는 변할 수 없다. 이러한 차이로 볼 때 남녀의 교육 또한 달라져야 할 것이다. 자연이 지시하는 방향에 의하면 남녀는 궁극적으로 같은 목적을 향하지만 그 일은 서로 다르다. 그러므로 여성다운 여성을 만들기 위한 방법을 살펴보자.

성의 특징을 갖는 모든 것은 자연이 창조한 것이므로 존중되어야 한다. 그리하여 남성에게는 결점으로 보여지는 여자의 결점이 그녀들의 입장에서 보면 장점이 되는 것이다. 만약 그녀들이 그러한 것들을 지니지 않았다면 모든 일이 잘 진행되지 않으리라. 그러므로 그 결점들이 퇴화하지 않도록 주의할 일이며, 그것을 제거하려고 해서도 안 된다. 반면 여자들은 자신의 결점이라고 비난하는 것들을 우리의 책임으로 돌리고 있다.

도대체 언제부터 남자가 여자의 교육에 개입했단 말인가? 어머니가 자기 딸을 자기네 좋을 대로 교육시키는데 남자들이 방해라도 했단 말인가? 여자아이를 위한 학교가 없기 때문에 그들이 불행하다고 하지만 학교란 것은 남자아이에게도 없었더라면 더 좋았을 것이다. 그러면 그들은 보다 더 현명하고 훌륭하게 교육되었을 것이다. 남자와 비교하여 여자만의 결점이라고 할 수 있는 것을 교정하는 것은 여자를 남자처럼 만드는 것이다. 그렇다면 그만큼 남자를 매혹시키는 힘은 사라질 것이다. 여성들이 남성을 닮아 가면 갈수록 남성에 대한 지배력을 잃게 될 것이다. 그리고 그때야말로 남성은 진짜 지배자가 될 것이다. 여성이 여성의 권리를 올바르게 이용할 때 항상 남성보다 우위에 있겠지만 남성의 권리를 박탈하려고 할 때는 어떠한 경우에도 남성들 밑에 머물게 마련이다.

남성과 여성은 서로 상대방을 위해서 만들어졌지만 양쪽 상호간의 의존형태는 평등하지 않다. 즉, 남성은 자신의 욕망에 의해 여성에게 의존하지만 여성은 욕망과 필요에 의해 남성에게 의존한다. 남성은 여성이 없어도 웬만큼 살아갈 수 있겠지만 여성은 남성이 없이 살기란 쉬운 일이 아니다. 여성의 명예는 그 행위만으로 결정되는 것이 아니라 평판에 의해서 얻어진다. 그러므로 여성에게는 자기에 대한 평판이 실제 자기 자신의 가치만큼이나 중요하다. 따라서 여성의 교육방침은 우리 남성의 교육체계와는 정반대의 것이 되어야 한다.

어머니의 건강이 자식의 건강을 좌우하며 어머니의 배려가 인간의 초기교육을 좌우한다. 즉, 남성의 품성, 정열, 취미, 기쁨, 행복까지도 여성에 의하여 좌우되므로 여성의 교육은 남성에게 관련된 것이어야 한다. 즉, 남성의 마음에 들고 남성에게 유익하게 되며 남성의 사랑과 존경을 받는 것, 남성이 어렸을 적에는 그들을 양육하고 성장했을 때에는 시중을 들어주고 조언을 해 주며 남성들의 마음에 위안을 주는 것, 또 남성들의 생활을 즐겁고 기분 좋게 하는 것이 여성들의 의무이며, 어렸을 때부터 반드시 여성에게 가르쳐야 하는 것이다.

만약 여자가 정숙하지 않고 여자 같은 남자를 좋아하는 것은 자기의 아름다움을 버리고 자신의 권리를 스스로 박탈하는 것이다. 진실하게 남성적인 것을 사랑하고 여성다움을 지키도록 하는 것이 여성교육의 목적이 되어야 한다.

신체가 정신보다 먼저 태어났으므로 초기의 교육은 신체교육이어야 한다. 이것은 남성의 초기교육에도 해당되는 것이지만 남성의 경우가 체력을 발달시키는 것이라면 여성의 경우는 매력을 길러주는 것이다. 여성이 남성처럼 강할 필요는 없어도 여성이 유약하면 남성도 연약해지므로 태어날 아이를 위해 건강할 필요는 있다. 그러나 여성들은 어머니의 세심한 지도 하에 방안에서 자라기 때문에 그 나이에 맞는 활발한 놀이를 할 기회가 없다. 이리하여 여자아이의 심신은 극도로 피폐해진다.

스파르타에서는 강한 남자아이를 기를 수 있도록 소녀에게도 전쟁놀이를 시켰다고 하는데 이것은 바람직한 방법이라고는 생각되지 않는다. 반면 그리스의 교육은 좀 더 현명했는데 축제나 의식이 있을 때면 소녀들이 가무대(歌舞隊)를 이루었다. 이러한 방법으로 해서 여성들은 건전한 체력을 발달시킬 수 있었다. 그러나 결혼하면 그리스 여자들은 집안 일에만 몰두하였다. 바로 이것이 자연과 이성이 여성에게 준 여성 본래의 생활양식인 것이다.

자연을 속박하고 제한하는 것은 모두가 나쁜 취미이다. 생명과 건강과 이성의 만족이란 것이 무엇보다도 중요시되어야 한다. 우아함은 여유가 없으면 생길 수 없다. 다른 사람을 기쁘게 하려면 건강해야 하며 기쁨과 욕망은 싱싱한 건강을 찾게 해 줄 것이다.

어린이들의 놀이에는 양성에 공통되는 놀이도 있지만 각 성에 특유한 놀이도 많다. 남자아이들은 움직이고 소리를 내는 놀이, 즉 북 치기, 팽이 돌리기 등을 좋아하는 반면, 여자아이들은 바라보고 꾸미는 것, 즉 거울, 인형 같은 것을 좋아한다. 특히 인형을 좋아하여 여자아이는 시간가는 줄도 모르고 인형에다 옷을 입혀 보기도 하고 벗겨 보기도 하는 것이다. 이렇게 해서 기본적인 취미가 뚜렷히 나타나는데 여러분은 다만 이것을 적당히 규제하면 되는 것이다. 소녀들은 인형에 옷을 입히고 넥타이나 레이스의 주름잡는 일을 진심으로 원한다. 이는 자기가 성장하여 어른이 되었을 때를 상상하고 이 재주를 익히면 훗날에 자기의 몸을 치장하는데 도움이 된다고 생각하며 기뻐하는 것이다.

이것이 자연스럽게 발달하면 그림을 그리는 단계까지 진전한다. 그러나 나는 소녀들에게 풍경화나 인물화를 그리도록 하고 싶지는 않으며 다만 나뭇잎, 열매, 꽃 등을 만들고 장식하는 법을 가르칠 것이다. 여자에게는 이러한 것이 보다 실용적인 교육이라고 생각한다.

일반적으로 여자아이는 남자아이보다 순진하며 조숙하다는 것은 상식이다. 그러므로 어머니가 소녀에게 무슨 일을 시키든 항상 그 효용성을 보여주는 일은 좀 더 용이할 것이다. 이 문제는 학문에 관해서도 예외가 아니다. 책읽기를 가르치는 것은 남자아이와 마찬가지로 여자아이에게도 불필요하다고 생각한다. 더구나 호기심 있는 어린이들은 그것이 유용하다면 언제라도 자연스럽게 책읽기를 배우려 할 것이다.

소녀들에게 일을 지시할 때는 올바른 이유를 설명하여 반드시 하도록 하는 것이 좋다. 게으름과 불순종은 일단 습관이 되면 고치기 어렵다. 여자아이는 눈치가 빨라야 하고 부지런해야 하지만 그것에 덧붙여 구속받는 것을 어릴 때부터 감수할 줄 알아야 한다. 그러기 위해서는 처음부터 자신의 감정을 억제하고 다른 사람의 의지에 자신을 복종하도록 가르쳐야만 한다. 무엇보다 자제하는 습관을 길러주어야 한다.

소녀들이 자기가 해야할 일에는 싫증을 느끼고 놀이에만 열중하는 일이 없도록 해야 한다. 이러한 결점은 소녀들과 같이 있는 사람이 그녀의 마음에 들면 일어나지 않는다. 주위의 어떤 사람이 그녀의 마음에 든다면 그와 같이 하루종일 일을 해도 싫증내지 않을 것이다. 그러니 소녀들의 거짓 없는 감정을 파악하려면 아양을 무시하고 그녀의 말을 액면 그대로 믿지 말고 신중하게 연구해야 한다.

여자아이에게도 약간의 자유는 있어야 하겠지만 지나친 자유가 주어지면 그 자유를 남용하여 남자들 이상으로 놀이에 열중하게 된다. 이것은 여성 특유의 부도덕을 야기하게 된다. 그들로부터 그들을 열중하게 하는 놀이를 빼앗아서도 안 되겠지만 그 놀이에 권태를 느끼도록 해서도 안 된다. 스스로가 그런 놀이를 그만두고 다른 일을 할 수 있도록 해야만 한다. 그렇게 하기 위해서는 습관을 붙여주어야 할 것이다. 이 습관에 의해 여성에게 필요한 순종적인 기질이 길러질 수 있을 것이다.

여성의 기본적이고 중요한 장점은 온순함이다. 이것은 남편을 위해서가 아니라 여성을 지배자로 하기 위해 자연이 준 것이다. 부드러운 목소리는 욕설을 하기 위한 것이 아니며, 아름다운 외모는 화를 내고 찌푸린 표정을 짓기 위한 것이 아니다. 남성이나 여성이나 자신의 본분에 적합한 태도를 간직해야 한다. 너무 유순한 남편은 아내를 건방진 여자로 만들 수 있으나 아무리 거친 남성일지라도 괴물이 아닌 이상 아내의 상냥한 태도는 그를 달래고 언젠가는 그를 정복하게 된다.

딸은 항상 유순해야 하지만 어머니가 항상 엄격해서는 안 된다. 때로는 불순종의 벌을 모면하기 위해서가 아니라 복종을 위하여 다소의 기교를 부릴

여지를 남겨놓는 편이 좋다. 중요한 것은 그 의존상태를 고통으로 만들지 말고 자신들의 종속상태를 깨닫게 하는 것이다. 책략이라는 것도 여성에게는 천부적인 재능이므로 나는 그것을 길러줄 생각이지만 남용은 방지하려 한다.

아직 젊은 처녀가 요란하게 옷치장을 하고 있는 것을 보면 이렇게 말할 것이다. "저 애는 너무 지나치게 치장을 했는데 안됐군. 그렇게까지 하지 않아도 예쁜데 말야." 그러면 필경 그 처녀는 화려한 옷을 벗어버리고 자기 자신의 미를 평가받고 싶을 것이다. 그럴 때는 그녀를 칭찬해 주어야 한다. 자신이 화려한 옷으로 꾸미지 않아도 아름답다고 스스로 인정하게 되면 그녀는 겸손해질 것이다. 그래서 만일 보통 때보다 잘 차려 입었을 때 어느 누가 "참 예쁘군!"하고 말한다면 얼굴을 붉히며 분하게 생각할 것이다.

사람은 될 수 있으면 잘 보이려고 하기 때문에 자기 자신을 잘 아는 여자라면 자신에게 어울리는 꾸밈을 하고 어떤 것을 입어야 할 지 모르는 여자보다 의상에 덜 신경 쓰게 된다. 참다운 멋부림이 때로는 필요하지만 그것은 결코 지나치게 화려한 데서 오는 것이 아니다. 그러나 모든 일에 권태를 느끼는 여성보다는 그래도 꾸미는 여성이 더 낫다. 화장이라는 것이 없었다면 정오부터 저녁까지 무엇을 하고 지내겠는가? 그러나 화장이 주는 이익은 사람들이 생각하는 것만큼 크지 않으며 없다. 여성에게 그의 본분을 가르친다면 지나치게 화장하는 일도 없을 것이며, 보다 훌륭한 취미에 의해서만 화장을 하게 될 것이다.

엄격한 교사들은 소녀들에게 노래와 춤 등을 가르치지 않으려고 하는데 참 우스운 일이다. 그렇다면 도대체 누가 그런 재능을 가져야 한단 말인가? 남자든 여자든 그런 재주는 없다고 그들은 말할 것이다. 그들은 종교 이외의 노래는 죄악이고 무용은 악마의 놀이이므로 처녀에게는 집안 일과 기도뿐이라고 말한다.

어린 시절에 기도를 하는 일로 시간을 허비하는 소녀는 청춘기가 되면 다른 일로 그 시간을 보상받으려 할 것이다. 어린 소녀는 어린이답게 생기발랄한 일에 몰두해야 한다. 그러면 소녀에게도 차분하고 신중한 태도를 취해야 할 시기가 곧 찾아올 것이다.

취미는 재능과 노력에 의해서 형성된다. 취미로 말미암아 정신은 미적, 도덕적 관념에까지 도달하게 된다. 이것은 품위나 예절이라는 관념이 남자아이보다 여자아이에게 일찍 싹트는 이유의 하나가 될 것이다. 대화를 이끌어 나가는 재능은 사람을 기쁘게 하는 기술 가운데서 첫 번째로 꼽을 수 있다. 그것만이 습관에 의해 감각이 둔해진 사람에게 신선한 매력을 줄 수 있다. 육체를 싱싱하게 하고 재생시키는 것은 마음이다. 이 마음에서 나오는 사상과 생각이 육체에 활력과 변화를 주는 것이다. 그러므로 소녀들은 일찍부터 아양떨며 얘기하는 법을 배우는 것이다.

여성은 남성보다 민첩하게 혀를 놀리기 때문에 간혹 수다쟁이라는 비난을 받고 있다. 그러나 이것은 하나의 찬사처럼 보여진다. 여성의 입과 눈이 같이 움직이는 것도 이러한 이유 때문이다. 남성은 자기가 알고 있는 것을 말하지만 여성은 즐거운 것을 말한다. 그러므로 남성은 지식이 필요하지만 여성은 취미가 필요하다. 여자의 말은 즐거움을 목적으로 한다. 그러므로 여자아이의 수다를 막으려면 그 말의 유용성을 따지기보다는 다른 사람의 생각에 어떻게 비칠 것인가를 질문으로 제시해야 한다. 소녀들에게는 상대방이 즐거워할 말 이외에는 이야기하지 않도록 규칙을 세워주어야 한다.

그 이외에는 어려운 점이 많지만 그것은 나중의 일이니 지금은 진실하게 말하도록 하면 충분하다. 일반적인 교제에서 남성의 예의란 친절을 표하는데 있고 여성의 예의란 호의를 표하는데 있다. 남성은 봉사하려고 노력하며 여성을 기쁘게 하기 위해 노력한다. 좀 더 성장하게 되면 명랑함이 선량한 성격을 대신하게 될 것이다.

여자아이들은 사람들의 비밀을 직감하고 발견해 내는 재주가 있다. 그러나 그녀들이 질문하기 이전에 미리 질문을 하는 것이 좋다. 왜냐하면 말을 많이 지껄이게 하고 유창하게 이야기할 수 있는 능력을 갖도록 하는 것은 그들에게 대화의 기쁨을 일깨워주기 때문이다. 이것이 보다 적절하게 지도된다면 여성들의 명예와 행복과 같은 재미없는 문제를 재미있는 화제로 삼아 그녀들에게 가르쳐 줄 수 있을 것이다.

종교에 관한 바른 관념은 매우 중요하므로 나는 여자아이에겐 좀 더 일찍부터 종교에 대한 이야기를 해주고 싶다. 이러한 심원한 문제를 계통적으로 토의하게 될 시기를 기다려야 한다면 여자아이에게는 이런 이야기를 들려줄 기회가 한평생 오지 않을 우려가 있기 때문이다. 여자의 이성이란 현실적인 것이어서 목적을 달성하는 수단은 쉽게 찾아내지만 목적 자체는 찾아내지 못한다.

여성의 행위는 여론에 의해 지배되듯 여성의 신앙은 권위에 의해 지배된다. 어렸을 때는 아버지의 종교에, 결혼해서는 남편의 종교에 따라야 한다. 어머나 딸들은 스스로 판단하지 못하므로 아버지나 남편의 판단에 따라야 하는 것이다. 이처럼 여성은 남의 도움으로 신앙에서 종교성을 끌어내고 그 신앙에 한계를 정할 수 있다. 그러나 외부로부터 수많은 충동을 받으므로 그녀들은 항상 진리의 이쪽 편에 있거나 저쪽 편에 있는 것이다. 그리하여 여성들은 모든 일에 극단적이어서 무신론자가 되거나 독실한 신자가 되는 것이다.

여성의 신앙이 권위에 의해 규제를 받는 이상, 우리는 그들에게 신앙의 이유를 설명하기보다는 신앙을 정해주는 것이 좋으며, 형식적인 기도보다는 여러분 자신이 그녀 앞에서 규칙적으로 기도하는 것이 좋다. 소녀들에겐 종교를 잘 아는 것이 중요한 게 아니라 신앙을 사랑하는 것이 중요하다. 만약 여러분이 종교를 구속으로 보이게 하거나, 종교의 이름으로 의무를 부과한다면 그들은 진정한 신앙을 알 수 없을 것이다.

교리문답을 가르칠 때도 그가 알고 있는 대로 대답하게 하고 외워서 대답하지 않도록 해야 한다. 지금의 교리문답은 잘못되어 있다. "누가 너를 창조했으며, 누가 너를 낳았는가?"의 대답으로 "그것은 하나님입니다"라는 스스로 이해하지 못하는 대답을 하게 한다. 나는 이 질문에 도달하기 위해서 적어도 다음과 같이 시작해야 하지 않을까 생각한다.

유모: 아가씨는 어머니의 어린 시절을 기억하나요?

소녀: 아뇨.

유모: 아가씨는 기억력이 매우 좋은데 왜 그걸 모를까요?

소녀: 그땐 내가 태어나기 전이잖아요.

유모: 그럼 아가씨는 언제까지라도 살 수 있나요?

소녀: 그럼요.

유모: 아가씨는 젊은가요? 늙었나요?

소녀: 아직은 젊어요.

유모: 그럼, 아가씨의 할머니는 젊으신가요? 늙으셨나요?

소녀: 할머니는 늙으셨죠.

유모: 할머니도 옛날에는 젊으셨나요?

소녀: 그럼요.

유모: 그런데 왜 지금은 젊지 않지요?

소녀: 나이가 드셨으니까 그렇죠.

유모: 아가씨도 역시 할머니처럼 늙을까요?

소녀: 모르겠어요.

유모: 아가씬 작년에 입던 옷을 어떻게 했어요?

소녀: 버렸어요.

유모: 왜요?

소녀: 너무 작아졌어요.

유모: 왜 작아졌을까요?

소녀: 내가 자랐으니까요.

유모: 앞으로도 더 자랄까요?

소녀: 물론이지요.

유모: 그럼 처녀들은 크면 무엇이 될까요?

소녀: 부인이 되죠.

유모: 부인은 또 무엇이 될까요?

소녀: 어머니가 되지요.

유모: 그럼 어머니는 또 무엇이 될까요?

소녀: 늙어 가겠죠.

유모: 아가씨도 늙을까요?

소녀: 나도 엄마가 되면 그렇겠죠.

유모: 그럼 늙으면 어떻게 되나요?

소녀: 모르겠어요.

유모: 아가씨 할아버지는 어떻게 되셨지요?

소녀: 돌아가셨어요.

유모: 왜 돌아가셨을까요?

소녀: 늙으셨으니까요.

유모: 그럼 늙은 사람은 어떻게 되는 거지요?

소녀: 죽어요.

유모: 그렇다면 아가씨도 늙으면......

소녀: 오! 유모, 나는 죽고 싶지 않아.

유모: 아가씨, 사람은 누구나 죽고 싶지 않아요. 하지만 모두 죽는답니다.

소녀: 그럼, 우리 엄마도 죽겠네요?

유모: 네. 여자나 남자나 다 늙게 되고, 또 늙으면 죽게 마련이지요.

소녀: 그럼 늙지 않으려면 어떻게 해야 하나요?

유모: 어렸을 때 착하게 살아야 해요.

소녀: 그럼 난 항상 착하게 살 거예요.

유모: 참 좋은 생각이에요. 그렇다고 영원히 살 수 있을까요?

소녀: 내가 아주 늙어 버리면......

유모: 어떻게 될까요?

소녀: 아주 늙어 버리면 죽어야 한단 말이죠?

유모: 아가씨도 언젠가는 죽지 않으면 안 되는 거예요.

소녀: 나도 그렇게 생각해요.

유모: 아가씨보다 앞서서 누가 살았지요?

소녀: 엄마와 아빠요.

유모: 그럼, 그분들 앞에는?

소녀: 할머니와 할아버지요.

유모: 그럼 아가씨 뒤에는 누가 살까요?

소녀: 내 아이들이지요.

유모: 그럼 그 뒤에는?

소녀: 내 아이들의 아이들이요.

이런 방식으로 여러분은 인류의 처음과 끝을 알려줄 수 있다. 이 질문을 계속해야 비로소 교리문답의 제1질문을 할 수 있게 된다. 그러나 거기서 신의 본질에 대한 정의까지는 얼마나 큰 비약을 해야 할까? 신은 하나의 영(靈)이라는 식의 형이상학적인 이야기로 나는 그녀를 이해시키려 하지 않을 것이다. 다음과 같이 간단하게 말할 수 있기 때문이다. 네가 신이 무엇이냐고 물었는데 그건 쉽게 대답할 수 없단다. 우리는 신의 소리를 듣지도 볼 수도 없잖니? 다만 신이 하시는 일을 통해서만 신을 알 수밖에 없단다. 신이 무엇인지를 알려면 신이 하시는 일을 알 수 있을 때까지 기다려야 한다고.

만일 우리의 교리가 모두 진리라고 해도 모두가 다같이 중요하다고는 할 수 없다. 가령 우리가 모든 사물에서 신의 영광을 인정한다고 하더라도 그것은 신의 영광과는 전혀 관계가 없는 것이다. 그러므로 우리와는 아무 관계도 없는 모든 신비한 교리에는 주의할 가치도 없다. 오직 도덕과 관련되는 교리의 좁은 범위에 어린이를 머물도록 하라. 선을 행하도록 가르치는 것만이 유일한 교훈임을 설득시켜라.

여러분의 딸들을 신학자나 이론가로 만들어서는 안 된다. 신은 항상 그녀들을 지켜보며 자신의 행동과 생각과 덕행과 즐거움의 증인으로 신을 택하도록 하라. 선행을 하더라도 그것을 내세우지 않도록 하라. 왜냐하면 신은 선행을 사랑하시기 때문이다. 또 불행의 괴로움을 견디는데 있어 아무런 불평 없이 참고 견디도록 해야 한다. 어느 날 마침내 신 앞에 섰을 때에는 과거의 행동에 후회 없이 만족하는 자가 되도록 그녀의 하루하루를 생활해 나가도록 해야 한다. 이것이 참다운 종교이다.

게다가 이성에 눈을 뜨고 감정이 양심에 호소할 줄 아는 나이가 될 때까지는, 소녀들에게 좋은 일이나 나쁜 일이란 모두 주위 사람들이 정해주는 대로 결정되는 사실에 주의하는 것이 좋겠다. 즉, 사람들이 소녀들에게 명령하는 것이 좋은 일이고, 금지하는 것은 나쁜 일이라는 것이다. 거기에 대해서 그녀들은 그 이상의 것을 알 필요가 없다.

만약 우리가 그녀들에게 규칙으로 오직 세속의 편견만을 준다면, 우리는 여성교육을 어떤 지경으로 망쳐놓을 것인가? 모든 인류에게는 세론보다 앞서는 하나의 법칙이 있는데 그 밖의 다른 모든 법칙들은 이 법칙에 따른다. 우리의 내면적인 도의심이 바로 그것이다.

만일 여성의 교육에 있어서 이 두 법칙이 협력하지 않는다면 그것은 항상 불완전하게 될 것이다. 그러므로 이 두 종류의 안내자를 판별할 수 있는 재능, 즉 양심의 길을 잃지 않고 편견의 오류를 바로잡을 수 있는 재능을 기르는 것이 중요하다. 그 재능은 곧 이성이다. 그러나 이 말에는 많은 의문이 생겨난다. 여성은 추론하는 능력이 있을까? 여성에게 그런 능력이 순조롭게 자랄 수 있을까? 또 그와 같이 이성을 기른다는 것이 여성에게 부여된 여러 가지 직분에 유익한 것인가? 그것은 여성에게 적합한 단순성과 양립할 수 있을까?

남성에게 남성의 권리를 인식시키는 것은 그다지 복잡하지 않으며, 여성에게 여성의 의무를 인식시키는 것은 더욱 간단하다. 자기 남편에 대한 순종과 정절 및 자식에 대한 사랑과 배려는 여성의 입장에서는 퍽 자연스럽고 명백한 사실인 만큼 여성은 악의가 없는 한 자기를 이끄는 내면의 감정에 동의할 것을 거부할 수 없고 또한 타락하지 않은 본능 속에서는 그 의무를 깨닫지 않을 수 없다.

대도시의 타락한 인간들 사이에 있는 여성은 쉽게 유혹에 빠질 것이다. 그러므로 여성의 덕성은 기회만 주어지면 잃어버리게 된다. 오늘날에는 시련을 이겨낼 수 있는 철학이 필요하며, 여성은 다른 사람이 자기에게 할 말과 그것에 대해서 생각하는 바를 미리 염두에 두어야 한다.

더구나 여성은 남성들, 특히 남편의 존경을 받을 수 있어야 한다. 단순히 남편으로부터 사랑만을 받을 것이 아니라 자기의 행동을 인정받을 수 있어야 한다. 아내는 남편이 자기를 선택한 것이 옳았음을 세상 사람들에게 증명할 수 있어야 하며 자기에게 주어진 존경이 남편에게로 돌아가게 해야만 한다. 그런데 만일 사회의 제도, 습관, 예절을 전혀 모르고 또 인간을 판단하는 기준과 그 판단을 결정하는 정념을 이해하지 못한다면 어떻게 그녀가 이런 일을 행할 수 있단 말인가?

여성은 자기의 양심과 타인의 의견에 동시에 의지해야 하므로, 이 양자의 원칙을 비교하고 일치시키는 법을 배워야 하며, 양자가 상반될 때에는 전자를 앞세우는 것을 배워야 한다. 그리하여 자기를 심판하는 자가 되어 행동을 정해야 한다. 그들의 판례를 거부하거나 승인하기 전에 그 무게를 알아야 하며 판례의 근원으로 거슬러 올라가 생각한 다음 미래를 대비하거나, 자기에게 유리한 것으로 만드는 방법을 배워야 한다.

나는 항상 원리로 돌아가 존재하는 것을 연구하고 그 원인을 탐구한다. 그리하여 존재하는 것은 선한 것임을 깨닫게 된다. 나는 부부가 서로 존경하고 있는 화목한 가정을 본다. 두 사람은 비슷한 교육을 받고 비슷한 취미와 재능을 갖추고 있다. 그리고 두 사람 모두 즐겁게 손님을 맞이하여 손님이 만족하도록 노력한다.

남편은 사방을 돌아다니며 수고를 아끼지 않고 정성을 다하고 있으며 아내는 모든 일을 잘 돌보고 있다. 그러면서도 아내는 모든 사람과 말을 주고 받으며 사람들을 유쾌하게 만든다. 그리고 질서를 깨뜨리는 일이 없도록 하면서 그 자리에 참석한 가장 신분이 낮은 사람도 신분이 높은 사람과 마찬가지로 똑같이 마음을 쓴다. 손님들이 돌아가면 남편은 자기가 들은 이야기와 자기가 만난 사람들의 말과 행동을 이야기한다. 그런 점에서 부인은 반드시 그 이상으로 정확하게 알지는 못하지만 그 대신 구석에서 속삭이던 이야기들을 알고 있다. 어느 사람이 무엇을 생각하고 있었는지, 어떤 말과 행동들에 어떠한 뜻이 내포되어 있었는지를 아는 것이다. 그녀는 아무리 작은 표정의 변화에도 대개의 경우 진실에 가까운 정확한 판단을 내리는 것이다.

상류사회의 여성이 집에 손님을 초대하여 대접하는 이와 같은 탁월한 재치는 바람둥이 여자에게 있어서는 많은 구혼자들을 자기에게로 끌어들이는 기교가 된다. 만일 여러분이 곤혹스러워 하는 남성을 보고 싶거든 두 명의 여자와 삼각관계를 맺고 있는 남성을 그 두 여성 사이에 놓고 살펴보면 된다.

그러나 반대로 두 남자와 삼각관계에 있는 여성을 두 남성 사이에 놓고 보면 여러분은 두 남성을 속여서 서로가 상대방을 비웃도록 만들어 놓는 수단에 놀라게 될 것이다. 그녀는 두 남성을 서로 다르게 취급하면서도 아주 교묘한 방법을 쓰기 때문에 그녀에게 친절한 대우를 받은 쪽은 그것이 진정한 애정에서 오는 것으로 확신하고, 그녀에게 냉대를 받은 쪽은 그것이 원망스러운 기분에서 오는 표시라고 생각한다. 이래서 그들은 그녀가 항상 자기를 생각하고 있다고 여기지만 실상 그녀는 그녀 자신밖에는 생각하지 않는다.

이런 기교의 비결은 어디에 있는가? 그것은 남성의 마음을 간파하기 위한 부단한 관찰에서 온다. 이러한 비결은 모든 여성에게는 선천적이지만 남성은 그만큼 가지지 못한다. 재치, 통찰력, 섬세한 관찰력 등이 여성의 지혜이며 이것을 이용하는 것이 여성의 재능이다.

여성은 거짓 투성이라고들 하지만 여성 고유의 성품은 영리하긴 해도 위선적인 것은 아니다. 여성의 입에서 나오는 말이 아닌 표정, 숨소리, 행동과 같이 자연이 여성에게 부여한 언어로 여성을 판단해야 한다. 입으로는 항상 '아니오'라고 말하지만 그 말에 붙이는 억양은 항상 같지 않으며 그 억양만은 거짓말을 하지 못한다.

여성은 남성과 똑같은 욕망을 가지고 있으나 표현은 남성과 같지 않다. 따라서 정당한 욕망을 표현할 수 있는 다른 수단이 없다면 여성의 운명은 너무 가혹하게 될 것이다. 자기가 승낙하고자 하는 것을 상대방이 자기에게서 가져가도록 하려면 얼마나 철저한 기교가 필요하겠는가? 사모하고 있음을 겉으로 표출하지 않으면서도 사랑하는 사람의 마음을 움직인다는 것은 얼마나 중요한 일이겠는가? 여자는 얌전할수록 보다 더 기교를 갖추어야 할 것이며 자기 남편에 대해서도 마찬가지이다. 여성의 교태도 그 정도가 지나치지만 않는다면 겸허하고 참된 교태가 될 수 있는 것이며, 여기서 절도에 맞는 정숙이 생긴다.

내 논적(論敵) 중의 한 사람은 미덕은 하나라고 말했는데 참으로 옳은 주장이다. 미덕이란 분리될 수 없으므로 미덕을 사랑하는 것은 전체로써 완벽하게 사랑하는 것이다. 도덕적인 진실이란 존재하는 모든 것을 말하는 것이 아니고 바르게 존재하는 것을 말하는 것이다. 왜 여러분은 수치심이 여성을 거짓말쟁이로 만들고 있다고 생각하는가? 그렇다면 수치심을 가장 많이 상실한 여성은 다른 여성들에 비해 더욱 진실하다는 말인가? 오히려 그 반대이다. 그런 여성들이 더 거짓말을 많이 하는 것이다. 몸에 지니고 있는 온갖 부도덕, 오직 간계와 허위의 힘에만 뿌리박고 있는 악덕 때문에 거기까지 타락하는 것이다.

여성의 의무는 알기는 쉬우나 그것을 행동으로 옮기기는 대단히 어렵다. 여성이 가장 먼저 배워야 할 것은 자신의 의무를 사랑하는 마음의 자세이다. 자기의 의무를 좋아하면 그것을 곧 인정할 수 있으며 그 의무의 부담감에서 벗어날 수 있다. 중요한 것은 자연이 만들어준 그대로의 우리 모습을 지키는 것이다.

광범위한 관념을 일반화하려는 모든 시도는 결코 여성의 영역에 속하는 일이 아니다. 여성의 연구는 모두 실용적인 것이어야 한다. 남성이 발견한 원리를 적용하는 것이 여성의 일이다. 자기의 의무와 무관한 것에 관한 여성의 성찰은 남성에 관한 연구이거나 취미만을 목적으로 하는 것과 같은 즐거운 지식으로 행해져야 할 것이다. 그들에겐 정확성과 주의력이 부족하기 때문에 정밀과학도 적합하지 않으며, 활동적인 성향과 힘이 없으므로 물리학도 적합하지 않다.

그러나 자신의 약함을 보충하기 위해 여러 가지 힘, 즉 남성의 정념을 통찰하고 판단한다. 여성의 역할은 남성의 마음을 정확히 읽고 자신의 의도를 숨긴 채 자신이 원하는 감정을 남자에게서 일으킬 수 있어야 한다. 여성은 인간의 심리를 발견하고 남성은 그것을 체계화한다. 여성은 재치가 풍부하고 남성은 창조력이 풍부하다. 여성은 관찰하고 남성은 추론한다. 이런 상호간의 협력에 의해 가장 명석한 지식과 완전한 학문이 발생할 수 있는 것이다. 이리하여 자연이 인간에게 준 도구를 완성의 영역에 도달시킬 수 있는 것이다.

사교계는 여성들의 서적이다. 그것을 잘못 읽는다면 그것은 여성의 잘못이거나 정념에 의해 눈이 흐려져 있는 것이다. 그러므로 결혼전의 처녀에게는 그들이 알지못하는 여러 즐거움의 허상이 후일 그들의 마음을 흔들게 하거나 생활의 행복을 어지럽히는 일이 없도록 그 즐거움을 단념하기에 앞서 벗어나는 기쁨을 알려주어야 한다. 무도회나 연회, 유희 등은 지각이 부족한 처녀들을 매혹시킬 수 있지만 건전한 눈에는 아무리 펼쳐 보여도 위험하지 않다. 그런 요란스런 쾌락을 접하면 접할수록 그만큼 싫증이 빨리 오는 법이다.

나에게 반대의 의사를 표명할 사람이 많을 것이다. 그러나 여러분은 그녀들의 마음속에 세속적인 편견에 대항할 수 있는 힘을 길러주기보다는 오히려 그 편견을 길러주고 있다. 여러분은 경박한 놀이들을 갖춤으로써 오히려 그녀들의 호기심을 불러일으키는 것이다. 쾌락을 접하게 하는 것은 타락에 물들지 않게 정신무장을 시킨 뒤를 가정한 것이다.

평화로운 가정생활을 사랑하게 하려면 어렸을 때부터 그 생활을 알려주어야 한다. 이것은 가정에서만 가능한데 불행히도 대도시에서는 이미 가정교육이라는 것이 없어지고 교제가 일반화되어 가정이 너무 혼잡해지고 몸을 숨길만한 곳이 없다. 집에서까지 대중들과 함께 살아가는 것이다. 가정적인 소박한 풍습은 가정생활의 매력이었던 따뜻한 친밀감과 함께 사라졌다. 그런데 우리는 어머니의 젖을 빨면서 동시에 금세기의 쾌락과 지배원칙에 대한 취미를 빨고 있는 것이다. 사람들은 외모만을 보고 구혼하는 남자들을 찾기 위해 딸들에게 치장을 강요한다. 그녀들이 원하는 것은 남편이 아니라 방종한 결혼생활인 것이다. 그녀들이 얌전을 피우는 것도 되도록 그 가면을 빨리 벗어버리기 위한 방편일 뿐이다.

이런 교육에 빠진 여성들은 똑같이 세속적인 쾌락에 몸을 맡긴다. 대도시에서는 태어나면서부터 퇴폐한 습성을 몸에 익히며 시골의 젊은 아가씨들은 자신들의 소박한 행복을 경멸하는 것을 배우게 되면 퇴폐의 온상인 파리로 간다. 어디서 이런 악이 시작되는가?

중요한 것은 퇴폐를 극복할 수 있는 판단력을 길러주기 위해 항상 자연의 감정을 유지시키거나 그것을 회복하는 데 있다. 지루한 설교나 딱딱한 도덕은 필요 없다. 의무에 멍에를 지우지 말고 알기 쉽게 의무를 설명해주어야 한다. 도덕에 대한 교리문답도 종교의 교리문답처럼 간단명료해야 하지만 너무 엄숙해서는 안 된다. 의무 그 자체가 즐거움의 근원이요, 권리의 토대라는 점, 사랑을 받기 위해 사랑하고 행복해지기 위해 친절해져야 한다는 점, 순종이 곧 자존심이라는 점, 존경받기 위해서 명예를 지켜야 한다는 점을 가르쳐 주어야 한다.

여성이 이런 가치를 알고 행할 때 남자는 존경심을 품게된다. 그것을 즐기기 위해 세월을 기다릴 필요는 없다. 여성의 권리는 미덕과 함께 시작하며 여성의 매력은 유연함과 겸손함에 좌우된다. 여성의 영향력이 점점 줄어들고 여성의 판단력이 차츰 존경의 대상이 되지 못하는 이 시대를 나는 슬퍼한다. 이것은 타락의 최후의 단계다.

스파르타, 게르만, 로마를 보라. 일찍이 이 지상에 명예와 미덕이 살던 도시가 바로 로마였다. 그곳에서 여성들은 공중 앞에서 눈물을 흘렸으며, 여성들의 기쁨이나 애도는 국가에 대한 가장 엄숙한 심판으로써 경의를 받았었다.

나는 또 이렇게 주장하고 싶다. 미덕은 연애나 다른 모든 자연의 권리에 대해서도 똑같이 유리한 것이며, 연인의 권위도 어머니나 아내의 권위와 마찬가지로 미덕에 의해서 얻어지는 것이고, 열정이 없이는 참된 연애란 있을 수 없으며, 어떤 완벽한 대상이 없이는 열정이란 있을 수 없는 것이라고. 사랑은 환상이라고 하지만 사랑하는 마음에 존재하는 진정한 아름다움은 역시 우리의 환상이 빚어내는 것이니 문제될 것이 없다.

우리는 사랑으로 인해 인간 본성의 오염으로부터 보호되고 사랑하는 사람을 위한 희생 또한 기꺼이 감수할 수 있는 것이다. 우리가 옛날의 기사를 조소한다면 우리는 그저 방탕밖에는 모른다는 이야기가 된다. 그러한 낭만적인 기사도 정신이 우스꽝스럽게 되어버린 것은 이성(理性)이 만들어 낸 것이 아니라 그릇된 풍습의 탓일 것이다.

역사의 상황이 어떠하든지 자연의 모든 관계는 조금도 변하지 않았으며, 오직 이성을 가장한 편견만이 그 외관을 바꿀 뿐이다. 자기를 지배하는 것은 항상 위대하고 훌륭한 것이며, 명예를 소중히 하고 주어진 환경에서 행복을 찾을 줄 아는 여성은 항상 감동을 준다. 무엇인가 고귀한 것을 마음속에 간직한 여성에게 특히 정결(貞潔)은 향기로운 미덕이 될 것이다. 미를 겸비한 덕은 고결한 영혼에게 진정한 자랑이 아니겠는가? 그런 여성을 소설의 주인공으로 재현시켜 보면 라이스나 클레오파트라보다도 더 감미로운 환희를 불러일으킬 것이다. 그리고 그녀의 아름다움이 언젠가는 사라지더라도 그 영광과 기쁨은 남을 것이며, 그녀 혼자만이 자신의 과거를 즐길 수 있을 것이다.

의무가 무겁고 중대할수록 그 이유 또한 명백한 것이어야 한다. 여성들은 이러한 이야기를 중요시하지 않고 듣는다 하더라도 자칫 여성들의 타성에 빠지기 쉽다. 현명하고 경건하게 자란 소녀라면 유혹에 대항하는 무기를 가지고 있겠으나 그렇지 않은 소녀라면 최초의 유혹자에게 영락없이 걸려들고 말 것이다. 젊고 아름다운 여성은 자기 육체를 학대하는 행위는 하지 않으며 자기의 아름다움이 범하는 무서운 죄를 진심으로 슬퍼해야 할 일도 결코 하지 않을 것이다. 그녀를 위해서 그녀가 납득할 만한 좀 더 다른 내면적인 이유를 들려주어야 할 것이다. 왜냐하면 의무에 관한 고찰은 우리에게 그 의무를 완수하게 만드는 동기에 대하여 언급하지 않으면 그 효과를 기대할 수가 없기 때문이다.

금지 당해 있으므로 과오를 범하지 않는 여자도 과오를 범하는 것이다 (오비디우스의 『연애』 제3권 4). 따라서 만일 젊은 여성들에게 바른 행실을 하도록 하려면 '현숙해라'고만 말할 것이 아니라 그렇게 되겠다는 관심을 가지게 하는 것이 좋다. 다만 그 결과를 미래상으로 제시하지 말고 현실적인 관계를 통하여 보여주어야 한다.

이를테면 훌륭한 남성상을 제시하고 그런 남성만이 그녀를 행복하게 할 수 있다는 것을 보여주어야 한다. 즉, 여성의 지배력과 거기서 생긴 모든 이익은 단순히 그녀의 현숙한 행동과 품행에만 기인하는 것이 아니라 남성의 행동과 소행에서도 기인한다는 것을 느끼게 해야 한다. 이렇게 되면 현대의 풍속을 그려 보였을 때 진정으로 혐오감을 느끼게 할 수 있다고 확신해도 좋은 것이다. 그녀에게 현대풍의 유행을 따르는 남성을 보여준다면 그녀는 틀림없이 그들을 경멸할 것이다.

이상이 소피를 교육한 방침이었다. 그녀는 엄격하기보다는 충분한 보살핌을 받으며, 타고난 취향을 방해받는 일 없이 오히려 그 취미를 따르는 방향으로 교육되어 왔다. 여기서 내가 에밀에게 그려 보였던 초상에 의해, 또 에밀 스스로의 이상적인 아내상에 따라 소피의 인격에 대하여 간략하게 서술해 보고자 한다.

에밀처럼 소피도 평범한 인간이다. 에밀이 남성이고 소피가 여성이라는 것, 그것이 그들 명예의 전부다. 오늘날과 같은 혼성시대에서는 각자가 성에 어울리게 자라는 것은 거의 기적이라 하겠다. 소피는 정상적인 가정에서 태어났으며 선량한 천성을 지니고 있다. 그녀의 얼굴은 보통이지만 유쾌한 인상을 주며 그 표정에는 거짓이 없다. 그녀에게 접근할 때에는 무심하게 대하다가도 그녀 곁을 떠날 때에는 어떤 감동을 받는다. 그녀는 다른 사람보다 더 좋은 성격을 가졌다고 말하기는 어려워도 다른 사람보다 조화된 성격을 가지고 있다. 그녀가 좀 더 완벽한 여성이었다면 사람의 마음을 끌게 하는 일이 훨씬 드물었을 것이다. 소피는 미인은 아니지만 그녀 곁에 있는 남성들은 아름다운 여성을 찾지 않을 것이다. 그녀는 아름답다고 말할 수는 없어도 보면 볼수록 아름다운 여성이다. 즉, 사람을 현혹시키지는 않지만 사람의 관심을 불러일으킨다.

소피는 몸단장도 좋아하고 맵시 있는 옷치장을 스스로 할 줄 알지만 결코 비싼 옷은 입지 않는다. 그녀의 옷은 수수하면서도 품위가 있고 자신에 잘 어울린다. 즉, 그녀는 자신의 매력을 보이려고 하지 않고 오히려 감추고 있으나 그것으로 인해 사람들은 그녀의 매력을 상상한다. 그녀를 보는 이들은 그녀를 순진하고 총명한 여성이라고 할 것이다. 소피에게는 천부적인 재능이 몇 가지 있는데 그녀는 그것을 잘 알고 있기 때문에 결코 그냥 방치해 두지는 않는다.

그러나 그것을 계발할 만한 기술을 익히지 못했던 그녀에게 있어서 재능이란 하나의 취미에 불과한 것이었다. 그녀가 무엇보다도 열심히 배워서 잘하는 일은 여성으로서의 일, 그 가운데 바늘을 사용하는 모든 일이다. 기분 좋은 자세로 손가락을 우아하고 가볍게 움직이면서 하는 일은 그것 이상 없기 때문이다.

그녀는 또 살림하는 방법도 하나에서 열까지 열심히 배웠다. 그녀는 요리와 상차리기도 잘 알고 있고, 식료품 값과 질을 분간할 줄 알며 가계부도 잘 정리한다. 자기도 언젠가 한 집안의 어머니가 되어야 하므로 부모의 가정을 돌보면서 자신의 살림을 배우는 것이다. 그녀는 가정부들이 하는 일을 도맡아 한다. 사람이란 자기가 할 줄 모르는 일을 남에게 시킬 수는 없다. 그녀의 어머니가 일을 시키는 것도 바로 그 때문이다.

소피는 아직 거기까지는 생각이 미치지 못하고 있다. 그녀가 첫째로 생각하는 의무란 딸로서의 의무이다. 그녀가 항상 염두에 두고 있는 것은 어머니의 일을 조금이라도 덜어 드리려는 데 있다. 그렇지만 그 모든 일을 그녀가 다 좋아하지는 않아서 그녀에게 요리하는 일은 별로 깨끗한 작업이라는 생각이 들지 않는다. 청결에 대하여 지나치게 민감한 반응을 나타내므로 그것이 그녀의 결점이 되고 있다.

이 결점은 어머니의 가르침에서 온 것이다. 여성의 의무 가운데 가장 중요한 것 중의 하나가 청결이라고 생각하는 어머니는 까다로울 정도로 청결할 것을 요구했기 때문에 그녀는 청결에 대해 신경을 쓰는 것이 습관이 되어버렸다. 그러나 그 모든 것이 일종의 헛된 감정이나 나약한 생활 태도 속으로 빠지지는 않는다. 그리하여 그녀는 영혼을 더럽힐 정도의 지나친 육체적 결벽을 모르고 있거나 혹은 경멸하고 있다. 소피는 청결한 여성 이상으로 순결을 좋아한다.

소피는 태어날 때부터 무엇이든지 잘 먹었으나 자라면서는 습관에 의해 절식했고 지금은 덕성에 의해 절제한다. 그녀는 맛있는 음식을 좋아하며 그 미각을 즐길 줄도 알지만 맛이 없는 것도 참을 줄 알며 맛이 없다고 하여 괴로움을 느끼지도 않는다.

소피는 쾌활하지만 화려하지 않고, 확고한 정신을 갖고 있지만 심각하지는 않다. 그녀의 말은 화려하지는 않아도 다른 사람들의 마음을 기쁘게 한다. 왜냐하면 그녀의 정신은 독서에 의해서 이루어진 것이 아니라 부모와의 대화나 자기 자신의 반성이나 자기가 만난 얼마 안 되는 사람들에 대한 관찰 등에 의해서 이루어진 것이기 때문이다.

소피는 감수성이 예민해서 항상 똑같은 기분을 유지하지는 않는다. 그 감수성으로 인해 간혹 마음이 상처를 입더라도 다른 사람의 위로 한마디에 다시 기분을 회복하곤 한다. 또한 그녀에게도 변덕은 있어서 흥분하면 반항으로 변하여 자기 자신을 잊어버린다. 벌을 주면 자신의 잘못을 깨닫고, 용서를 받으면 무척 기뻐하고 고마워한다. 그녀는 다른 사람의 잘못도 잘 참아내고 자신의 잘못을 기꺼이 고칠 줄 안다. 이것이 여성 본래의 착한 천성이라고 말할 수 있다. 여성은 남성을 따르며, 남성에게 설령 부당한 면이 있더라도 참도록 되어 있다.

소피의 종교는 단순한 종교로써 그녀는 교리나 의식 같은 것은 거의 알지 못한다. 그녀는 도덕 이외에는 본질적인 실천이라는 것을 모르므로 자신의 생활 속에 선을 행함으로써 신에게 봉사하고 있는 것이다. 그녀는 부덕한 여성의 생활 가운데서 비참과 자포자기와 불행과 수치와 불명예 밖에는 보지 못하므로 여성을 행복으로 인도하는 유일한 길은 미덕으로 보고 미덕을 사랑한다.

이러한 감정이 그녀에게 어떤 감격을 주어 그녀의 영혼을 높은 곳으로 끌어올리고, 그녀의 온갖 사소한 것까지도 고귀한 정열 밑에 흡수시키고 만다. 소피는 생애의 마지막까지 순결하고 성실할 것이다. 왜냐하면 관능이 그녀를 지배하게 되었더라면 이 서약을 취소하고 싶어졌을 시기에 그녀는 그것을 맹세했기 때문이다.

그녀에게도 사랑에 대한 욕망이 있어서 축제기간 중에 그녀의 마음에는 심한 동요가 일어난다. 그녀는 이전과 같이 쾌활함을 잃어버리고 고독을 원하고 즐기려고 한다. 많은 사람들과 무관심한 관계에 놓여지고 싶고 오직 한 사람의 애인만이 필요한 것이다. 그녀는 오늘과 내일이 다른 인기인이 되기보다는 단 한 사람의 성실한 남성의 마음에 들어 영원한 사랑을 받기 원한다.

소피는 남녀의 권리와 의무, 그리고 남녀의 장단점을 잘 알고 있다. 품행이 올바른 여성에 관하여 그녀가 품고 있는 관념 이상으로 높은 관념을 가질 수는 없다. 그러나 덕이 많은 남성과 가치 있는 남성에 대해서는 더욱 호의적이다. 그녀는 자신이 그런 남성을 위해 태어났고, 자기만이 그러한 남성에게 어울리는 여성이며, 자기만이 그러한 사람으로부터 받는 행복을 그에게 되돌려줄 수 있는 여성이라고 확신하고 있다.

그녀는 그러한 남성이 나타나기만 하면 그를 한눈에 알아볼 수 있을 것 같은 생각이 든다. 문제는 그를 찾아내기만 하면 된다. 그녀는 자기 능력의 범위 내에서만 판단을 내리고 그 판단도 유익한 교훈으로 발전할 수 있을 때만 판단을 내린다. 그녀는 그 자리에 없는 사람을 얘기할 때는 신중을 기해서 말한다. 여성이 같은 여성에 대해서 말을 할 때에는 험담을 하거나 비꼬는 격이 되기가 쉽다고 그녀는 생각한다. 그러므로 소피는 남성에 관한 이야기만 하려고 한다.

소피는 사교계의 예절에 대해서는 거의 들은바 없지만 친절하고 품위 있게 행동한다. 그녀에게는 나름대로의 어떤 예의가 몸에 배여 있는데 그것은 격식을 갖추고 유행을 따르거나 관례와 맞는 것이 아니라 사람을 기쁘게 하려는 본심에서 우러나오는 예절이다. 그녀는 상투적인 인사말을 모르며, 재치 있는 말을 하려고도 하지 않는다. 친절을 받게 되면 그 답례로 '고맙습니다' 하고 말할 뿐이다. 그러나 이 말은 그녀의 마음속에서 우러나는 것으로 결코 사교적인 인사가 아니다.

그녀는 여성들뿐만 아니라 기혼 남성이나 미혼 남성에게도 말없는 존경의 태도로 대한다. 그녀는 강요당하지 않는 한, 결코 그들보다 윗자리에 앉지 않는다. 설령 앉게 되더라도 되도록 빨리 자기의 자리로 내려앉는다. 왜냐하면 윗사람의 권리는 여성의 권리보다 우선이라고 알고 있기 때문이다. 그리고 윗사람에게는 존경할만한 지혜가 있다고 생각하고 있으며, 지혜는 모든 것에 앞서 존중되어야 하는 줄 안다.

그러나 그녀와 동년배인 남성에게 존경을 받으려면 다른 처세가 필요하다. 만일 어떤 남성이 겸손하고 신중하다면 그녀는 다정한 친밀감으로 대할 것이다. 만일 그들이 무미건조한 말을 한다면 그녀는 더 이상 대화를 나누려 하지 않을 것이다. 왜냐하면 여성에게 아첨하는 남성들의 빈말 따위는 모욕으로 알며 특히 경멸하고 있기 때문이다.

여성의 권리에 대해 고상하게 생각하고, 순수한 감정에서 오는 미덕을 소유한 그녀는 결코 감상적인 대화를 즐겨하지 않는다. 그녀는 눈에 드러 나도록 화를 내지는 않지만 비꼬는 듯한 찬사로 상대방을 당황하게 하든 가, 예상치 못한 대담한 어조로 대꾸해 버리고 만다.

소피는 열다섯 살이지만 매사에 스무 살의 처녀만큼 성숙한 분별력을 가지 고 있다. 그래서 부모로부터 어린이 취급을 받지 않는다. 그녀의 부모는 그녀 에게서 청춘기에 오는 어떤 불안이 나타나면 그 불안이 커지기 전에 즉시 그 대책을 강구하고 딸에게 상냥하게 이치에 맞는 이야기를 들려줄 것이다.

"소피야, 너도 이제는 다 큰 숙녀가 되었다. 너를 위해서, 또 우리를 위 해서 네가 행복해지기를 바란다. 성실한 처녀의 행복은 성실한 한 남성을 행복하게 하는데 있다. 그러니 이제 너의 결혼문제를 생각하지 않을 수 없구나. 왜냐하면 인생이란 결혼에 의하여 좌우되기 때문이지. 좋은 아내 를 선택하는 것도 어려운 일이지만 좋은 남편을 고르는 것은 더욱 어려운 일이란다. 소피, 너는 이 세상에서 드물게 좋은 아내가 될 것이다. 너는 우리 생애의 명예인 동시에 우리 노년의 행복이 될 것이다.

세상에는 너를 행복하게 해 줄 남성들이 많겠지만 그 사람들 중에서 너에 게 가장 합당한 사람을 찾아야 한다. 가장 행복한 결혼이란 두 사람 사이의 많은 일치를 필요로 하는 것이지만 모든 것을 만족시킬 수는 없으므로 가장 중요하다고 생각되는 몇 가지를 선택할 필요가 있다. 신분과 재산을 중시하 는 결혼은 제도와 인습에 의한 것으로써 자연의 질서에 어긋나는 것이란다. 그런 것들은 가변적인 것이나 사람 그 자체는 불변하므로 결혼에서 가장 중 요하게 고려해야 할 점은 사람과 사람과의 관계라고 할 수 있다.

부모님이 우리를 결혼시킬 때 조사한 것은 네 어머니는 좋은 신분을 가 졌고 나는 많은 재산을 가졌다는 거였지. 그러다가 나는 재산을 잃고 네 어머니는 지위를 잃었다. 그렇지만 우리는 마음을 결합하여 모든 어려움을 극복했었다. 너는 우리의 보배란다. 다른 모든 것을 빼앗으면서도 너를 우리에게 주신 하나님께 감사를 드린다. 현재 우리의 행복은 그 당시엔 전혀 예측하지 못했던 일치에 의해서 이루어진 것이다.

배우자란 본인 스스로가 골라야 한다. 그들은 자신의 안목과 마음에 의하여 인도되어야 한다. 결혼은 그에 앞서 서로 사랑해야 하는 의무가 있다. 나는 너에게 까다로운 도덕을 설교하는 것이 아니라 자유를 주려는 것이다. 너는 훌륭한 아내가 될 수 있는 재능과 매력을 겸비하고 있으나 가난하다. 너는 가장 존경할 만한 재산을 가지고 있으나 세상에서 가장 높이 평가되고 있는 재산은 가지고 있지 않다. 그러므로 너의 손이 미치지 못하는 것을 바라지 말아야 한다.

그리고 너의 희망을 너의 판단이나 우리의 판단이 아닌 다른 사람들의 판단에 의해서 조절하는 것이 좋을 것 같다. 재산이라는 것은 아주 사소한 것임을 잊지 말아라. 재산 같은 것을 구하지 말아라. 우리는 우리가 재산으로부터 해방된 것을 하나님께 감사하고 있다. 왜냐하면 우리는 재산을 잃고 나서야 비로소 행복이라는 것을 알았기 때문이다.

너는 사랑스럽기 때문에 누구에게나 사랑 받을 것이다. 그리고 가난하기는 해도 남성에게 짐이 될 정도로 가난하지는 않다. 너에게 청혼하는 남성들이 진실을 보여준다면 별 문제가 없겠지만, 너는 경험이 없기 때문에 그들의 진가를 제대로 판단할 수 없을 것이다. 모든 함정 중에서 가장 무서운 함정은 관능이라는 함정인데, 네가 만일 그 함정에 빠진다면 오직 환영과 환상에 눈이 어두워 너의 판단은 혼란에 빠질 것이며 너의 마음은 방황을 거듭할 것이다.

나는 너를 너의 이성에 맡기겠다. 마음이 흔들리지 않을 동안은 네 자신의 판단에 따르라. 그러나 일단 누군가를 사랑하게 되거든 어머니의 도움을 받는 것이 좋다. 남편의 선택은 네가 하는 것이지 우리가 하는 것은 아니다. 그러나 욕망의 눈에 어두워 남편을 잘못 선택하는지 어떤지는 우리가 판단할 것이다. 만일 그 사람이 품행이 단정하고 자기의 가족을 사랑하는 사람이라면 그것으로 족하다. 우리는 세상의 동의를 구하려는 것이 아니고 너의 행복을 원하는 것이다."

이런 이야기가 여러분의 방식대로 키워진 소녀들에게 어떤 영향을 미칠 것인지 나는 모른다. 소피는 부끄러움과 감동으로 인해 자기 감정을 쉽사리 표현할 수 없을 것이다. 그러나 그녀는 이 이야기를 쉽게 잊지는 않을 것이며, 가령 최악의 경우를 생각하더라도 그녀의 판단력, 지식, 취미, 섬세함, 특히 그녀의 감정은 오랫동안 관능에 대항하여 그것을 억제할 수 있을 것이다. 부모를 슬프게 하고 자신을 불행에 빠뜨릴 남자와 결혼하기보다는 아예 처녀로 죽기를 원할 것이다.

정의와 도덕을 사랑하는 마음이 얼마나 정신적인 힘이 될 수 있는가를 인정하지 않는 사람들이 있다. 그들은 잘못된 이성 때문에 정념을 억제하는 힘을 인정하지 않는다. 그런 사람들에게는 실례를 들어 이야기하는 외에는 달리 방법이 없다. 만일 그들이 그 실례마저 완강히 거부한다면 유감스럽지만 도리가 없는 것이다. 나는 소피와 같은 기질을 가지고 있는 어떤 젊은 여성의 이야기를 들었는데 그녀는 많은 점에서 소피와 비슷하므로 계속 소피로 부를 생각이다.

그녀의 부모는 적당한 신랑감을 찾기 위해 그녀를 숙모가 살고 있는 도시로 보내 한 겨울을 지내게 하였다. 물론 그 의도가 알려진다면 자존심 강한 소피로서는 참을 수 없는 일이기에 소피에게는 비밀로 하였다. 그녀의 숙모는 그런 부모의 뜻에 따라 사교계에 출입을 시켰다.

소피는 그런 일들에 관심은 없었으나 품위 있는 청년들을 피하지는 않았다. 그러나 두세 번 만나보고 나면 그들을 피했으나 좀 더 겸손해지고 냉담해지면서 그녀는 더욱 청년들의 선망의 대상이 되었다. 그렇지만 그런 태도는 분명히 그녀가 그들의 애인이 되기를 원하지 않는다는 뜻이었다. 그리고 감정이 없는 시끄러운 모임과 모임에 참석하는 사람들의 메마른 취미 등에 싫증을 내고 그녀는 예정보다 일찍 부모를 만나기 위해 집으로 돌아가 버렸다.

그녀가 다시 집안 일을 돌보면서 행동에는 변함이 없었으나 기분에는 상당한 변화가 생기고 있음을 부모들은 곧 알아차렸다. 그녀는 멍하니 생각에 잠길 때도 있었고 초조한 기색을 보일 때도 있었으며 때로는 숨어서 울기도 했다. 그녀의 속을 떠본 부모들은 결코 그녀가 사랑에 빠진 것이 아님을 깨달았다. 그녀의 우울증은 점점 심해지고 건강은 악화되어 갔다. 걱정이 된 어머니는 조용히 소피를 불러 다음과 같이 말했다.

"소피야, 네가 과거 내 배 안에 있었듯이 지금도 넌 내 마음속에 있단다. 너의 고통을 같이 나누어 아파할 사람은 부모밖에 더 있겠니? 그런데 너는 이 엄마가 너의 고민이 무엇인지도 모른 채 그 괴로움 때문에 죽어가기를 바란단 말이냐?"

딸도 어머니가 자기의 슬픔을 털어놓을 수 있는 친구가 되어주기를 원했으나 부끄러워서 말을 꺼내지 못하고 있었다. 어머니는 그녀로부터 주저하는 이유를 말하도록 하였다. 이유는 간단했다. 도시에서 애인을 고르는 일은 간단하지만 일생을 함께 보낼 남편은 쉽게 구할 수 없었다는 것이다. 그리고 두 가지를 분리할 수 없기 때문에 충분히 기다려야만 하며, 그런 남성을 만나기 전에 청춘을 잃는 수도 있다는 것이 소피의 견해였다. 결국 소피는 애인이 필요했으나 그 애인은 또한 결혼상대자라야 했던 것이다.

"전 정말로 불행해요."하며 그녀는 어머니에게 말했다. "나는 사랑하고 싶지만 관능이 바라는 사람은 마음이 원하지 않았어요. 제 마음속에는 이상형의 남성이 오래 전부터 새겨져 있어서 그 사람 외에는 사랑할 수도 없으며 행복하게 될 수도 없을 것 같아요. 사랑하기는커녕 오히려 저를 불행하게 할 사람 곁에서 절망하며 사느니 차라리 불행하더라도 자유롭게 죽고 싶어요."

그녀의 어머니는 놀라움을 금치 못했다. 그녀는 어릴 때부터 여자에게 필요한 덕을 갖추도록 배웠는데 이런 변덕을 부릴 수가 있단 말인가? 어머니가 그 이유를 다그쳐 묻자, 소피는 잠시 망설이다가 책 한 권을 가지고 왔다.

"이 불쌍한 딸을 동정해 주세요, 어머니. 전 이 슬픔을 극복할 수 없어요. 제가 슬퍼하는 이유는 여기에 있어요." 책을 책상 위에 놓으며 말하였다.

어머니는 책을 들어 펼쳐 보았다. 그것은 『텔레마쿠스의 모험』이라는 책이었다. 어머니는 딸이 유카리스(텔레마쿠스의 연인)의 연적(戀敵)이 되었다는 것을 깨닫고 크게 놀랐다. 소피는 텔레마쿠스를 사랑하고 있었던 것이다. 그녀의 부모는 딸이 소설의 주인공에게 빠져 있는 것을 알고 웃어버리고 말았다. 그리고 그런 일이라면 이성으로써 고칠 수 있다고 믿었다. 그러나 소피도 이성을 가지고 있다는 것을 그들은 간과했다. 그녀는 부모에게 다음과 같이 하소연하였다.

"나와 똑같은 생각을 가진 남성이 아니면 내 생각을 따라올 수 있는 남성을 저에게 주십시오. 저는 이 세상에 존재하지 않는 환영을 쫓는 것이 아니라 다만 그와 닮은 사람을 찾고 있을 뿐이에요. 그 사람도 틀림없이 어디선가 나를 찾고 있을 거예요. 그렇지만 난 그를 알지도 못하며, 내가 이제까지 만났던 사람 중에 그런 사람은 없었어요. 어머니께선 왜 저를 이렇게 미덕에 얽매이게 만드셨나요? 이것이 정말 내 책임일까요?"

여러분은 여기서 내 말을 가로막고 이렇게 물을 것이다. 우리의 지나친 욕망을 억누르기 위해 이처럼 많은 노력을 하도록 하는 것이 자연인지 아닌지 하고. 물론 그것은 자연은 아니다. 그러나 그러한 무절제한 욕망을 우리에게 주는 것 또한 자연은 아니다. 그런데 자연이 아닌 모든 것은 자연에 위반되는 것이다.

이제 우리는 에밀에게 소피를 주기로 하자. 그리고 이 사랑스러운 처녀에게 다시 생기를 주어 상상력을 덜어주고, 보다 행복한 운명을 안겨주기로 하자. 나는 평범한 여성을 그리려고 하였으나, 그녀의 영혼을 앙양시켰기 때문에 그녀의 이성을 혼란시키고 말았다. 그리고 나 자신도 길을 잃고 말았다. 다시 원 위치로 돌아가자. 소피는 평범한 정신 속에 착한 성품을 지니고 있는데 불과하다. 그리고 다른 여성들보다 우월하게 된 것은 그녀가 받은 교육 덕분이다.

나는 에밀에게 어려서부터 배우자를 정해주지 않고 어떤 여자가 그에게 알맞은가를 알 때까지 기다리기로 했다. 이런 결정을 내린 것은 내가 아니라 자연이다. 내가 할 일은 자연이 선택한 것을 찾아내는 데 있다. 즉, 이 일은 내가 할 일이지 그의 아버지가 할 일은 아니다. 왜냐하면 그의 아버지는 나에게 에밀을 맡길 때 그의 지위와 함께 권리까지도 나에게 주었기 때문이다.

그러나 내가 에밀의 신부감이 발견될 때까지 기다리고만 있었다든가, 혹은 내가 에밀에게 그녀를 스스로 찾아내는 의무를 주었다고는 생각하지 마라. 그에게 신부를 찾게 한 것은 그에게 여성이라는 것을 알게 하려는 핑계에 지나지 않는다. 그것은 그가 자기에게 알맞은 여성의 가치를 느끼도록 하기 위해서였을 뿐이다. 소피는 이미 오래 전부터 발견되어 있었다. 어쩌면 에밀도 그녀를 본 적이 있었을지도 모른다. 그러나 때가 올 때까지는 그는 그녀를 알아보지 못할 뿐이다.

신분이 동일하다는 것이 결혼 조건에 반드시 필요한 것은 아니지만 다른 조건이 일치됨과 아울러 신분까지도 같다면, 이것이 그 부합된 조건들에게 새로운 가치를 부여하는 것이 된다. 그것은 다른 어떤 조건과도 비교될 수는 없지만, 다른 모든 조건이 대등할 때에는 자연히 신분 쪽에 중점을 두게 된다.

남성은 군주가 아닌 다음에야 모든 계급에서 아내를 찾을 수는 없다. 따라서 분별 있는 아버지라면 신부감을 고르는데 어떤 제한을 둘 것이다. 젊은 남성에게 신분이라는 것이 무슨 중요한 문제가 되겠는가? 신분이 높아지면 그만큼 불행하게 될 것이다. 뿐만 아니라 나는 신분이나 금전같이 전혀 이질적인 것들 사이에 균형을 잡으려고 해서도 안 된다고 생각한다. 왜냐하면 그 어느 쪽도 서로가 상대방에게서 가치를 얻기보다는 상대방 때문에 그 가치를 떨어뜨리는 편이 많기 때문이다.

더구나 그들은 상호평가에 있어서 결코 일치할 수 없으며 또 각자 자기 것에 대해서 갖고 있는 우월감은 양 가족 사이에 불화의 원인이 되고, 자칫하다가는 부부 사이의 불화의 원인이 되는 것이다. 자연의 법칙에 의하면 여성은 남성에게 따라야 하는데 만약 남성이 자신보다 낮은 신분의 아내를 얻으면 자신의 신분은 낮추지 않고 아내의 신분을 높이는 것이 된다. 반대로 그가 자신보다 높은 신분의 아내를 고르면 자기의 신분은 올리지 않고 아내의 신분을 낮추는 것이 된다. 그러면 아내는 자신의 권위를 휘둘러서 남편에게 폭군 행세를 할 것이며 그래서 노예가 된 남편은 인간 중에서도 가장 우습고 가장 비참한 인간이 될 것이다.

독자 여러분은 내가 여성에게 남성을 조종할 수 있는 천부의 재능이 있다고 말한 것을 기억하고 그 모순을 비난할 것이다. 그러나 그것은 여러분이 잘못 생각한 것이다. 지배하는 권리를 가로채는 것과 지배하는 사람을 조정하는 것과는 매우 큰 차이가 있다. 여성의 지배란 온순과 기교와 친절에서 오는 것이며, 여성의 명령은 곧 애무이고 여성의 위협은 곧 눈물이다. 이런 의미에서 가장 잘 다스려지는 가정이란 반드시 아내가 최대의 권위를 가지는 가정이다.

그러나 아내가 가장의 말을 무시하고 그 권리를 가로채어 스스로 명령하려고 한다면 다만 비참과 추문과 불명예밖에는 안 되는 것이다. 이제 남은 선택은 신분이 같은 여성을 아내로 맞느냐 아니면 신분이 낮은 여성을 아내로 맞느냐 하는 것이다. 그런데 후자의 경우에도 어떤 제한이 필요하다고 생각한다. 왜냐하면 선량한 남성을 행복하게 할 수 있는 여성을 최하층의 서민들 속에서 발견하기란 어렵기 때문이다. 그것은 그들이 질이 나빠서라기보다는 아름다움이나 선에 대해 자기들의 부정까지도 올바른 것으로 생각하고 있기 때문이다.

자연에 의하면 인간은 본래 사고하지 않지만, 사고력이란 것도 다른 기술과 마찬가지로 배워서 몸에 익히는 것이다. 더욱이 이것은 다른 기술보다 배우기가 어려운 것이다. 실제로 구별해야 할 계급이란 사고하는 사람들과 사고하지 않는 사람들 바로 그것이다. 그런데 이 차이는 거의 모두 교육에서 기인하고 있다. 이 두 계급에서 사고하는 남성과 사고하지 않는 여성은 결혼해서는 안 된다. 왜냐하면 그런 경우의 결합이란 가장 커다란 매력이라고 할 수 있는 부부 사이의 결합이 결여되기 때문이다.

한평생을 노동으로 보내는 사람들은 자기 자신의 이익에만 연연해서 정신 또한 그들의 두 팔에 의존한다. 그리고 세상에서 가장 정숙한 여성이란 어쩌면 정숙이라는 것이 무엇인지 모르는 여성일 것이다. 게다가 사고할 수 없는 여성이 어떻게 자식들을 교육할 수 있겠는가? 무엇이 자녀들에게 적합한 것인지를 판단할 수 있겠는가? 그런 여성은 어린이들의 비위나 맞추거나 아니면 위협할 줄밖에는 모를 것이다. 그래서 어린이들을 거만하게 만들거나 아니면 무기력하게 만들고 말 것이다.

그러므로 교육을 받은 남성이 교육을 전혀 못 받은 여성을 아내로 맞이하는 것은 불합리하다. 그러나 나는 유식한 여성보다는 소박하고 티 없이 자라난 처녀 쪽을 백 배는 더 좋아한다. 재주가 뛰어난 아내란 남편, 자식, 친구, 하인 할 것 없이 모두에게 부담스런 존재이다. 그런 여성은 의무는 경멸하고 남자 노릇이나 하려고 하며, 단지 어리석은 자들에게만 그 위력을 나타낼 뿐이다. 설령 재주를 지녔다고 하더라도 그녀의 자존심이 그 재능의 가치를 하락시킬 것이다.

반면 소피의 품격은 남이 알지 못하는데 있으며, 그녀의 영광은 남편의 존경 속에 있는 것이다. 그녀의 기쁨은 가정을 행복하게 하는 데 있다.

다음에는 용모를 생각해야 한다. 용모란 우리의 마음을 제일 먼저 움직이는 것이지만 제일 나중에 고려해야 할 문제이다. 나는 뛰어난 미모를 구하기보다는 오히려 피해야 한다고 생각한다. 미모란 소유함으로써 그 빛을 잃어버리기 마련이며 그것으로 인해 일어나는 위험은 미모가 있는 한 언제나 뒤따르기 마련이다. 아름다운 여성이 천사가 아닌 이상 그녀의 남편은 남성들 중에서 가장 불행한 남성이 될 것이다. 또 설령 그녀가 천사 같은 여성이라고 할지라도 남편이 끊임없이 적에게 둘러싸이게 될 위험을 그녀가 어찌 막을 수 있겠는가?

모든 일에 있어서 중용이 가장 좋다. 미에 있어서도 결코 예외는 아니다. 따라서 호감을 주는 얼굴을 택해야 한다. 그런 얼굴은 남편에게 아무런 위험도 주지 않으면서 그 장점은 서로에게 이득이 된다. 상냥함은 미처럼 쉽게 사라지지 않는다. 그리하여 최후의 순간까지도 여자의 상냥함은 결혼 첫날처럼 남편의 마음을 즐겁게 할 것이다.

이러한 생각 끝에 나는 소피를 택하도록 하였다. 에밀과 같이 자연 속에서 자라난 그녀야말로 에밀에게 가장 어울리며 에밀의 훌륭한 아내가 될 것이다. 그녀는 재능과 신분 면에서는 에밀과 동등하지만 재물 면에서는 에밀보다 못하다. 그녀는 첫눈에 반할 정도의 미모는 아니지만 날이 갈수록 참신한 매력을 풍긴다. 그것은 친밀한 교제로 나타난다. 그러므로 그녀의 남편은 이 세상 누구보다도 그 매력을 느낄 수 있을 것이다.

그녀에게는 깊은 연구심은 없어도 취미가 있으며, 예능은 없으나 재능이 있고, 지식은 없지만 판단력이 있다. 그녀의 정신은 많은 지식을 가지고 있지는 않으나 배울 수 있는 바탕은 준비되어 있는 것이다. 그녀가 읽는 책이라고는 『발렘』(수학책)과 『텔레마쿠스』뿐이다. 그러나 『텔레마쿠스』에 열중할 수 있는 처녀 치고 무감각하고 섬세하지 않은 여성이 있겠는가? 그녀는 남편의 교사가 아니라 제자가 되어 남편과 같은 취미를 즐길 것이다. 그리고 남편은 그녀에게 모든 것을 가르쳐 주면서 기쁨을 느낄 것이다. 마침내 두 사람이 서로 만날 시기가 왔다. 이제 두 사람이 만나도록 힘써 보자.

우리는 우울하고 슬픈 생각에 잠겨 파리를 떠난다. 이 시끄러운 도시는 우리가 살 곳이 못된다. 에밀은 이 큰 도시에 경멸의 눈길을 돌리면서 이렇게 말한다. "얼마나 많은 시간을 헛되이 보냈던가! 내 마음의 아내는 이런 곳엔 없었습니다. 선생님은 그것을 잘 알고 계시면서도 나의 괴로움에는 별로 관심이 없으신 건 아닙니까?" 나는 그를 응시하면서 차분하게 말한다. "에밀, 진심으로 그렇게 생각하느냐?" 그는 갑자기 부끄러워하면서 내 목에 달려들어 두 팔로 꼭 끌어안고 아무 말도 못한다. 이것은 그가 잘못했을 때의 행동인 것이다.

이제 우리는 정처 없이 헤매는 기사처럼 시골을 배회하고 있다. 그러나 우리는 모험을 피하고 있는 것이다. 인생이 짧다고 말하는 사람들은 스스로가 인생을 짧게 만들고 있다. 그들은 시간을 이용하지 못하고 시간의 흐름이 빠른 것만을 한탄하는 것이다. 그러나 나는 시간이 그들에게는 너무 느린 것같이 생각된다. 그들은 항상 추구하고 있는 목적에만 연연해서 자신과 목적 사이의 거리만을 원망스럽게 생각한다.

아무도 현재에 만족하지 않고 모두가 시간이 더디다고 생각한다. 그들은 시간의 흐름을 빨리 해서 있지도 않을 미래의 행복을 추구하는 것이다. 그러한 사람들에게 현재의 순간과 소망하는 순간으로부터 참다운 시간을 찾는다는 것은 불가능한 일이 될 것이다. 왜 인생은 여러분을 위해서 긴데도 짧다고 한탄하는가? 만일 그대들 중에서 단 한 사람이라도 자신의 욕망을 충분히 조절할 수 있어서 시간이 흐르기를 원치 않는 자가 있다면 그는 결코 인생이 짧다고는 말하지 않을 것이다.

나는 에밀이 이것을 깨닫도록 여행을 하는 것이다. 내가 에밀을 키운 것은 무엇인가를 희망하거나 기다리게 하기 위해서가 아니라 즐기게 하기 위해서다. 그러므로 현재 저쪽의 미래에 욕망을 품고 있을 때라도 그것은 시간이 느린 것이 귀찮게 느껴질 만큼 성급한 열정 때문이 아니다. 그는 항상 도달해야 할 미래의 어느 한 시점보다는 현재 도달하고 있는 곳에 서 있는 것이다. 그러므로 우리는 유유히 나그네로서 여행을 즐긴다. 우리는 여행의 시작과 끝만을 생각하는 것이 아니라 그 과정에서 일어나는 일도 생각한다. 에밀에게 바빠야 할 이유는 없으며, 있다면 단 한 가지 인생을 즐기는 일뿐이다.

나는 말을 타고 가는 것보다 걸어서 가는 여행이 더 즐겁다고 생각한다. 떠나고 싶을 때 떠나며, 쉬고 싶을 때 쉬면서 흥미로운 것들을 구경하고 조사한다. 인간이 볼 수 있는 모든 것을 보면서 인간이 누릴 수 있는 모든 자유를 누리는 것이다. 그러다가 필요할 때가 있으면 말을 타고 여행하면 그만이다.

걸어서 여행하는 동안 플라톤이나 피타고라스처럼 여행하면서 호기심을 불러일으키는 그 수많은 대상들을 조사하지 않고 지나칠 수 있겠는가? 살롱이나 출입하는 철학자들은 진열장 속에서 박물학을 연구하고 있지만 에밀의 박물관은 지구 전체인 것이다. 거기서는 모든 것이 제 위치에 놓여 있다. 도방통(1716~1800 박물학자)도 그보다 더 훌륭하게 배열할 수는 없을 것이다.

우리는 이렇게 유쾌하게 많은 즐거움을 향락했다. 몸도 튼튼해지고 마음도 가벼워졌음은 두말 할 것도 없다. 만일 내가 생각하는 방법으로 50리도 가기 전에 소피에 대한 생각을 잊어버리지 않는다면, 그것은 내 생각이 서투르거나 아니면 에밀의 호기심이 부족한 것이다. 왜냐하면 그 정도로 많은 지식을 가지고 있다고 한다면 그는 좀 더 많은 지식을 습득하고자 하는 욕망에 사로잡히지 않는 것이 이상하기 때문이다. 에밀은 배우고 싶은 마음이 생길 정도의 지식은 가지고 있는 것이다.

어느 날 우리는 계곡과 산 속을 오랫동안 헤매다가 돌아갈 길을 잃어버렸다. 목적지에만 도달하면 되므로 그런 것은 별 문제가 없었으나 시장기를 참을 수는 없었다. 다행히 한 농부를 만나 그로부터 간소한 식사를 대접받을 수 있었다. 우리가 피로하고 허기진 것을 본 농부는 이런 말을 했다. "만일 하나님이 언덕 너머로 여러분들을 인도하셨다면 더 나은 대접을 받았을 거예요. 거기에는 더 안락한 휴식처가 있으며 그들은 매우 친절하고 좋은 사람이지요. 나보다 부자랍니다. 이 고장 사람들은 모두 그분의 재산 덕으로 살고 있지요." 이 말을 듣고 에밀은 마음이 밝아져 나에게 말했다. "그 집으로 가시지 않겠어요? 그런 사람들을 만나면 기쁘겠는데요. 그들도 우리를 반갑게 맞이할 거예요."

저녁때가 되어서 우리는 그 집에 도착할 수 있었다. 그 집은 소박하면서도 웅장한 멋이 있었다. 우리는 우리를 소개하고 하룻밤 묵어 갈 것을 청했다. 주인은 공손하게 여러 질문을 하였으나, 우리는 여행의 목적에 대해서는 말하지 않고 그냥 길을 잃었다고만 대답했다.

우리는 아주 작지만 깨끗하고 아늑한 방으로 안내되었다. 그 방에는 내의와 갈아입을 옷 등, 우리에게 필요한 것은 다 있었다. 에밀은 경탄하며 말했다. "저 분은 마치 우리를 기다리고 있었던 사람처럼 우리에게 친절을 베푸는군요. 이건 마치 호메로스 시대에 사는 것 같아요." 나는 이렇게 말했다. "네가 그렇게 느끼는 것은 기쁜 일이나 놀라서는 안 된다. 손님이 별로 없는 집은 사람을 친절하게 대접하는 법이지. 호메로스 시대에도 여행자는 별로 없었기 때문에 여행자는 어디를 가더라도 환대를 받았다. 어쩌면 이 집에서도 우리가 올해 들어 처음으로 찾아온 손님인지도 모르지." 그러자 그는 "어쨌든 따뜻하게 환대하는 것은 칭찬 받을 일이죠."하고 대답했다.

옷을 갈아입고 집주인과 자리를 같이했다. 그는 우리에게 그의 아내를 소개했다. 그녀는 우리를 정중하고 친절하게 대했다. 그녀는 에밀을 눈여겨보았다. 그 부인 같은 입장에 있는 어머니가 그러는 것은 별로 이상한 것은 아니다.

그들은 우리를 위해서 저녁준비를 서둘렀다. 다섯 사람 분의 식사가 준비되어 있었다. 우리가 식탁에 앉자 젊은 처녀가 들어와서 공손히 인사를 하고 빈자리에 얌전히 앉았다. 에밀은 그녀에게 인사를 하고는 먹는 일과 대답하는 일에 바빴다. 주인은 에밀에게 이렇게 말했다. "젊은이는 아주 총명하고 품위 있게 보이는군요. 그래서 그대와 그대의 선생님을 처음 봤을 때 마치 칼립소의 섬에 텔레마쿠스와 멘토(텔레마쿠스의 스승)를 연상시키더군요." 이에 에밀은 "그래요. 우리는 여기 칼립소의 환대를 받고 있습니다."하고 대답했다.

이번에는 내가 한마디 덧붙인다. "거기다가 유카리스의 매력까지도요." 라고. 그러나 에밀은 『오디세이』는 읽었으나 『텔레마쿠스』는 읽지 못했으므로 유카리스가 누구인지를 몰랐다. 그런데 젊은 처녀는 눈언저리까지 붉어져서 고개를 숙이고 숨도 제대로 쉬지 못하고 있었다.

그녀의 어머니는 딸이 당황하는 것을 보자 남편에게 눈짓을 했다. 그래서 화제는 다른 데로 돌려졌다. 그는 자신의 삶에 대해서 장황하게 말했으나 젊은 딸에 대해서는 일언반구도 없었다. 마침내 자기 아내와의 사랑

얘기로 옮겨지자 에밀은 자기도 모르게 주인과 그의 아내의 손을 잡고 감동의 눈물을 흘렸다. 모두가 에밀의 순진한 열정에 감격하였다. 그러나 누구보다도 감격한 것은 젊은 처녀였다. 그리고 마치 필로크테스의 불행에 눈물을 흘렸던 텔레마쿠스를 보는 것 같았다.

그의 온화한 태도는 자유로우면서도 거만한 티가 없었으며, 그의 거동은 생기가 넘쳐 있었으나 경박하지 않았다. 그의 감수성은 그의 눈길을 더욱 부드럽게 하였으며, 그의 외모를 더 매력적으로 보이게 했다. 젊은 처녀는 수줍어하면서도 에밀을 자세히 살펴보았다. 딸을 주시하고 있던 어머니는 딸이 곤혹스러워하는 것을 보고 일부러 심부름을 보냈다. 딸은 곧 돌아왔으나 여전히 흥분한 채였다. 어머니는 "소피야, 마음을 가라앉혀라. 너는 부모의 불행을 자꾸 슬프게 생각하는구나."라고 말했다.

소피라는 이름을 듣고 에밀은 처녀를 뚫어지게 바라보았다. '소피! 내 마음이 찾고 있던 소피가 바로 당신이었던가? 내 마음속으로 사랑하던 사람이 바로 당신이던가!' 그는 두려움과 의혹을 가지고 그녀를 바라본다. 그는 그녀의 얼굴과 동작, 몸짓 하나하나를 살펴보았다. 그에게는 모든 것이 수천 가지로 해석되어 떠오른다. 그녀가 한마디라도 해준다면 그는 자기 생애의 절반이라도 줄 수 있을 것같은 기분이었다.

그는 나를 쳐다보았다. 그 눈은 백 가지 질문과 백 가지 비난을 동시에 내게 퍼붓고 있었다. 그 눈은 이렇게 말하는 것 같았다. "너무 늦어지기 전에 나를 인도해 주십시오. 만일 내 마음이 함부로 쏠려 잘못을 저지르는 날에는 나는 일평생 돌이킬 수 없는 과오에 빠지고 말 것입니다."

자신의 감정을 속이지 못하는 에밀이 그의 일생 중에서 가장 어려운 곤란을 당하고 있는 지금 어떻게 그의 감정을 숨길 수가 있겠는가? 소피도 그의 불안한 감정을 알아차렸고 그의 눈은 소피야말로 그 대상이라는 것을 그녀에게 가르치고 있었다. 그러나 그것이 무슨 문제가 되겠는가? 그는 그녀의 일로 가득 차 있고, 그것만으로 충분한 것이었다.

소피의 어머니는 우리의 계획이 잘 되어 가는 것을 보고 즐거운 미소를 지었다. 그리고는 지금이야말로 이 새로운 텔레마쿠스의 마음을 결정할 시기라는 것을 알자 딸에게 말을 시킨다. 천성이 온순한 딸은 부끄러운 태도로 대답을 했으나, 그것의 효과는 더욱 컸다. 에밀은 그녀의 첫 말에 완전히 사로잡히고 말았다.

사람의 마음을 사로잡는 이 처녀의 매력은 이때부터 에밀의 마음속으로 격류처럼 밀려들어 왔다. 그는 소피만을 바라보고, 소피의 말만을 듣게 되었다. 그녀가 한마디를 하면 그도 입을 연다. 그녀가 고개를 숙이면 그도 고개를 숙였다. 이제 떨리는 것은 소피가 아니라 에밀인 것이다. 에밀은 당황하고 있지만 소피는 에밀이 불안해하는 것을 보고 안심한다. 그녀는 자신의 승리를 느끼고 그것을 즐긴다.

그녀는 마음속으로 기뻐하면서도 밖으로 나타내지 않는다.

— (탓소의 『해방된 예루살렘』제 4권 33)

그녀는 자세를 흐트러뜨리지 않았다. 그러나 겸허한 태도로 눈을 아래로 내리뜨고 있지만 그녀의 다정한 마음은 기쁨으로 뛰고 있었다. 그리고 속으로는 텔레마쿠스를 찾았다고 외치고 있었다.

저녁 한때를 그렇게 보내고 난 에밀과 나는 그날 밤을 뜬눈으로 보냈다. 단지 이름이 일치했다는 것만으로 현명한 남성이 그렇게 감동할 수 있단 말인가? 이 세상에는 소피라는 여성이 단 한사람밖에 없단 말인가? 소피라는 여성은 이름이 같다고 해서 마음도 같단 말인가? 말 한마디도 건네 보지 못한 여성에게 그렇게 열중할 수 있단 말인가?

젊은이여! 너무 성급하게 굴지 마라. 자네는 지금 어떤 사람의 집에 와 있는 것인지도 모르고 있지 않은가? 지금은 가르쳐줄 때가 아니다. 다만 에밀이 자기의 감정을 정당화시키려고 소피에게 관심을 가지는 것은 아닌지를 알아보자.

다음날 아침 나는 에밀이 이 집에서 준 내의를 그냥 입는 것을 보고 웃었다. 즉, 그것은 다시 이 집을 방문할 기회를 마련하기 위해서였다. 나는 소피야말로 몸치장에 더욱 많은 신경을 쓸 것으로 생각했으나 그렇지 않았다. 그러나 그런 무관심 속에서도 내가 그녀의 우아함을 발견할 수 있었던 것은 그 무관심의 표시가 어딘지 의식적이었다는 것을 엿볼 수 있었기 때문이었다. 이미 자기의 힘이 에밀에게 미치고 있음을 확신한 소피에게 그런 것은 별로 중요하지 않았다.

어젯밤에 내가 에밀과 이야기하고 있는 동안 소피와 그녀의 어머니 사이에서도 딸의 의향과 어머니의 교훈이 오갔을 것이다. 다음날 우리는 전날과는 달리 모든 준비를 갖추고 다시 만났다. 그들은 서로 형식적인 인사말만 나누고는 피하는 것 같았으나 이미 서로 이해하고 있는 눈치였다. 우리들은 떠날 때 빌린 물건들은 다시 돌려주러 오겠다고 말했다. 에밀도 그녀의 부모에게 인사를 하였으나 그의 눈은 소피에게로 향했다. 소피는 무표정했다. 마치 아무것도 보이지 않고 들리지도 않는 것같았다. 그러나 그녀는 얼굴을 붉히고 있었다. 그 얼굴이 부모의 대답보다도 훨씬 더 명확한 대답이었다.

에밀은 이 근처에 숙소를 정하고자 하였다. 그래서 그는 가장 가까운 도랑에서라도 자고 싶었던 것이다. 나는 측은한 어조로 이렇게 말했다. "자네는 벌써 사랑에 눈이 어두워져서 예의도 이성도 잃었단 말인가? 이 가엾은 친구야, 그 집에서 나온 젊은이가 그 집 근처에서 지내려고 한다는 것이 알려진다면 자넨 그 처녀를 모욕한 것이 되네. 사랑한다는 자네가 그 여성의 평판을 나쁘게 해도 좋다는 것인가?"

이 말에 그는 흥분해서 이렇게 말했다. "다른 사람의 부질없는 말이나 부당한 편견 같은 것은 우리가 상관할 바가 아니지 않습니까? 그건 선생님이 가르쳐 주신 겁니다. 제가 소피를 존경하고 소중히 한다는 것을 누가 알겠습니까? 나의 애정은 그녀에게 행복을 가져다 주지 결코 불명예를 가져다주지 않을 것입니다."

나는 그를 감싸며 말했다. "사랑하는 에밀, 자넨 자신만을 생각하지만 그녀까지도 생각해야 한다. 남성의 명예를 여성의 명예와 동일하게 생각해서는 안 된다. 그리고 자네의 명예는 자신 안에 있는 것이지만 그녀의 명예는 다른 사람에 의해서 결정되는 것이다. 그러니 그것을 아무렇지도 않게 생각한다는 것은 결국 자네의 명예 자체를 손상시키는 것이다."

내가 충분히 깨달을 수 있도록 설명하자 에밀은 이젠 소피의 집에서 아무리 멀리 떨어져 있어도 결코 그것이 멀다고 생각하지 않게 되었다. 그는 그곳을 되도록 빨리 벗어나려고 했으며 우리들이 나눈 말을 누가 듣지나 않았는지 주위를 살펴보기도 하였다.

그는 이제 사랑하는 사람의 명예를 위해서는 자신의 행복을 얼마든지 희생시킬 각오가 되어 있었다. 그래서 우리는 그럴 의심이 없는 20리쯤 떨어진 마을에 숙소를 정했다. 이렇게 해서 나는 그의 싹터 오르는 열정을 선하고 명예로운 쪽으로 이끌어 가면서 무의식중에 그의 모든 성향을 같은 방향으로 이끌어 갔던 것이다.

나의 일도 이제 마지막에 다다르고 있다. 큰 어려움도 모두 극복되었다. 다만 모든 일을 너무 서두르다가 일을 그르치지 않는 것만이 남았다. 때때로 현재를 희생시키면서 결코 얻지도 못할 미래를 추구하는 사람들이 많다. 어떤 연령에 있어서도 인간은 행복해야 한다. 그런데 인생을 가장 멋있게 향유할 수 있는 시기가 있다고 한다면 그것은 청년기가 끝날 무렵이다. 왜냐하면 이 시기야말로 몸과 영혼의 힘이 가장 왕성한 때이며, 또 인생의 길에서 가장 한가운데 있으므로 사람들로하여금 인생이 짧다는 것을 느끼게 하는 저 양극에서 가장 멀리 떨어져 있기 때문이다.

스무 살이 넘은 에밀은 몸과 육체가 완전히 성숙해서 튼튼하고 건강하며 민첩하고 강건하다. 그리고 상식과 이성과 선량함과 인정이 넘치는 그는 바른 품행과 건전한 취미를 갖추어 아름다움을 찬양하고 선을 행한다. 그리고 또 재능이 풍부하며 부에는 별 관심도 없고 그렇다고 가난을 두려워하지도 않는다. 그의 마음은 정열과 사랑으로 가득 차 있다. 그는 한 아름다운 여인을 사랑하고 있다. 더군다나 그 여인은 육체보다도 마음씨가 더 사랑스런 여인이다. 그는 자기에게 주어질 것으로 느껴지는 사랑의 보답을 희망하고, 또 기대하고 있다.

그들의 애착심은 서로 사랑하고 존중하는 마음에서 비롯된 것이기에 언제까지나 지속될 것이다. 그들의 애정은 신뢰와 믿음으로 충만하여 이내 행복으로 연결될 수 있는 것이다. 그는 지금 인간으로서는 최고의 행복을 누리고 있다. 그런데 이처럼 감미로운 운명을 여기서 중지시켜야만 하는가? 이처럼 순수한 기쁨을 깨뜨려야 하는가? 만일 내가 그것을 빼앗는다면 거기에 상응한 것을 무엇으로 보상해줄 수 있겠는가? 만일 내가 그를 행복의 정상 위에 올려놓는다 하더라도 나는 그 행복의 가장 큰 매력을 파괴하는 격이 되었을 것이다. 최고의 행복은 소유했을 때보다 그것을 기대하는 동안 더욱 감미로운 것이다.

오! 선량한 에밀이여, 마음껏 사랑하고 사랑받으라. 사랑이 네 것으로 될 때까지 오랫동안 즐겨라! 사랑과 순결을 동시에 누리라! 나는 너의 인생에서 이 행복한 시기를 결코 순간적인 것으로 하지 않겠다. 나는 너를 위해 그 마법의 실을 뽑아 될 수 있는 한 길게 그 실을 늘려 주리라. 곧 끝은 오고야 말겠지만 기억 속에서나마 영원히 지속되도록 노력해 보자.

길이 복잡해서 잃었다가 오랜 노력 끝에 마침내 소피의 집에 도착할 수 있었다. 우리를 환대하는 그들의 태도는 처음보다는 더 간소하면서도 친절하였다. 에밀과 소피는 수줍은 듯이 서로 인사를 나누었지만 여전히 말은 하지 않았다. 우리들이 지켜보는 가운데서 무슨 말을 하겠는가? 우리는 정원을 산책한다. 그 정원에는 화단 대신에 잘 가꾸어진 채소밭이 있었다. 여기저기 맑고 아름다운 물이 흐르고 있었으며 꽃이 다투어 피어 있었다. 에밀은 "마치 알키노우스의 정원을 보고 있는 것 같군요."하고 말했다.

소피는 알키노우스가 누구인지 알고 싶어했다. 그녀의 어머니도 알키노우스가 누구인가를 묻는다. "알키노우스는 코르키라의 왕입니다. 이 사람에게는 딸이 하나 있었는데, 그 딸은 어느 날 밤 자기가 곧 남편을 맞이하게 될 것이라는 꿈을 꾸었답니다. 그런데 그 다음날 아버지는 어떤 낯선 손님을 맞아들였다는 것입니다."하고 내가 대답했다.

소피는 얼굴을 붉히고 눈을 내리깔며 입술을 깨물었다. 아버지는 그런 딸의 모습이 재미있다는 듯이 그 이야기에 끼여들며, "그 젊은 공주는 그 청년의 더러운 옷을 가지고 손수 냇가로 가서 옷도 빨아 줬죠."하고 소피를 빗대어 말했다. 에밀과 소피는 이 말에 더욱 난처한 모습이었다. 우리는 산책을 계속했다. 에밀과 소피는 우리의 걸음걸이가 느려서 함께 걷기가 힘들었던지 어느새 우리보다 앞서가고 있었다.

에밀은 몸짓을 해가며 얘기했고 소피는 침착하게 귀를 기울이고 있었다. 두 사람의 대화는 서로간에 지루한 것 같지는 않았다. 집으로 돌아가려고 그들을 부르자 그들만의 시간을 아끼려고 천천히 걸어오다가 말소리가 들릴 만한 곳에 이르자 우리를 향해 빨리 걸어오고 있었다. 에밀은 쾌활하고 기쁨에 넘쳐있는 것 같았으나 소피는 무척 당황하고 있는 것 같았다. 그녀는 숨을 숙이며 어머니 곁으로 달려가 별다른 의미도 없는 말을 몇 마디 했다.

이들의 모습에서 우리는 그들의 대화가 그들 사이의 벽을 허물었다는 것을 알 수 있었다. 비록 서로가 수줍어하는 빛이 있었으나 예전처럼 어색하지는 않다. 그것은 이제 에밀의 경건함과 소피의 정숙함, 그리고 두 사람의 성실한 마음의 자세에서 우러나오는 감정이었다. 에밀이 대담하게 소피를 향해 말을 건네면 소피도 가끔 용기를 내어 똑똑하게 대답한다. 그녀는 그전보다 존경과 관심의 눈초리로 나를 대했다. 그녀는 나에게 정감 있게 말했으며, 내 마음에 들려고 모든 행동에 신경을 쓰고 있었다. 에밀과 소피는 나의 도움이 필요해진 것이다. 이 얼마나 사랑스런 한 쌍인가! 마치 둘을 위한 나의 수고가 보답이라도 받은 느낌이었다.

우리들의 방문은 계속되었으며 그들의 대화도 차츰 많아졌다. 에밀은 사랑에 도취되어 행복이 그의 손에 있다고 믿고 있었으나 소피로부터 어떤 확답을 받은 것은 아니었다. 그러나 그는 자기가 소피에게 나쁜 인상을 주지 않고 있다는 것을 알았으며, 또 자녀들의 결혼은 부모의 승낙이 있어야 한다는 것도 알고 있었다. 그는 소피가 부모의 명령을 기다리고 있는 것이라고 생각하여, 자기가 부모에게 청혼토록 해 달라고 소피에게 말했다. 그녀 또한 에밀의 뜻에 반대하지 않았다. 그런데 소피의 아버지로부터 소피는 결혼을 자신의 의사로 결정한다는 것과, 에밀을 행복하게 하는데는 그녀가 그것을 원하기만 하면 된다는 이야기를 들었을 때 에밀로서는 얼마나 놀라운 사실이었겠는가?

에밀은 자신의 생각대로 진행되지 않자 매우 놀라게 된다. 그는 자신감이 줄어든다. 에밀은 자기에게 불리하게 작용하는 것이 무엇인지를 추측하려는 성격이 아니며 소피는 자존심이 강하기 때문에 그것을 말하지 않을 것이다. 그녀는 자신이 가난한 것과 에밀이 부자라는 것을 알고 있다. 이 불평등을 어떻게 없앨 것인가? 에밀은 자신이 부자라는 것을 모르고 있다.

에밀은 이렇게 해서 생겨난 장애물을 어떻게 생각해야 할지를 모르기 때문에 그것을 자신의 과실로 돌려 버렸다. 그는 이제 소피 앞에서는 당황해지고 마음이 떨렸다. 그는 더 이상 그녀의 사랑을 받으려고 하거나 그녀의 마음을 움직이려고 하지 않고 그녀의 동정을 사려고 애썼다. 때로는 견디기가 지쳐서 화를 낼 것만 같았다. 소피는 그의 화난 심정을 알 수 있다는 듯이 그를 바라보곤 했다. 그럴 때면 그 눈길 하나로 에밀의 화난 심정은 가라앉고 가슴이 떨려 전보다도 더 침착해지는 것이다.

그 완강한 저항과 참아내기 어려운 침묵에 고통을 받은 그는 나에게 마음을 털어놓고 조언을 구했다. "그녀는 나를 피하고 있지만 나를 만나고 싶어합니다. 그런데도 결혼 이야기만 나오면 나를 피하려고만 합니다. 그녀는 선생님을 존경하므로 선생님의 뜻에 거역하지는 않을 겁니다. 선생님께서 그녀에게 말을 해서 속마음을 알아주십시오. 나를 좀 도와주십시오. 만일 선생님께서 이 제자의 행복을 도와주지 않는다면 선생님의 교훈은 불행의 원인이 될 것입니다."

나는 소피에게서 그녀의 비밀을 쉽게 알 수 있었다. 그리고 그 사실을 에밀에게 전해줄 수 있도록 허락도 받아 냈다. 도대체가 에밀은 재산의 많고 적음이 사람의 가치판단에 어떤 상관이 있는지 상상도 못한다. 그래서 내가 재산이 세상 사람들의 편견에 어떤 영향을 미치는가를 설명해 주자 그는 웃고 있었다. 얼마나 기뻤던지 당장에라도 집에 가서 재산증서를 찢어버리고 소피처럼 가난하게 되어 그녀의 남편이 될 자격으로 돌아오자는 것이었다.

이번에는 내가 그의 성급함을 이렇게 말했다. "그런 무모한 생각은 너의 입장만 더욱 나쁘게 할 뿐, 소피를 전보다 더 다루기 힘들게 만든다는 것을 어찌 생각하지 못하는가? 그녀보다 재산이 많다는 것은 사소한 우월밖에 안 되는 것이다. 그녀의 자존심이 그 사소한 것도 견뎌내지 못한다면 재산을 모두 희생시켰다는 부담을 견디어 내겠다는 결심을 어찌할 수 있겠는가? 만일 그녀가 남편이 자기를 부자로 만들어 주었다고 해서 잔소리를 하는 것도 참아내지 못한다면, 남편이 자기 때문에 가난해진 것을 책망할 때에는 어찌 참을 수 있겠는가? 이 어설픈 친구야, 자네가 이런 계획을 세우지 않았을까 하는 의심을 사지 않도록 주의하고 그녀의 사랑을 차지하려면 모든 일에 주의 깊고 경제적이 되어야 한다.

너는 그녀가 너의 많은 재산에 부담을 느끼고 단순히 그 재산 때문에 반대한다고 생각하느냐? 그녀는 행운에서 얻은 재산이란 그것을 소유하고 있는 사람들에 의해서 무엇보다도 소중히 여겨진다는 것을 알고 있는 것이다. 그러니 너는 무엇보다도 네 고귀한 영혼의 보물을 펼쳐서 너를 이해시키고 그 여성에게 너의 재산 따위는 생각지 않게 해야 한다. 재산으로 모욕당한 그 인간의 가치를 더욱 존중하는 것만이 그녀가 존중하는 인간의 가치와 화해시킬 수 있는 유일한 수단인 것이다."

이러한 말을 듣고 에밀은 확신과 희망을 다시 찾고 그녀를 기쁘게 하는 데 대한 기쁨을 가지게 되었다. 그리고 나는 이 두 사람의 순수한 고백을 들어주는 벗이 되었다. 두 사람의 사랑을 연결해 주는 중매인이 된 것이다. 교사로서는 이 얼마나 훌륭한 일인가? 에밀은 어느 때보다도 나에게 순종하고 있으며, 그 귀여운 처녀도 나에게는 지나치게 친절하다. 이렇게 나에 대한 친절로써 그녀는 에밀에 대한 존경을 간접적으로 보상하는 것이다. 에밀은 에밀대로 내가 자기의 이익을 방해할만한 말은 결코 하지 않으므로 내가 소피와 가깝게 지내는 것을 무척 좋아하면서 "저 대신 잘 이야기해 주십시오."하고 속삭이는 것이다.

"선량한 소피! 너의 성실한 마음을 텔레마쿠스에게는 들리지 않게 멘토에게 이야기할 수 있다면 얼마나 자유로울 것인가! 너는 그 부드러운 가슴 속에서 일어나고 있는 모든 것을 얼마나 솔직하게 그에게 말할 수 있는가! 내가 나의 제자를 칭찬하는 것을 들으면 너는 얼마나 즐거운가! 너는 얼마나 감동적으로 순진하게 그 감미로운 감정을 가슴 속에 스며들게 할 것인가! 또 에밀이 더 이상 참을 수 없어 중간에 끼어들면 너는 얼마나 화난 얼굴로 그를 쫓아버릴 것인가! 또 네가 그를 칭찬하려 하거나 내게서 이유를 끌어내려는 순간에, 그가 쫓아와서 그 말을 방해할 때에는 너는 얼마나 사랑스런 노여움으로 그의 성급한 태도를 나무랄 것인가!"

이렇게 해서 연인으로 인정받게 된 에밀은 말도 걸고, 재촉도 하고 귀찮게도 하면서 모든 권리를 갖는데도 성공하였다. 즉, 그녀는 부탁하는 말 대신에 명령을 하고, 감사하다는 말 대신에 선물을 받아들이며, 방문 회수와 시간을 제한하는 권리를 갖기에 이르렀다. 에밀은 그녀에게 이러한 권리를 갖게 한 것을 후회할 때도 있었으나 그녀의 명령이라면 무엇이든지 다 했다. 그리고 종종 그녀의 뜻에 따라 그녀 곁을 떠날 때에도 즐거운 눈빛으로 나를 바라보곤 하였다.

그녀를 즐겁게 해주고 싶은 에밀은 이제까지 자기가 익혀온 재능의 가치를 비로소 느끼는 것이다. 소피는 노래 부르기를 좋아하므로 에밀은 그녀와 함께 노래를 부른다. 에밀은 그녀와 함께 춤을 춘다. 그는 그녀에게 스텝을 가르쳐 춤을 교정해 준다. 장난기 섞인 즐거운 분위기가 수업에 생기를 주고, 사랑의 수줍음은 존경심을 부드럽게 풀어준다. 그는 쾌락을 맛보며 수업을 한다. 자기 애인의 선생이 되는 것이다.

우상 숭배자는 자신이 소중히 여기는 보물로 숭배하는 대상의 제단을 장식하듯, 사랑에 빠진 남성도 자기 애인에게 끊임없이 새로운 장식을 주고 싶어한다. 그것은 그녀에게 줄 새로운 존경이며 그녀를 생각하는 기쁨에 자신이 첨가하는 새로운 흥미라고 생각하는 것이다. 또한 그는 모든 것을 그녀에게 알려주고 싶었다. 그는 미리부터 그녀와 함께 눈앞에 펼쳐 보일 수 없는 지식은 모두가 무익한 것으로 간주해 버린다. 그래서 그는 자기가 아는 모든 학문을 가르치고 소피도 기꺼이 배우려고 애썼다. 그러니 이론적인 학문을 깊이 파고들 필요가 없는 여성으로서 소피는 이해는 하지만 대부분은 잊고 만다.

그녀의 가장 뚜렷한 진보는 도덕적인 지식과 취미에 관한 지식들이다. 물리학에 대해서는 그녀는 일반 법칙과 우주의 체계에 대한 약간의 관념만을 기억할 뿐이다. 그들이 산책할 때에 이따금 그들의 순결한 마음은 대자연의 신비를 바라보면서 감히 자기들의 마음을 신의 경지에까지 올려놓는 수도 있다. 그들은 신의 존재를 두려워하지 않는다. 그들은 신 앞에서 자신들의 마음을 쏟아놓는 것이다.

두 사람은 환상의 세계에서 교리문답을 나누고 있는 것이다. 그들은 서로가 완전무결하게 생각하고 서로 사랑하며, 미덕에 가치를 주는 것에 대한 이야기를 열심히 주고받는 것이다. 걱정할 때는 이슬보다도 맑은 눈물을 흘렸으며 이 눈물은 인생의 환희였다. 그들은 인간의 혼이 경험하는 가장 매력적인 도취에 잠긴 것이다. 부자유스러움마저도 그들의 행복을 한결 더하게 하였으며, 그로 인해 희생을 하는 것이 그들의 눈에는 오히려 존경할 만한 가치로 돋보였던 것이다.

그럼에도 불구하고 의견대립이나 싸움이 없을 수는 없고, 이러한 일은 그들을 한층 더 가깝게 할 뿐이다. 에밀은 싸워서 손해를 보는 경우보다 오히려 싸움 뒤의 화해에 의해 득을 보는 경우가 더 많았다. 하지만 언제나 똑같은 결과가 얻어지려니 하는 기대는 잘못된 것이었지만 설령 눈에 보이는 이득을 가져오지는 않더라도, 소피가 자기 마음에 진지한 관심을 쏟고 있음을 확인하는 그러한 이익은 항상 얻어진다.

에밀은 사랑하므로 무례한 행동을 저지르지 않는다. 또 자존심이 강한 소피도 그의 무례한 행동에는 결코 그냥 넘어가지 않을 것이다. 그녀의 아버지도 그녀가 극단적인 자존심 때문에 불손해지지나 않을까 염려하고 있을 정도였다. 어쩌다가 에밀이 그녀의 옷자락에 살며시 입을 갖다댈 때도 있었다. 그런데 고맙게도 그녀가 그것을 못 본 척할 때도 있었다.

어떤 때는 그러한 행동을 공공연히 드러내자 그녀는 그것을 갑자기 불쾌하게 생각했다. 그래서 그날은 하루종일 불쾌한 가운데 헤어지고 말았다. 소피는 마음이 매우 언짢았다. 그녀의 어머니는 딸의 마음을 다 알고 있는데 어찌 그 안타까움을 숨길 수 있겠는가? 이것이 두 사람 사이에 최초의 말다툼이었다. 그녀는 자신의 행동을 후회했다. 어머니는 딸에게 화해할 것을 종용했고 아버지는 그것을 명령했다.

다음 날 에밀은 다른 날보다도 일찍 일어났다. 소피의 부모가 그에게 인사를 하자 소피는 에밀에게 다가가서 손을 내밀고 인사를 했다. 그것은 그 손에 키스를 해도 좋다는 뜻이 분명했으나 에밀은 키스 하지 않고 손을 잡았다. 에밀은 여자의 변덕에 익숙하지 못했기 때문이다. 소피는 부끄럽기도 하고 난처하기도 했다. 그녀는 참으려고 할수록 더욱 가슴이 메었다. 결국 눈물이 흘렀다. 그것을 보자 에밀은 그녀에게 달려가 그 손을 잡고 몇 번이고 감격적인 키스를 했다.

소피의 아버지는 크게 웃으며 말했다. "참으로 자네는 선량하군. 나 같으면 그런 어리석은 여자를 그대로 두지 않고 나를 모욕한 그 입을 혼내주었을 거야." 그녀의 어머니는 어떤 구실을 붙여 소피를 내보내고 에밀에게 진지하게 말했다. "나는 당신처럼 훌륭한 가문과 훌륭한 교육을 받고 지각과 인품이 뛰어난 청년이 우리에게 보여준 우정을 명예롭지 못한 행동으로 갚으리라고는 생각지 않습니다. 나는 지나치게 완고하지도, 너무 격식을 강조하지도 않습니다. 그러나 나는 부모 앞에서 하는 사랑의 행위와 부모의 허락 없이 부모가 없는 곳에서 하는 사랑의 행위는 커다란 차이가 있다고 생각합니다. 내 딸이 당신에게 잘못한 것이라고는 그 애가 허락해서는 안 될 것이 무엇인지 처음부터 알지 못했다는 것 밖에는 없습니다. 그런데 처녀의 순진성을 이용하여 다른 사람이 안보는 곳에서 그런 행동을 한다는 것은 결코 명예로운 남성이 할 도리가 아니라고 봅니다."
이 말은 에밀에게보다는 나에게 주의를 준 이야기였다.

나는 그저 그녀의 신중성에 놀라지 않을 수 없었다. 에밀이 소피를 사랑하고 그녀의 매력에 끌리게 된 것은 도덕과 순진성에 대한 그녀의 사랑 때문이었다. 에밀은 그러한 소피의 마음을 사랑하면서 자신이 지니고 있는 그러한 마음을 느끼지 못했을까? 그리고 소피는 그러한 자신의 마음에 어떤 가치를 부여하고 있을까? 그녀는 연인의 천부적인 모든 감정을 요구하였다. 즉, 진실로 선한 것을 존경하는 마음, 검소함과 단순함과 관용, 허영과 부에 대한 경멸 등이다.

그는 사랑을 알기 전부터 이 모든 미덕을 갖추고 있었다. 단지 달라진 것이라면, 그는 지금 어떤 새로운 면에서 자기 자신을 자각하고 있다는 것이다. 지금까지의 내용을 주의 깊게 읽은 독자라면 지금 에밀이 처한 상황이 우연으로 인한 것이라고는 생각하지 않을 것이다. 도시마다 귀여운 처녀들이 넘쳐나는데 그의 마음에 드는 처녀가 먼 시골구석에서 발견되었다면 그것이 우연일까? 두 사람이 만난 것이 우연일까? 두 사람이 서로 잘 화합되는 것이 우연일까? 그리고 그가 이따금 그녀를 만나기 위해 심한 피로를 견뎌야 하는 것이 우연일까? 그는 점점 더 튼튼해지고 있는 것이다. 소피가 그에게 겪게 할 피로를 견뎌낼 수 있으려면 내가 그에게 만들어 놓은 것과 같은 강건한 육체가 필요한 것이다.

그는 그녀에게서 8킬로미터나 떨어진 곳에 묵고 있다. 그들이 서로 지척에 살고 있거나, 혹은 훌륭한 마차에 편히 앉아서 그녀를 만나러갈 수 있다면, 그는 파리식의 안일한 사랑을 하게 될 것이다. 만일 레안드르스와 헤로 사이에 바다가 없었다면 레안드르스는 헤로를 위해서라면 죽어도 좋다는 생각이 들었겠는가?

소피를 만나러갈 때 처음에는 빨리 가기 위해 말을 이용했다. 그들도 멀리서 우리를 마중 나오곤 했다. 멀리서 그들을 보고 에밀의 가슴은 두근거렸다. 그는 말에서 내리자 달려서 사랑하는 가족들 앞으로 갔다. 그의 말은 힘이 넘치기 때문에 사람이 내리자마자 들판을 뛰어 다녔다. 나는 따라가서 간신히 그 말을 붙잡아 데려왔다.

에밀은 아무것도 보지 못했다. 그러나 소피는 에밀에게 당신은 친구에게 폐를 끼쳤다고 속삭였다. 에밀은 부끄러워져서 말의 고삐를 잡고 제일 먼저 앞서간다. 이렇게 해서 소피를 뒤에 남기고 가게 되자 말이 편리하다는 생각도 없어지고 말았다. 다음 방문 때, 에밀은 더 이상 말을 타고 가려하지 않았다. 말지기를 데리고 가면 어떻겠냐는 나의 권유에 그것은 소피의 가족에게 쓸데없는 부담을 지우는 일이라고 하면서 극구 고집을 꺾지 않았다.

우리가 그녀의 집 가까이 갔을 때, 우리는 첫 번째 방문 때보다도 더 멀리까지 마중 나와 있는 모녀를 보았다. 우리는 달려갔다. 에밀은 땀이 비 오듯 했다. 소피는 그의 뺨에 흐르는 땀을 닦아주었다. 이젠 이 세상에 아무리 말이 많더라도 우리는 두 번 다시 말을 탈 생각은 하지 않을 것이다. 그러나 여름철도 거의 다 지나가고 해는 점점 짧아졌다. 그러므로 아침 일찍 집을 나서지 않는 한, 도착하자마자 곧 돌아와야만 했다. 소피의 어머니는 그것이 딱했던지, 어쩌다가 한번씩 자는 정도라면 마을 안에 숙소를 하나 마련할 수 있을 것이라는 묘안을 내놓았다. 그 말에 에밀은 기뻐 어쩔 줄 몰랐다.

우리들 사이에는 점점 따뜻한 우정과 티 없는 친밀감이 싹트게 되어 조금씩 그 뿌리를 내리게 되었다. 이제 나는 그를 혼자서 방문하게도 하였다. 신뢰도 사람의 영혼을 앙양시키므로 어른을 어린이 취급해서는 안 되는 것이다. 그리고 가끔은 나 혼자 소피의 집을 방문할 때도 있었으나 그는 아무런 불평도 하지 않았다. 그는 내가 자기의 이익을 해치지 않으리라는 것을 너무도 잘 알고 있었다. 여하간 우리는 날씨가 나빠도 소피의 집을 방문하였다. 그러나 불행히도 소피는 우리가 나쁜 날씨에 찾아오는 것을 금지 시켰다. 내가 그녀에게 비밀리에 알려준 규칙들을 그녀가 어긴 것은 이때뿐이었다.

어느 날 에밀은 혼자서 떠났다. 그는 다음날에야 돌아올 줄 알았는데 그날 밤에 돌아왔다. "에밀, 자네는 친구 곁으로 돌아왔구려!"하고 말했더니 시큰둥하게 대답했다. "일찍 돌아오고 싶어서 온 게 아니라 소피가 돌아가라고 해서 온 겁니다. 그녀 때문에 돌아온 것이지 선생님 때문에 그런 것은 아닙니다."

나는 그 솔직함에 감동되어 그를 껴안으며 말했다. "이 진실한 친구야. 그녀가 시켜서 돌아온 것이라 하더라도 자네가 그렇게 말하는 것은 나를 위해서 하는 소리일세. 자네가 돌아온 것은 그녀가 시킨 것이지만, 자네의 그 솔직한 태도는 내가 만들어 준 것이니까. 그 정직한 마음만은 잊지 말아야 하네. 사람들이야 어떻게 생각하든 상관없지만 우리가 나를 위해서 한 일이 아닌데 친구가 그 일로 나에게 치사할 때, 시치미를 떼고 그것을 받는 것은 죄악일세."

나는 그의 솔직한 고백을 듣고 이렇게 말해줌으로써 자기의 고백의 가치를 떨어뜨리지 않도록 주의를 시켰다. 그러나 그는 자신도 모르는 사이에 나에게 그 심중을 드러내 보인 것이다. 그가 만일 사랑을 꿈꾸면서 환한 얼굴로 느긋하게 돌아왔다면 그는 그저 소피의 애인에 불과하겠지만 그가 기분은 좀 상했다 하더라도 숨을 헐떡이며 급히 돌아왔다면 에밀은 멘토의 친구인 것이다.

에밀과 소피의 만남은 일정하게 정해져 있기 때문에 만나고싶을 때마다 만날 수는 없었다. 에밀은 만남의 순간보다 그것을 반추하고 만날 순간을 기대하며 상상하는 것을 더 즐거워하게 되었다. 그러나 이러한 공상으로 인해 그는 더욱더 사랑의 불꽃을 피울 수 있었다.

소피를 만나지 않는 날에 에밀은 대개 주변의 들판을 돌아다니며 박물학 공부를 한다든지 그 지방의 토양과 산물과 경작방법을 관찰하고 조사하면서 보냈다. 그리하여 얻은 지식을 활용하여 자주 스스로 일하기도 한다. 농부들은 에밀이 자기들보다 농기구를 더 잘 다루는 것을 보고 놀랜다. 그는 농부들보다 더 반듯하게 이랑을 만들고, 골고루 씨를 뿌리며, 밭고랑도 더 훌륭하게 만든다. 한마디로 그는 기본적이고 일반적인 모든 유익한 일에 자신의 열성과 마음 씀씀이를 쏟는 것이다. 게다가 일일이 농가에 찾아다니기도 한다. 그는 돈은 거의 주지 않지만 그러면서도 용돈을 줄 경우에는 유용하게 쓰도록 용도를 가르쳐 주곤 했다.

그는 집도 수리해 주고, 버려진 토지를 개간해 주기도 하며, 잃어버린 가축들을 새로 공급해 주기도 한다. 이웃 간에 소송문제가 생겼을 때는 화해를 시키기도 하며 병에 걸린 농부가 있으면 간호를 시키기도 하고 자신도 직접 간호에 나선다. 또 이웃에 사는 세도가에게 괴로움을 당하는 농부가 있으면 그는 그 사람을 보호하고 도와준다.

가난한 연인들이 있으면 그들의 결혼을 후원해 준다. 자식을 잃고 슬픔에 잠긴 부인을 보면 위로도 해준다. 그는 가난한 사람들을 결코 경멸하지도 않으며 불행한 사람들을 보고 몸을 피하는 일도 없다. 어떤 사람에게는 은인이 되고, 또 어떤 사람들에게는 친구가 되면서 그는 언제나 그들과 동등한 인간이 되고자 한다. 말하자면 그는 항상 자신의 재산에 대한만큼의 선행을 자신의 육체적 노력에 의해서도 실천하는 것이다.

가끔 그는 그 행복한 집 쪽으로 발길을 향하는 때도 있었다. 그것은 소피를 몰래 볼 수 있다거나, 그녀의 눈에 뜨이지 않고 그녀가 산책하는 모습을 볼 수 있다는 기대 때문인지도 모른다. 그러나 에밀은 자기가 공언한 것을 철저하게 지키며, 소피의 허락 없이는 얻을 수 없는 것을 우연히 얻기 위해 가까이 다가가는 일은 결코 없다. 다만 그는 즐겨 그 주변을 서성이고, 애인의 발자취를 찾으면서 그녀가 베풀어준 노고라든가 자진하여 마중 나온 일을 생각하면서 감동에 잠긴다.

그녀를 찾아가기로 되어 있는 전날은 미리 농가에 들러 소피가 좋아하는 과일과 과자와 크림을 주문해 두고 소피에게는 비밀로 해 둔다. 다음 날 소피는 그러한 것들을 대접받고 진정으로 기뻐한다. 과자를 먹으면서 나는 에밀의 달리기 시합에 관하여 얘기를 한다. 그들은 지금도 옛날처럼 잘 달릴 수 있느냐고 에밀에게 물어본다. "달리는 것을 잊어버릴 수 있나요?"하고 그가 말하자 모두들 그가 달리는 모습을 보고싶다고 말했다. 그러나 소피는 감히 아무 말도 할 수 없었다.

어렸을 때 하던 방법으로 주위에 있던 세 청년을 부르고 옛날의 경주에서처럼 결승점에 과자를 놓았다. 승리자는 에밀이었다. 에밀은 소피의 손에서 상품을 받았다. 그리고 아이네스(고대 그리스의 전설적 영웅)처럼 경주에서 진 사람에게도 상품을 나누어준다. 그러자 이번에는 소피가 도전을 청하였고 에밀은 기꺼이 승낙하였다. 사실 소피는 이기겠다는 생각보다는 오히려 스커트를 올림으로써 자신의 날씬한 다리를 과시하고 싶은 것이었다.

에밀은 소피도 여성인 이상 잘 달리지는 못할 것으로 생각하고 조용히 웃음을 머금고 그녀를 바라보았다. 그녀는 날렵하게 달려 에밀보다 훨씬 앞서서 달리고 있었으며 에밀은 마치 독수리가 먹이를 쫓듯 달렸다. 그는 그녀를 바짝 뒤따랐다. 그리고 숨이 끊어질 듯한 그녀를 왼팔로 부드럽게 감아서 가슴에 꼭 끌어안고 그대로 달려 그녀의 몸이 결승점에 먼저 닿게 해 주었다. 그리고는 "소피 만세!"를 외치면서 그녀 앞에 무릎을 꿇고 자기가 졌다는 자세를 취했다.

이런 일 외에도 적어도 일주일에 하루 혹은 날씨가 나빠서 산책할 수 없을 때에는 에밀과 나는 수공업자의 집으로 일을 하러 간다. 하루는 소피의 아버지가 그곳으로 찾아와 우리가 일하는 것을 보고 감탄하여 아내와 딸에게 이렇게 말하였다. "공장에 가서 그 청년이 일하는 자세를 눈여겨보는 것이 좋을 것이다." 이 말을 들은 소피가 얼마나 기뻤겠는가는 여러분이 상상해 보기 바란다. 어머니와 딸은 그것에 관해 이런저런 얘기를 하다가 갑자기 가서 일하고 있는 에밀을 놀래켜 주기로 하였다.

그곳에 도착해 보니 작업복을 입은 에밀이 한쪽에서 그녀가 온 것도 모르고 한 손에 끌과 망치를 들고 나무토막을 다듬고 있었다. 그 광경은 소피의 가슴을 뭉클하게 하였다. 여성들이여, 당신들의 가장을 존경하라! 그는 당신을 위해 땀을 흘려 일하고, 당신이 먹을 빵을 벌고, 그대를 부양하는 것이다. 이것이 남성이다.

그녀들이 정신 없이 에밀을 쳐다보고 있을 때, 나는 에밀의 소맷자락을 잡아당겼다. 그는 뒤돌아보고 손에 든 연장을 내려놓고 너무 기뻐서 탄성을 지르며 그녀에게 달려간다. 자리를 권하고 다시 일을 시작했다. 소피는 자리에서 일어나 그 하얗고 부드러운 손으로 대패질도 하고 이것저것 유심히 쳐다본다. 나는 사랑의 여신이 하늘에서 웃으며 날개를 퍼덕이는 것 같은 느낌이 들었다.

한편 소피의 어머니는 주인에게 이렇게 물었다. "여보세요, 주인장. 저 두 사람의 하루 품삯은 얼마나 되나요?" "예, 저 두 사람에게 하루에 10펜스와 식사를 제공하고 있습니다. 그러나 저 젊은 친구는 마음만 먹으면 더 벌 수도 있습니다. 그는 이 고장에서 가장 우수한 기술을 가지고 있으니까요." 이 말을 듣고 그녀는 에밀에게로 달려가 가슴에 안고 키스를 하며 눈물을 흘렸다.

그들은 우리의 일에 방해가 되지 않기 위해 간다고 하였다. 소피의 어머니는 에밀에게 다가가 에밀의 뺨을 가볍게 두드리면서 이렇게 말한다. "훌륭한 나의 기술자, 우리와 같이 가지 않겠어요?" 그러자 에밀은 대단히 유감스럽다는 표정으로 "저는 지금 일을 하고 있습니다. 여기에 남아 있어야 합니다." 하고 거절하였다.

부인은 우리에게서 떠나갔다. 집에 돌아오는 도중 마음이 상한 어머니는 에밀의 그 어색한 태도에 대해서 딸에게 말하였다. "도대체 왜 그럴까? 에밀은 별로 필요치 않은 곳에 돈을 쓰면서 막상 이렇게 적절한 기회가 왔을 때는 돈 없는 인색한 사람처럼 행동하니 말이다." 그러자 소피는 이렇게 대답했다. "어머니, 저는 에밀이 돈의 힘을 믿고 약속을 어긴다거나 약속을 어겨서 생긴 손해를 돈으로 보상하려고 하는 사람이 아니라고 생각해요. 나는 그 사람의 그런 마음이 결코 변하지 않았으면 좋겠어요. 나는 그 사람의 눈빛에서 그것을 알 수 있었어요."

그러나 소피의 이와 같은 관대함은 사랑의 진정한 성의에 대해서까지 그런 것은 아니다. 오히려 그녀는 엄격하고 요구가 까다롭다. 그녀는 미지근한 사랑을 받기보다는 오히려 사랑을 받지 않으려는 것이다. 그녀는 자기 때문에 본성이 달라져 본 적이 없는 순박한 그런 남성을 지배하고 싶은 것이다.

오디세우스의 친구를 천한 동물로 만들어버린 키르케는 그들을 멸시했으며, 오직 단 한 사람, 즉 자기의 힘이 미치지 못했던 오디세우스에게만 몸을 맡겼는데 바로 그것과 같은 것이다. 소피는 자기의 모든 권리에 대해 민감하기 때문에 에밀이 그것을 섬세하게 존중해 주는지, 현명하게 자기의 의사를 꿰뚫어 보는지, 정성을 기울여 정확한 시간에 자기를 찾아와 주는지에 대하여 지켜보고 있는 것이다.

즉 그녀는 에밀이 늦게 오는 것도 너무 일찍 오는 것도 바라지 않는다. 그녀는 그가 정확하기만을 바랄 뿐이다. 왜냐하면 너무 일찍 오는 것은 그가 그녀보다도 자기를 더 소중히 여긴다는 증거이며, 너무 늦게 온다는 것은 그녀를 가볍게 생각하는 증거이기 때문이다.

어느 날 밤, 그들은 우리를 기다리고 있었다. 에밀에게 미리 연락을 했던 것이다. 그들은 마중까지 나왔으나 우리는 가지 않았다. 그들은 우리들을 기다리면서 밤을 새웠고 소피는 우리가 죽은 것으로 생각하고 울며 밤을 새웠다. 안부를 물으러 왔던 하인이 돌아가서 우리에게 아무 일도 없었다는 것과 사과의 말을 전하자 그녀는 갑자기 눈물을 닦았다. 만일 그녀가 그대로 눈물을 흘렸다면 그것은 노여움의 눈물이었을 것이다.

우리가 그 집에 도착하자 그녀는 다른 방으로 가버리려고 했으나 어머니가 만류하여 그대로 있었다. 그리고는 애써 침착하고 기뻐하는 듯한 표정을 지었다. 그녀의 아버지는 우리를 맞이하며 이렇게 말했다. "여러분은 우리에게 걱정을 끼쳤어요. 여기에는 여러분을 쉽게 용서하지 못할 사람이 있습니다." 소피는 자연스러운 미소를 지으면서 "아버지 그게 누구지요?"하고 물었다. "아무라도 상관없지 않니? 너를 두고 하는 말은 아니니까."하고 아버지가 대답했다. 소피는 아무 말도 하지 않고 어머니는 냉랭한 태도로 우리를 맞이하였기에 에밀은 소피 곁으로 다가갈 용기가 없었다. 그러자 소피가 먼저 입을 열어 자리를 권했다.

나는 그가 속지 않도록 하기 위해, 가끔 하던 식으로 소피의 손에 입술을 갖다 대려고 하자 "어머, 선생님!"하고 말하고는 얼른 손을 뿌리쳤다. 에밀은 이 무의식적인 행동에 드러난 소피의 기분을 보고 놀라서 멍청히 쳐다만 보고 있었다.

소피도 자기의 본심이 드러난 것을 깨닫자 그녀의 표면적인 냉정함이 비웃는 듯한 경멸로 변했다. 그녀는 천천히 그리고 뚜렷하지 않은 소리로 짤막하게 대답할 뿐이었다. 에밀은 비통한 표정으로 그녀를 바라보며 그녀의 진정한 기분을 알아내기 위해, 그녀의 시선이 자기를 향하기를 간절히 바란다. 소피는 그런 모습에 화가 나서 그에게 매서운 눈길을 보냈으나 그것은 마치 다시 한번 자기를 봐 달라는 눈치 같았다. 그러나 다행히도 에밀은 더 이상 쳐다보지도 못하고 말을 걸지도 못했다.

이제는 내가 나서서 사정을 설명할 때라고 생각하여 소피의 손을 잡고 다정하게 말했다. "소피, 우리는 괴로워하고 있답니다. 당신은 이성적이고 공정한 사람이니까 우리의 설명을 들어보지도 않고 우리를 판단하려 들지는 않겠지요. 내 말을 들어주세요." 그녀는 아무 대꾸도 하지 않았지만 나는 이렇게 말했다.

"어제 우리는 7시까지는 도착할 예정으로 4시에 출발했는데, 도중에 술에 취해 귀가하던 중 낙마하여 다친 사람을 만났어요. 주위에는 아무도 없었고 조금도 움직일 수 없었기 때문에 그를 말에다 태울 수도 없었지요. 그래서 우리는 말을 구석에 매어 놓고 팔을 마주잡아 들것을 만들고는 거기에 그 사람을 태우고 조심조심 그 사람의 집까지 옮겼습니다. 길이 멀어서 그의 집에 도착하자 우리는 완전히 지쳐있었는데 놀랍게도 우리가 운반해온 사람의 집은 옛날에 우리를 친절하게 대해주었던 그 사람의 집이었어요. 우리 모두가 당황해서 미처 서로를 알아보지 못했던 거지요. 그의 아내는 해산이 가까웠는데 다친 남편을 보고 놀라서 그만 진통을 일으켜 조금 후에 아이를 낳았습니다.

외딴 집에서 당한 일이라 어쩌겠오? 에밀은 의사와 간호원을 부르러 나갔으며 나는 다친 남자와 진통하고 있는 여자 사이에서 얼마나 고생했는지 모릅니다. 여하튼 새벽 두 시가 되어서야 휴식을 취할 수 있었습니다. 우리는 먼동이 트기 전에 간신히 근처의 숙소를 찾았으며, 거기서 이 사실을 알리려고 여러분이 일어날 시간만을 기다리고 있었습니다."

그러자 에밀은 소피에게 다가가 내가 기대했던 이상으로 단호하게 말했다. "소피, 딩신은 나의 운명을 손에 쥐고 있는 사람이오. 당신은 그것을 잘 알고 있습니다. 당신은 나를 괴로움으로 죽게 할 수도 있습니다. 그러나 나에게 도의마저 져버리게 하지는 마십시오. 나에게는 그 권리가 당신의 권리보다 더 신성합니다. 내가 당신 때문에 그러한 권리를 포기하는 일은 결코 없을 겁니다."

아무 대답도 없이 소피는 일어서더니 에밀의 목을 끌어안고 그의 볼에 입을 맞춘다. 그리고 더할 나위 없이 상냥하게 그의 앞에 손을 내밀면서 말한다. "에밀, 이 손을 잡아줘요. 이 손은 당신의 것입니다. 언제라도 당신이 원하신다면 제 남편, 제 주인이 되어 주세요. 저는 그 영예를 더럽히지 않는 사람이 되도록 노력하겠어요."

그녀가 그의 볼에 키스하자마자 그의 아버지는 박수를 치면서 "다시 한 번, 다시 한 번!"하고 외쳤다. 그러자 소피는 급히 어머니 품 속에 숨어서 얼굴을 붉혔다. 점심식사가 끝난 뒤, 소피는 그들을 문병하고 싶다고 말했다. 우리는 바람직하다고 생각하고 그 집에 갔다. 돌봐주는 사람이 있긴 했으나 모든 것이 불편한 처지였다. 소피는 부인의 앞치마를 빌려 입고 그녀를 편안히 누워있도록 보살펴 주었으며 그녀 남편의 아픈 곳을 찾아 부드러운 손으로 좀 더 편안하게 해 주었다. 그리고 주위도 청소하였다. 이 부부는 이 친절한 처녀에게 대단히 감사하고 있었다. 그들에게는 마치 천사와 같은 존재였다. 에밀은 감탄하여 그녀를 말없이 바라만 보았다. 남성들이여, 그대의 반려자를 사랑하라! 신은 그대의 노고를 달래 주고 그대의 괴로움을 위로해 주기 위해서 아내를 주신 것이다.

이틀 동안이나 만나지 못한 어느 날 아침, 나는 편지 한 통을 들고 에밀의 방으로 갔다. 그의 얼굴을 똑바로 쳐다보면서 "만일 소피가 죽었다는 소식이라도 들리면 자넨 어떻게 하겠나?"하고 마음을 떠보았다. 그랬더니 화가 나서 거의 위협하는 태도로 말했다. "제가 어떻게 하겠냐구요? 모릅니다. 하지만 그런 소식을 전한 자와 한평생 얼굴을 맞대지 않으리란 것은 압니다." 나는 미소를 지으며 "안심해라. 그녀는 멀쩡하다. 오늘 우리를 초대했더구나. 잠시 산책을 하면서 얘기를 좀 하세."

그의 마음을 완전히 사로잡고 있는 정념은 전처럼 순수하게 이성적으로 이야기하지 못하게 만들고 있다. 다름 아닌 그 정념으로 내가 들려주는 말에 강한 관심을 갖게 할 필요가 있다. 그는 틀림없이 내 말에 귀를 기울일 것이다.

"사랑하는 에밀, 우리는 행복해야만 한다. 이것이야말로 자연이 우리에게 준 최초의 희망이며, 또 절대로 우리에게서 떠나지 않는 유일한 희망인 것이다. 그 행복이 어디에 있는지 아무도 모른다. 모두들 일생동안 행복을 찾아다니지만 찾지도 못한 채 죽어간다. 갓 태어난 너를 안고 너의 행복을 위해 나의 인생을 바치겠다고 감히 말할 수는 없다. 다만 너를 행복하게 해주면 나도 행복하게 되리라는 것만을 알고 있었을 뿐이다.

무엇을 해야할지 모르는 동안에는 아무것도 하지 않는 것이 지혜로운 것이다. 행복이 어디 있는지도 모르면서 행복을 찾는 것은 행복에서 멀어지는 위험이 있으며 또 수많은 모험을 하게 되는 것이다. 너무나 강하게 행복을 원하기 때문에 우리는 아무것도 하지 않기보다는 차라리 행복을 탐구하여 자신을 기만하는 쪽을 택하는 것이다.

　나는 그런 과오는 피하려고 노력했다. 너를 돌보면서 나는 쓸데없는 걸음은 단 한 발자국도 내딛지 않고, 또 네게도 그런 일은 시키지 말자고 결심했다. 나는 자연이 행복의 길을 제시해 줄 때를 기다리며 자연의 길만을 따랐다. 나의 증인이 되어 주고 나의 심판자가 되어 다오. 너의 유년기가 다음에 올 시대를 위해 희생되지는 않았다. 너는 자연이 준 모든 행복을 누리면서 증오도 속박도 모르고 자랐다. 항상 자유롭고 만족했으며 항상 바르고 선량했다. 너의 그 유년기의 추억을 노년이 될 때까지 잊지 말아주기 바란다.

　네가 이성의 시기에 이르자 나는 세인의 편견으로부터 너를 보호했으며, 감수성이 강해질 때는 정념으로부터 너를 보호했다. 이런 내면의 평화를 언제나 간직한다면, 너는 인간의 모든 행복을 향유할 수 있을 것이다. 사랑하는 에밀아, 그러나 나는 너의 영혼을 스틱스의 강물에 담가 불사신이 되게 하려 했으나 새로운 적이 나타나고 말았다. 그것은 바로 네 자신이다. 지금 너는 욕망의 노예가 되고 있다. 네 자신에겐 아무런 변화도 질병도 없는데 너의 영혼은 무수한 고통을 받고 있는 것이다. 죽지 않고도 너는 얼마나 많은 죽음의 고통을 느낄 것인가! 사소한 거짓과 실수와 의심까지도 너를 절망으로 이끌어 갈 것이다.

　너는 고통과 죽음이 어떻다는 것을 알고 있다. 너는 육체의 병은 다스리고 있지만 마음의 욕망을 다스리는 법칙은 마련하고 있지 않다. 우리의 생활에서 고뇌가 생기는 것은 필요에 의해서가 아니라 대개의 경우 감정에서 기인하는 것이다. 우리의 욕망은 무한한데 우리의 힘은 유한하여 애착이 많아질수록 그만큼 더 많은 고통이 따르는 것이다.

　우리의 사랑도 영원하지 못한데 모두들 영원한 것처럼 생각하고 있다. 너는 소피가 죽지않았을까하는 의혹만으로 무척 놀랬는데, 과연 그녀는 영원히 살 수 있다고 보는가? 그녀도 결국은 죽는다. 더욱이 너보다 먼저 죽을지도 모른다. 자연은 너에게 한번 죽을 것을 명령하고 있는데, 너는 두 번의 죽음을 스스로에게 주고 있다.

이렇게 방자한 정념의 노예가 되어 있는 너는 앞으로 얼마나 비참한 상태에 머물게 될 것인가? 모든 것을 잃어버리지나 않을까 하는 걱정은 아무것도 자기 것으로 만들지 못하게 한다. 자기의 끝없는 욕망만을 법칙으로 삼는 사람은 비참하고 사악한 사람이 될 것이다.

네 애인의 죽음을 알리러 온 사람을 다시는 보지 않겠다는 네가 산채로 그녀를 네게서 빼앗아 가는 사람이 있다면, 너에게 감히 "그 여성은 네게는 죽은 사람이나 마찬가지이다. 그 여성을 네게서 떼어놓은 것은 미덕인 것이다."하고 말하는 사람이 있다면, 그런 사람은 어떻게 할 것인가? 네가 그 여성을 원한다면 어떤 대가를 치르더라도 그녀를 소유해야만 할 것이다. 그렇다면 자기 마음이 원한다는 사실 이외에는 어떠한 규제도 갖지 않고, 자기의 욕망을 억제하는 방법도 모르는 사람이란 도대체 어떤 죄를 짓게 되는 것일까? 그것을 네가 나에게 가르쳐 다오.

나의 아들이여! 용기 없이는 행복을 얻을 수 없고, 투쟁 없이는 미덕이 생기지 않는다. 미덕 자체는 약한 것이지만 강한 사람만이 그것을 소유하는 법이다. 그러므로 우리는 신을 선하다고는 불러도 유덕 하다고는 말하지 않는다. 왜냐하면 신은 선을 행하기 위해서 노력할 필요가 없기 때문이다. 미덕을 실천하기 위해 그것을 알 필요가 있을 때는 눈을 뜨기 시작할 때이다. 너에게도 그 시기가 온 것이다.

그렇다면 유덕한 사람이란 어떤 사람일까? 자기의 감정을 극복하고 오로지 이성과 양심에 따라서 행동하는 사람들을 유덕한 사람이라고 부를 수 있을 것이다. 그런 사람이라면 질서를 존중할 것이다. 지금까지 네가 자유로웠던 것은 표면적이었으며, 명령을 받지 않은 노예의 일시적인 자유였다. 그러므로 지금이야말로 진정한 자유인이 되어 자기 자신의 주인이 되어야 한다. 그러면 너도 덕이 있는 사람이 될 것이다. 이것이 지금부터 해야할 새로운 수업이며 이 수업은 이전의 수업보다도 훨씬 고통스러운 수업이다. 왜냐하면 자연은 자연이 우리에게 준 고뇌로부터는 우리를 해방시켜 주거나 그것을 견디는 것을 가르쳐 주지만 우리 스스로가 만든 고통에 대해서는 우리 자신에게 맡겨 버리기 때문이다. 우리가 자신의 정념에 희생되어 쓸데없는 고통을 당해도, 또 마땅히 부끄럽게 생각하고 눈물을 흘려야 함에도 불구하고 오히려 그것을 자랑스럽게 여기는 것을 그대로 방임해 버리는 것이다.

너에게는 이것이 처음으로 느끼는 정념이며, 만일 남자답게 그것을 지배할 수 있다면 또한 마지막 정념이 될 것이다. 이 정념은 그것을 느끼는 영혼처럼 순수하다. 행복한 연인들이여! 미덕의 매력은 너희들에게 사랑의 매력을 더할 뿐이다. 그리고 너희들을 기다리고 있는 유쾌한 결합은 너희들의 애착의 결과인 동시에 지혜의 보상이기도 하다. 그러나 성실한 인간 역시 이토록 순수한 정념의 노예가 되어 있지 않은지? 그리고 만일 내일이라도 그 정념이 순수함을 잃는다면 너도 당장 내일부터 그 정념을 버릴 수 있겠는가?

지금이야말로 너의 힘을 평가받을 시기이다. 막상 힘을 사용해야만 할 때가 되면 이미 늦어버린 것이다. 이런 위험한 시도는 위험이 다가오기 전에 미리 지도해야만 한다. 적을 앞에 두고 싸움연습을 해서는 안 된다. 훈련은 전쟁이 일어나기 전에 갖추어야 하며, 완전히 준비가 끝난 후라야 싸움에 임할 수 있는 것이다. 어떤 정념이든 우리의 지배 하에 놓여 있으면 모두가 좋은 것이다.

자연은 우리의 힘의 한계 내에서 대인관계를 넓힐 것을 원하며, 이성은 우리가 누릴 수 있는 것만을 얻길 원하며, 양심은 우리가 유혹에 이기기를 원하고 있다. 정념을 느끼는 것과 느끼지 않는 것은 우리의 능력 밖에 있으나 그것을 지배하는 것은 우리 능력 안에 있다. 우리가 지배하고 있는 감정은 모두 좋은 것이지만 우리를 지배하고 있는 감정은 모두 나쁜 것이다.

어떤 사람이 남의 아내를 사랑한다고 해도 그 불행한 정념을 의무의 법칙에만 따르면 죄가 되지 않지만, 자신의 아내를 사랑한다고 해도 그 사랑 때문에 모든 것을 희생시킬 만큼 사랑한다면 그것은 죄가 되는 것이다. 사랑에 대한 교훈은 하나밖에 없다. 인간이 되어라. 너의 마음을 인간이라는 조건의 한계 속에 끌어 들여야 한다. 그 한계가 아무리 좁아도 그 안에만 들어가 있으면 우리는 결코 불행하지 않으나, 이 한계를 뛰어 넘으려고 할 때 비로소 불행은 시작되는 것이다. 아예 불가능한 소원은 우리의 마음을 괴롭히지 않는다. 거지는 왕이 되고싶다는 욕망으로 괴로워하지는 않는다. 왕도 자기가 이제는 인간이 아니라고 생각하지 않는 한 신이 되려고 하지 않는다.

교만에 의한 환상은 최대의 불행이다. 그러나 어진 사람은 인간의 비참함을 깊이 성찰함으로써 항상 겸손하다. 그는 자기가 소유할 수 없는 것을 누리기 위해 쓸데없이 힘을 낭비하지 않으며, 오직 자신이 가지고 있는 것을 완전히 소유하기 위해 전력을 다하고, 또 소망하는 것이 우리보다 적기 때문에 그가 원하는 모든 것에 대해 실제로는 우리보다 힘이 강하고 풍부하다.

오, 에밀! 나의 아들이여! 만약 내가 자네를 잃는다면 나는 모든 것을 잃는 것이다. 그럼에도 불구하고 나는 자네를 잃으려는 각오를 하고 있어야 한다. 언제 자네를 빼앗길지 누가 그것을 알겠는가? 그러므로 자네가 행복하고 현명하게 살고자 한다면 절대로 멸망하지 않을 아름다움에 대해서만 마음이 애착을 갖도록 해야 한다. 자네에게 주어진 조건을 욕망에 대한 한계로 삼고 자네의 의무를 심정의 쏠림보다 우선해야 한다.

미덕이 명령하면 모든 것을 떠날 수 있는 자세를 배우고, 우연의 사건에 초연해질 줄 아는 자세와 그것들에 상심하지 않으면서 마음이 떠날 수 있도록 하는 자세, 절대 가련해지지 않도록 역경에 처해도 용감해지는 것, 절대 죄짓지 않기 위해 자신의 의무를 확고히 하는 것을 배워야 한다. 그렇게 하면 자네의 운명이 어떠하든 행복해질 것이며, 정념에도 불구하고 현명할 것이다. 사람을 속이고 있는 수많은 편견을 극복한 정복자로서 또 인생에 대해 큰 가치를 부여하는 것에 대해서도 정복자가 될 것이다. 마음의 혼란 없이 인생을 보낼 것이며, 두려움 없이 인생을 마칠 것이다.

죽음은 악인에게는 생의 종말이지만, 선인에게는 생의 시작이다."

에밀은 약간의 불안을 느끼며 내 이야기를 들었다. 영혼의 힘을 단련시킬 필요를 제시하면서 그와 같은 단련을 내가 부과하려 한다는 것을 그는 예감한 것이다. 그는 두려움을 지닌 채 나에게 물었다. "어떻게 해야 합니까?" 나는 확고한 어조로 말했다. "자네는 소피와 헤어져야 한다.""뭐라고요? 소피와 헤어지라니요? 그녀를 속이고 배신자가 되고 교활한 사람이 되고 맹세를 저버리는 사람이 되라고요?""뭐라고? 내가 자네에게 그런 누명을 두려워하라고 가르쳤던가?""아닙니다. 어느 누구로부터 그런 소리를 듣게 되는 것을 두려워하지 않습니다. 나는 누명을 쓰지 않고 선생님이 만들어주신 것을 유지해 나갈 것입니다." 이 최초의 분노는 내가 예상했던 바다. 나는 태연히 그 분노가 가라앉기를 기다린다. 결국 에밀은 내가 설명하기를 기다리고 나는 이야기를 계속 한다.

"사랑하는 에밀! 어떤 상황에 놓인 자라도 자네가 지난 3개월 동안 누렸던 행복보다 더한 행복을 누릴 수 있는 사람이 있을 수 있다고 생각하는가? 자네는 인생의 기쁨을 맛보기에 앞서 인생의 행복을 완전히 맛본 것이다. 자네가 느낀 것 이상의 것은 아무것도 없다. 관능의 최대의 기쁨은 한순간에 사라져 버린다. 사람이 원하고 있는 것을 아름답게 미화하는 상상은 그것을 소유하게 되면 이미 사라져 버린다. 인생에 있어서 모든 것은 끝이 있고 지나가게 마련이다.

자네가 열중하고 있는 동안에도 예측하지 못했던 시간은 흘러가고 여름이 가고 겨울이 오고 있다. 아주 혹독한 계절에도 우리는 발걸음을 계속할 수 있겠지만 사람들은 그것을 견뎌내지 못할 것이다. 소피의 승인과 자네의 욕망은 혹독한 눈을 피하고 안일한 방법을 암시하고 있다. 하지만 봄이 오고 눈이 녹아도 결혼문제는 남는다. 결혼은 앞으로의 모든 계절을 고려하여 결정해야 한다.

자네는 소피와 결혼하기를 원하고 있지만 그녀를 알게 된지는 불과 5개월 남짓이다. 자네가 결혼을 원하는 것은 그녀가 자네에게 알맞기 때문이 아니라 그녀가 자네의 마음에 들기 때문이다. 마치 적합의 문제에 있어서 절대로 잘못 생각하는 일이 없기라도 한 듯이, 그리고 사랑으로 시작한 사람들은 결코 미움으로 끝나는 일이 없기라도 한 것처럼 말이다.

지금 내가 못미더워하는 것은 그녀의 미덕이 아니라 성격이다. 여자의 성격은 하루에 다 드러나는 것이 아니다. 얼마간의 교제가 일생을 보증하지는 못한다. 2개월의 부재만으로 자네를 잊을지도 모른다. 지금까지 그렇게 관심을 보이던 그녀가 자네가 돌아왔을 땐 무관심할지도 모른다. 감정은 지조에 의해 좌우되는 것이 아니다. 그녀는 변하지 않고 충실히 기다려 주리라고 믿고 싶다. 그러나 자네가 시련을 겪지 않는 한 누가 자네에게 그녀를 보증할 것이며, 누가 그녀에게 자네를 보증하겠는가?

소피는 아직 열여덟 살도 안 되었고 자네는 이제 겨우 스물두 살이다. 그 나이는 연애를 할 나이이지 결혼할 나이는 아니다. 얼마나 많은 젊은 처녀들이 어린 나이에 일찍 임신의 고역으로 체질이 약화되고 건강을 해치고 목숨이 단축되는지 아는가? 어머니와 어린애가 동시에 성장해갈 때, 그리고 성장에 필요한 영양분이 양쪽으로 나누어질 때는 어느 한쪽에도 충분히 주어지지 못한다.

자네에 관해 말하자면 남편이 되고 아버지가 되기를 바라고 있지만 그 의무에 대해 충분히 생각해 보았는가? 한 집안의 가장이 되려면 우선 국가의 일원이 되어야 하고, 정부, 법률, 조국에 대해서 알아야 하며, 시민의 질서 속에서 자리를 잡기 전에 계급을 알아야 하고, 그곳에서 어떤 지위가 자네에게 알맞은가를 배워야 한다. 소피에게 어울리는 자가 되기 위해 지금은 헤어져야 한다. 해야 할 일들이 얼마나 많은가? 고귀한 의무를 다하기 위해 헤어져 있는 것도 견딜 수 있도록 지금은 배우러 가야한다. 자네가 돌아왔을 때 자네는 그녀 앞에서 무언가 자랑할 수 있을 것이며, 은혜가 아니라 보상으로써 그녀에게 결혼을 신청할 수 있을 것이다."

그는 저항하며 항변한다. 기다리고 있는 행복을 왜 거부하는가? 알아야 하는 것을 배우기 위해 이별할 필요가 있는가? 그녀의 남편이 되면 언제든지 떠날 수 있을 것이다. 결혼만 하면 아무 걱정 없이 그녀를 떠날 수 있다고? 서로 헤어지기 위해 결혼한다니 얼마나 모순 된 일이란 말인가! 사랑하는 남자가 애인과 떨어져 살 수 있다고 하면 그것은 훌륭한 것이지만 남편이 되는 자가 불가피한 경우가 아니고서는 아내와 떨어져 산다는 것은 절대로 안 된다.

자네의 걱정을 줄이기 위해 소피에게 결혼을 늦추는 것이 본인의 의사가 아님을 밝힐 필요는 있을 것이다. 소피에게 본의 아니게 헤어져야 한다는 것을 말할 수 있어야 한다. 에밀, 소피와 헤어져야 하며 그러길 바란다. 에밀은 고개를 숙인 채 아무 말 없이 생각에 잠겨있더니 확신에 찬 태도로 나에게 말한다. "언제 출발합니까?" "일주일 후에 출발한다. 소피도 마음의 준비를 해야 하기 때문이다."

나는 소피를 위로하고 안심시키고 그녀의 애인이라기보다 그녀의 남편에 대해서 책임을 진다. "그가 그대에게 충실한 것과 같이 자신에게 충실하기만 한다면 2년 후에 그는 그대의 남편이 되어 있을 것입니다." 나는 서약을 한다. 그렇게 되고 보니 소피는 유카리스의 원한을 생각해 내고는 자기가 실로 유카리스의 입장에 처했다고 생각한다. "소피, 에밀과 책을 맞바꿔 보시오. 그에게 그대의 『텔레마쿠스』를 주어 그가 텔레마쿠스와 같은 사람이 되도록 하시오. 에밀은 그대에게 『스펙테이터』(1711~1714년 발행된 런던의 일간지)를 드리도록 하겠습니다. 그것을 읽고 정숙한 아내의 의무를 연구하시오. 2년 후에 그 의무가 그대의 의무가 된다는 것을 생각하시오."

이런 교환은 두 사람에게 신뢰를 주고 즐거움을 주었다. 마침내 작별의 날이 왔고 소피의 아버지는 엄숙한 어조로 나에게 말했다. "당신의 제자가 내 딸의 입술에 약혼의 표시를 하였음을 기억하여 주십시오." 에밀은 격정에 사로잡혀 제정신이 아니었으나 소피는 창백하고 침울하여 어두운 시선으로 아무것도 보지 않는다. 그녀에게 있어 그는 이미 떠난 것이다. 에밀은 그것을 보고 가슴이 에이는 듯한 느낌을 받았다. 나는 겨우 그를 그곳에서 끌어낸다.

여행에 대하여

청년이 여행하는 것이 좋은지 나쁜지에 대해 여러 가지로 논의가 분분하다. 서적의 남용은 학문을 죽인다. 문학이 융성하던 시대를 통틀어 현대만큼 책을 많이 읽던 시대는 없었지만, 현대만큼 사람들이 무엇인가를 알지 못하는 시대도 없었다. 프랑스만큼 역사나 여행기가 많이 출판되는 나라도 없으며 프랑스인만큼 남의 나라 국민들의 특성이나 풍속을 모르는 국민도 없다. 책들이 너무나 많으며, 비록 책을 읽고 있더라도 저마다 자기 페이지만을 읽고 있다. 파리 사람들은 인간을 안다고 생각하지만 그들은 프랑스인밖에는 알지 못한다. 모두 저마다 어떤 나라에 관한 기록을 열 번 이상은 읽었으면서도 그 나라의 주민을 보면 깜짝 놀라 눈이 휘둥그레진다.

진실에 이르는 길목에서 저자의 편견과 자신의 편견이라는 두 가지를 동시에 뚫어야 하는 일이 기다리고 있다. 관찰할 것이 있다면 어떤 종류가 되었든 책을 통해 읽어서는 안 된다. 눈으로 보아야만 한다. 그러므로 사람들이 자랑으로 삼는 수많은 서적은 책을 읽는 것으로 만족하는 사람들에게 맡겨두기로 하자. 어떠한 사람이든 한 국민밖에 보지 못한 사람은 인간을 안다고 할 수 없으며 함께 살아온 사람을 아는 것에 불과하다. 따라서 여행에 관한 문제를 제기하는데 있어 제대로 교육받고 양육된 사람이라면 자국의 사람만 알면 충분한가 아니면 널리 인간이라는 것을 아는 것이 중요한가의 문제로 되면 논쟁의 여지도 없어진다.

그러나 인간을 연구하기 위해 세계를 두루 돌아다닐 필요가 있을까? 대단히 비슷한 사람들이 있으므로 열 사람의 프랑스인을 본 사람은 프랑스인 전체를 본 셈이 되며 10개국의 국민을 비교해본 사람은 인간을 알아볼 수 있게 된다. 지식을 얻고 공부하기 위해서는 여러 나라를 돌아다니는 것만으로 충분치 못하며 여행하는 방법을 알아야 한다. 관찰하기 위해서는 보는 눈이 필요하며 알고자하는 대상으로 눈을 돌려야 한다. 문화가 가장 낮은 국민이 대체로 가장 현명한 국민인 것과 마찬가지로 가장 적게 여행하는 국민이 가장 좋은 여행을 하는 것이다. 그들은 하찮은 연구에 대해서는 우리만큼 진보되어 있지 못하며 우리들의 헛된 호기심의 대상에는 별로 관심이 없다. 그래서 그들은 정말로 유익한 일에만 모든 주의를 기울이며 스페인 사람들이 그와 같이 여행을 한다. 고대인들은 여행하는 일도 드물었고 책을 읽는 일도 드물었지만 현대까지 남아 있는 그들의 책을 보면 동시대인들이 관찰한 것보다도 더 잘 상대방을 관찰하였음을 알 수 있다.

고대에는 인종의 구별, 대기와 토양이 각 국민의 기질과 용모, 습속, 성격에 강하게 영향을 끼쳤지만 오늘날에는 그렇지 않다. 유럽의 끊임없는 변화는 빠른 시간에 이루어져 각인을 남길 만한 여유조차 없으며 모든 것이 일률적으로 일어나기 때문에 각 국가 간의 차이는 외형적인 차이조차도 남아 있지 않게 되었다.

여행을 통해 얻는 교훈은 그 여행을 계획한 목적에 따라서 얻어진다. 그 목적이 하나의 철학체계를 세우는 것이라면 여행자는 그가 보고자 하는 것 이외에는 아무것도 보지 못할 것이다. 통상이나 기술도 여러 국민들을 융화시키지만 국민들을 연구하는데 방해가 된다.

생활하기에 가장 쾌적한 장소를 선택하기 위해서는 거주가 가능한 모든 곳을 아는 것이 유익하다. 만약 인간이 자급자족한다면 자신을 먹여 살릴 정도의 토지만으로 충분하다. 미개인은 자기 토지 외에 어떤 토지도 알지 못하며 설령 더 넓은 토지가 필요하더라도 야수가 사는 장소에서 구한다.

그러나 사회생활을 하는 우리는 인간이 많은 곳에 자주 가는 것이 유리하기 마련이다. 그래서 모두가 파리나 런던으로 몰려드는 것이다. 인간의 피를 가장 싸게 파는 곳은 언제나 수도인 것이다. 이리하여 사람들은 대도시의 사람들밖에는 알지 못하며 또 대도시 사람들은 모두 비슷하다.

국토를 보기 위한 여행과 국민을 보기 위한 여행은 다르다. 전자의 목적은 항상 호기심이 많은 사람들의 목적이며, 그들에게는 후자의 목적은 부수적인 것에 불과하다. 철학적인 고찰을 하려는 자에게는 정반대가 되어야 한다. 어린이는 인간을 관찰하기에 앞서 사물을 관찰한다. 제대로 된 인간은 우선 자신과 같은 동포를 관찰하고 그런 후에 시간이 남으면 사물을 관찰한다.

그러므로 우리가 만족스럽지 못한 여행을 했다고 해서 여행이 무용한 것이라고 단정하는 것은 잘못된 추론이다. 그러나 여행의 유익함이 인정되었다 하더라도 그것이 모든 사람에게 적합하지는 않다. 오히려 아주 소수의 사람에게만 적합하다. 그것은 확고한 자신을 지녀 그릇된 가르침을 받아도 마음이 흔들리지 않고, 부도덕한 예를 보아도 유혹되지 않는 사람에게만 적합한 것이다.

여행은 천성을 추진시켜 인간을 선하게도 만들고 악하게도 만든다. 그런데 여행은 잘 되어 돌아오는 사람보다 나쁘게 되어 돌아오는 사람이 많다. 잘못 자라온 청년, 올바르게 지도받지 못한 청년은 여행하는 동안 모든 부도덕을 배워가지고 오면서도 그 부도덕에 섞여 있는 미덕은 하나도 얻지 않고 돌아온다. 그러나 좋은 소질을 타고난 청년, 좋은 천성을 제대로 가꾼 청년, 진정으로 지식을 넓히고자 계획하며 여행하는 청년은 떠날 때보다도 더 뛰어나고 더 현명한 사람이 되어서 돌아온다. 나의 에밀은 그와 같이 여행할 것이다.

이성에 의해서 이루어지는 모든 일은 규칙이 있어야 한다. 여행도 교육의 일부라고 취급되기 때문에 규칙이 있어야 한다. 여행을 위해서 여행하는 것은 떠돌아다니는 것이며 방황하는 것이다. 지식을 얻기 위해서 여행하는 것도 여전히 모호하다. 확고한 목표가 없는 지식의 습득은 무의미하다. 나는 확실한 필요를 청년에게 준 다음 지식을 구하도록 하고 싶은데, 올바르게 선택된 그 필요가 지식의 성질을 결정하게 될 것이다. 타인과의 물리적 관계와 정신적 관계를 통해서 자신을 고찰한 뒤에는 시민과 사회적인 관계에 있어서의 자신을 고찰해야 한다.

이성이 갖추어진 후에도 그 고장에서 산다는 것은 조상들이 맺은 계약을 암암리에 승인하는 것이 된다. 그는 부모로부터의 상속권을 포기할 수 있듯이 조국을 포기할 수 있는 권리도 획득한다. 더욱이 출생지는 자연의 선물이기 때문에 출생지를 포기한다는 것은 자신의 일부를 양도하는 것이 된다. 엄밀히 말하면 사람은 누구나 법률상의 보호를 받기 위해 자진해서 그 법에 복종하지 않는 한, 어떤 곳에서 태어나든 모든 책임을 한 몸에 지니고 자유롭게 살 수 있는 것이다.

나는 예를 들어 에밀에게 이렇게 말할 것이다. 자네는 이제 법률적으로 자신의 재산을 스스로 처리할 수 있으며, 자신의 주인이 될 나이에 가까워지고 있다. 이제부터 사회 속에서 혼자 있는 자신을 발견하게 될 것이다. 자네는 한 가정을 이루고자 계획하고 있는데 그것은 훌륭한 계획이며 인간의 의무이기도 하다. 그러나 결혼하기 전에 어떤 인간이 되고 싶은지 어떤 수단으로 생계를 유지할 것인지를 먼저 알아야만 한다. 그리고 나는 그에게 상업을 하든 공직에 종사하든 재계에 있든 간에 재산을 유리하게 운용할 수 있는 모든 수단을 설명해 준다. 그리고 그것들은 모두 하나같이 그를 위험으로 몰아넣고 불안정한 의존상태에 빠뜨리고 그의 도덕과 감정과 행동을 남들의 본보기나 편견에 따르도록 강요하는 것을 가지고 있음을 그에게 보여 줄 것이다. 이러한 직업들이 모두 에밀의 취미에는 맞지 않으리라는 것은 예상한 일이다.

그는 나에게 말할 것이다. "뭐라고요? 선생님이 말씀하시는 그 훌륭한 직업들과 세상 사람들의 어리석은 편견이 나와 무슨 관계가 있지요? 나는 친절하고 올바른 인간이 되는 것 이외에는 다른 영광을 모릅니다. 나는 노동에 의해 날마다 새로운 식욕과 건강을 획득하면서 사랑하는 사람과 함께 독립해서 사는 것 이외에는 행복이라는 것을 모릅니다. 제가 바라는 것이라고는 단지 이 세상의 어느 구석에 있을 작은 농토밖에는 없습니다. 그것을 잘 일구는데 모든 노력을 기울일 것입니다. 소피와 나의 토지만 있으면 나는 충분합니다."

그렇다. 사랑하는 친구여! 현자의 행복은 자기 땅과 아내만으로 충분하다. 그러나 그러한 보배는 자네가 생각하듯 아무에게나 주어지는 것은 아니다.

　자네의 농토라고? 에밀! 자네는 그것을 어디서 찾아내려 하는가? 대지의 어느 한 구석에서 이렇게 말 할 수는 있겠지. "나는 나의 주인이고, 내 땅의 주인이다." 어디로 가면 누구에게도 해를 끼치지 않고 자유로이 살 수 있는지 누가 알겠는가? 우리가 "내가 밟는 땅은 내 땅이다!"하고 말할 수 있는 나라는 도대체 어디에 있을까? 그와 같은 행복한 토지를 선택하기에 앞서 자네가 찾고 있는 평화가 그곳에서 발견될 수 있을지를 확인하라. 권리를 침해하는 포악한 정부, 사람을 박해하는 귀찮은 종교, 배타적인 풍속, 그런 것들이 자네의 평안을 파괴하려고 하지 않을까를 조심하라.

　사랑하는 에밀! 나는 자네보다는 경험이 많다. 그러므로 그 계획의 어려움을 더 잘 안다. 그러나 그 계획은 훌륭하고 명예로우며 실제로 자네를 행복하게 해줄 것이다. 그러니 그 계획을 이루도록 함께 노력해 보자. 나는 제안이 하나 있다. 내가 방금 말한 모든 위험을 피해서 자네가 가족과 함께 행복하게 살 수 있는 땅을 유럽의 어딘가에서 찾는 일에 자네가 돌아올 때까지의 2년을 바치도록 하자.

　이 여행으로부터 돌아왔을 때, 에밀이 정부와 공중의 풍습과 모든 종류의 국가의 준칙에 관한 모든 문제에 대해 정통하지 못한다면 에밀에게는 지성이 나에게는 판단력이 결여되어 있음이 분명할 것이다.

　최초의 왕조가 없어지면 그것에 대치되는 힘이 의무를 부과하고 이전의 힘에 의한 의무는 폐기된다. 우리는 여기서 사람들은 강제 당하는 동안만 복종의 의무를 질뿐이며 저항할 수 있게 되면 복종에서 벗어나는 것인지 어떤지에 대해 조사할 것이다. 그런 후 병이란 것이 신으로부터 오는 것인지, 그렇다면 의사를 부르는 것이 죄악인지 아닌지를 조사할 것이다. 정당한 권력이라는 것이 존재의 근거가 되는 법에 따르는 권력과는 별개의 것인지를 조사할 것이다. 그리고 어떤 권력에 의해 지구상에 인류를 통치하는 우두머리가 하나뿐이 아니라 그 이상인지를 연구해야 할 것이다. 그런 후 노예의 주인에 대한 권리와 국민의 국가 우두머리에 대한 권리를 비교해 보아야 할 것이다.

사회계약의 성질을 살펴보고 이에 따라 정부 기구의 모든 책략과 작용이 형성됨을 알게 될 것이다. 주권의 진수를 조사하고 이로부터 피치자와 주권자 사이에 공공체로써의 행정과 법 집행이 매개체로 있음을 알게 될 것이다. 이와 같은 연구를 계속하면 시민의 권리와 의무가 무엇인지를 알게 될 것이며 그 권리와 의무의 분리가 가능한지를 알게 될 것이다. 또한 조국이 무엇이며 무엇으로 형성되어 있는가, 사람은 저마다 조국을 가지고 있는지 아닌지를 알게 되는 것이다.

이를 통해 각종 시민사회를 고찰한 후 그것들을 비교하고 그것들의 관계를 관찰할 것이다. 마지막으로 동맹이나 국가연합에 의한 방안을 검토하고 어떻게 건전한 연방적 협동체제를 확립할 수 있으며, 영속성을 가져다주는 것이 무엇인지, 주권의 권리를 잃지 않고 어느 정도로 국가연합의 권리를 확장할 수 있는가를 연구할 것이다. 그런 후 전쟁에 관한 참다운 원칙을 세울 것이다.

우리가 이러한 고찰을 진행하고 있을 때 양식을 갖춘 나의 젊은 제자가 말을 가로막고 이렇게 말한다고 하더라도 나는 놀라지 않을 것이다. "우리는 마치 인간이 아닌 재목으로 사회기구를 세우는 것 같군요. 그토록 각 부분을 규칙적으로 정확하게 배열하니 말입니다." "나의 친구여, 그건 사실이다. 그러나 법이란 인간의 정념에 굴복하지 않으며, 또 우리 사이에 문제가 되는 것은 정치법의 참된 원칙들을 세우는 것이라는 점을 생각해야 한다. 이제 우리의 기초는 완성되었으니 그 위에 무엇이 세워졌는가를 조사하러 가세."

그래서 나는 그에게 『텔레마쿠스』를 읽히고 그의 여행을 계속 시킨다. 우리는 저 행복한 도시 살렌툼과, 많은 불행을 경험했기 때문에 현자가 된 선량한 이도메네우스를 찾으러 간다. 도중에서 우리는 많은 프로테실

라스를 만나지만 필로클레스는 만나지 못한다. 다우니아인들의 왕인 아드라스테도 만나지 못할 것이다.

나는 여행이 왜 모든 사람에게 유익한 결과를 가져다주지 못하는가 말했다. 더구나 여행이 청년에게 무익하게 되는 원인은 그 방법에 있다. 그들의 가정교사는 청년의 교육보다는 자기 자신의 오락에 더 마음이 쏠려 청년을 도시에서 도시로, 궁전에서 궁전으로, 클럽에서 클럽으로 끌고 다닌다. 또 그들이 학자이거나 문인일 때에는 도서관으로, 골동품상으로, 유적발굴지로, 비문복사로 시간을 모두 허비하게 만든다.

그들은 가는 나라마다 지난 세기의 것에 관심을 쏟는다. 이것은 마치 남의 나라 일에 관심을 가지는 것과 같다. 그래서 많은 돈을 들여 유럽을 돌아보고 난 뒤에 사소한 일에 마음을 빼앗기고 권태에 짓눌려 청년들은 자기와 관계있는 것은 하나도 보지 못하고, 그들에게 유익한 것은 아무것도 배우지 못한 채 돌아오는 것이다.

모든 나라의 수도란 거의 다 비슷하다. 거기에는 모든 민족들이 섞여 있고 모든 풍습이 혼합되어 있다. 그곳은 여러 국민을 연구하기에는 적합하지 못하다. 그 국민의 정신과 풍속을 연구하려면 깊은 시골로 가야 한다. 그곳은 상업도 활발하지 않기 때문에 외국인이 별로 찾아오지 않으며, 주민의 이동이 적고 재산이나 신분의 변화가 적기 때문이다.

수도는 지나가면서 구경하면 되지만 그 나라를 관찰하려면 시골로 가야 한다. 프랑스인은 파리에 있지 않고 뚜렌에 있다. 영국인은 런던보다 마사에 있는 사람이 훨씬 영국인답다. 스페인인은 마드리드보다 갈리시아에 사는 사람이 더욱 스페인인답다. 그런 깊은 고장에 사는 사람이라야 국민의 특성이 잘 나타나고 혼합되지 않은 순수함을 지니고 있는 것이다. 그런 곳이야말로 정치의 결과가 잘 나타난다. 이것은 반경이 커지면 커질수록 호의 크기를 정확히 알 수 있는 것과 같다. 대도시야말로 국가를 피폐하게 하고 약체로 만든다. 대도시가 만들어내는 부는 외면적이고 환상적이다. 인민이 불균등하게 분포되어 있는 것은 국가에 이익이 되지 못할 뿐만 아니라 인구감소보다도 더 치명적이다. 인구감소는 생산의 결과를 전무로 돌리는데 그치지만 불공평한 소비는 생산의 마이너스를 초래한다. 한 나라의 국민을 연구하려면 도시 이외의 장소에서 연구하라. 그렇게 해야만 그 나라 국민들을 알게 된다. 어느 나라 국민이든지 모두 자연에 더 가까워질수록 성격이 선해진다. 도시에 갇혀 문화에 의해 변질됨으로써 국민은 타락하게 된다.

우리는 진정한 사랑이 청년의 마음에 얼마나 큰 영향을 미치는가 알지 못한다. 청년을 지도하고 있는 사람들도 청년 이상으로 참된 사랑을 못해서 그것을 잊어버리기 때문이다. 그러나 청년은 사랑을 하지 않으면 방탕하기 마련이다. 겉으로 사람을 속이기는 쉽다. 미덕이나 의무를 문제로 삼을 때 언제나 사람은 체면만을 생각한다. 나는 진짜를 찾고 있는데 만일 진짜에 도달하는데 내가 제시하는 방법 외에 다른 방법이 있다면 나는 착각을 하고 있는 것이다.

이제 우리는 마무리할 때가 되었다. 에밀을 소피에게 데리고 가자. 그는 떠나기 전과 조금도 다름없는 다정한 마음과 보다 더 명석해진 정신을 가지고 그녀에게 돌아간다. 그리고 여러 정부의 온갖 결함과 여러 국민들의 모든 미덕을 알게 되었다는 큰 소득을 가지고 자기 나라로 돌아가는 것이다.

나는 또 그가 어떠한 국민을 막론하고 훌륭한 사람들과 교제하여 서로 우의를 교환할 약속까지 하게 해 주었다. 그리고 나는 그가 이러한 교제를 편지를 교환함으로써 계속 유지해 나가는 것이 좋다고 생각한다. 멀리 떨어진 나라의 사람들과 서신왕래를 하는 일은 유익하고 유쾌한 일일 뿐 아니라 국민적 편견의 지배를 제거해 주는 좋은 수단이기도 한 것이다.

우리는 2년 가까이 유럽의 크고 작은 나라들을 돌아다니면서 주요한 외국어도 몇 가지 깨우쳤고 여러 나라의 자연, 정치, 예술, 인물 등에 관한 진실로 흥미 있는 사실들을 살펴보았기 때문에 에밀은 견딜 수 없는 초조한 마음으로 우리가 돌아갈 때가 가까웠음을 나에게 깨우쳐 주었다. 그래서 나는 이렇게 말했다. "친구여, 자네는 이번 여행의 중요한 목적을 기억하고 있겠지? 자네는 구경도 하고 관찰도 했다. 이러한 관찰의 결과는 무엇인가? 어떤 결심을 하게 되었는가?"

나의 방법에 잘못이 없다면 그는 아마 이렇게 대답할 것이다. "제가 어떤 결심을 하게 되었냐고요? 선생님이 키워주신 인간 본연의 모습 그대로 살아갈 것이며 자연과 법이 나에게 준 자유의지 이외에는 다른 어떤 속박도 더하지 않겠다는 결심을 했습니다. 나는 사람들이 만들어낸 제도 속에서 그들이 하는 일을 검토하면 할수록 사람들이 독립하려는 지나친 욕망 때문에 스스로 노예가 되고 있다는 것과, 자유를 확보하려는 지나친 노력 때문에 오히려 그들에게 주어진 자유마저 상실하고 있다는 것을 알았습니다. 그들은 사물의 여러 가지 홍수에 휩쓸리지 않으려고 많은 것에 자신을 결부시키고 있습니다. 그리고 한 걸음씩 움직이려 하지만 자기 몸이 모든 것에 묶여 있음을 깨닫고 놀라는 것입니다.

인간이 자유로워지려면 아무것도 할 필요가 없다고 생각했습니다. 즉, 인간은 자유로워지려는 희망을 포기하지 않는다면 그것으로 충분합니다. 선생님, 당신은 나에게 필연에 따르는 것을 가르쳐줌으로써 나를 자유롭게 만들어준 것입니다. 나는 필연에 대항할 의사가 전혀 없으므로 나 자신을 묶어두려고 다른 것에 집착할 필요는 결코 없습니다. 나는 이번 여행에서 내가 충분히 차지할 수 있는 땅이 어느 한 모퉁이에라도 있는가를 찾아보았습니다. 그러나 어디를 가야 인간들과 섞여 살면서도 그들의 정념에 물들지 않을까요?

모든 것을 충분히 검토해 보니, 나의 희망 자체가 모순 되어 있음을 깨달았습니다. 왜냐하면 내가 다른 어떤 것에도 의존하지 않는다 해도 적어도 내가 정착할 땅에는 의존할 수밖에 없기 때문입니다. 나의 생활은 마치 드라이아드의 생활이 수목에 매여 있듯이 그 토지에 매여 살게 될 것입니다. 그리고 지배와 자유란 공존할 수 없는 단어임을 깨달았습니다. 나 자신의 주인이 되는 것을 포기하지 않고서는 한낱 초가집의 주인도 될 수 없다는 것을 깨달았습니다.

내가 바라는 것은 그리 넓지 않은 토지일 뿐(호라티우스의 『풍자시』).

　우리의 탐구의 원인이 나의 재산이었다고 기억합니다. 선생님은 부와 자유를 동시에 소유할 수 없다는 것을 분명히 설명해 주었습니다. 그러나 나에게 자유로우면서 동시에 아무런 부족도 느끼지 않기를 바랐던 선생님은 양립할 수 없는 두 가지를 원했던 것입니다. 왜냐하면 나는 자연으로 돌아가서 자연에 의존해야만 비로소 인간의 속박에서 자유로울 수 있기 때문입니다.

　내가 부모님의 유산을 어떻게 하면 좋겠습니까? 나는 먼저 그 재산에 의존하지 않기로 하겠습니다. 나를 그 재산에 묶어놓는 모든 줄을 끊어버리겠습니다. 그래도 만일 재산이 남는다면 나는 그것을 유지하겠습니다만, 사람들이 그것을 내 손에서 가져간다 하더라도 그것과 함께 끌려가지는 않을 것입니다. 나는 그것을 빼앗기지 않으려고 버둥대지 않고 내 자리에 그대로 머물러있겠습니다. 나는 재산의 유무에 관계없이 자유로울 것입니다. 나는 어떤 특정한 나라, 특정한 지역에서만 자유로운 것이 아니라 세계 어디서나 자유로울 것입니다.

　나는 어떠한 편견도 갖고 있지 않습니다. 내가 아는 것은 오직 필연의 속박일 뿐입니다. 나는 이미 필연의 속박에 견디는 것을 태어날 때부터 배웠으며, 죽을 때까지 그 사슬에 묶여 있을 것입니다. 왜냐하면 나는 인간이기 때문입니다. 그런데 내가 자유롭다고 해서 왜 그것을 짊어질 수 없겠습니까? 노예가 되어도 역시 그것을 짊어져야 하며, 노예는 그 위에 노예에 해당하는 사슬에까지 묶여야 하지 않습니까?

　이 세상에서 나의 위치가 무엇이겠습니까? 내가 어디에 있든 그것이 내게 무슨 상관입니까? 사람이 있는 곳이라면 어디든지 나는 형제의 집에 있는 것입니다. 사람이 없는 곳에서 나는 나의 집에 있습니다. 내가 자유롭고 부자로 있는 한은 나는 생활하기에 충분한 재산을 가지고 있을 것입니다. 그러나 내 재산이 자유를 제한하려고 하면 그때는 아무 망설임 없이 그것을 버릴 것입니다.

　내게는 일할 수 있는 팔이 있으므로 그것으로 살아갈 것입니다. 만일 내 팔이 일할 능력을 상실하게 되면 사람들이 나를 돌봐주면 살 것이고 내버려 두면 죽게 되겠지요. 그러나 그들이 나를 버리지 않더라도 결국은 죽게 될 것입니다. 왜냐하면 죽음이란 가난의 결과가 아니라 자연의 법칙이기 때문입니다. 죽음을 언제 맞이하든 죽음에 대한 공포는 없습니다. 죽음이란 살아가기 위한 준비를 하는 나를 덮치지는 않을 것이니까요. 죽음은 또 내가 살아온 것을 방해하지도 않을 것입니다.

　나의 아버지, 이것이 저의 결심입니다. 그러나 만일 저에게 사랑이 없다면 저는 인간의 상태에 있으면서도 신처럼 무엇에도 의존하지 않을 것입니다. 실제적인 것 외에는 바라지 않는 저는 운명과 싸울 필요가 없기 때문입니다. 적어도 나를 영구히 속박하는 것은 단 하나밖에는 없습니다. 그것은 내가 영원히 지고 다녀야할 속박이지만 저는 그것을 자랑으로 생각할 수 있습니다. 그러므로 이제는 저에게 소피를 주십시오. 저는 자유롭습니다."

　"사랑하는 에밀! 자네에게서 어른스러운 말을 듣고 어른스러운 감정을 보게 되어 대단히 기쁘다. 또 지나친 무욕도 자네 나이에서는 그렇게 나쁠 것도 없다. 자네가 아버지가 되면 그런 생각도 줄어들 것이고 그때쯤 자네는 한 집안의 좋은 아버지로서 현명한 사람으로서 마땅히 갖추어야 할 모든 것을 갖추게 될 것이다. 나는 자네가 여행을 떠날 때 그 결과를 이미 다 알고 있었다. 오늘날의 여러 가지 사회제도를 올바르게 보기만 한다면 너는 부당한 신뢰는 갖지 않으리라는 것을 알고 있었다. 법의 비호 아래서는 아무리 자유를 열망해 보았자 그것은 헛되다.

　법률! 법률이라는 것이 어디 있는가? 또 어디서 존중되고 있던가? 자네는 어디를 가나 법이라는 이름 아래 개인의 욕망과 인간의 정념만이 지배하고 있는 것을 보았다. 그러나 자연과 질서의 법칙은 영원히 존재한다. 그것들이 슬기로운 자에게는 실정법의 역할을 하고 있다. 그것은 인간의 양심과 이성에 의해서 인간의 가슴 속 깊이 새겨져 있다. 자유롭기 위해서 슬기로운 자가 순응해야 하는 법이 바로 그런 것이다. 그리고 악덕을 범하는 자만이 노예다. 왜냐하면 그런 인간은 언제라도 자기의 선한 의지를 어기고 악을 행하기 때문이다. 어떤 형태의 통치라도 자유는 없다. 자유는 자유로운 인간의 마음속에 있을 뿐이다.

자유로운 인간은 어디서나 자유를 지니고 다닌다. 비열한 인간은 어디서나 노예상태에 있다. 내가 만일 시민의 의무에 대해서 자네에게 말을 한다면 자네는 아마도 조국이 어디 있냐고 물을 것이다. 그리고는 나를 당황하게 만들었다고 생각할 것이다. 그러나 에밀, 자네 생각은 잘못이다. 왜냐하면 조국이 없다는 사람에게도 고향은 있을 것이다. 거기에는 역시 정부와 법이라는 것이 있어서 그 아래서 평온하게 살아왔을 것이다.

오, 에밀! 자기가 살고 있는 땅에서 아무런 혜택도 받지 않았다는 선량한 인간이 어디 있겠는가? 그 땅이 어떤 곳이든 사람은 그 땅에서 인간에게 가장 귀중한 것, 즉 자기 자신의 행위에 대한 도덕성과 미덕에 대한 사랑을 얻는 것이다. 숲속에서 태어났다면 사람은 보다 행복하고 자유롭게 살았을지도 모른다. 그렇게 되면 아무런 싸움의 필요도 없이 자기의 성향을 그대로 따를 수 있기 때문에 그는 선량한 사람이기는 해도 아무 공적을 남길 수 없었을 것이며, 결코 덕이라는 것을 쌓을 수가 없었을 것이다. 그러나 지금 그는 자기의 온갖 정념을 억제하는 유덕한 인간이 된 것이다. 외부에 나타난 질서만 보고도 그는 질서를 인식하고 그것을 사랑할 수 있다. 공익이라는 것도 다른 사람들에게는 구실에 지나지 않겠으나 그에게는 현실적인 동기가 된다. 그는 자기 자신과 싸우고 자기를 극복하고 공동의 이익을 위해 자신의 이익을 희생시키는 것을 배운다. 그가 법에서는 아무 이익도 얻지 못한다는 것은 진실이 아니다. 법은 악인들 가운데 있더라도 올바르게 행동할 수 있는 용기를 준다. 법이 그를 자유롭게 하지 못했다는 것도 진실이 아니다. 법은 자제하는 것을 그에게 가르쳤다.

그렇지만 내가 어디에 있든지 그것은 나에게 아무런 의미도 없다고 말해서는 안 된다. 자네에게는 자기의 모든 의무를 다할 수 있는 곳에 있어야 한다는 것이 중요하다. 그리고 자네의 의무 중의 하나는 자네가 태어난 고향을 사랑하는 일이다. 고향 사람들은 어렸을 때 자네를 보호해 주었으므로 어른이 된 후에는 그들을 사랑해야만 한다.

　자네는 그들 속에서 살아야 한다. 적어도 힘이 미치는 한 그들에게 도움이 될 수 있는 곳에서, 그들이 필요로 할 때에는 언제나 자네를 찾을 수 있는 곳에서 살아야만 한다. 때로는 국내에 있을 때보다는 국외에 있을 때가 동포를 위해서 더 큰 힘이 되는 경우가 있다. 그럴 때에는 오직 자기의 열의에만 귀를 기울이고 유배생활을 견뎌내야만 한다. 유배생활마저도 그 사람의 의무 중의 하나이기 때문이다.

　그러나 에밀이여! 자네는 아직 그런 고통스러운 희생을 강요받지는 않았다. 자네는 사람들에게 진실을 말해야 하는 괴로운 일은 맡고 있지 않으니 동향 사람들에게 가서 그들과 함께 즐겁게 살며 친밀한 교제 속에 그들의 우정을 가꾸어 주라. 그들에게 은혜를 베풀고 모범이 되라. 자네가 보여주는 모범이 어떤 책들보다도 그들에게는 도움이 될 것이다. 그리고 그들이 자네의 선행을 본다면 그것이 우리의 어떤 공론보다도 그들의 마음에 감동을 줄 것이다.

　그렇지만 그것 때문에 자네에게 대도시에 가서 살라고는 권하지 않겠다. 오히려 선량한 사람들이 다른 사람에게 보여야할 모범 중의 하나는 가정 중심의 소박한 전원생활이다. 그것은 자연스러운 생활이며 부패에 젖지 않은 사람에게는 가장 평온한 생활의 모범인 것이다. 젊은 친구여! 인적이 드문 곳으로 평화를 구하러갈 필요가 없는 나라란 얼마나 행복한 나라인가! 그러나 그런 나라가 있을까? 도시에서는 그의 정열을 다해 보았자 그 대상이 음흉한 사람이거나 사기꾼 밖에는 없기 때문이다.

　행운을 잡겠다고 도시로 몰려든 사람들에게 생활터전을 제공하는 것은 지방을 황폐하게 만드는 결정적 요인이다. 도시를 희생시켜서라도 다시 지방의 인구를 회복해야 한다. 상류사회에서 물러 나온 사람들은 그것만으로도 유익한 일을 한 것이다. 왜냐하면 상류사회의 악덕은 사람들의 집중현상에서 생기는 것이기 때문이다. 더구나 그들이 시골에 대한 애정과 문화를 가지고 황폐한 토지에 가서 새롭게 밭을 일구며 산다면 더욱더 유익한 것이다.

나는 에밀과 소피가 그들의 소박한 시골집에서 주변 사람들에게 많은 도움을 줄 것이며, 또 많은 활기를 심어 줄 것이며, 불우한 농부들의 식어 버린 열정을 다시 북돋울 수 있을 것이라고 상상하면 마음이 감동하지 않을 수 없다. 인구는 늘어나고 토지는 풍요해지며, 대지는 새로운 단장을 하여 풍부한 수확은 노동을 축제로 바꾸어 전원의 잔치 속에서 그 모든 것을 다시 일으켜 준 사랑스러운 한 쌍의 부부 주위로 환성과 축복의 소리가 울려 퍼지는 광경이 눈에 보이는 것만 같다.

사람들은 황금시대를 상상하고 있으나 마음도 취미도 타락해 버린 사람에게는 그것은 어디까지나 환상일 수밖에 없을 것이다. 사람들이 그 시절을 몹시 그리워하는 것도 진실이 아니다. 그들은 기분으로만 항상 애석해할 뿐이기 때문이다. 그러면 그 시절을 부활시키기 위해서는 어떻게 하면 좋을까? 그 길은 단 한 가지뿐인데 그것은 불가능하다. 그것은 그런 시대를 사랑해야 한다는 것이다.

그런 시대가 벌써 소피의 집을 에워싸고 재현되고 있는 듯이 생각된다. 두 사람은 양친이 시작한 일을 마무리짓기만 하면 된다. 그러나 에밀, 그런 즐거운 생활을 위해서 힘든 의무가 자네에게 주어진다 해도 그것을 싫어해서는 안 된다. 로마에서는 쟁기를 잡고 있던 사람이 행정관이 되었다는 사실을 상기하기 바란다. 만일 통치자 또는 국가가 조국을 위한 봉사로 자네를 필요로 하면 모든 것을 버리고 주어진 자리에서 시민으로서 명예로운 의무를 다하라. 그러나 그렇게 겁낼 필요는 없다. 이 시대에 사람이 있는 이상 국가를 위해 봉사하라고 자네를 찾아오지는 않을 것이다."

왜 나는 에밀이 소피에게 돌아왔을 때, 두 사람을 결합시키는 부부애의 시작을 묘사하지 않는 것일까? 지금까지 나는 즐거운 것이라도 유익하다고 생각되는 것만 언급했다. 이제는 펜이 지쳐버린 듯한 느낌이 든다. 이 일을 미완성으로 남겨두지 않기 위해 결말을 지어야 할 때가 왔다.

마침내 나는 에밀의 인생에서 가장 아름다운 날이, 내 생애의 가장 행복한 날이 찾아오는 것을 본다. 나는 이제 그 동안의 보살핌에서 오는 성과를 맛보기로 한다. 이 훌륭한 두 사람의 결합은 백년해로로 맹세된다. 두 사람은 부부가 된 것이다. 교회에서 돌아오자 두 사람은 주위의 인도에 순응하고 있다. 두 사람에게는 아무것도 들리지 않는다. 혼란스런 두 사람의 눈에는 이제 아무것도 보이지 않는다. 오, 황홀한 기쁨이여! 오, 인간의 약함이여! 행복은 인간을 압도한다. 인간은 그것을 견딜 만큼 강하지 못하다.

결혼 당일 신랑 신부에게 어떤 말을 해야 좋을지 아는 사람은 거의 없다. 어떤 사람은 거추장스런 예의만 차리는가 하면, 또 어떤 사람은 불필요한 잔소리를 하는데 이것은 둘 다 적절하지 않다. 오히려 두 사람이 차분히 자기들의 일을 생각하게 하고, 일종의 매력이기도 한 어떤 동요에 잠길 수 있도록 그냥 가만히 두는 편이 좋다.

나는 젊은 두 사람이 마음을 설레게 하는 흐뭇한 기분을 느끼면 사람들이 무슨 말을 하더라도 그들의 귀에는 들리지 않는다는 것을 알 수 있다. 두 사람을 괴롭히는 분별없는 사람들로부터 그들을 떼어놓는다. 그리고 멀리 산책하러 데리고 가서 그들 자신에 관한 이야기를 해주고 자기들의 일에 관해서 생각하도록 상기시켜 준다. 이러한 특별한 날에 그들이 생각할 수 있는 유일한 화제가 무엇인지 나는 알고 있다.

"나의 아들아!"하고 나는 두 사람의 손을 잡으며 말했다. "너희들에게 오늘 이 행복을 가져다준 뜨겁고 고결한 사랑을 나는 이미 3년 전에 보았다. 그것은 끊임없이 격렬해질 뿐이었다. 그러나 그 불꽃은 앞으로는 점점 약해질 뿐이다.

나는 종종 이런 생각을 한다. 결혼 후에도 연애의 행복을 오래도록 지속할 수 있다면 우리는 지상의 낙원을 손에 넣는 것이 될 것이다. 그러나 그런 일은 아직 보지 못했다. 그러나 그것이 전혀 불가능한 일이 아니라면 자네들이야말로 그 모범을 충분히 보여줄 수 있을 것이다. 자네들은 그렇게 될 수 있다고 내가 그 방법을 가르쳐 주기를 바라지 않는가?"

그들은 미소를 띠고 서로 마주보면서 나의 단순한 말투에 웃는다. 에밀은 분명한 태도로 나의 제안을 거절하면서, 소피는 더 효과적인 방법을 이미 알고 있으며 자기로서는 소피의 방법만으로도 충분하다고 말한다. 그래서 나는 마음속으로는 언젠가 귀를 기울이지 않을 수 없을 것이라고 생각하면서 미소지었다.

"그것은 간단하고 쉬운 일이다. 그것은 부부가 된 뒤에도 언제까지나 애인으로 있는 것이다." 이 비결을 듣고 에밀은 웃으며 말한다. "그렇군요. 그거야 우리에겐 어려울 것도 없지요." "그렇게 말하지만 그것은 생각보다는 힘든 일이다. 자, 내게 설명할 기회를 달라.

매듭이란 너무 단단하게 매면 끊어지는 법이다. 결혼의 매듭도 필요 이상으로 졸라매면 그렇게 된다. 결혼의 정절은 모든 권리 가운데 가장 신성한 것이다. 그러나 그 때문에 부부가 서로 상대방에게 주는 힘이 너무 지나치게 된단 말이다. 구속과 사랑은 일치할 수가 없다. 또 쾌락이라는 것도 마음대로 얻어지는 것이 아니다.

소피! 얼굴을 붉히고 부끄러워할 것은 없다. 그러나 이것은 자네들의 일생의 운명에 관한 문제이다. 그러므로 이런 중대한 문제는 남들이 아닌 남편과 아버지 앞이므로 참고 들어야 한다.

싫증은 소유보다는 종속에서 온다. 그래서 남자들은 아내보다도 애인에게 훨씬 오랫동안 애정을 품게 되는 것이다. 권리는 상호간에 지니는 욕망이다. 자연은 그 이외의 권리는 인정하지 않는다. 법도 이 권리를 제한할 수는 있어도 확장할 수는 없다. 관능의 쾌락은 그 자체가 매우 감미로운 것이다. 내 아이들이여, 결혼에 의해서 마음은 연결되어도 육체는 묶이지 않는다. 자네들은 서로 정절을 지켜야 되지만 환심을 살 필요는 없다. 두 사람이 서로에게 몸을 맡길 수는 있으나 자신의 뜻이 아닌 이상은 몸을 허락할 의무는 없는 것이다.

그러므로 사랑하는 에밀, 자네가 진정 아내의 연인이기를 바란다면 그녀가 언제나 자네의 주인인 동시에 그녀 자신의 주인이게 하라. 행복한 연인으로 있어라. 그 무엇도 의무로 강요하지는 마라. 아무리 작은 호의를 베풀더라도 그것이 권리가 되어서는 안 된다. 오직 감사에서 우러나오는 호의여야 한다. 두 사람 모두 항상 자기 육체와 애무의 주인으로서 반드시 자신의 의지로써만 그것을 상대방에게 주는 권리를 가져야만 한다. 결혼을 했더라도 두 사람의 욕망이 일치했을 때만 쾌락이 허락된다는 것을 결코 잊어서는 안 된다. 한결같이 서로 자제하면 자연과 사랑이 자네들을 충분히 가까이 접근시켜 줄 것이다."

에밀은 이러한 말에 기분이 나빠져서 항의한다. 소피는 부끄러워 부채로 얼굴을 가린 채 말이 없다. 나는 그들을 개의치 않고 말을 계속했다. 에밀은 불안한 듯이 아내의 얼굴을 살핀다. 그는 그녀에게로 달려가 그녀의 손에 열렬히 키스하며 약속된 충실 이외에는 다른 어떤 권리도 주장하지 않겠다고 맹세한다. "사랑하는 아내여! 당신은 내 일생과 내 운명을 지배하는 사람이니 내 슬픔도 지배해 주기 바라오. 설령 그대의 잔인스러움이 내 목숨을 맞바꾸게 할지라도 나는 그대에게 나의 가장 귀중한 권리를 바치겠소. 나는 동정에 매달리지 않고 모든 것을 당신의 진심에서 얻고 싶을 따름이오."

선량한 에밀, 안심하라. 소피도 너그러운 여성이므로 자네가 자네의 너그러움에 희생이 되어서 죽게 내버려 두지 않을 것이다.

그날 밤, 나는 두 사람과 헤어질 때 엄숙한 말투로 다음과 같이 말했다. "자네 두 사람은 자유롭다는 것을 기억하고 있겠지. 그리고 부부의 의무 따위는 아무 문제가 되지 않는 다는 것을. 정말이지 허례 따위는 필요 없

네. 에밀, 나와 함께 돌아가지 않겠느냐? 소피는 동의할 것이다." 에밀은
화가 나서 나를 때리고 싶어 했다. "소피, 그대는 어떻게 생각하나? 에밀
을 데리고 갈까?" 진심을 말하지 못하는 그녀는 얼굴을 붉히며 "네."라고
말할 것이다. 진실함보다도 더 귀엽고 온순한 거짓말이다.

　다음 날 나는 벌써 어떤 변화를 느꼈다. 에밀은 약간 불만스러운 표정
을 보였다. 그러나 부드러운 열의와 다정한 감정이 숨어 있음을 알고 나
는 걱정할 정도는 아니라고 생각한다. 소피는 전날보다 더 쾌활해져서 만
족해하는 눈빛이었다. 나는 걱정이 되어 에밀을 가만히 불러 물어보았다.
그는 말하기를, 아주 유감스럽게도 자신의 간청에도 불구하고 지난밤에
소피는 같은 침대에서 자는 것을 허락하지 않았다는 것이다. 나는 에밀을
밖으로 보내고 소피와 이야기했다.

　"사랑하는 내 딸이여! 나는 엊그제 우리가 함께 이야기를 나누었을 때
내가 무엇을 생각했었는지 그것을 너에게 들려주어야겠다. 거기에는 내
가 염려할 만한 다른 목적이 있었던 것이다. 에밀은 그대의 남편이 됨으
로써 그대의 가장이 되었다. 그러므로 복종해야 할 사람은 그대이다. 그
것이 자연이 바라는 바이다. 내가 그대에게 그의 쾌락을 다스리도록 한
것은 그가 남자로서 그대의 몸에 지니는 권위와 마찬가지의 권위를 그대
가 그의 마음에 지니게 하기 위해서이다.

　그대가 사랑의 표시를 어쩌다 진귀한 것으로 한다면, 또 만약 그대가 그
것을 가치 있는 것으로 할 수 있다면, 그대는 사랑에 의해서 자신을 오래도
록 다스릴 수 있으리라. 만일 남편이 끊임없이 그대의 발밑에 꿇어 엎드리
기를 바란다면 그를 그대의 몸에서 얼마간의 거리를 지니도록 하라. 그러나
그대의 엄격함은 겸손을 전제로 해야 한다. 그의 강렬한 사랑을 교묘히 조
절하되 그대의 애정이 의심을 받지 않도록 세심한 주의를 기울여야 한다.

　사랑의 표적을 줌으로써 그대를 더욱 사랑하게 하고, 거절함으로써 그
가 존경심을 갖도록 하라. 남편이 아내의 정숙함을 존경하게 하되 차가운

태도를 원망하게 하지는 말아야 한다.

　내 딸이여, 그래야만 그는 그대를 신뢰하고 그대의 충고에 따를 것이며, 그에 관한 일에도 그대의 의견을 물을 것이고, 그대와 의논 없이는 어떠한 결정도 하지 않을 것이다. 그래야만 그가 길을 잘못 들면 그를 다시 지혜의 길로 인도할 수 있고 부드러운 말로 돌이킬 수 있을 것이다. 쓸모 있는 사람이 되기 위해서는 사랑스러운 사람이 되어야 하며, 미덕을 위해 교태를 사용하고 이성에 어울리게 하기 위해 사랑을 이용하는 사람이 되어라. 그러나 이러한 기술이 언제까지나 도움이 되리라고는 생각하지 말아야 한다. 아무리 신중을 기해도 향락이란 진정한 즐거움을 파괴하고 무엇보다도 사랑의 즐거움을 일찍 잃어버리게 한다.

　그러나 사랑이 충분히 계속된 뒤에는 온화한 습성이 생겨서 사랑의 공백을 채워주게 되고, 열정과 격렬함 대신에 신뢰의 매력이 생긴다. 또 아이들이 태어나면 그들은 부모들의 사랑에 못지 않는 사랑으로 더 강한 줄이 되어 두 사람 사이를 이어준다. 그때가 되면 초기의 신중한 태도 대신 그대들 사이에는 더없는 친밀한 관계가 이루어질 것이다. 이미 침대를 따로 쓸 필요가 없다. 그야말로 반쪽이 되어 그대가 없이는 그가 견딜 수 없도록, 그대가 그로부터 떠나기가 무섭게 자기 자신으로부터 떠나는 것 같은 기분이 들도록 만들라. 집에서 즐거움을 느끼는 남편은 아내를 사랑하게 된다. 지나친 경계는 그에게 상처를 주게 된다. 건강을 염려하여 그의 행복을 희생시킬 필요는 없다. 소피도 그와 함께 행복을 누려야 한다. 싫어지기를 기다려서도 안 되고 욕망을 물리쳐서도 안 된다. 거부하기 위한 거부가 되어서는 안 된다."

　그런 후에 나는 두 사람을 모아놓고 그녀 앞에서 그녀의 젊은 신랑에게 말했다. "사람은 자신이 스스로에게 부과한 멍에를 견디어야 한다. 그것이 자네에게 좀 더 가벼워지도록 노력하라. 특히 호의를 얻도록 힘써야 한다. 토라진다고 더 사랑을 받게 되리라는 상상은 하지 마라. 그러면 평화는 어렵지 않게 되찾을 것이다. 사랑하는 에밀, 사람은 한평생 충고와

지도가 필요하다. 나는 지금까지 자네에게 이 의무를 다하기 위해 최선을 다했다. 이것으로 나의 오랜 작업은 끝났고 이제는 다른 한 사람의 작업이 시작된다. 나는 오늘로써 자네가 내게 위임했던 권위를 사임한다. 그리고 이제부터는 여기 이 여인이 자네의 수호자일세."

처음의 열광은 조금씩 가라앉아 두 사람은 새로운 경지의 매력을 평화롭게 즐기게 된다. 행복한 연인들, 존경할 만한 부부다. 그들의 미덕을 찬양하고 그들의 행복을 묘사하려면 전기를 써야 할 것이다. 나는 그들의 모습에서 내 인생의 과업을 바라보며 얼마나 황홀한 감동에 설렐 것인가! 그들도 나와 함께 감격하며 감동한다. 그들의 존경할만한 부모는 자식들의 청춘 속에 다시 한번 자신들의 청춘을 즐긴다. 그들은 자식들 속에서 다시 인생을 시작하는 것이다. 비로소 인생의 가치를 알게 된 것이다.

몇 개월이 지난 어느 날 아침, 에밀은 나의 방에 와서 나를 껴안으며 말한다. "선생님, 선생님의 아이를 축복해 주세요. 선생님의 아이가 곧 아버지가 되는 명예를 가질 것 같습니다. 오, 얼마나 염려가 되는지 모르겠습니다. 그리고 우리에게는 선생님의 존재가 얼마나 필요하게 될지 모릅니다. 아버지를 길러주신 선생님께 그 자식까지 키워달라고 바랄 수는 없지 않습니까? 설령 선생님처럼 훌륭하신 분을 제 자식을 위해서도 선택할 수 있다고 하더라도 그와 같이 신성하고 즐거운 의무를 나 외의 다른 사람에게 의탁하고 싶지 않습니다. 그러나 선생님께서는 젊은 교사들의 스승이 되어주십시오.

우리에게 충고를 주시고 지도해 주십시오. 우리는 선생님의 지도를 따를 것입니다. 제가 살아 있는 한 저는 선생님이 필요합니다. 한 인간으로서의 의무를 부여받은 오늘 저는 과거의 그 어느 때보다도 선생님을 필요로 하고 있습니다. 선생님은 선생님의 의무를 다하셨습니다. 선생님의 뒤를 따를 수 있도록 저를 이끌어 주십시오. 그리고 선생님, 이제는 편히 쉬십시오. 이제는 쉬실 때가 되었습니다."

루소의 생애와 작품세계

루소는 1712년 6월 28일 스위스 제네바에서 프로테스탄트인 시계공의 둘째 아들로 태어났으나, 그의 어머니는 루소가 태어난 지 불과 10여 일 만에 죽었다. 그의 가족은 종교분쟁으로 인해 프랑스에서 스위스 제네바로 이민해 와서 살았다. 루소는 일곱 살까지 방탕하고 우매한 성격의 아버지와 함께 보냈는데 그는 아들의 양육에는 무관심하였다. 그러면서도 그는 루소에게 소설류를 탐독케 하였는데, 그 중의 하나가 플루타르크 영웅전이었다. 비록 체계적인 독서는 아니었으나 이때의 독서가 후일 대사상가의 기초를 마련한 계기가 되었다.

열 살 때에 아버지가 그 지방민과 싸움을 벌여 결국 제네바를 떠나야 했기 때문에 루소는 백부의 집에 맡겨졌으며 얼마 후 어머니의 친척집에서 목사 랑펠세로부터 교육을 받았다. 그 후 법원서기의 집에서 견습생활을 하였으며, 다시 조각가의 견습공으로 일하다가 1728년, 열여섯 살에 주인의 횡포와 속박에 집을 뛰쳐나와 여러 지방을 방랑하면서 많은 모험을 하였다. 이때 바랑 부인을 만나 도움을 받게 되는데 이 부인은 개종자(改宗者)로서 젊고 아름다웠으며 매우 지성적이었다. 루소는 이 부인과 동거생활을 하면서 그녀의 영향을 크게 받았다. 이 시기에 루소는 고전 · 철학 · 음악에 대해서 열심히 연구하였다. 또한 부인의 소개로 이탈리아 트리노 수도원에 입소하여 카톨릭으로 개종하고 영세를 받았으나 그 해 6월, 수도원을 떠나 다시 방랑생활을 계속하였다.

1741년 신악보 기재법을 발명하여 출세하려는 야망으로 파리에 갔으나 성공하지 못하고 그 대신 학계의 각계 각층과 교우를 맺었는데 그들은 디드로, 마니보, 퐁뜨넬 등이었다. 그들과의 친분으로 사교계에 소개되고, 『백과전서』에 음악론을 발표하기도 하였다. 1746년 그가 거처하고 있던 집의 하녀 테레즈 르봐쇠르와 관계를 맺고 다섯 자녀를 얻었는데 모두 고아원으로 보냈다. 이것이 그의 일생에 고뇌의 원인이 되었다.

1750년 디종 아카데미에서 '학문과 예술의 발달이 도덕의 순화에 기여했는가 아닌가' 라는 제목으로 현상논문을 모집하였는데 루소는 이에 응모하여 미개시대의 도덕적 우월이라는 부정적 논문 '과학 및 예술론' 을 써서 무난히 1등으로 당선하여 일약 명성을 얻게 되었다. 그는 여기서 문학·예술·과학 등 일체의 문화적 산물이 결국은 도덕을 파괴하는 원인임을 대담하고 웅변적으로 주장하였다. 1752년에는 스스로 작사·작곡한 오페라 '마을의 점쟁이' 가 상연되기도 하였다. 1754년 『인간 불평등 기원론』을 디종 아카데미 2회 현상논문에 응모하였으나 그 사상이 너무 대담하고 신랄하여 낙선되었다. 그는 이 논문에서 인간 불평등, 노예상태 등의 존재 이유가 사유재산제도와 이것을 공인하는 사회제도의 발전에 있다고 보고 욕구와 만족이 조화된 자연 상태와 대조, 비교함으로써 현대의 사회악을 색출하려고 하였다.

그는 계속 18세기의 사상계를 뒤흔드는 대작을 발표하였다. 1758년 '연극에 관한 서간' 을 발표했는데 이것은 『백과전서』의 제네바 항목 중에서 제네바에는 극장이 없으므로 극장을 건설해야 한다고 기술한 왕립과학아카데미의 달랑베르 씨의 기사에 대한 반박문으로써 루소는 연극이 대중의 도덕적 타락을 부채질한다고 주장하였다.

1761년에 발표한 『신 엘로이즈』는 루소의 유명한 서간체 소설로써 귀족의 딸과 가난한 서민 출신의 가정교사 사이에서 일어난 사랑을 통해 봉건적 신분제도의 편견을 공격하고 사랑의 격렬한 열정, 순결한 부부도덕 등 자유로운 감정표현과 극단적인 감수성을 나타낸 점에서 혁명적이었으며 서정적인 자연 묘사의 아름다움에 매력이 있다.

1762년의 '사회계약, 정치적 권력의 원칙'은 근대 민주주의 이론의 대표적 논문으로써 그가 계획한 대규모의 정치제도 연구의 일부로 미국독립 당시의 헌법이나 프랑스혁명의 인권선언에 지대한 영향을 끼쳤다. 이 논문은 정치의 이상형식(理想形式)을 밝히는 것으로써 결국 전제정치를 배격하고 민주공화정치가 인권의 본질에 가장 적합한 자연정치 형태라고 논증하였다.

『에밀』은 『사회계약론』에서 밝힌 정치적·이상적 사회개선도 그 제도의 주인인 인간 자체의 혁신이 없이는 불가능하다는 생각에서 인간의 정신에 공화국을 건설하려는 교육론이었다. 『에밀』은 발표되자마자 사회에 큰 물의를 일으키고 강력한 영향력을 미쳤으므로 분서령(焚書令)과 체포령이 내려져 그는 파리를 탈출하여 유럽 각지를 방랑하였다. 1763년에는 『에밀』에 대한 '파리 대주교 크리스토프 보몽에 대한 변박서'를 썼으며, 1764년에는 『산으로부터의 편지』를 발표하였다. 그는 8년 간을 유럽 각지를 전전하다가 1770년 파리로 돌아왔다.

루소의 유작(遺作)으로써 1765~1770년 사이에 씌어진 『고백』은 1781~1788년에 제네바에서 출판되었다. 그는 여기서 자신의 출생으로부터 생 피에르 섬을 탈주하기까지의 반생을 회고하면서 사회악에 더럽혀져 추악하지만 본래의 선량하고 관용심이 풍부한 자신의 진실한 자세를 고백하여 인류의 양심에 호소하려 했다. 그의 열렬한 자아의식과 비상한 상상력, 감정에 의한 색채가 풍부하고 신선한 자연묘사의 서정미는 영혼의 기록을 뛰어난 문학작품으로 만들고 있다.

1775년에 집필한 『루소, 장 자크를 심판하다-대화』와 1777~1778년에 집필되고 1782년에 발표된 『고독한 산책자의 명상』 등은 만년의 작품이며 사후에 발표되었다. 이 작품은 그의 사상과 감정의 가장 주관적인 고백이며, 문체의 음악적 아름다움에 의해서 하나의 산문시적인 매력을 가지고 있는데, 이러한 문학적 가치와 영향력에서 『고백』에 견줄 만한 작품이었다. 그는 『에밀』 이후 기나긴 도피생활과 은둔생활 끝에 1778년 66세를 일기로 파란 많은 일생을 파리 북방 에르미농빌에서 마쳤다.

루소는 한마디로 18세기의 사회윤리를 가장 독창적으로 탐구한 사상가라고 말할 수 있다. 그의 사상의 기본은 자연설로써, 자연은 선이며 문화는 악이고, 만인은 본래 평등하지만 오직 계급을 구분하는 사회제도 때문에 불평등이 생겼다고 하는 명제로 요약할 수 있다.

따라서 그의 모든 저작도 이 원리에 입각하여 잃어버린 개인과 사회의 정체성을 회복하는 방법을 망라하여 그 유례를 찾아볼 수 없을 정도로 광범위하게 후세에 영향을 끼쳤다. 특히 문학에 있어서도 타고난 시인의 감성으로 표현한 자연의 아름다움, 자각, 감정의 우위, 그리고 자아해방 등은 후에 프랑스 낭만주의의 기원을 이룩했다. 그는 사명감에 일관한 교사였다.

루소 연보

1712년	6월 28일 스위스 제네바에서 시계 수리공인 아버지 이삭 루소(40세), 어머니 슈잔 베르나르(39세) 사이에서 태어남. 태어난 지 10일 만에 어머니 사망. 그 후 고모 쉬종 루소에 의해 양육.
1720년(8세)	이즈음 아버지와 함께 문학서적과 역사서적, 『플루타르크 영웅전』 등을 읽으며 감동을 받음.
1722년(10세)	10월, 아버지는 퇴역군인과의 싸움으로 제네바를 떠나 리옹에 감. 외삼촌 베르나르에게 맡겨짐. 그 후 다시 사촌 아브람므와 함께 제네바 근교에 있는 신교목사 랑베르시에 집에 보내짐. 자연의 아름다운 인상에 감동을 받게 됨.
1724년(12세)	겨울, 제네바로 돌아감. 외삼촌 가브리엘 베르나르 밑에서 지내다 법원 서기인 마슬롱의 조수가 됨.
1725년(13세)	4월말에 5년 계약으로 조금사(彫金師) 뒤콤망의 수습공이 됨.
1726년(14세)	3월 5일 아버지 리옹에서 재혼.
1728년(16세)	3월 14일 친구와 교외에서 놀다가 늦어져 시내로 돌아갈 수 없게 되자 가출을 결심하고 이튿날 고국 제네바를 떠나 방랑생활을 시작. 3월 21일 안시에 도착하여 꽁피뇽 사제의 소개로 바랑 부인(29세)을 만남. 부인은 결혼에 실패하고 스위스에서 온 개종자였는데 사르바 국왕으로부터 보호를 받고 있었음. 부인의 주선으로 트리노의 구호소에 들어가 4월 가톨릭으로 개종함. 3개월 뒤에 베르셸리스 부인의 하인 노릇을 함. 이즈음 겜므 신부를 알게 되어 구봉 신부의 비서가 됨.
1729년(17세)	6월경 안시의 바랑 부인 집으로 돌아가 기숙. 여름과 가을에 걸쳐 2개월 동안 신학을 배우고 라자리스트의 신학교에 들어가 음악가 르케트르의 지도를 받음. 바랑 부인을 어머니라 부르고 다정히 지냄.
1730년(18세)	4월 로메트르와 리옹에 갔으나 그를 두고 혼자 돌아옴. 바랑 부인이 없었기 때문에 여기저기로 돌아다니며 뇌샤텔에서 음악교사를 함.
1731년(19세)	6월에 파리로 가서 군인의 종복이 됨. 7월부터 파리, 리옹, 샹베리에를 돌다 9월에 샹베리에의 바랑 부인 집에 정착. 10월 사브와 왕국의 지적조사과에 근무함.

1732년(20세)	지적조사과를 그만두고 음악교사가 됨. 바랑 부인의 애인이 됨.
1735년(23세)	(또는 1736)여름부터 가을까지 바랑 부인과 함께 레 샤르메트에 체재.
1737년(25세)	6월 화학실험 사고로 일시 실명. 7월 말 어머니의 유산을 상속받기 위하여 제네바로 감. 가을에 요양차 몽페리에게 감.
1738년(26세)	봄에 샹베리에로 돌아갔으나 바랑 부인의 사랑이 식었음을 알고 그 해부터 이듬해까지 레 샤르메트에서 자기 교육에 몰두.
1739년(27세)	3월 레 샤르메트에서 독학. 런던에서 『바랑 남작 부인의 과수원』 간행.
1740년(28세)	다시 샹베리에를 떠나 리옹에 감. 마브리가(家)의 가정교사가 됨. 연말에 '생트 마리의 교육을 위한 계획안'을 씀.
1741년(29세)	레 샤르메트에서 병이 남. 독서와 연구, 리옹을 거쳐 8월에 파리 도착. '악보의 신기호안'을 과학아카데미에 제출. 그 이듬해 『현대 음악론』으로 출판, 디드로와 사귐.
1743년(31세)	『보르도 씨에게 보내는 편지』 출판. 봄에 뒤펭 부인의 소개로 그 사위와 사귐. 6월에 베네치아 주재 프랑스 대사 몽태규 백작의 비서가 되어 9월에 베네치아에 도착.
1744년(32세)	『정치제도론』, 『사회계약론』 최초 구상. 8월 대사와의 의견 충돌로 사직. 정치와 인간에 대한 불신으로 베네치아를 떠나 10월 파리로 돌아옴.
1745년(33세)	3월 하숙집 하녀 테레즈 르바쇠르(23세)와 알게 됨(그녀는 평생의 반려자가 됨). 오페라 '사랑의 시신'을 완성하여 상연. 디드로, 콩디약과 사귐. 볼테르와 라모의 합작오페라 '라미르의 잔치'의 개작을 부탁 받음. 볼테르와 편지 교환. 가을에 뒤펭 부인의 사위 프랑쾨이의 비서가 됨.
1746년(34세)	겨울에 첫 아이가 탄생하였지만 곧 고아원에 맡김. 이하 다섯 아이가 같은 방법으로 버려져 자식들은 영원히 행방불명됨.
1747년(35세)	5월에 아버지 사망으로 유산을 받음.
1749년(37세)	1월~3월 달랑베르로부터 『백과전서』의 음악 부문을 의뢰 받고 집필. 10월 뱅쎈느로 옥중의 디드로를 만나러 가던 중 읽고 있던 잡지에서 디종 아카데미의 논문 공모 '학문과 예술의 발달이 도덕의 순화에 기여했는가 아닌가'에 응모하기 위해 논문 집필. 겨울부터 테레즈와 살림을 시작함.
1750년(38세)	7월 디종 아카데미에 '학문과 예술론' 당선. 그 해 연말 제네바의 바리요 서점에서 출판.
1751년(39세)	자기 개혁을 결심하고 프랑쾨이의 비서 사직. 악보필사로서 생계를 이음. 봄에 세 번째 아이를 고아원에 보냄. '학문과 예술론'의 반론에 대해 '그림에게 보내는 편지'로 응수.
1752년(40세)	『보르도 씨에게 보내는 회답』을 출판하여 붐을 일으킴. 오페라 '마을의 점쟁이'를 작곡하고 10월에 상연되어 호평. 국왕 알현을 거부하고 연금신청을 받아들이지 않음. 연말에 떼아뜨르 프랑세즈에서 오페라 '나르시스' 상

연. '나르시스 서문'을 씀.

1753년(41세)　11월에 또다시 디종 아카데미의 현상논문에 응모할 것을 결심하고 구상함. '프 랑스 음악에 관해서'의 편지를 출판해 오페라 극장의 무료입장권을 정지당함.

1754년(42세)　4월 현상 제2논문 『인간 불평등 기원론』 완성. 6월, 테레즈와 제네바로 향 함. 도중에 샹베리에서 바랑 부인과 만남. 8월에 제네바에서 재 개종한 뒤 시민권을 다시 얻음. 『정치제도론』 초고 착수. 10월에 파리로 돌아가 『인간 불평등 기원론』을 레이 서점에 넘김.

1755년(43세)　4월 20일 『인간 불평등 기원론』을 암스테르담 레이 서점에서 간행. 가을에 에피네 부인의 에르미타쥬를 봄. '정치경제론'을 『백과전서』에 발표.

1756년(44세)　4월 9일, 테레즈와 그녀의 어머니를 데리고 함께 에르미타쥬(은자암)로 옮 겨 삶. 쌩 삐에르 신부의 『영구 평화론』, 『다원 의회론(多元議會論)』 발췌를 씀. 8월 '섭리에 관한 편지'를 볼테르에게 씀. 여름부터 가을까지 『신 엘로 이즈』의 인물을 구상함.

1757년(45세)　1월, 두데토 부인 에르미타쥬를 방문. 봄에 두데토 부인과 사랑에 빠짐. 11 월, 『소피에게 보내는 편지─도덕서한』을 씀. 12월 에르미타쥬를 떠나서 몽 루이로 옮김.

1758년(46세)　3월 『연극에 관한 달랑베르에게 보내는 편지』 완성(레이 서점에서 간행). 9 월 『신 엘로이즈』 완성을 서점에 통보. 『에밀』 집필.

1759년(47세)　5월, 룩상브르 원수의 집에 기거하면서 『에밀』 제5권을 씀.

1760년(48세)　『에밀』, 『사회계약론』 집필. 11월 『신 엘로이즈』를 레이 서점에서 초판, 발 매에 앞서 파리 루앙 서점 이름으로 파리로 발송했으나 검열에 걸림.

1761년(49세)　1월 『신 엘로이즈』 출판, 파리에서 발매하여 성공을 거둠. 6월 중병, 죽음이 가까워진 것을 알고 테레즈를 룩상브르 부인에게 부탁, 부인은 고아원에 맡겼던 루소의 맏아들을 찾으려 했으나 못 찾음. 여름에 『에밀』과 『사회계 약론』 완성. 11월, 『에밀』의 인쇄가 진척되지 않자 음모를 의심함. 12월 레 이, 루소에게 자서전을 쓸 것을 권고.

1762년(50세)　1월 『마르제르브 장관에게 보내는 네 통의 편지』 집필. 4월 초 『사회계약 론』 출판. 5월 말 『에밀』 출판. 6월 초 『파리의 편지』를 씀. 소르본느와 고등 법원 『에밀』 금서처분, 체포령을 내림. 쉬스베르누 공화국으로 도망감. 제 네바에서도 상기 두 서적에 대해서 금서 처분. 7월 스위스를 떠나 프러시아 왕의 영지 모티에로 들어가 스코틀랜드의 세습원수(世襲元帥) 대공령의 총 독인 조지 키스의 보호를 받음. 바랑 부인 사망.

1763년(51세)　3월 『파리 대주교 크리스토프 보몽에 대한 변박서』 출판. 4월 뇌샤텔 시민권 을 취득. 5월 제네바 시민권 포기.

1764년(52세)　7월 식물학에 전념. 『산으로부터의 편지』를 씀. 연말에 볼테르의 『시민의 소 감』을 읽고 『고백』 집필 결심함.

1765년(53세)	3월 『산으로부터의 편지』가 파리에서 분서 처분. 10월 초 베른 시회로부터 퇴거 명령. 10월 말 베를린을 향해 출발. 스트라스부르에 도착. 11월 말 영국에 갈 결심을 하고 12월 9일 출발하여 16일에 파리 도착. 12월 『고백』 집필에 필요한 자료를 스위스의 친구 뒤뻬루에게 부탁.
1766년(54세)	1월 4일 흄 일행들과 함께 파리를 떠나 1월 13일 런던에 도착. 2월에 테레즈도 옴. 3월 19일 이어 따라온 보즈웰, 길레즈 두 사람과 함께 웃톤으로 옮김. 흄과 다툼. 웃톤의 다벤포드 집에서 『고백』 제1부를 씀.
1767년(55세)	3월 조지 3세로부터 연금 받음. 5월 초 테레즈와 함께 웃톤 출발. 6월 21일 콩티공의 트리 성 도착. 가을에 병이 남. 11월 『음악 사전』 출판.
1768년(56세)	봄, 『고백』을 비롯한 모든 원고를 고메르 퐁떼느 수도원의 나따이야끄 부인에게 맡김. 파리에서 『고백』이 평판에 오름. 6월 리옹에 감. 부르그완 마을 사무소에서 테레즈와 정식 결혼수속을 밟음.
1769년(57세)	1월 근처, 몬칸의 농장으로 옮김. 『고백』 집필을 잠시 중단하였으나 11월 『고백』 거의 완성.
1770년(58세)	4월 몬칸을 떠나 리옹으로 감. 오페라 '피그마리옹' 완성. 6월 파리로 가서 거주. 악보 필사와 식물채집에 열중. 12월 『고백』 완성, 아는 사람들을 모아 낭독회를 개최.
1772년(60세)	『루소, 장 자크를 심판하다-대화』 집필 시작.
1775년(63세)	10월 루소의 오페라 '피그마리옹'을 본인에게 알리지 않고 떼아뜨르 프랑세즈에서 상연, 대성공을 거둠. 이해 언밀 『루소, 장 자크를 심판하다-대화』를 완성.
1776년(64세)	2월 24일 『대화』의 원고를 노트로 담므 성당의 대제단에 바치려고 하다가 실패. 10월 산책 도중에 다침. 루소의 죽음으로 소문이 남. 연말부터 『제2의 산보』를 씀.
1777년(65세)	2월 테레즈의 긴 병으로 생활이 어려워짐. 봄부터 여름까지 『제3~제7의 산보』를 완성. 8월 악보 필사를 그만 둠.
1778년(66세)	봄까지 『제8~제10의 산보(미완)』를 씀. 5월 미간행 원고 『고백』, 『대화』 등을 제네바에 있는 옛 친구 뽀르 무르뚜에게 맡기기 위해 그의 아들 삐에르 무르뚜에게 맡김. 5월 20일 지라르뎅 후작의 호의를 받아들여 근처 에르므 농빌의 후작 저택으로 옮김. 7월 2일 아침 산책을 끝낸 뒤 테레즈와 함께 식사를 한 후 전신에 불쾌감을 느낌. 오전 11시 발작이 일어나고 세상을 떠남. 7월 3일 우돈에 의하여 데드 마스크를 만듦. 7월 4일 일 드 뾔프리에 묻힘. 1794년 국민공회가 루소의 유해를 빵떼옹으로 이장.